古越 —— 著

HENRY ALFRED

KISSINGER

白宫首席外交智囊

基辛格

团结出版社

图书在版编目（CIP）数据

白宫首席外交智囊——基辛格 / 古越著 . —北京： 团结出版社，
2008.01（2023.12 重印）

ISBN 978-7-80214-351-7

Ⅰ．①白… Ⅱ．①古… Ⅲ．①基辛格，H．A．（1923～）– 生平事迹
Ⅳ．① K837.127=5

中国版本图书馆 CIP 数据核字 (2007) 第 158839 号

出　版：团结出版社

　　　　（北京市东城区东皇城根南街 84 号　邮编：100006）

电　话：（010）65228880　65244790（出版社）

　　　　（010）65238766　85113874　65133603（发行部）

　　　　（010）65133603（邮购）

网　址：http：//www.tjpress.com

E-mail：zb65244790@vip.163.com

　　　　tjcbsfxb@163.com（发行部邮购）

经　销：全国新华书店

印　装：三河市东方印刷有限公司

开　本：170mm×240mm　16 开

印　张：23.5

字　数：362 千字

版　次：2008 年 1 月　第 1 版

印　次：2023 年 12 月　第 2 次印刷

书　号：978-7-80214-351-7

定　价：58.00 元

基辛格的自白

我素有不谦逊的名声。

几年之前，在某次官场斗争的高潮中或其他场合，我曾说过，我的胜利必然是暂时的、脆弱的。若要继续发挥我的影响的话，我就得在官场的每一场斗争中取胜；而要摧毁我的权威的话，某个内阁成员只需一次成功就够了。从长远的观点来看，这种风险是不可逾越的。事实上，在整整一届总统的任期内，我都避开了这种风险。

想想我这个身世，当初谁料到我结果会当上全世界最强大的国家的国务卿呢？我的意思是说，当我在德国连上学都上不了的时候，当我在纽约做送货员的时候。

不错，我有我的虚荣心和自私心，还有人们对我的种种议论，这些我觉得我都是有的。但是，我制定的政策与其说是为了迎合明天报上的论调，不如说是要适应1980年人们的想法。

人们常常把棘手的问题交给赋有与问题的困难程度相称的神秘品质的人。……我参加过的各种壮观的外交活动，从前往中国的秘密之行到越南谈判的胜利完成，使中东领导人头脑中产生了一种想法，认为我能够为他们起同样的作用。

基辛格博士常说，他只答应他能做到的事，但是凡是他答应过的他都要做到。

我也不喜欢平淡无奇，巨大的成功往往是给承担巨大风险的奋斗者的报酬。

俯仰之间我已经名声扫地了。我曾为在中东的突破而志得意满，但一周之间竟栽进了"水门事件"的泥潭。我挺过了越南战争的艰辛年代和水门事件的苦难，所凭借的是一种信念：这个国家曾从暴政之下拯救过我的家庭，而我正在报答她，在一个危机时期维护她的荣誉和价值。我曾被卷入了很多困难的决策，那些决策导致采取强烈的、往往带有强制性的行为。但我坚持过来了，深信——也许是狂妄地——到最后总清算时，曾经帮助过美国在一个动乱时代维持其世界地位和创造性的安排，也就等于为世界各地的自由作出了贡献。

关于基辛格的高端评说

说实话，我不能想象没有你，政府会成为什么样子。在过去两年中，你的明智的意见和有力的支持给了我极大的帮助。

我知道，对你来说，作出辞去哈佛大学职务的决定是很不容易的。你留下来，我感到非常高兴。

我国在过去两年里对外政策方面的许多成绩在很大程度上要归功于你的努力和远见。

——美国，尼克松:《给基辛格的信》

基辛格（向尼克松）提供了多年来埋头于对外政策的研究中发挥的清晰的、富有分析的、创造性的智慧。

——美国，德拉蒙特:《基督教科学箴言报》

亨利·基辛格是自冷战初期以来最出色、最值得称道的美国外交家。

——美国，舒尔茨·辛格:《外交博士基辛格》

基辛格具有作为一个构思精密的理论家所不可缺少的天赋。这是一种使知识分子区别于政治家的特性，它使基辛格成为一名难能可贵的助手，因为他能赋予总统所设想的政策以理论内容。总统不是一个深刻的思想家，但他能提出深刻的问题，而基辛格能给他提供答案，向他阐明在他走了五六步以后可能遇到的情况如何。基辛格的这种能力使尼克松得到了他所需要的那种理论上的安全感。

——美国，亨利·布兰登:《美国力量的收缩》

如果说基辛格观察事态的本领没有他的上司那样敏锐的话，他却是总统了解历史、了解各个国家情况以及了解管理这些国家的人物的一个取之不竭和不可缺少的知识源泉。

基辛格是一位专家，他能够对一个问题进行观察，从各个角度研究这个问题，提出问题，然后提出各种可供选择的办法。

——美国，休·西德尼：《生活》杂志

这个人太著名，太重要，太幸运了；他被人们称为超人，超级明星，超级德国佬；他拼凑自相矛盾的联盟，签订无法实现的协议，使世界像他在哈佛的学生那样为之屏息。这是个不可思议的、难以理解的、实际上是荒唐可笑的人物。他可以在他想见毛泽东时就能见到；在他想去克里姆林宫时就能进去；在他认为合适的时候叫醒美国总统并进入总统房间。在这个戴着黑边眼镜的人面前，詹姆斯·邦德的那一手黯然失色。此人不像詹姆斯·邦德那样开枪、斗殴或跃上奔驰着的汽车，可是他能建议发动战争或结束战争；他自认为能改变甚至已经改变了我们的命运。

——意大利，著名女记者法拉奇

（中美关系的恢复）要归功于毛主席和尼克松总统。当然，一定也要有一个人作先导，这个先导就是基辛格博士，他勇敢地秘密访问了中国这个所谓神秘的国土，这是一件了不起的事情。

——中国，周恩来

2006年，《环球时报》评出了对中国近现代发展影响最大的50名外国人。基辛格排在第44位。评语如下：44.基辛格（1923—），美国总统国家安全事务助理和国务卿，1971年秘密访问新中国，作为中美破冰会晤的牵线人和实际执行者，协助尼克松开启中美关系正常化进程，其战略思想在我国政界、军界和学界有广泛的影响力。

——中国《环球时报》

目 录

基辛格——不是总统的总统

20世纪70年代，我们中国开始熟悉美国有个亨利·基辛格（Henry Alfred Kissinger）博士，他协助美国总统尼克松与毛泽东、周恩来等新中国第一代领导人一起打开了尘封已久的中美关系的大门，改变了中美关系的战略走向，并对现代世界战略格局走向产生了深远影响。从那以后，他便成了中国人民的朋友。他为启动中美关系正常化进程，推动发展良好的中美关系，作出了历史性贡献。

亨利·基辛格，是他协助美国总统尼克松与毛泽东、周恩来等新中国第一代领导人一起打开尘封已久的中美关系的大门，改变了中美关系的战略走向。

对于中国人民来讲，基辛格可以说是知名度最高的美国人之一。他的名字几乎家喻户晓，那副大黑框眼镜后面的两眼总是闪闪发光的形象，一眼就会被许多中国人认出来。

早在1959年，基辛格的作品就被翻译介绍到中国。基辛格自从1971年秘密访华以来，中国领导人和中国人民一直把他当作老朋友来看待。毛泽东主席曾六次在中南海接见过他。周恩来总理对他十分尊重，称他是难对付的谈判对手，当他来中国访问时，决定在人民大会堂和他下榻的钓鱼台国宾馆轮流与他举行会谈。中国几代领导人都多次接见过基辛格。基辛格亲身参与处理中美关系30余年，访问中国40余次。

对于基辛格来说，"中国"这两个字，在他作为20世纪美国第一大外交家的业绩和生涯中，占有无法替代的位置。他充分认识到自己同中国几代领导人的友谊的价值。以世界著名领导人之间的私人感情偏好和心理情结而论，基辛格把自己的感情重心毫无保留地选择偏向毛泽东、周恩来、邓小平。1993 年，有人问基辛格："您一生最欣赏的世界领导人有哪几位？"他毫不犹豫地回答道："毛泽东、周恩来、邓小平、戴高乐、萨达特。"中国领导人竟占了三位。1979 年基辛格访问中国时，认为邓小平领导的中国的现代化运动"在人类历史上是独一无二的"，"规模之大是无法想象的"。1987 年 4 月，基辛格、万斯等人成立中美协会，基辛格担任协会主席。他总是以战略家的眼光和政治家的勇气，始终不渝地为中美关系的发展积极努力。他说："我喜欢中国人民，喜欢中国文化。我是永恒的中国的朋友，我认为美国同这个永恒的中国保持关系是重要的。"在 1989 年前后中美关系发生危机的时候，基辛格曾多次访问中国，并呼吁保持中美之间的正常交往。

基辛格是 20 世纪蜚声国际政治舞台的政治家、外交家、战略家，他对于现代世界历史的贡献主要是在外交和战略方面。

在现代美国外交历史上，基辛格制造了许多神话：他是美国历史上第一位原籍非美国的国务卿；第一个犹太人出身的国务卿；第一个兼任总统国家安全事务助理的国务卿；第二次世界大战后，美国第一个由学者而非将军、政客或律师出任这个要职的国务卿，拥有世界级的知名度和影响力。1969 年至 1977 年，在长达八年的两届总统任期内，美国政府破例地从知识界擢拔出基辛格这样一个智囊人物来执掌外交大权，倚重于他的才智和谋略。基辛格作为白宫的首席外交智囊、顾问和国务院的首脑，参与制定美国外交政策，执掌美国外交大权，奔走活跃于美国和世界的外交舞台之上。

作为总统的谋臣，基辛格是个多面手：

——他是总统的幕僚：在外交政策方面为之审时度势，出谋划策，"运筹"于白宫之内，"施展"于千里之外。

——他是总统的主要顾问：每当尼克松遇有疑难问题时，他就提供情况、主意和办法，为之排解困难，寻求出路。

——他是总统的代言人：经常由他从白宫吹出风来，透露总统的政策意向。

——他是总统的"守护神"：当美国国内反对越南战争的浪潮向白宫阵阵袭来时，总是由他出面进行掩饰辩解，应付社会各界的抗议，维护尼克松的政策和地位。

——他是总统的特使：曾经多次出访中国、苏联、西欧和中东地区，在中美关系和美苏关系上为尼克松执行特别使命，他坐尼克松的专机"空军一号"飞来飞去的次数，比尼克松自己还要多，曾创下出访 16 个国家 32 万公里的环球外交旅行纪录。

——他是总统的谈判代表：前后十多次前往巴黎参加关于越南问题的秘密谈判，最后代表美国与越南方面达成"关于结束越南战争和恢复和平"的协议。

退出国务院之后，基辛格仍继续为美国政府出谋划策，活跃于世界政治和外交舞台，对里根政府和布什政府的外交政策均产生过重要影响。

可以说，在举世瞩目的中美关系和苏美关系中，在越南问题和中东问题的谈判中，在美国同它的西方伙伴和第三世界国家的关系中，在其他一系列重大的国际问题中，以至在美国国内波涛汹涌的政局变化中，基辛格都扮演了十分重要的角色，在世界政坛上叱咤风云。盖洛普的民意测验把他列为 1972 年和 1973 年全美最受敬仰的人物。1973 年，基辛格获得了诺贝尔和平奖。即便是在野的几十年里，他仍然是一位有世界性影响的人物，活跃在国际舞台上，影响遍及政界、新闻界、企业界及多种社会领域，成为周游世界的大忙人，世界上最具影响力的政客。

基辛格还是国际关系研究领域建树颇多的一位战略理论家，被德国列为世界八大战略家之一。他关于国际关系结构中的"均势理论"，关于核时代国际战略的精辟分析，曾对 20 世纪 70 年代国际关系全局的演变，特别是美、中、苏大三角关系的形成，起到过至关重要的推动作用，对于中美关系大门的打开，进而开辟两国关系正常化的合理途径，也产生过深刻影响。

基辛格在外交和政治上的建树，使他成为"美国梦"的化身，他的生涯被看作"美国梦"的象征。无论是青少年时期、难民经历、军旅生涯、哈佛修炼，还是与洛克菲勒财团非同寻常的关系，特别是进入尼克松政府和福特政府时在世界舞台上叱咤风云所创造的政治外交业绩，基辛格的人生既有戏剧色彩又深沉有力。他从难民子弟一步步艰辛地奔波、努力，最后攀上美国外交权力的顶峰，集学者大师、政治家和外交家于一身，向国际政坛和等级森严的外交界吹去了一股清新惬意的凉风。他靠个人奋斗取得了人生的成功，在一个竞争激烈的社会所展示的"人生大行进"，被美国人所津津乐道。从教授到国务卿，从多产理论家到大外交家、政策制定者，这种"角色的转换"奇迹般地发生在一个人身上，正是现代美国人所赞誉的"西方文化英雄"的典型。

在西方，有人把基辛格看作"人类智慧的典范"，是与周恩来具有同等才智的世界级的人物，可以说，基辛格是现代西方智慧的化身，或者说他的智谋韬略代表了现代西方的高峰。

基辛格在外交和战略理论领域的重大建树，主要是得益于他的超人韧劲和过人智慧、谋略。作为局势动荡多变的20世纪70年代的美国头号外交家，基辛格无论在谋划战略、运用策略和行使权力方面，以及在他的经历、思想、性格方面，都有许多独特之处。在八年外交生涯上，他被戴上了一顶顶桂冠，其中大部分是从智慧韬略的角度赞誉他的，诸如："人类智慧的典范""美国外交魔术师""美国历史上最伟大的国务卿""超级智者""外交战略家""独脚智囊""超级国务卿"，称赞他爱好大型"外交音乐演奏会"，擅长"外交特技表演"，是一个善于"用筷子（指中国）吃鱼子酱（指苏联）的纵横捭阖的能手"；有人说，他浑身都充满魄力、勇气、狡黠和幽默，浑厚的嗓音和一种魅人的微笑；出手练达，风趣和魅力并用，强硬和坦率并用，加上不少的狡诈，必要时也有本领把连篇废话说得天花乱坠。他以打倒对手显示自己的聪明才智为乐事。对于爱好使用类比方法的记者来说，"基辛格"这个名字成了超级智者、权威顾问、外交明星的象征。

在尼克松当政期间，1972年美国盖洛普民意测验做过一次"当今最受崇拜的美国人"的民意调查，基辛格名列第四，仅次于时任总统尼克松、牧师葛培理和前总统哈里·杜鲁门。1973年盖洛普再做此项调查时，基辛格已超过了尼克松，而跃居第一位。民意调查中有个问题是"你对基辛格是否有好感？"十个人中有九人的回答是"有好感"。这一比例在美国的历史上是前所未有的。当时，基辛格在伦敦蜡像馆中成了最受欢迎的政治家，而参加"世界小姐"选美的候选人以压倒多数推举基辛格为"当今世界第一伟人"。由于美国宪法规定，只有出生在美国的美国公民才能当选为总统，否则出生在德国的基辛格就有可能出任美国总统。

基辛格是德国出生的犹太人，既具有犹太人的聪慧，又有德国人的正统、秩序本能，但他的才智主要还是在移民美国之后培养起来的，经过在哈佛大学锲而不舍的刻苦修炼，接受美国现代文明的熏陶，借助于错综复杂的美国政坛和世界外交舞台，搏击于20世纪70年代的国际外交风云中。

一般来说，西方重实力而不太重谋略，基辛格打破了这一传统。他成功的奥秘之一，就是才智过人，富有远见，拥有超人的毅力和胆略，善于运用谋略。他自己说自己具有第一等的才智。一般地讲，东方人重权谋，而西方人偏重于实力和技术，连西方人也承认他们在智谋韬略方面比不上中国人。但这只是比较而言，并不是说西方人不讲究权谋、不会用权谋。应该说，从17世纪之后，也就是文艺复兴和工业革命运动之后，西方思想界获得巨大解放，在实践上形成一种不断向外拓展的历史运动，逐步形成了西方社会的外向型意识，面向世界，面向未来，面向外部环境的需要，注重于开放式的求异思维，同时，注重对东方权谋的学习和运用。基辛格作为一位德国出生的美国人，在才智上超出了一般的西方人，在理论思维上是开放型的，注重从整体上、全局上、宏观上把握问题的实质，有高度综合和概括能力，富于哲理，不僵守于一点，尤其是他在谈判中注重技巧，善于进行心理分析，巧于谋划，精于宏观。今天，这位百岁老人的话对于这个世界依然重要，他虽然已经不能直接改变世界，但确实能改变很多人对世界的看法。

　　基辛格这样一个历史性人物，其思想和作为给人们留下了深刻的启示。当一个人的才智具有普遍性时，这种才智便成了人类共有的财富。研究基辛格的智谋韬略，不仅仅是要揭开罩在这位西方智谋大师身上的面纱，更重要的是要揭示他的才智对人类思维的价值，在东西方文明的交融中，让我们从这位享誉世界的西方智谋大师身上得到智慧和启迪。

第一章　天才的塑造

一、从纳粹屠刀下逃亡的德国犹太移民

（一）对充满动荡与灾难的童年和少年，成名后的基辛格欲盖弥彰。基辛格说德国人天生是为了生存而生存的。

后来成了美国国务卿兼总统国家安全事务助理（国家安全顾问）的亨利·基辛格（Henry Kissinger），是一个有着条顿族血统的典型的犹太人。1923 年 5 月 27 日，基辛格出生于德国巴伐利亚纽伦堡附近的菲尔特市一个教师世家，起名海因茨，13 岁那年举行"犹太教坚信礼"。

海因茨的父亲是一个严肃正经、有教养的拉丁文中学教师，他性格拘谨，乃文雅之士。海因茨的母亲保拉是一位活泼外向、有幽默感、爱开玩笑的坚强女性。一家人信奉正统的犹太教。海因茨在这种正统的犹太人家庭环境中长大，在小的时候，他便非常信奉宗教，常常随父母或邻居家一起去做礼拜。

父亲对海因茨要求相当严格。不管海因茨犯了多微小的错误都会被父亲严厉训斥一顿。而母亲则刚好相反，性格开朗活泼、富于幽默感的母亲，时常给海因茨讲一些有趣的故事。当海因茨在父亲那里受了委屈，或者被打了之后，就会不由自主地跑向母亲那里寻求抚慰。

　　人说"自古英雄出少年"，可是后来成了美国国务卿的海因茨的成长却并没有遵从这一规律。少年海因茨学习成绩平平，并不特别突出，也没有什么雄心壮志，是一个"被裙子追逐的大男孩"。但是，在德国这个推崇理性、重视教育的国家，海因茨受到了良好的正规的欧洲式教育。

　　海因茨生长的年代，是德国历史上一个极为动荡的时期，充满着革命与反动的激烈搏斗，交织着民族危机、社会危机、政治危机和经济危机。少年海因茨想不到，战争的恐怖和灾难正在等待着他们。

　　1933 年 4 月，后来成为战争恶魔的希特勒纳粹党在德国掌权，发布了第一个排犹太人命令："凡担任军官、警察、教师、法院职员和政府公务员的全部犹太人，一律开除。"三个月后，德国出现了第一批集中营，纳粹党宣布：犹太人是一切邪恶和敌人的化身，必置之死地而后快。巨大的灾难正向犹太人逼近。德国的犹太人开始在苦难的岁月中煎熬，犹太人出身的海因茨一家陷入恐怖的深渊，笼罩在死亡的阴影下。1933 年，父亲失去了心爱的工作，也就等于失去了自身的价值，一家人的生活开始走下坡路。1935 年，希特勒颁布"纽伦堡法"，宣布犹太人在德国的公民权利全部被废除，海因茨和弟弟从自己的中学被赶了出来。

　　应该说，纳粹德国所发生的一切，改变了海因茨童年和少年的人生观念，那种不可想象的强暴行为，对于海因茨幼小的心灵是有震撼的。但是，对自己的身世，成名之后的基辛格一向讳莫如深，欲盖弥彰。他曾这样对德国记者说："我在菲尔特镇的那些日子，似乎没有对我产生什么影响。我想不起太多的事情。"1972 年，他在接受意大利著名女记者法拉奇采访时说："我的童年生活，不是理解事情的关键。我没有意识到不幸。""当时我并没有感觉到什么不痛快，对周围发生的事情感受并不那么深。对于一个孩子来说，那些事情往往并不那么严重。现在有一种时髦的说法，就是什么都用精神分析法或心理学来解释。但是我要告诉你的是，我童年所遭受的政治迫害，并没有决定我的一生。"后来，他由此引申说："关于影响一个人一生的事情，事实上根本就不存在。"

不论怎么说，童年的这种动荡生活，在亨利·基辛格的头脑里埋下了寻找稳定的种子，长大后的基辛格对安全和现实的秩序结构，有一种本能的向往。孩提时得以从纳粹德国的屠刀下幸存下来的这种经历，使基辛格逐渐成为一个性情倔强和行动果敢的人。

成名后的基辛格对德国的感情是复杂而矛盾的。作为美国政府的要员，他回避公开参与讨论德国人的或者犹太人的问题，然而他心里明白，没有任何别的国家能像德国那样使他深深关切。在记者的追问下，他学会了在一些情况下勇敢地面对排犹主义，而在另一种情况下又勇敢地面对反德情绪。他曾对从1949年到1963年间一直担任联邦德国总理、领导西德复兴的康拉德·阿登纳公开表示敬仰，支持阿登纳的政策主张，甚至在美国领导人表示非议的情况下，他也是如此。而当后来的德国领导人提出想要发展核武器的时候，基辛格毫不含糊地予以否定。他说："我生怕德国人再一次发狂。"当基辛格访问欧洲时，他总是提醒各国领导人说："50岁以上的德国人都曾经历过三次革命的劫难，有四个不同的政权统治过这个国家。德国是两次世界大战的战败国，遭受过经济灾难。然而，德国终于维持了下来。德国人天生是为了生存而生存的。"

（二）险遭不测的难民生活使基辛格产生了悲剧意识和宿命论思想。

1938年8月，在失业、贫困和死亡的严重威胁下，海因茨一家为了逃避纳粹迫害，在母亲保拉的劝说下，离开了故乡菲尔特镇，踏上逃难的艰难历程，准备投靠在英国伦敦的亲戚家。这一年，海因茨15岁，已是一个美少年。

就在海因茨一家逃离菲尔特镇三个月后，希特勒纳粹德国对德国境内犹太人的大屠杀就开始了，希特勒的青年团和冲锋队到处行凶作恶，犹太人教堂被焚烧，店铺被捣毁，成千上万的犹太人被逮捕，海因茨一家在当地的亲戚有12位被关进了集中营，最后都遇害了。这种险遭不测、虎口逃生的奇迹，对后来基辛格的悲剧意识和某种宿命论的思想，产生了重大影响。

在亲戚们的帮助下，海因茨一家在伦敦住了几个星期。可是一家人心里仍不踏实，因为欧洲要打仗的风声越来越紧。母亲保拉又设法与在美国纽约的几家亲戚联系，得到美国亲戚的移民担保。于是，几个月后，海因茨一家又远涉重洋，历尽艰险，来到美国的纽约市，在那里安家落户。

对于海因茨一家来说，纽约是一个完全陌生的世界。它位于大西洋彼岸，是美国全国也是整个美洲最大的城市，是国际性的商业、金融中心，冒险家的乐园。这里有世界上最高的建筑之一的帝国大厦；伯德罗埃岛上有高举火炬的自由女神像，神像的基座上镌刻着一位犹太女诗人所写的一首14行诗，其中有：

把这些无家可归天涯沦落的人交给我吧，
我在金色的大门口高举着明灯！

也许纯属巧合，海因茨一家也是犹太人出身，此时正无家可归。少年海因茨也希望这盏明灯能照耀他们一家。一家人在纽约市的中心地带曼哈顿区的西北角，一个被叫做"华盛顿高地"的地方定居下来。这里与菲尔特镇有天壤之别，在纽约这个繁华拥挤的大都会，曼哈顿区是整个纽约市的中心，是美国垄断资本家的大本营。而其中的"华盛顿高地"，则是德国移民区中心，海因茨一家住在这里一家很有名的"地下室啤酒店"附近。纳粹的情报人员经常在这里出入并交换情报。

在美国有句话："能在纽约活下去的人，在世界上任何地方都能生存下来。"可见要在这里生存下来是多么艰难。海因茨一家刚到纽约，面对的是一个未知的世界，一切都必须从头开始。他们要学会在异国他乡靠自己的本领谋生。为了适应当地生活，父母给海因茨起了一个非常美国化的名字：亨利·基辛格。

此时的基辛格正在经历青春期。对于年纪幼小的难民，生理的变化给他们增添了很多意想不到的困难。陌生而复杂的环境，使顽皮活泼的基辛格变得十分腼腆，一和女孩说话就脸红，仿佛有一种潜在的不安全感在威胁着他。

1938年9月，基辛格在乔治·华盛顿高级中学注册，插班进入高中的秋季班。从此，可以说改变了他的一生。在德国菲尔特镇，亨利只是一名普通的学生。

但在曼哈顿，他却成了乔治·华盛顿高级中学一名出类拔萃的优等生。德国本是欧洲国家中文盲率最低的，而美国却是世界上竞争意识最强的。也许是一种逆境求存的意志激发，也许是生活的艰辛使他懂得了学习知识的重要性，在这所学校，亨利超常的智力开始显露出来，他开始迸发出强烈的求知欲，从不满足于课堂上老师的讲解，广泛涉猎各方面的知识，在学业方面取得了优异成绩，成为一个功课门门满分的优等生。美国那种充满竞争的环境，不但没有压垮这位德国犹太少年难民，反而使他尝到了奋斗的甜头。

与此同时，基辛格也开始放弃正统犹太人的特点，逐渐适应美国人的生活方式和生活习惯。只有语言成为他的一大难题。尽管他费了很大劲，花了很多时间，英语发音始终说不好，直到很多年后基辛格仍没能改掉德国口音。后来谈及此事他承认说："我对于这一点，是深有自卑感的。"亨利还有个弟弟，比他小一岁，叫瓦尔特，他很快就学会了美国口音，人也很聪明，后来成了美国的百万富翁。

也许是因为口音问题，基辛格在华盛顿中学时一直很腼腆，不愿多讲话，时常有一种孤独惆怅的心情。到20世纪50年代，基辛格作为学术界新秀崛起时，还因为口音不纯而不敢到电视台讲话录像。不料，后来他在运用英语进行外交谈判时，却博得英语世界外交官的好评。在20世纪70年代国际外交竞技场上，基辛格总是以一种深沉圆润而又洪亮的声音讲话，好像有意显示出他那来自德国巴伐利亚的血统。那时，美国的听众们怀着极大的兴趣来听他们的国务卿用奇怪的声调讲话，缺陷变成了特长。尤其是在欧洲事务上，他的这种古怪口音却成了一种财富，使欧洲的听众格外注意美国的外交政策。这种古怪的口音，还说明基辛格没有完全被美国的社会和文化所"同化"，在风格和口味上，他还是欧洲式的。

（三）后来成为美国国务卿的基辛格，大学时的最大抱负是当一名会计师。

由于家庭经济困难，亨利只在高级中学读了一年，便改在原校夜读，白天到一家工厂去做工。1940年，因中学成绩优异，亨利进入了免缴学费的纽约市立学院，攻读会计专业，立志当一名会计师。这是因为，由于家境不太好，父母想让儿子分担一些家中的负担。加之他擅长数学和为父亲做簿记员，学会会计行当拿个证书，找到有固定收入的会计师职业，就可以保证这一辈子吃饭不用愁。此时的基辛格，真的没有更多的奢望。他后来解释说："对于一个难民来说，那是最容易找到的职业。当个会计师就是我那时最大的抱负了。"

也正是在这个时候，未来风云人物基辛格的雏形出现了，他的性格渐渐形成。在菲尔特小镇上，基辛格的性格由家庭和犹太社会所塑造，而对这犹太区以外的世界认识十分有限。纳粹迫害下逃难的经历，使基辛格练就了强烈的个性，他在15岁时便开始成熟起来。来纽约后，美国人的冒险进取精神或多或少地渗入他的血液，改造了他的性格。岁月的磨炼，使他学会了不少在菲尔特镇学不到的东西，一种悲剧意识逐渐渗入他的思想，而这又正是一般美国民众所缺乏的。他后来回忆往事说："纳粹影响我最深的有两次，一次是1933年希特勒上台掌权，一次是1938年逃难来美国的经历。"

奇特的难民经历，造就了基辛格既腼腆又傲慢这一双重性格。前者是他从小就当难民，缺乏安全感稳定感的表现，后者是他勤奋用功成绩优秀的外露，从根本上说，是欧洲文化优越感所致。美国社会的洗礼，使他保留了父亲的平和与勤奋，学会了母亲那种适应环境和敢于显示能力的气质。

同时，作为个体，基辛格在地缘政治上有了双重身份：他既是一个美国人中的"欧洲人"，又是一个与欧洲人打交道的"美国人"。他清楚地感到，德国是欧洲的"中央之国"，重视权威、秩序，而美国在地理上被两大洋夹住，是一个移民国家，推崇多元化。他可以将二者巧妙地结合起来，同时也可以弥补双方的缺陷。这就为他以后的政治生涯打下了一定的基础。

不过，严格来说，基辛格的思想和风格仍然是欧洲式的，其国际政治观念并非得益于美国的思想家，而是从欧洲古典"均势"思想中汲取历史营养而来。他所崇拜的英雄，不是美国的杰斐逊、马克·吐温和马汉，而是欧洲的黑格尔、梅特涅和俾斯麦。成为著名学者后的基辛格认为，从欧洲经验中看问题更有历史感。他批评美国领导人的一种观点："历史是从昨天开始的。"追求厚重的历史感是基辛格治学和开展外交的一个重要特点，这也可以说算是弥补了美国人先天性的缺乏历史感的缺陷。

二、战争军营中脱颖而出

这一时期的基辛格，最大愿望是毕业后做一名会计师。可是，美国卷入第二次世界大战却改变了基辛格的命运。

（一）战争展示了基辛格过人的才智。

基辛格终于没有逃过战争的"洗礼"。1943 年 2 月，当基辛格就要过 20 岁生日时，一封公函再次改变了他的命运。富兰克林·罗斯福总统已宣布参加第二次世界大战，基辛格被征兵入伍了。于是，五年前的小难民，脱下蓝呢便服，换上黄布军装，加入了美国陆军。

也许，基辛格注定要与军队打交道。后来进了白宫，解救美国军队脱离越战苦难，成为中东战争最为重要的调解人。他在白宫还是一个"四颗半星的将军"。

战争打开了青年基辛格的视野。他还从来没有离开过父母，这是他自己第一次单独生活。战争的突然爆发，把他从狭窄单调的生活中解脱出来。战争还使他成了一个名副其实的美国人，他在军营加入了美国国籍。

基辛格所在的军队驻扎在南卡罗来纳州斯帕坦堡附近的克罗夫特营地。在这里，基辛格接受了 16 个星期的步兵基本训练。面对紧张单调的军营生活，基辛格感到新鲜和兴奋，他在给父母的信中写道："这里的经历使我感到兴奋。请父母大人放心！"

　　就在这之后不久的一天，基辛格吉星高照。军官们召见他，对他说："你在纽约高中和市立学院的优异成绩，使部队注意到了你。经过平时的考察，我们认为你是一个有才能的人。因此，部队给你一个新的任务：去学习！"原来，陆军部门几位有远见的将军决定将新兵中最聪明的人集中起来进行特殊训练，学习战争中需要的特殊技能，以备战事的特殊需要。基辛格因才智出众而被选入这个特别训练班。

　　于是，基辛格在新兵营经过 16 个星期的步兵基本训练之后，被选送到兵营附近的克莱姆逊学院。将军们没有看错，不久，他们发现基辛格不仅聪明，而且十分勤快。于是，部队长官又决定将基辛格送往一所更好的学校拉斐德学院，进行为期半年的特殊训练。在那里，基辛格向人们证明自己有相当高的智力水平，在筛选出来的优秀学生中，他总是名列前茅，并初步显露出自己具有某种学术技能。特别是，基辛格在这段日子里学会了把自己的知识能力与军事的实际需要"融合"起来，并且做得比别人好得多。这种带有方法论性质的做法使基辛格受用一生。

　　就在基辛格和他的同学们勤奋学习时，由于前线需要战士，训练班突然被迫解散。基辛格很是失望，但也不能不服从命令，他被编入美军第 84 步兵师，当了一名步兵，部队驻扎在路易斯安那州的克莱尔布恩军营。由于在特殊训练班学习时表现不凡，基辛格一到部队，就受到部队长官的重视，被认为是军中秀才，常被抽出来给部队官兵上课，讲解形势和分析事态。

　　基辛格属于具有头脑的军人，他善于向士兵们解释战争的原因，他的德国口音还使他的听众确信，在谈到欧洲的事态时，他是一个值得信赖的内行。基辛格本人也很喜欢这一行当，对他来说，像老师那样讲课，简直是一种兴奋剂。他很擅长把这种情绪传染给听课的士兵，这使他的授课大受欢迎。基辛格在部队驻地小有名气，这进一步培养了他的自信心。在独立生活的第一时期，他很快有了一种直觉的自信。

（二）20 岁的基辛格被称为"天生的奇才"。基辛格遇到了一生中的第一位伯乐。

天才是不会被埋没的，而天才基辛格又是幸运的。就在克莱尔布恩营地，一个名叫克雷默尔的德国人发现了基辛格具有超常的智力和天分。

1944 年夏天一个星期六的早晨，一辆由一名中尉驾驶的吉普车突然停在基辛格所在兵营的指挥部门前，只见车上跳下一个也许是美国军队中最神气的士兵，那士兵摆出一副不可思议的权威架势，厉声吼道：

"谁是这里的负责人？"

这时，只见营地指挥部里走出一位中校军官，站在这位令人莫名其妙的列兵面前。

"我是这里的指挥官，列兵。"中校有些不知所措地回答。

没等中校的话音落下，这位神气十足的列兵又拿着架子，提高嗓门吼道：

"长官，将军派我到你们这儿来跟大家谈谈我们为什么要参加这场战争。"

这种讲话的口吻好像是在下命令。

这个可笑的情景深深地铭刻在了亨利的脑海里。那位列兵名叫克雷默尔，35 岁，德裔美国人，曾经当过律师，并曾两次获得博士学位。他从家乡普鲁士逃出来参加了美军，现在正在一个兵营一个兵营地讲述盟军对第二次世界大战的观点。这次就是受师部之命来为战士们讲形势课的。他用日耳曼口音，向台下的士兵讲话，声音很刺耳，可内容激动人心。他一面厉声痛斥希特勒德军的侵略行径，一面向听众滔滔不绝地讲解美国同侵略者作战的意义。最后，他要求士兵们首先是直接从大学校园里来的士兵明白，奔赴战场是他们的义务，这与在大学学习一样，因为正如人们需要思想家一样，现实也需要能战斗的战士。

基辛格的心被深深地打动了，他想：这个列兵不简单，虽然他摆出的是一副不可思议的权威架势，那股劲儿很可笑，不过这种自信自大的男人最能吸引自己。更重要的是，基辛格从他身上感受到军队能给有才能的人提供各种机会，一个有口才的士兵被他的上级指派来向自己的伙伴进行鼓动性的演说，而不是让这样优秀的人在别的事情上浪费时间和精力。受到鼓舞的基辛格鼓足勇气给这位了不起的列兵写了一封表示钦佩的信：

> 亲爱的克雷默尔列兵，昨天我听了你的讲演，真是讲到我心坎里去了。我是否能帮你干点什么呢？
>
> 列兵　基辛格

基辛格的这张便条打动了克雷默尔，他认为："读其文如见其人，信中毫无矫揉造作，没有我所讨厌的'令人振奋''真了不起'之类的陈词滥调。光说他的想法。这是一个既守纪律又有闯劲的人。"

克雷默尔马上派人把这个比他小几岁的新兵找来，二十多分钟的谈话，使基辛格这个天才第一次被发现。克雷默尔发现基辛格绝非等闲之辈，感到遇上了一个在许多见解上都超过自己的人。再谈 10 分钟，他就得出这样的结论：基辛格可能是自己遇到过的最有资格和能力来研究历史的人。克雷默尔后来说："我同亨利初次交谈，就有一种十分惊奇的感觉。我遇到的这个二十来岁的犹太难民小伙子，虽然见的世面不多，却什么都懂。他的才智一望便知，是个天生的奇才。我心里想，'真了不起，这家伙绝非等闲之辈。他有第六官能——历史感的官能'……他急于要知道的并不是一些表面事物，而是产生那些事物的根本原因。他力求抓住事物的本质。"克雷默尔还称赞说："亨利有急迫的愿望，他希望抓住机会。他对历史有很好的直觉，这不是你能够学得到的，不管你多么有知识也不行。这是从上帝那儿学来的。"这种夸奖未免有些言过其实，不过，事实是基辛格过人的智慧终于被发现了。

在这次谈话中，基辛格证明了自己的特殊天赋，他被告知："亨利，你是别人绝对没法比的，你有一种难以想象的天赋。"

基辛格在克莱尔布恩营地遇到克雷默尔，是一个极为幸运的奇遇，与这个人的相识将对他的人生选择产生重大影响。克雷默尔还为他提供了一种崭新的生活模式。这位与自己有着同样遭遇的德国同胞，有一种近乎斯巴达式的风格，严于律己，不怕艰苦，生性刚强，略有些傲慢，具有作为一个男人的非凡品质，正是处于青春期的基辛格所渴求效仿的男人偶像。年轻而沉默的基辛格，迫切需要从父亲的失败阴影和犹太社区的狭小生活空间中走出来，因而他急需一个中介、一种灵感、一种模式，让他有力量奔向安全的地方。与父亲的腼腆和软弱相比，克雷默尔的傲慢反而是一副催化剂，它散发着力量和权力意志，深深地影响着基辛格。

同时，克雷默尔使基辛格从犹太人中产阶级的狭窄生活圈子里解脱出来，却又让他保持了正统犹太人政治上的保守主义，使他恢复了部分德国背景。他要求基辛格在部队里与他用德语交谈，并要基辛格学习德国历史。克雷默尔的政治价值观是德国的保守主义，他曾对基辛格说："一个男人，直到他站在马赛的码头时，他才知道这个世界上没有好的关系，只有合理的关系。一个人要忍受自己，也要忍受死亡。"这些富有哲理的教诲，对于正在成长中的基辛格来说，从某种程度上解决了他人生的政治信仰问题。保守主义和悲剧意识深深地融在了基辛格的性格中。

基辛格还从克雷默尔那里学到了最初的哲学、历史学知识。克雷默尔获得过两个博士学位，精通哲学、历史和法律，能十分娴熟地运用拉丁语、希腊语和多种现代语言。他的这种知识结构具有造就人才的能量。因而，他的谈话就像是向人灌输一种标准的欧洲式教育。这一切深深地吸引着基辛格，几乎完全信赖他，甚至对他那种有些虚张声势、言过其实的样子，也不在意。

克雷默尔正是基辛格要寻找的青春期完美的偶像。正是他，使基辛格获得了人生最初的和最重要的生活范式。

（三）后来成为"四颗半星将军"的基辛格曾经是"二战"时的老战士。

1944年9月，基辛格所在的美国陆军第84步兵师奉命开赴欧洲前线。部队起初是在比利时境内打仗，不久便攻入德国。12月，部队又回守比利时的巴斯托尼地区，参加了有名的布尔奇战役。在战斗中，列兵基辛格勇敢无畏，面对德军的大炮轰击表现得十分镇定，还不时说些风趣幽默的话鼓励战友。当时正值隆冬季节，寒风凛冽，手冻得发麻。有一次战斗间歇，基辛格在阵地壕沟与战友聊天解闷，煞有介事地对一个叫安东的战友说："安东，对咱们兄弟来说，要是这儿有一间草屋进去暖暖身子有多好啊！我真想好好地睡上一觉。打仗嘛，我们都有可能被打死，反正怎么着都会死的。"

1945 年初，第 84 师再次向东开进了到处是废墟的德国。就在这时，基辛格被克雷默尔推荐给师司令部担任德语翻译助理，军衔升为军士。不久，基辛格被调入美军第 970 反谍报部队，任陆军中士参谋。这使他的军事生涯在战争的最后几个月再度发生变化，基辛格成了搜捕纳粹分子的猎手。这是一项特殊的任务，基辛格再次显示出他那超人的才智。他办事沉着勇敢，果断机智，善用谋略。后来一直流传着几个有关基辛格的类似于托尔斯泰小说《战争与和平》里的故事。有个故事说，基辛格负责押送 40 名德国俘虏，路过一个建筑物时，里面仍有许多纳粹士兵。基辛格一开始并不知道这一情况，知道后便装作若无其事，结果没有发生什么事情。另一个故事说，有一次基辛格穿着便装，悄悄通过德军封锁线，向那些溃败后撤退的德军士兵询问德国最后反击的时间，自己还向那些士兵说明所谓的最后反击是自杀性的。尽管人们怀疑这些故事有些传奇色彩，但至少说明这一时期基辛格已再次显露出杰出的才干。

1946 年 4 月，基辛格因工作出色被派往美军欧洲司令部的谍报学校担任教官，给比自己军衔高得多的校级军官们讲课，享有丰厚的报酬。这是一个需要谋略和培养谋略的地方，情报工作需要的正是奇人怪才。在这里，基辛格成了军官们所能遇到的最好的教师。一个月后，部队开始被遣散回国，基辛格作为文职教官留了下来，这是一个有权威的职位，年薪高达 1 万美元。基辛格在这所学校待了将近一年时间，这段日子对于他来说是极其重要的，他可以把父辈们教书的遗产与自己在军事生涯中获得的灵感巧妙地结合起来。他在为美军培养一批特殊人才的同时，也为自己在情报部门工作打下了基础。他要练习在施加权威方面超过这些军官，因为他是这些军官的教官。利用这一机会，基辛格结交了不少朋友。尤其是他可以自由地结交一些来自司令部的大人物，这些人地位显赫，消息灵通。基辛格这一时期同美军反谍报机构和安全部门的联系，在战后初期的平民生活中一直保持着，后来进入尼克松总统班子的基辛格更是受益匪浅。

（四）中士基辛格被派去管理废墟上的城市。

1945 年 5 月，基辛格所在的美军第 84 师开进德国克雷菲尔德市。这是一个位于莱茵河左岸莱茵 - 威斯特伐利亚州的港口城市，整个城市早已被战争破坏摧残得面目全非，一片废墟，25 万居民无家可归，前政府官员随纳粹军队逃得无影无踪。美国占领当局和反谍报部门密切合作，决心立即恢复这座城市的秩序。派谁来收拾这个烂摊子呢？按照常规，一般至少要由一位校级军官负责。这时，克雷默尔找到驻守该市的美国将军，向他推荐了只有中士军衔的基辛格。他打保票说："基辛格有非凡的才能和独特的见解，更不用说他的德语有多么流利了。"克雷默尔说服了那位将军，派遣基辛格负责领导接管这个城市。

办事干练的基辛格不负众望，出手不凡，不到三天就把整个克雷菲尔德市的管理工作恢复起来，第三天便组建起一个市政班子，基辛格自己充当首席顾问。不出一个星期，便把救济难民、清理交通的事整理出了个头绪。基辛格干得十分出色，表现出思考周密、办事井井有条的才能，成为这个地区的"非正式地方长官"。基辛格处事冷静，公正客观。城市居民供水是第一位的。他吩咐工作人员说："我们得先把自来水接通，不然老百姓吃不上水就要坏事。把自来水厂的工程师和市政专家都请来。"工作人员回答说："自来水厂的工程师是个纳粹余党。"基辛格不假思索地说："那么就把那个纳粹余党之前的工程师找来吧！"

在这段时间里，基辛格第一次以他的充满智谋的头脑，显示出杰出的管理才能，受到陆军部门的奖赏，获得了一枚铜星勋章。克雷默尔听说后，逢人便夸奖说："我对这个只有 19 岁或 20 岁的青年完成这项工作的方式方法感到很惊奇。克雷菲尔德市政府很快就有声有势地干起来了。那个城市可原本是一无所有啊！

没有电话，没有食物，什么也没有。亨利把事情安排得很妙。他简直是一个奇才，具有一种天赋的、为解决最困难问题而必备的神奇本领。这个小小的基辛格，在三天之内就凑起了一座大城镇的称职的领导班子。就是这座城市，仅仅在两天之前，一切还都由纳粹掌管着。"不过，此时的基辛格仍是一个孤独的军人，既不随便与人交谈，也不随便结交朋友。

由于在接管克雷菲尔德市上表现出色，几个月后，基辛格被授予负责管理整个贝格斯特拉地区的权力。基辛格把他的指挥部设在黑森州海德尔贝格郊外的本斯海姆，这里离他的老家菲尔特镇只有160公里。在这里，基辛格再次证明自己已经练就了卓越的行政能力，并克服了对德国人的报复心理而谨慎地使用自己的权力。

在接管本斯海姆的第一天，基辛格乘坐一辆老式的白色奔驰轿车，来到税务总局的办公大楼前。门前站岗的纳粹士兵看到后惊恐万状，基辛格只是摆了摆手说："我是第970反谍报部队的基辛格中士，现在我接管这里的一切。"说着，头也不回地走进楼去。

接管本斯海姆市的一项重要任务，就是清查当地的纳粹残余。这正是基辛格的拿手好戏。聪明的基辛格想出一个万全之策，他派人在当地报纸上刊登了一条广告："凡曾经当过警察而今后愿意就业的本地人，均可在×月×日到市政府登记报名。"在这里，基辛格巧妙地利用了战火后的严峻经济形势和人们期待就业的心理。果然，广告一登出，当地几十名盖世太保不请自到，主动找上门来了。就这样，基辛格把当地的盖世太保一网打尽。有人好奇地问基辛格："你的办法为什么这么灵验？"基辛格只淡淡地一笑，回答说："只要了解德国人的心理，这其实并没有什么费事儿的。"

（五）基辛格的心理格局：原谅敌人可能是权力的最初来源。

在接管城市期间，基辛格从不滥用职权，表现出高度的人道主义精神。就是这个城市的人，杀害过基辛格的几位亲戚，把他们全家赶出了这个国家。对于那些昔日有敌意的人，基辛格给予了充分的宽容和谅解。他经常对周围的人说："我们来这里不是为了复仇的。"年仅22岁的基辛格手中有权，能做到这一点需要很强的忍耐力和丰富的同情心。他的这种良好行为，成为他后来外交行动的第一个样板——寻求和解超过追求敌意。后来他曾在哈佛大学写作的论文中，对这种对待昔日敌人的理性态度给予理性的解释，他写道："原谅敌人可能是权力的最初来源。"

当时，还有一个关于蛋糕的故事一直流传很广。当时部队在征用一座私人别墅作司令部办公地时，发现这家厨房的桌子上放着一块生日大蛋糕。经询问才知道，这是主人为给儿子过生日准备的，主人离开时忘了带走。第二天，一个讲德语的美军中士把蛋糕送还给这家的主人。这个人就是基辛格。基辛格还允许这家的主人可以经常回来取些东西。这家人对他十分感谢，说他待人有很强的同情心。

克雷默尔对基辛格的这种行为大加称赞，他说："处理纳粹分子的时候，基辛格表现了人道主义精神和自我克制。那真是难以想象的大公无私啊！他自己出身犹太难民，现在手上掌握着生杀大权，可是他一点也不暴虐。他在日常生活中有一种不可动摇的信念，认为道德标准是绝对的。"他严肃而认真地对基辛格说："你有一个好的政治头脑。"基辛格的勤务兵也对基辛格说："从一个城镇到一个城镇，你就像国家元首或者总司令一样，你的话就是法律，但你从没有滥用权力的意思。"后来已担任美国国务卿的基辛格回忆起这段往事，仍深有感触地说："就我家庭的遭遇而言，复仇的念头对我们来说是不合适的。因为，假如对犹太人种族歧视是不好的话，那么对日耳曼人歧视也同样是不好的。虐待犹太人就是虐待德国人，反之亦然。我的意思是说，你不能责备整个人民。"

1946年5月，基辛格因卓越的军事成绩，被美国陆军授予一枚铜质奖章和两个奖状，这给他的军人生涯画上了一个圆满的句号。同时，也使他在战后能够一直和美国军界保持着联系。

三、投资哈佛，学而优则仕

（一）立志哈佛：学而优则仕。基辛格迷上了德国的思想家：黑格尔、马克思。

尽管情报学校有权有地位，但基辛格认为自己应该有更高的追求。24岁的亨利感到自己的知识不够用了，他对朋友们说：自己选择了长远观点，虽然掌握了一段时间的权力，但毕竟知识太少，为此宁愿放弃在欧洲报酬丰厚的工作，回国接受第一流的教育。他又找到克雷默尔，说："我只知道我在这所学校里所讲的一点东西，除此之外我一无所知。"克雷默尔听了很高兴，并对他提出了忠告，要他选择一流的大学："大丈夫可不能在纽约本地上学啊！凡是高尚的人都不会在纽约市立学院追求学位，应该到别的地方申请入学。"克雷默尔劝他的千里马立志当个"绅士"。这一席话使基辛格激动不已，他决心放弃过去那种布尔乔亚式的低层次概念，要成为一个真正有作为的人。克雷默尔帮助基辛格选择了哈佛大学。他的此番忠告，在基辛格成名后被奉为非常有名的"劝学篇"。

基辛格选择哈佛大学是经过慎重考虑的。哈佛大学是美国最著名的学府之一，也是美国最早建立的一所大学，它的校龄比美利坚合众国的国龄还早140年，其文理学院和法学院在全美大学中名列前茅。哈佛被视为美国学术界的"重镇"，也被视为造就第一流人才的摇篮，吸引着大批著名学者和优秀学生，同时也向社会输送了一大批杰出人物。毕业生分布于美国政界、学术界、科技界、金融界，显居要位。已有八位哈佛毕业生当上了美国总统：约翰·亚当斯、约翰·昆西·亚当斯、拉瑟夫·海斯、西奥多·罗斯福、富兰克林·罗斯福、约翰·肯尼迪、乔治·布什、贝拉克·奥巴马。哈佛还培养出了众多第一流的科学家，如著名物理学家、核磁共振现象发现者爱德华·珀塞耳，数学家、控制论创始人诺伯特·维纳等。第二次世界大战期间，哈佛大学的许多知名学者被聘入国务院、国防部、参谋长联席会议等要害部门担任专职或兼职顾问。基辛格深知，能拿到哈佛的毕业文凭，就等于获得了进入美国精英社会和权力上层的护身符和通行证。另外，在美国，东北部的"常春藤大学"与被称为"常春藤联盟"的东部权势集团之间有着千丝万缕的联系，哈佛大学位居"常春藤大学"之首，进入哈佛大学，就等于有了各种各样的机会实现自己"学而优则仕"的理想。

当时，哈佛大学虽然招生已经结束，但根据《士兵权利法案》还是接收了这位有出色战争经历、好学上进的青年。于是，基辛格走进位于查尔斯河畔的哈佛大学，搬进了克拉夫利大街的宿舍楼。

基辛格在入学申请中自称，个人业余爱好是"写作、古典音乐和现代文学。最喜欢的体育活动是网球和棒球"，"信奉犹太教"。

20世纪40年代末，美国继英国之后成为世界新的霸主，雄视全球，并无劲敌。美国的学者文人中不乏有"大志"者，跃跃欲试，一展宏图。就是在这个时候，基辛格走进哈佛的校门，师承一批热衷成就霸业的美国学者。

与基辛格前后进入哈佛大学求学的复员军人还有很多，这些人年纪一般都比较大，已不是典型的和平时期按正常年龄求学的大学生了。所以，在哈佛出现了一种奇特的景观：身经百战、阅历丰富的成年人和稚气未脱的高中应届毕业生同坐一堂；权贵子弟和平民子弟站到了同一个起跑线上。基辛格相信自己比大多数同学，不管他来自何方，都有更好的观察力和更成熟的性格，所以，刚来哈佛时，他与同学们不太合群，喜欢独来独往，让人感到性情孤僻，沉默寡言，城府很深。大家都叫他"隐士"，还称他是查尔斯河畔一只"孤独的狼"。

进入哈佛大学政治系，基辛格心里清楚，自己作为一个犹太移民的子弟，要想成就一番事业，没有什么捷径，只有一个办法，那就是靠个人的勤奋。于是，渴望获得知识的亨利真是如鱼得水，他求知心切，兢兢业业，胸有成竹，雄心勃勃，真是"两耳不闻窗外事，一心只读学校书"，看书学习常常到凌晨两三点钟。他的学习计划排得满满的，不分课上和课下。基辛格坚持听课和参加各种各样的讲座，从不缺席，课上认真作笔记，并随手写下自己的想法。他认为，这种笔记很重要，对自己是一笔财富，它保留的不仅仅是笔记，更是自己的思想。他学的是数学，但对哲学、逻辑学和历史最有兴趣，凭过去参加战争的经验和本能，他主修哲学和研究个人感兴趣的国际政治问题。他研究古希腊人和古罗马人的历史，钻研哲学家内容艰涩的名著，以天生的洞察力去观察世界进入 20 世纪后力量均衡局面的历史进程。他感兴趣的主要是一些思想家，比如黑格尔、斯宾诺莎、马克思、克劳塞维茨和陀思妥耶夫斯基，而后来对基辛格影响较大的学者大多是德国人：康德、黑格尔、马克思、克劳塞维茨和施本格勒等。

在同学印象中，基辛格是个不食人间烟火的苦行僧，不爱体育，不喝酒，也不追求女同学。看不出他日后出口成章、妙趣横生的风采。

（二）人生第二次奇遇：埃利奥特"老爷"的栽培。

在哈佛，基辛格遇到了他人生中第二位恩师，也是他的才智的发现者——威廉·埃利奥特。这可以说是基辛格一生中人际关系上的第二次奇遇。

埃利奥特是一个脾气很大、被称为"大老爷"式的人物，是哈佛大学政治系里两个最有影响、最有权力的人物之一。他早年毕业于英国牛津大学，并把母校的学风带到了哈佛，尤其是把牛津教师指导学生的方式全搬到了哈佛。他的教学方法很独特，先布置参考书，提出思考的主题，让学生们看书后写出短文，然后同他讨论，最后由他作出中肯的评论。这种方法，能使学生获益很多，更使基辛格兴趣盎然。基辛格后来讲学时用的就是这种方法。

基辛格对埃利奥特的博学和独特的教学方法十分钦佩，认为他是第一流的教授，是个了不起的大人物；而埃利奥特则像发现了新大陆一样发现了基辛格的特殊天赋。他认为基辛格很成熟，"比最聪明的学生还要胜过几分"，一切"恰到好处"，不像个学生，倒像个老练的同事，是一个值得培养的大有前途的青年人。师生俩彼此喜爱，相见恨晚，几乎每周都见一次面，讨论一些十分深奥的问题。埃利奥特称赞基辛格"具有一副不寻常的、有独到见解的头脑"，"有一种政治哲学感。他绝非那种愚蠢的行为主义者，把一切事物截然分成两种，非此即彼。他不忽视历史发展具有史诗般的特点，也不忽视《圣经》。他懂得促成历史发展的那些根本因素"。

基辛格感到，这位导师好像给了他一把打开知识宝库的钥匙，从政治、历史、哲学到文化，向他展现了一个他过去从未接触、更没深入钻研过的新的广阔的知识世界。他一方面贪婪地吸收他所学习的一切，同时不断地向埃利奥特求教，尽量从他那里吸取自己所需要的东西，并帮助他做各种行政事务工作，不仅学习了知识，也锻炼了能力，阅历和经验越来越丰富。基辛格向克雷默尔谈起与埃利奥特教授的交往，克雷默尔听后十分高兴地说："亨利，你总是很幸运的。每到人生的重要转折关头，你准能遇到引路的人。"

埃利奥特是黑格尔的信徒，他对基辛格最大的影响，是向他灌输了一整套政治哲学，即保守主义。在牛津大学时，埃利奥特深深陷入了黑格尔的唯心主义传统。后来他强调黑格尔的保守主义，并认为它在当时仍有用处。

基辛格的刻苦与勤奋，赢得了许多著名教授的赞誉和喜欢，甚至赢得了一位与埃利奥特是死对头的教授的青睐，使他左右逢源。

1950年，学业结束时，基辛格交出了一篇长达377页的毕业论文，题目是《历史的真义——读施本格勒、汤因比和康德著作的心得》，显示出他的勤奋、胆量、兴致和对高深理论的酷爱。

这篇论文是基辛格对世界观的初步探讨。在埃利奥特的指导下，基辛格认真研究了德国历史哲学家施本格勒、英国历史学家汤因比和德国古典哲学大师康德的思想，把这三位哲学大师扯在一起，对他们的思想进行分析比较，在此基础上提出了个人的信念和哲学观。哈佛的老师们对这篇超长的论文评价不一，有的说它对传统的学术观点提出了挑战，埃利奥特只看了前100页，就提笔批了一个"最优"成绩。而基辛格在写完377页的大作后，冷暖自知，是刻苦勤奋和思考使自己弄懂一些深奥的问题，在研究的禁区取得收获。

美国是商业社会，有钱才能办事，学校也不例外，否则，纵有满腹经纶也不过是屠龙之技。基辛格深谙其中的道理，四处奔走结交权贵，拼命拉钱。有了钱，事情就好办。基辛格专门创办了一份叫《焦点》的杂志，自任总编，到处向政界要人约稿。这些人虽说并无多少真知灼见，但能在哈佛的杂志上发表文章还是乐于从命的。基辛格对本系内的人际关系倒不太注重，不屑像其他研究生那样在系内钻营。在他看来，学校里都是蝇头小利，犯不上明争暗斗，耗费精力。基辛格胸怀大志，要的是立足哈佛，放眼全球。

如拼命三郎一样刻苦学习的基辛格，用三年时间读完了政治系的全部课程，各科成绩都是优，获得"最佳成绩"学士称号，是全校毕业生中16位优秀生之一，并获得了奖学金，被允许免试进入研究生班学习。两年后，获得文学硕士学位；再过两年，又获得哲学博士学位，这就是基辛格博士头衔的来历，后来毛泽东称他为"哲学博士"。

（三）攻读研究生的基辛格成了"国际讲习班"的主持人

基辛格读研究生期间，导师是哈佛大学政治系另外一位权威人物卡尔·弗德里克，此人与埃利奥特是死对头，而基辛格与两人的关系都不错，是政治系里少有的能与两位"大老爷"相处得当的学生。有人评论说："情况是，你要么是埃利奥特中意的人，要么是弗德里克中意的人。而基辛格却能左右逢源，同双方都混得挺好。"其中的原因，一方面基辛格是个出类拔萃的学生，受到两个"大老爷"的喜爱；另一方面，基辛格不参与派别之争，能够及时平衡各种关系。

也许是受哈佛大学传统的影响，基辛格在学生时代希望成为一名"实践的政治家"。在读研究生期间，埃利奥特给他提供了一个极好的机会。20世纪40年代末50年代初，哈佛便注意加强与华盛顿的关系，把它最有成就的弟子送到未来的权力上层，同时成立了许多高级研究机构和讲习班，实施所谓"哲学—国王"的培养计划，使哈佛成为美国权力的基地，扩大对政府的影响。1951年，由埃利奥特主持，洛克菲勒基金会、福特基金会、中央情报局赞助，哈佛大学开始举办国际讲习班，其目的是向"26岁至45岁之间在自己国家里接近领导层的人物，尤其是有潜力成为这些国家未来领导人的人物，包括记者、管理者、教育者、政治家等，传授美国的优越制度、生活方式和美国观点，同时促使他们关心美国"。埃利奥特指派仍在读研究生的基辛格担任执行主任。

这给了基辛格一个大显身手的机会。他兢兢业业，讲究策略，邀请了许多著名的大人物来讲习班授课，600多位"未来领导人"都来做基辛格的学生。这些人不少日后都成了各国的政界要员、银行家或是著名记者，其中包括日本首相和法国总统。这样，基辛格自己拥有了一种不可多得的国际性联系，可以塑造、考察外交精英和未来决策者。同时，在使政治权力与头脑相结合方面，基辛格和讲习班起了先锋作用，一些相互敌对国家的未来领导人被巧妙地安排在一起，在友好气氛中进行各种辩论，阿拉伯人和以色列人、巴基斯坦人与印度人、希腊人与土耳其人等等有着利害冲突的敌手在交谈和握手。在这种和谐的交流中，作为主持人的基辛格学会了在左派与右派之间建立联系，进行周旋。这种能力在他以后的政治、外交生涯中有了用武之地。

四、韬光养晦

（一）基辛格博士毕业拿到夏季奖，哈佛却拒聘他任教，人生路途上遭到第一个重大打击。

1954年，基辛格完成了自己的博士论文。他在论文中集中研究了1815年维也纳政治体系的建立和维持，探讨了欧洲古典均势学说。这篇博士论文因其杰出的学术成就而获得"哈佛夏季奖"，并于1956年以《重建的世界》出版，它的发表确立了基辛格作为美国学术界现实主义学派第一流学者的地位。

基辛格以其优异的成绩拿到了博士学位，心中暗喜：这下可以在哈佛大展宏图了。他想，哈佛将会授予他讲席，聘请他为助理教授，尔后是副教授、教授，这是哈佛优秀学生留任哈佛后的一般晋升顺序。他自己也满以为，一旦博士头衔到手，跻身于哈佛教席当然不在话下。学术界人士也都推测基辛格可能被聘于哈佛大学任教。他是该校公认的大有前途的学生，他的博士论文由于学术思想卓著，获得了萨姆纳奖金。基辛格被推荐留哈佛任教，并得到一些教授的支持。

基辛格焦急地等待着好消息。结果却大大出乎他的预料，哈佛对这位高材生、出色的博士说不！基辛格遭拒聘！

基辛格至今也弄不明白为什么第一流的美国著名学府，竟然将自己培养出来的优秀博士拒之门外呢？一种说法是基辛格很难相处，"神气十足，就爱巴结名人"；另一种说法是，基辛格怀有野心，热衷于做官胜过教书做学问。公开的理由是，学校编制上没有正式教职名额。虽然哈佛有许多重要的教授兼作政府机构的顾问，或者正式并公开住进白宫，但哈佛校方对这类活动从内心里是反感的，不赞成搞这种事情，哈佛只向那些真诚希望献身教育，愿意把自己的知识传授给一代又一代学生的人提供教授职位。由于反对的人占多数，埃利奥特在此事上尽管尽了最大努力，却没能像过去那样以权威姿态取胜。两年后，才透露出一种说法：学校不同意基辛格在哈佛任教，完全不是由于他的才学不足，而是由于他为人的态度以及有人认为他只是想在哈佛谋得一个职位，而把这作为实现其更大抱负的阶梯的缘故。

得知哈佛拒绝了基辛格，芝加哥大学和宾夕法尼亚大学立即向他发出了正式聘书，这两所大学十分欣赏基辛格博士的学术才干，芝加哥大学更是明确表示聘请基辛格做教授。

（二）磨炼独特性格，拥有三头西西里骡子的韧劲。

基辛格得知这些消息，亦喜亦悲。遭哈佛拒聘，这可以说是他人生第一次重大挫折。而芝加哥大学也是美国政治学的"重镇"，首屈一指的现实主义学派大师汉斯·摩根索就在该校政治系执教，而且此人也是一位从德国来的犹太人。按照一般常规，这是应该接受的，而且基辛格也几乎准备接受芝加哥大学的盛情邀请了。但是，他最终还是婉言谢绝了。

正如一些人所猜测的，基辛格的兴趣既在研究学问，又想影响权力机构，他想先在学术上有所建树，尔后进入白宫决策层。而芝加哥大学远离华盛顿和纽约这些美国的政治中心，要想与政府取得密切联系十分困难。基辛格分析说："如果到芝加哥或其他什么地方去，离华盛顿和纽约就太远。哈佛是通天的，留在这里，哪怕担任临时教职也好。而且利用眼前的空子，可以暂时离开坎布里奇的大学圈子，到真正的世界去闯一下，品味一番。"

基辛格进入哈佛后，对权力是有欲望的，但是，从根本上讲，他对权力的渴望，主要是想施展他的宏图大略和奇谋妙策，展示他的智慧和才华，在美国政治舞台上有所作为，叱咤风云一番。

中国清代学者唐甄在其所著的《潜书·受任》篇中，讲到所谓"君子有五不受者"，说的是那些恃才傲物的才子，在"不遇其时""不得其主""用违其才""任属不专"与"权臣持之"的情况下，是不愿轻易出来受任的。一旦时机到来，得到赏识，他们就会"入室而谋，处幄而议"，"大展宏图"了。而基辛格，首先把公职看作一项为国效劳的机会，而不是谋求个人晋升的时机。1972年11月初，基辛格在他的办公室里，接受意大利《欧洲》杂志女记者奥里亚娜·法拉奇的采访，其中谈到他对权力的看法。他说：

权力作为一种虚荣心的媒介物，对我没有丝毫吸引力……

我所感兴趣的是，你运用权力可以做些什么。请相信我的话，你可以利用权力干出极其了不起的事情来……

基辛格说他自己没有"虚荣心"，那未必是真的。作为一个资产阶级知名学者，早在哈佛大学埋头著书立说的时候，他就抱着"学而优则仕"的想法，做着入朝当官的梦了。当他在等待了18年之后，终于跨进白宫门槛，掌起美国外交大权时，便得意起来。后来他兼任国务卿的职务，坐上了美国政府内阁的第一把交椅，就更加志得意满。但是，基辛格对权力的渴望和追求有明显的功利目的，他在哈佛时期就对19世纪欧洲封建君主国家的所谓"内阁外交"与强权政治深有研究，对于梅特涅、塔列朗及卡斯尔累这些当时欧洲风云人物纵横捭阖的外交手腕十分推崇。他所渴望的是在20世纪70年代动荡多变的世界舞台上扮演一个甚至超过这些近代欧洲政治家的角色，做一个"乱世能臣"，来左右和操纵世界的命运。

基辛格暂时离开哈佛圈子，到外面闯世界的想法再次得到了埃利奥特的支持，他说："这个人就是有股子韧劲，人有了这股子劲头，还愁什么事干不成啊！"

"三头西西里骡子"的韧劲，这正是基辛格的性格魅力。西方一些基辛格传记作者一般都承认，基辛格有顽强的性格，对自己从事的工作和争取的目标具有一种百折不挠的精神。有人还拿希腊神话中的国王西瑟夫的故事来比喻基辛格的韧劲。那故事说，西瑟夫因为触犯了天神，被罚作劳役，往山上运大石块，每次运上去就滚下来，滚下来又运上去，费尽了力气却毫无结果。而基辛格比西瑟夫还要顽强，因为他从来不承认自己的失败，只不过是把每一次的挫折和失败，当作争取最后成功的起点和锻炼自己的机会。

基辛格就是这样，在沉重的打击和意外的挫折面前，没有低头泄气，反而把它看作成功的新起点。

1955年，基辛格返回纽约，担任研究小组的主任，负责起草带有结论性的研究报告。这期间基辛格卧薪尝胆，刻苦修炼。

功夫不负有心人，1961年，哈佛大学决定聘用基辛格，授予他讲师职级，1962年晋升为教授。基辛格最终实现了自己的心愿。这一时期，他对美国外交政策和国际事务提出了自己独到的见解和主张，只是由于得不到当权者的赏识，而无法施展自己的抱负和政策主张。但他从来也不轻易改变自己的想法，为了个人的飞黄腾达而去迎合当权者的心意。在肯尼迪政府时期，这一点表现得特别明显。

基辛格在野的时候，论资格和地位不过被人看作二三流的战略问题专家，但他决不因为自己人微言轻而放弃对美国外交政策弊病的批评。他在一些著作中，批评美国整个国内政治结构和过去历届总统的领导方式，认为这些当权者根本不懂得客观情势的变化和美国外交所面临的实质问题。

对于自己怀才不遇的境况，基辛格在自己的著作中引用梅特涅的话自励道："因为我知道我自己想干什么，又知道别人能够干什么，因此我是作好了充分准备的。"这个"充分准备"，就是深信美国某些当权者总有一天要用其人，取其谋，让他出来大显身手的。他以极大的耐心等待着。

（三）敢为人先：核战争理论下笔断春秋。

基辛格认为自己天生是干大事的人，哈佛大学只不过是他人生前进旅途中的一个阶梯和训练基地。拒聘的挫折不过是再次出现人生跨越奇迹的阶梯。

他一脚蹲在哈佛钻研问题，著书立说；一脚踏进华盛顿政界，成为那里的一个地位十分不稳定的顾问：先后在杜鲁门、艾森豪威尔、肯尼迪和约翰逊两党四届政府的军事和外交部门担任过各种顾问，其中最能发挥他的聪明才智的便是做洛克菲勒的智囊。

最初，基辛格受聘到纽约担任对外关系协会主办的《外交》季刊的编辑部主任，后来担任对外关系协会"核问题专家小组"报告起草人。对外关系协会是美国外交政策方面最有影响的研究组织，由洛克菲勒财团控制，因对美国外交政策有重大影响而被人们称为"真正的国务院""无形的政府""超级智囊""训练外交官的学校"。自20世纪40年代核武器日益发展之后，世界各主要国家对核战争理论极为重视。当时，美国对外关系协会正在着力研究核战争理论，组成了由34位高级专家参加的"核武器与对外政策"研究小组，需要找一个年轻、有思想的学者来撰写研究报告，基辛格被认为是最合适的人选。组织者认为，基辛格的能力和谈判技巧，尤其是超然于不同党派观点之上的风格，证明他是一个恰当的能够综合各方面意见的人。而且基辛格当时尚置身于美国国内关于核武器问题的争论之外，他们认为最好找一个没有太深卷入讨论的人，以免受那些权威人物的影响。

基辛格接受这个职位，也是有自己的考虑的。他认为，对外关系协会是唯一能把政治权力和学术水平结合到一起的地方，虽说它只是美国最著名的私人外交政策团体，但它聚集了财团巨头、政府机构和知识界的精英，接受这一职位，正好可以发挥自己在综合能力方面的突出优势。于是，他致函该协会执行主席富兰克林，以惯有的自负口气答复说：

"我接受这个职务，不仅因为它好像符合我的主要想法，也因为协会好像建立了一种对我有吸引力的人与人关系的环境"，"如果我上，你得让我确实以我的方式做"。

富兰克林代表协会答应了基辛格提出的要求，由卡内基基金会聘请他为 15 个月期限的研究员。于是，基辛格前往纽约他最初的移民地，出任对外关系协会研究小组主任。从此，他开始广泛结交具有政务、外交、军事、实业和新闻工作经验的权势人物。对基辛格来说，接受这一职位，是最为重要的人生抉择之一，为他开辟了一条广阔的发展之路。这段经历，不仅使他出版了自己的"成名之作"，而且给他提供了与东部权势集团，特别是与洛克菲勒集团建立关系的大好机会，后者对于他来说更为重要。

于是，出现一种奇特现象：刚 30 岁出头的基辛格，与这些过去和现在的军政显要坐在一起讨论严肃的核武器和核战争问题。大家都围绕基辛格坐着，因为他是主任，这使他学会了如何"控制"这些大人物。在这群显要中间，他还感到了西欧文明对美国人的优越性，不论面前的人职务级别有多么高，他们只能承认美国人相信成功的故事。在研究小组的大多数会议上，基辛格尽可能使自己成为一个神谕、教员和大智者。他也给与会的大人物留下了深刻的印象：不退让谦恭，但有礼貌善应对。有人称赞说："基辛格主要来自于他头脑的素质，他有一种秩序感和控制力。""基辛格不只是个讲话的人，他是一个'存在'。如果基辛格做了什么事，它就是一个事件。"

在协会里，基辛格如鱼得水，以前在军队、情报学校和哈佛大学的韧劲和闯劲再次被焕发出来。他与外界几乎处于半隔绝状态，一天要工作 17 个小时。他清楚自己写的东西是给美国政府担任最高职务的人和社会精英看的，与写一篇博士论文大不相同，于是，他查阅了大量资料，对草稿进行反复修改。他精力超人，能量巨大，完全能支撑长时间超负荷的工作，而他身体的"沉重"，证明了他的"存在"，使人们一望而知他的"哲学沉重感"。这段日子，使基辛格重新树立起信心。

基辛格主持的核问题专家小组经过潜心研究，在核战争理论方面取得突破，由基辛格独自撰写的《核武器与对外政策》一书，于1957年出版，观点独树一帜。由于核武器是美国当局感到最为困难的问题，也是世界各国政府和人民最为关心的问题之一，基辛格在书中提出了自己独特的观点，首次提出了有限战争的理论，所以此书一问世，立即引起美国当局和世界各国的关注，连续14个星期出现在全美最畅销书的前列。《华盛顿邮报》评论说：这是1957年甚至几年以来最重要的一本书。副总统尼克松还给基辛格本人写来了一封热情洋溢的祝贺信。该书被国务院和国防部列为所属官员的必读书目，国务卿杜勒斯也大为触动，由主张大规模报复理论开始转向赞成基辛格所分析的有限战争理论。这一著作还引起了国际学术界和政治家的重视，1958年，在苏联出版了俄文版；1959年，在中国出版了中文版。由于《核武器与对外政策》一炮打响，基辛格一举成名，他的学术水平和才能得到了社会的承认。

这时，基辛格在思考和探索问题时，开始显示出穷源溯流、舍末求本、层层推敲、步步深入的特点。他的《核武器与对外政策》一书，虽然结构庞杂、文笔累赘，内容烦琐得令人难以细读，但是他对问题的思考与论证，比起美国的一般学者政客，有其独到之处。他的所谓"有限战争"战略，是在仔细考察了战后世界局势的演变，看到了美国所谓"大规模报复"的"核威慑"政策的限度，对美国与世界的军事、政治、经济及科学技术诸方面的关系进行了综合研究之后推论出来的。他在论证中旁征博引、举一反三，首先在同一个问题上摆出美国朝野的各种不同的甚至对立的观点主张，然后力排众议，分别批驳否定，推出自己的论点。

在《核武器与对外政策》一书中，基辛格站在美国立场上思考核武器出现后对人类提出的挑战。他认为，核武器不应被看作纯粹的技术武器，而是一种政治性质的武器，它对战略的挑战，不仅是技术上的，更是精神上和政治上的。他批评了国务卿杜勒斯提出的"大规模报复理论"，认为这是一种巨大的错误。这个理论不懂得，在核战争中，"不存在什么胜利者，一场原子战争的唯一受益者——如果有的话——将是那些设法置身局外的国家"。大规模报复战略以全面战争作为"威慑手段"，大而空洞，根本行不通，不实际。为此，基辛格主张采用"有限战争"这一概念。他认为，"有限战争"是为了具体的政治目的而进行的，代表一种影响敌人的意志而不是摧毁它的企图，基本上是政治行为，其显著特点是不能用"纯"军事的方法解决。他强调外交的作用超过了军事手段，强调心理战，认为核时代既是军事斗争的时代，也是通过政治战和心理战以取得优势的时代。

《核武器与对外政策》一书的出版，标志着50年代美国核战略大辩论的转折。基辛格是主张彻底改变核武器作用的人物之一，他的"有限战争"思想，对20世纪五六十年代美国战略思想产生了重大影响。此书的出版为基辛格在学术界和对外政策研究领域带来了巨大声誉，给他戴上了一顶"战略理论家"的桂冠，并使他进入了专家治国论学派的最前列，为此基辛格成了美国战略研究的开拓者，获得了伍德罗·威尔逊奖，成了《外交》季刊最受欢迎的学术撰稿人。

（四）洛克菲勒王冠上的"大宝石"。

《核武器与对外政策》给基辛格带来了巨大声誉，证明他能够把学术能力、政治兴趣、头脑智慧与实际行动有机地结合起来。不久，基辛格与东部权势集团的代表人物纳尔逊·洛克菲勒拉上了关系，进入了东部财团的精英社交圈。

东部财团是美国最老的一批财团，分布在著名的"常春藤地带"，一向有"东部权势集团"之称，以洛克菲勒和摩根两大财团为首。东部财团控制着美国的舆论工具，其中洛克菲勒家族在国际事务方面拥有极大的无形权力。

洛克菲勒财团是美国最有势力的垄断资本财团之一，发迹最早，资本实力最雄厚，全世界都把洛克菲勒这个姓氏作为美元的同义词。洛克菲勒财团同时控制着美国生活的各个方面，是美国不执政的王朝。自20世纪50年代起，洛克菲勒财团支持的美国对外关系协会，邀集一批"特别的资深的人士"，包括政军要员、武器专家、军火工业巨头以及基辛格在内的学者文人，研讨美国的军事与外交政策。就在这时，基辛格的才能受到了这个家族中分管外交事务的纳尔逊·洛克菲勒的注意和重视，并受到重用。此时的基辛格作为"一个知识界的要人，同外界有着不寻常的关系"。

这个纳尔逊·洛克菲勒就是对基辛格一生影响最大的第三个人。他十分钦佩基辛格的聪明才智，很乐于同他交往，非常器重他。

第一次见面，基辛格就给洛克菲勒留下了奇才的印象。洛克菲勒说："我被亨利深深地吸引住了，他能容纳所有的事实和观点，他是能产生概念的思想家，他想得比一般人远大。"洛克菲勒立即将基辛格纳入自己的智囊团。基辛格对此十分感动，更把洛克菲勒当作知己，积极为他出谋划策，发挥自己在外交方面的才能。洛克菲勒在连续三次竞选美国总统时，都把基辛格当作重要的外交政策顾问，基辛格自然为之竭尽全力，洛克菲勒的许多演说，都是出自他的手笔，"声音是洛克菲勒的，字句是基辛格的"，有人这样评论。那时的基辛格，年轻气盛，恃才傲物，夸耀自己的才智要超出一般人。他在接受《纽约时报》记者采访时，有这样一段精彩对话：

记者：洛克菲勒具有怎样的才智？

基辛格：他具有第二流的才智，然而却具有第一流的认识人的直觉判断力。

记者：那么您具有怎样的才智呢？

基辛格：我的才智是第一流的，然而我对人的直觉判断力却是第三流的。

这段对话说明了基辛格与洛克菲勒两人结合的奇巧之处，它可以说是智慧财富与金钱财富的最佳搭配。

1956年春，洛克菲勒提出一个由基金会出资赞助的特别研究计划，目的是研究未来十年国内外重大问题。基辛格和洛克菲勒一起管理研究计划，两人关系更为密切。基辛格及时抓住这个机会，同洛克菲勒财团等东部权势集团建立了更为密切的关系。

借助于洛克菲勒的名声，基辛格的社交圈子也进一步扩大，与东部权势集团的关系更加密切。这既展示了基辛格个人与美国上层社会打交道的技巧，又使他的未来人生富有传奇，为自己将来走向美国政治舞台的顶峰打下了基础。

20 世纪 60 年代初，洛克菲勒多次说服基辛格"专心致志"地为他工作。这给基辛格出了一道难题。为洛克菲勒这个大财团工作，可以直接获得巨大的财力支持，并提高自己的社会地位。可是，一旦完全成为洛克菲勒的人，这种依赖关系又太惹人注目，还会失去自己原有的独立人格。哈佛大学是个保持独立性的恰当的地方，自己并不喜欢介入党派斗争，这正是基辛格自己的立身原则。经过激烈的思想斗争，基辛格将自己的决定告诉了洛克菲勒：保持自己的独立性，但只要洛克菲勒需要，随时愿意为"老板"服务。

五、白宫之路

（一）重返哈佛，打通学术界的道路。

1957 年秋，在华盛顿上层社会闯荡两年之后，基辛格再次作出惊人之举——接受邀请，重返哈佛。此时的基辛格，与两年前的那个基辛格已大不一样，他像上帝的选民一样，有了圣人式的保护，拥有了浓厚背景的权力基础，同上层人物来往密切，底气十足，信心也更足了。

哈佛大学是研究治学的最理想场所，而基辛格感到，自己虽然有了一些学术基础，但仍达不到著名人物的水平，名气和学术造诣都有待提高。为了安心于学校工作，以便打通学术界的道路，基辛格不仅重返哈佛搞学术研究，而且决定回哈佛定居，每月只在纽约待几天。

对于基辛格来讲，哈佛堪称他的第二故乡。他之前在这里度过了八九年的读书生涯，这一次重返哈佛，到 1969 年进入白宫，在哈佛一住就是 11 年。前后加起来，基辛格在哈佛生活了差不多 20 年，走过极为踏实的人生阶梯。基辛格 1957 年在哈佛政治系做讲师，1959 年后跳过助理教授，晋升为副教授，两年后的 1962 年晋升为教授。

基辛格在教学方面坚持自己的特点。他讲课，内容丰富而生动，妙趣横生，引人入胜。他善于把复杂的问题讲得一清二楚，喜欢与学生们交流，措辞巧妙，带有极强的讽刺幽默感。他不屈从于学究式的教学方法，而是围绕着自己的兴趣，其讲课内容与现实政策和时事直接关系。1958 年，基辛格兼任国防研究计划主任，并开设了一门新课"国防政策和管理"，讲得灵活有趣。他还常以自己的名义，邀请华盛顿政府中掌管制定政策的权势人物来学校进行客座讲授。这些大人物中，有国防部和国务院的部长、助理部长以及助理部长帮办。学生们十分喜欢基辛格这种新颖而大胆的尝试。

在哈佛大学，基辛格热衷于研究对外政策，热衷于研究战略问题，对政治系里的学术政治不感兴趣，认为卷入学术权力斗争是不值得的。但这并不等于他反对学者从政。学者从政是一种理想，基辛格认为自己正好适合于成为学者政治家。他仍喜欢独来独往，更增加了一层深深的孤独感、悲剧意识和秘密感。他有很强的贵族式感情和清高的自爱，只同要好的和志同道合的朋友来往。

基辛格把哈佛作为政治奋斗历程中缓冲休息的小站，磨炼自己的学术之剑，补充所需要的超燃能量。经过刻苦修行，基辛格成了一位超级智者。他的战略观点往往能切中要害，他的思想在学术界和政界、军界有很强的辐射力。1961 年，基辛格出版了他的另一部名著《选择的必要》，此书是在国际问题研究所主持下出版的，被视为《核武器与对外政策》一书的姊妹篇，舆论界称它为"美国外交和军事政策的纲领性著作"，被美国国务院和国防部确定为所属官员的"必读物"。

在《选择的必要》一书中，基辛格大胆提出：在核时代，胜利已失去它的传统的重要意义，战争的爆发越来越被认为是最不幸的灾难。由此，出现了两种"威慑的困境"，战争的逻辑是威力，和平的逻辑是均衡；但在核时代，核武器除了威慑之外还未找到第二个用途。

基辛格在《选择的必要》中进一步发展了他在《核武器与对外政策》一书中提出的关于威慑的理论。他指出："从威慑的观点来看，表面的虚弱和实际上的虚弱将产生同样的结果。如果一种目的在于虚张声势的姿态被人认真对待，它的威慑作用就比一种被人当作虚张声势的真正威胁更大。威慑需要兼具以下的因素：有力量，有使用力量的意志和潜在的侵略者估计到这两点。而且，威慑是这些因素的产物，而不是它们的综合。如果有一种因素不存在，威慑就不起作用。"他强调必须重视现实政治的选择性，强调先在心理上战胜对方，"军事政策的成败主要决定于心理上的标准"。他建议政府采取"灵活反应"战略。他认为，以有限战争能力为基础的战略，提高了威慑的可能性，增加了西方外交的灵活性。同时，"只要国际体系是由许多实力大体相等的国家所组成的，那么，策略的巧妙就可以在某种程度上代替物质力量"。这些反映了美国强权政治实质的思想观点主张，受到当时美国当权者的欢迎和赞赏。

（二）初涉白宫，失败阴云笼罩超级智者。

基辛格一直梦想跻身政界，参与政府对外政策的决策，为此他捕捉着推销自己战略思想的一切机会。《选择的必要》一书出版之际，正值当选总统肯尼迪就职之时。肯尼迪政府要求手下官员们有新的素质和风格：大干一番的雄心，勤奋忘我的工作精神，年轻而富有朝气，以及口齿伶俐的语言才能。《选择的必要》一书的出版，似乎给基辛格带来了政治上的鸿运。他在书中向当选总统肯尼迪呼吁实行"灵活反应"战略，正好符合肯尼迪的设想。肯尼迪看中了基辛格的战略才能，要他出任白宫顾问，从事政策研究，定期到白宫提供咨询。

对于这样难得的机会，基辛格起初十分珍惜，积极投身于新工作，常常不辞辛苦从坎布里奇飞到华盛顿，有时工作紧张时，还超过了规定时间。1961年柏林危机期间，基辛格甚至暂时放弃了在哈佛的教学工作，集中精力全力以赴地协助白宫应付危机事件。他希望通过常住白宫的哈佛同事，影响国家的对外政策决策。

但是，基辛格不久便发现，肯尼迪政府对他的研究成果并不重视，根本不把他放在眼里。他看到，肯尼迪政府只不过是一班纨绔子弟的天下，任人唯亲，在白宫编织的只是豪门名流的关系网络，而不重视他这位"超级智者"的建议。基辛格渴望接触和参与决策重大问题，但常常是靠边站，没有介入重要事务的机会，还屡遭白眼。同时，令他不能容忍的是，肯尼迪总统在外交上的大政方针仍然充满"美国万能"的思想，不懂得力量的限度，在美国国力大为下降的情况下，仍然认为美国可以包打天下。这些想法与基辛格的看法正好相反。肯尼迪总统的做法也很不对基辛格的胃口。基辛格欣赏的总统，是那种遇事决断、态度认真、目的明确的人，而在肯尼迪身上根本找不到这些素质。

后来，基辛格在访问印度和中东地区时，按自己的想法发表意见，给肯尼迪政府"捅了娄子"，不久就被白宫"解雇"。这对基辛格来说，简直是莫大的耻辱，他感到自己争取权力的努力失败了。但这次失败也给他补了一堂政治课，教训有两个：一是作为一名兼职顾问，对政府政策的影响是很有限的，离实际决策中心还太远，更不用说接近总统本人。二是要想实现自己的远大抱负，必须找一个特别的监护人，给自己提供一个保护层。

初次出击政坛便遭失败，这对基辛格来说是一个不小的打击，但这场失败并没有把他击垮，反而使他愈挫愈勇，把他变成了一个新人。

基辛格在哈佛耐心地等待着。

（三）解决越南问题的前奏：初涉越战泥潭。

很快，机遇再次垂青基辛格这位"超级智者"。

1963年11月，肯尼迪遇刺身亡，约翰逊接替当上美国总统。此时，民众反对美国当局侵越战争政策的呼声一浪高过一浪，美国在越战中陷入了东方式

"人民战争"的泥潭，进退两难，迫使约翰逊总统调查美国在越南卷入战争的情况，以便检讨美国的越战政策。约翰逊把这个任务交给了刚上任不久的美国驻西贡伪政权大使洛奇，他要洛奇从华盛顿决策圈外找几个新人，以便能提出一些新的决策建议。洛奇通过在哈佛教书的儿子找到了基辛格。

基辛格对越南问题虽知之不多，但他欣然接受了邀请，他渴望尽快回到美国对外政策领域的舞台中心。接受任务后，基辛格再次拿出"超级智者"的本领，立即投入研究与越南有关的各种问题，很快成为"速成的越南通"。在 1965 年以后的三年中，基辛格成了一个处理对越政策的重要幕后人物。

1965 年 10 月，基辛格被秘密派往南越"首府"西贡，进行实地考察。他采取了自己喜欢的调查方式，不是找政府高级官员和军队高级将领，而是亲自走到民间，找当地的村长、记者、中学教师、佛教徒聊天，询问越南的历史、社会和文化等各方面的情况。通过这种特殊的调查，基辛格基本上弄清了美国介入的情况，回国后向政府提交了一份有重要价值的报告。他在报告中写道：虽然美国投入大量的兵力和美元，但"在南越政府当前和未来的领导人中，几乎完全缺乏政治上的成熟性和无私的政治动机"。他提出，"越南战争主要有两个问题：撤退会造成不可收拾的局面，谈判是不可避免的"。他提醒当局注意："我们在越南作战，已不仅仅是为越南人。我们也是在为我们自己……""我们已经把我们的棋子钉死在西贡一小撮声名狼藉的政客和将军们的旗杆上了"，"谈判是唯一的希望"。

在返回华盛顿途中，基辛格在加利福尼亚作了短暂逗留，首先向设在那里的美国著名智库兰德公司作了专场报告，他是这家智囊团的顾问，受到这里的专家智囊的尊重。基辛格的报告在兰德公司得到极高评价，一位资深的专家赞誉说："这是我听到过的对这场战争最精辟的分析。"

回到华盛顿，基辛格立即来到国务院和五角大楼，向政府和军方的高级官员汇报了心得，同样获得华盛顿的高度评价，高级官员们评价说，基辛格对越南问题的判断和使用的分析方法，具有很高价值。

初涉越南战争这一全美最为关注、政府最为头痛的问题，基辛格便取得成功，成了著名的越南问题专家。

1966年10月，基辛格第二次受命到越南考察。

1967年6月至10月间，基辛格提出并参与了旨在结束越南战争的秘密谈判，这个秘密行动的代号为"宾夕法尼亚行动"。基辛格可以说是这个行动的关键人物，扮演了华盛顿与越南政府之间一个实质性的"公平"角色。谈判期间，基辛格表现出极强的自我克制力，他保守秘密，正直坦率，准确地表达了美国立场，严格按指示办事，几乎架起了华盛顿与河内之间的一个秘密渠道，出现了双方政府直接和谈的可能性。这次秘密活动虽然中途夭折，却给基辛格提供了外交政策的试验舞台，使他获得了宝贵的经验，为不久后与越南政府进行谈判打下了良好的基础。

（四）总统大选：洛克菲勒失败，基辛格获胜。

基辛格在哈佛大学期间，一直没有离开洛克菲勒财团。1968年，洛克菲勒决定参加总统竞选，基辛格走出书斋，直奔华盛顿政治舞台。他从哲学和历史的王国中脱身出来，转到对外政策的现实问题，全身心地协助洛克菲勒投入了激烈的总统竞选角逐中。基辛格的工作，主要是帮助洛克菲勒绘制总统候选人对外政策蓝图。

基辛格清楚，洛克菲勒一旦竞选成功，做了美国总统，自己作为他的首席外交顾问，必然会轻易地获得对外政策决策的关键位置。这一年，总统候选人面临的头痛问题主要是对外政策问题。几年来，美国继续企图称霸世界，却遭到世界各国人民的反对，强权外交政治接连遭受挫折，这对竞选纲领中的对外政策提出了很高的要求，而这正是基辛格

洛克菲勒

的拿手好戏，基辛格自己正要借机向人们显示"超级智囊"的英雄本色，通过洛克菲勒推销自己多年来一直研究的外交方略。由于在重大外交问题上与洛克菲勒的观点一致，所以基辛格完全可以放手去干。他站在宏观战略的高度，大胆提出一整套不同于约翰逊政府对外政策的全新思路。基辛格认为，美国外交要适应国际秩序，而国际体制有赖于与苏联、中国等大国达成谅解。因此，一直搞冷战封锁的美国要向苏联和中国敞开大门。这实际上提出了美、中、苏大三角关系的概念。

对于最棘手的越南战争问题，基辛格主要是保护他的候选人不至于陷入战争的泥潭而不能自拔，提出用外交谈判作为结束战争的办法，并提出：苏联和中国两个大国，是"越南问题中不可分割的部分"，必须承认"莫斯科和北京在东南亚拥有合法利益"。

为了协助洛克菲勒登上总统宝座，基辛格除提供外交思想和战略外，还负责应付记者提出的最敏感问题。这使基辛格获得了与记者打交道的丰富经验。

但是，"超级智者"基辛格这一次根本没有想到，自己在总统竞选一事上押错了宝。他对于洛克菲勒的当选估计非常乐观，始终坚信洛克菲勒一定能够当选美国总统，在他看来，洛克菲勒天生就是当总统的料。但是，选举结果却大大出乎基辛格的意料，他一直攻击的另一位共和党总统竞选人尼克松击败了洛克菲勒。听到这个结果，基辛格非常伤心，哭得像个小孩子。这个事实太残酷了，尼克松的胜利，几乎把基辛格的政治生涯送进了死胡同。

（五）欲擒故纵，走进白宫

虽说协助洛克菲勒竞选总统遭受失败，对于基辛格来说几乎是一场灾难。但是，谁也没有想到，基辛格会因祸得福。

当初，为了协调与竞争对手尼克松的立场，洛克菲勒授权基辛格同尼克松竞选总部的人进行接触。由于基辛格在越南问题上名气很大，还是一位极有战略头脑的历史学家，对外交政策有精湛的见解，尼克松和他手下的人懂得基辛格独特的价值，打起了基辛格的主意。先是借机向基辛格请教对越南、北约等问题的看法，后又拉他加入尼克松的竞选班子，答应给他双倍的聘金，千方百计地拉基辛格反水。可是，基辛格并不为所动，表示无意改换门庭，并"对于认为可以被金钱收买的想法感到蒙受耻辱和气愤"。

可是，尼克松的竞选班子铁了心要拉基辛格反水。洛克菲勒败给尼克松后，基辛格回到纽约。到夏末秋初，尼克松竞选班子的电话便跟踪而来，问他有没有可能与总统候选人共事。基辛格婉转地谢绝了对方的邀请，只是答应，可以以"专家身份"有条件地提供意见，但不出席正式会议。

11月，美国总统大选的最终结果揭晓，尼克松击败民主党候选人汉弗莱，成为美国第37届总统。这个月底，基辛格接到尼克松办公室负责政治约会的秘书查平打来的电话，邀请他到尼克松竞选总部皮埃尔饭店会见当选总统。

从内心来讲，由于洛克菲勒的失败，基辛格的政治抱负几乎要落空了。尼克松的邀请，又给了他新的希望。所以，尽管在此之前他不止一次地拒绝过尼克松，但这一次他还是如约来到皮埃尔饭店。经过四个小时的交谈，双方谈得十分投机，基辛格开始消除对尼克松的偏见。

经过两次约见，尼克松说出了他的意图：请基辛格担任他的国家安全事务助理。基辛格心里高兴万分，表面上却平静地说："非常荣幸，我回去考虑考虑，征求征求意见。"

基辛格感到这是一个重大问题，必须征求洛克菲勒的意见，因为外界一直盛传尼克松邀请洛克菲勒出任新政府要职，现在却先邀请了自己，基辛格不知道洛克菲勒会怎么想。自己跟了洛克菲勒二十多年，只能同他一起作出最后决定。

没想到，洛克菲勒非常大度，非常痛快地对基辛格说："亨利，这个邀请是一个义务，没有推辞的余地，拒绝是自私的表现。应当不分党派作出贡献。尼克松这个人在外交问题上的主张和我们的立场相差不太远。你的时运来了。我这个人生来凭直觉做事，我觉得你这样做对头。这是好事，我赞成。"洛克菲勒还对身边的人称赞基辛格说："我向来主张，基辛格要为任何一位当选总统的人效劳，他能为当选总统的人出点子。"

基辛格满心高兴，万分感激，随后又象征性地征求了一些老朋友的意见，还给克雷默尔打了电话，克雷默尔为他分析了利害得失，讲了白宫与五角大楼的关系，最后下结论似的说："作为一个公民，你应该接受。没有人比你更合适担任这个职务了。"

于是，基辛格打电话给尼克松，接受了他的邀请。

基辛格出任国家安全事务助理一事，受到一片赞扬，说基辛格有智慧，有宏伟战略，与学术界、新闻界有联系，可以提高白宫的声誉。政坛老将麦克纳马拉赞赏说："基辛格有了不起的才干，可能成为尼克松政府的宝贝。"

（六）质量第一，效率第一：亨利的神妙机器。

1969 年，基辛格 45 岁，他脱下学者的制服，换上了华盛顿社交礼服。

1969 年，基辛格第三次襄助洛克菲勒竞选总统，最后却成了尼克松总统的国家安全事务助理，在这里，他找到了施展才华的舞台。此时，基辛格年富力强，踌躇满志。他从哈佛校园搬到华盛顿，搬进白宫，脱下了学者们常穿的粗呢西服，换上了华盛顿社交礼服。他要做的第一件事，是通过改革国家安全委员会，帮助尼克松把权力集中于白宫。

基辛格和尼克松都不相信官僚机构，主张由强有力的少数人统治，两个人又都喜欢搞秘密外交，于是他们便把国家安全委员会作为实现这些目的的工具。按照美国法律，国家安全委员会的职责，主要是"统一有关国家安全方面的内政、外交和军事政策"，"协调部、署（局）及军队的工作，合作解决国家安全问题"。其成员包括国务卿、国防部部长、财政部部长、中央情报局局长、参谋长联席会议主席、紧急计划局局长和总统国家安全事务助理，由总统亲自担任主席。国家安全委员会作为总统的顾问智囊，协助总统进行决策，而国家安全事务助理则是协助总统谋划外交和军事战略的主要顾问，并具体负责主持该委员会日常工作。

但是，在不同的总统任期内，因总统运用权力的特点以及个人风格做法不同，国家安全委员会的角色有强有弱。杜鲁门时期，国家安全事务助理只是馈赠友人的礼物。在约翰逊时代，国家安全委员会的特点是，对政治问题可以无拘无束地与总统交换意见，总统的高级顾问在很大程度上是以与个人打交道的方式到白宫跟总统"一起探讨"问题。基辛格认为，约翰逊的这种做法，使研究人员的技术能力同处境困难的政治领导人的接受能力之间的差距越来越大，是一种这边应付一下危机，那边搪塞一下问题的条件反射般的做法，这是一种"危机外交"，最要不得。

基辛格主张用一种防患于未然并预谋对策的办法来代替"危机外交"，把美国的应变对策和主动措施结合起来，成为长远的全球战略，这才符合美国战略利益的需要。于是，他决心把国家安全委员会改造成将在最高一级审核和决定国家政策的唯一机构，也就是最终处理送呈总统的所谓"选择方案"的机构。为此，他建议尼克松总统对国家安全委员会进行改革，强调国家安全委员会不能只做文件的收发者和协调者，而要充当"总统中长期决策的主要论坛"。基辛格认为，无论如何，一位有主见的总统是能够控制对外政策的。在皮埃尔饭店的准招聘会上，他向当选总统尼克松开出的第一剂药方，就是"需要有一种比较正式的制定政策的程序"，必须建立一个比较有系统的结构，以保证对外政策的连贯性和精确性。基辛格的这种设计正合乎尼克松的口味，这可以帮他将外交大权集中到白宫。

为此，基辛格亲自出面招兵买马，组织了一个精明强干的外交政策专家班子，这些人都是年轻学者，有五角大楼的有政治头脑的官员，有国务院里经验丰富的专业人员，还有理论研究者和技术人员。他任用工作人员的原则也很特别。

他不管他们政见如何，只看他们的才能大小，把他们组成为一个"非常严密、非常忠诚的组织"。基辛格后来在《白宫岁月》里回忆说："政府机构的种种限制约束不了我，总统有言在先，叫我开始建立一个全新的组织，所以我下定决心要物色我所能找到的、最有能力的人们。"

基辛格领导的国家安全委员会的工作人员，个个都是精兵强将，国家安全委员会下设7个小组，在30个工作人员中，有8名博士、8名国务院官员、6名前国家安全委员会官员，其他来自五角大楼、中央情报局和学术界。被新闻界认为是第一流的参谋班子，所拥有的权限，仅次于总统本人，因而有"总统近卫军"之称。

基辛格不仅任人唯贤，而且知人善任，做到真正的"质量第一"，他按照他们每个人不同的专长分派他们任务。比如，索南费尔特，曾在国务院担任东欧情报研究处处长，基辛格就让他研究欧洲的实际问题。亚历山大·黑格上校，是乔治敦大学的国际问题硕士，曾在朝鲜和越南打过仗，在国防部负责柏林问题和北约组织方面的工作。而基辛格正准备物色一位军人，条件很特别，这个人不能是典型的军界知识分子，但必须首先是一个有实战经验的军官，而且要有政治和军事方面的资历，黑格正好符合基辛格的这一要求。由于这位上校严守纪律，工作勤奋，经验丰富，深得基辛格的赏识，四年后肩上已有四颗星，被人称为"基辛格的基辛格"。这些人都是第一流的人才，后来在美国外交舞台上扮演了重要角色。

依靠国家安全委员会，基辛格把外交和国防政策方面的一切行政大权都集中到自己手里，除了掌管把选择方案呈送总统的工作外，还负责一系列署局际委员会；一旦出现危机，随时建立一些新的强有力的委员会，并且也由他自己亲自负责。正像他自己所说，他所扮演的角色，"既是行政长官，又是无情判官"。基辛格控制了这个体制，也就控制了决策过程。"人人向基辛格负责，基辛格一人向总统负责"。基辛格既是政策决策的重要筛选人，又是总统命令的忠实执行者，用他自己的话说："局外人一定以为总统下令，下边当然照办不误。其实不然。

我还得花很多时间才能使它得以按照总统的意图来贯彻。"

　　基辛格通过这个"神妙机器"，还摆脱了国会的纠缠。美国是实行所谓立法、行政、司法"三权分立"的总统制共和国，总统与国会各自分立，又互相制约，总统不向国会负责，国会也无权要求政府辞职，对它只能弹劾而不能罢免。基辛格作为总统的助理，享有所谓的"行政豁免权"，可以在外交政策的决策和执行过程中自行其是，免受国会的干预。这种做法的理论依据是，总统与他的高级助手之间存在着信任的关系，总统允许白宫只在对它政治上有利的时候让基辛格到参议院去。国会只能找不掌握第一手情况的国务卿罗杰斯作证。这种行政特权给了基辛格极大的思想自由和行动自由，使他完全可以按照自己的设想行动。

第二章　政治搏击与人格魅力

一、伴君策略和技巧：总统的思维保姆

《白宫岁月》记载了从 1968 年 11 月大选后基辛格成为国家安全顾问到尼克松第二次就任总统的 1973 年 1 月间参与的主要政治外交活动。

基辛格十分狡猾且具有极强的生存能力，在他的《白宫岁月》中记载了从 1968 年 11 月大选后成为国家安全顾问到尼克松第二次就任总统的 1973 年 1 月间参与的主要政治外交活动。从越南战争，到中东冲突、与中国的会谈，再到智利革命，他经历了前所未有的世界风云变幻。基辛格在一轮又一轮的考验中幸存下来，即使在"水门事件"的飓风中，狡猾的基辛格也毫发无损。他是唯一同时兼任国务卿与国家安全顾问的政治人物。

尼克松时期，基辛格在白宫国家安全委员会独揽大权，他不仅知道这种大权极端的重要性，而且非常明白这种特权来之于总统，

总统之于基辛格有"生死存亡"的关系。因此，他必须善待总统，不仅为他出谋

划策，而且要设法取得他对自己的信赖。他想方设法使尼克松离不开自己，让自己真正成为总统的"思维保姆"。由总统领导的基辛格一直在思想上控制着总统，形成奇特的基辛格—尼克松格局。

基辛格与尼克松的关系之密切，对尼克松的影响之大，远远超出了当时美国决策层内的其他任何人。基辛格通过他直接领导的国家安全委员会掌握了美国外交和国防政策方面的一切行政大权，不仅国家安全委员会的文件由他签署，就是国务院、国防部和中央情报局等部门上送总统的文件，也都要经他过目，由他权衡得失、决定轻重缓急，不管内容简繁，一律压缩到六页，然后送交总统。

基辛格之所以能够获得如此大的权力，是以赢得总统的信赖换来的。

上任之初，基辛格对自己的职责就非常清楚，他说："第一，我要向总统提供采取行动的最大选择范围。第二，总统一旦作出决定，我要按照他的意图精神去贯彻执行。第三，当他问到我的意见时，我有几分像是顾问。""我的职责是要向总统提供大量的选择机会。我坚持每人的意见都得到听取，我没有涂改提交给总统考虑的文件的原本。我在提出各种办法的人面前摆出的各种抉择、各种各样的意见，都收集起来后，我把它们综合起来。我也向总统提出自己的判断。但是，我是公正的。"

在被邀请参加尼克松的总统班子，出任国家安全事务助理之前，基辛格对尼克松没有什么好感。他的老主顾洛克菲勒曾两次被尼克松击败。在共和党决定总统候选人提名的前夕，基辛格一直不停地攻击尼克松，为洛克菲勒拉选票。他说："在所有候选人中，尼克松当总统最危险。""如果他当选，就意味着共和党的完结。"当记者问他怎么看尼克松这个人时，基辛格轻蔑地回答道：

"荒唐可笑。"

记者问："尼克松如果当选为总统，你怎么看？"

基辛格脱口而出："那就更荒唐可笑了。"

凡是提到尼克松，基辛格就像见到冤家对头，几尽挖苦讽刺之能事，说尼克松"极不厚道","小家子气","声誉不佳","在政治上是一个平庸的人，在才智上则是一个低级平庸的人"。"建议尼克松去做副总统候选人，因为他当副总统的经验要比洛克菲勒丰富多了"。当尼克松击败洛克菲勒成为共和党总统候选人时，基辛格则大骂道："这家伙根本没有资格统治美国。"

但是，自从被尼克松聘请做白宫国家安全事务助理之后，基辛格很快就改变了对尼克松的看法。尼克松能够聘请一个一直反对自己的人做第一助手，这需要政治勇气和胆略；当基辛格面对尼克松的邀请要求给一个星期的考虑时间，而尼克松竟然痛快地答应时，基辛格更看到了这位总统的宽宏大量和宽厚无私。

基辛格在白宫任职将近四年的时候曾这样对记者说：

"如果你研究一下我过去的政治生活历史，你会认为总统是不会适合我的计划的。在三次竞选运动中，我都是他的对立派之一……"

他在作了表白之后称赞他为之效劳的总统说："尼克松显示出很大的魄力，很大的才能，甚至在挑选我的时候也是这样……"

"我见过许多领导人，在这许多领导中我知道其中许多人，是没有勇气在不让任何人知道的情况下派他的助理到北京去的。我知道许多其他的领导人，不会把同北越的谈判交给他们的助理去进行的。"

走进白宫，作为尼克松的谋臣，基辛格明白，处理好与总统的关系极为重要。他认为，自己虽然处于总枢纽、总调度的位置，但同总统尼克松的关系最为重要。于是，他想使总统感到少了他，白宫这架机器就运转不灵。他把外交、军事政策的决策权集中到尼克松手里，使总统站在一切外交活动的中心，而把外交和军事控制权从国务院收回到白宫的理想工具，就是国家安全委员会，这样总统就离不开他。他能够平均每天同总统通两三次电话，每天早晨8点定时向总统汇报，会面90分钟，两人就一天之内的情况交换看法。遇有紧急情况，见面还要多几次。尼克松和基辛格在当天早晨碰面时作出国家安全委员会会议的决定。

基辛格与尼克松

　　于是，出现了这样的情况：在白宫，尼克松最喜欢每天早晨跟基辛格一起坐上几小时，这对尼克松来讲是件了不起的事，他是在和哈佛著名教授一起畅谈国际形势和世界前途。

　　每当召开国家安全委员会会议时，一般情况是：国务卿、国防部部长、中央情报局局长、参谋长联席会议主席以及副总统等人早早来到会场，坐在座位上安静地等待总统的驾临。会议室与总统椭圆形办公室连接的右门打开了，出来的不是总统，而是国家安全事务助理基辛格。他身着黑色西服，手拿黑色文件夹，神态威严，在用爱称同面前的高官显要打过招呼之后，在总统左手的位子上从容地坐下来。过了一会儿，尼克松从基辛格走出的那个房门出来，坐在中间座位上。除了基辛格以外，到会的人都有些莫名其妙的紧张。

　　尼克松宣布开会，为基辛格主持会议。他把会议目的、议程和要作出的决定大致讲了讲，然后扭头对基辛格说："亨利，你就把可供选择的方案给我们大伙谈一谈吧！"

　　基辛格习惯地清了清嗓子，用沉着、清晰的德国口音，一口气讲了半个小时，实际上是把自己头脑里的东西全端给了在场的国家安全委员会成员。此时，他仿佛又回到了哈佛的学堂，只不过听讲的不是天真幼稚的大学生，而是城府很深的高官显要。他可不管这些，边分析，边讲解，有时还停下来解释几个难懂的名词。尼克松斜倚在靠背上，微笑着听这位教授传达他们共同确定的方案。大家都明白其中的内幕，谁也不会对基辛格的讲话提出诘难，都知道这种会议只是走走形式，装装样子而已。

处世圆滑的基辛格，全心全意支持总统的政策，具有用尼克松风格表达自己思想的神奇本领。在突如其来的外交事件面前，基辛格能很快为尼克松的行动提供一套完整的理论基础。另外，基辛格善于知味辨色，善于说明复杂微妙的事情，必要时把废话说得天花乱坠。这也使尼克松感到高兴。

基辛格对尼克松也是毕恭毕敬的，从打电话这事件上就可见一斑。基辛格的书桌上有直通总统椭圆形办公室的电话。要是给总统打电话，他必神情庄重，无论坐着还是站着，都保持正规的姿势。而要是给部下打电话，那就大不一样，一般是紧挨着一扇窗户，一脚踩着窗台，不时东张西望，看到窗外有记者路过白宫新闻处，还主动挥手打招呼。

可是，刚上任时，尽管国家安全委员会掌握着美国政府的中枢，但基辛格基本上处在内幕包围之中，尼克松和他的助手们不允许用亨利·基辛格的名字向记者讲话。由他介绍外交问题的"背景情况"时，报道中只出现"白宫官员"或"政府高级人士"的字样。特别是尼克松的家臣怕基辛格抢了总统的风头，总是故意降低基辛格的声望。所以，1969 年和 1970 年，基辛格很少对新闻界发表有公开记录的讲话。

但是，正如俗话所说，是金子总是要发光的，基辛格很快以他的辩才赢得了新闻界的欢迎。他摸透了新闻界的心理，知道怎样才能讨新闻界的喜欢，记者们把他看作最权威最出色的政府人士。擅长交际的基辛格很快就与新闻界混熟了，人们知道了那位就外交政策向记者吹风或接受采访的白宫高级官员就是亨利·基辛格。而尼克松则发现，基辛格是宣传总统主张的能手，也是善于同新闻界打交道的高级人士。

在尼克松政府内，基辛格碰到的第一个难题，就是成绩和功劳归于谁。基辛格发现，在尼克松政府内，官员们发明了一种高明的技巧，一方面，把好消息提早泄露出去，来沽名钓誉；另一方面，在宣布坏消息时则设法把一切责任归咎于总统。

随着频繁地在国际舞台上亮相，基辛格名声大振，被无可争辩地看作美国外交的主要角色，权倾朝野。舆论界把基辛格简直捧上了神坛：

——有的说，基辛格名义上是助理，实际上是一人之下，万人之上，显然已成为仅次于尼克松本人的最有权势的人物。

——有的说，基辛格是主要政策的缔造者，他在外交事务上的影响和总统本人一样大。

——有的则说，基辛格起的作用超过了尼克松本人，尼克松政府是"基辛格政府"，如果尼克松不在，基辛格将成为总统。政治精英圈流行的笑话是："基辛格死了，尼克松终于可以成为总统了。"

虚荣心很强的基辛格，有时难免冲撞总统。1971年7月，基辛格秘密访华后，成为国际风云人物，美国每晚的电视新闻节目都会出现基辛格的形象，纷纷赞美基辛格的外交手腕，说他具有非凡的才智和惊人的腿功，擅长搞外交魔术和"特技表演"，其"神秘才能可与东方人媲美"，等等。可是，这种赞美激怒了白宫，说基辛格把功劳归于自己，抢了尼克松的风头。尼克松的大管家、白宫办公厅主任霍尔德曼要求基辛格停止同《时代周刊》和《华盛顿邮报》的记者会见，要在基辛格周围筑起一道"绝对的墙"。

基辛格本人也感到，秘密访问中国取得了成功，而自己与总统的关系复杂化了。他分析说："在那以前，我基本上是白宫里一个默默无闻的助理。尼克松对于我拥有一个独立的工作班子一事有些不满，对于挑选他们的主要标准是否严格一致有些怀疑。但是，另一方面，他也认识到正是靠这些人的才干，白宫才能够主持外交政策的执行。这种跨部门的机构使尼克松控制了决策层，同时使他不必直接发出指示。我的'背景情况介绍会'描绘了一位驾驭形势发展的总统形象，这正中尼克松的心意，并且也大致符合实际情况。我和被他称为'乔治敦大学那帮人'的友谊或许使他感到不安；有些记者把我国外交政策中给人好感的部分过分地归功于我，而把不得人心的行动归咎于尼克松，这种情况使他的亲信们不高兴，这也不是没有道理的。"

"秘密访华之后，我抛头露面的次数大大增多了，这触到了白宫的最敏感的神经：公共关系。当然，各届总统都留意树立自己的形象，说到底，正是这种精心的努力使他们成为总统。一个被他任命的人如果被新闻界描绘成一切建设性行动的发起者，哪一位总统也不会对之有好感的。尼克松的情况更为复杂，因为他认为自己面临着旧的权势集团决心搞掉他的阴谋，他同时认为新闻界的注意力最终都取决于公共关系，而可惜不知是怎么搞的，他的助手实在太缺乏公共关系工作的能力。因此，他越来越认为，我正在毫无必要地同'乔治敦大学帮'中他的敌人私下来往，同时利用我处理公共关系的才能提高自己的形象，而不是他的形象。"

这年11月初，与越南的谈判进入最后阶段，基辛格接受了意大利女记者奥西亚娜·法拉奇的采访，再次得罪了尼克松和他的助手们。基辛格后来说：

"在我同记者的历次谈话中，那次谈话带来的灾祸无疑最大。11月2日和4日，我在办公室和她简短谈过两次，谈话不时被打断，因为当时我正忙于促使谈判继续进行下去。我接见她在很大程度上是出于虚荣心。她采访过世界各地的名人。我当时还刚出名不久，对于能够加入她所采访的伟大人物行列感到荣幸。我没有花工夫去阅读她的作品，因此不知道她对其他被采访人诋毁和歪曲的事实。"

"我为自己的天真付出了代价。她自称引用我的话，把我那些不登大雅之堂的话敷衍成一篇完整的谈话，无疑是我整个公职生涯中最大的自我吹嘘。应该指出，我说过一些高度赞扬尼克松的话。根据已发表的采访日记，我称赞他大胆挑选一位素不相识的人当主要顾问，并派此人去北京；我称赞他精通外交，有胆量；'我之所以能做一些工作，完全是因为他为我创造了条件'。但即使这句话尼克松也接受不了。最使他恼火的是法拉奇安在我头上的这句话:'美国人喜欢牛仔……单人匹马进入小镇或者村子……这种惊人的浪漫性格对我正合适，因为单干一直是我的风格，也可以说是我的技巧。'……当时，尼克松对右派的抱怨感到关切，本能地预感到灾难临头，而我却沉醉于全国宽怀和欢乐的气氛中，因为绝大多数人确信，将体面地结束越南战争。"这种意味着自称我起了中心作用的话，肯定要得罪任何一位总统。尼克松更是感到受到了伤害，他不无道理地确信，他的对手们故意夸大我的功劳来贬低他。"

从那以后，基辛格吸取教训，对外发表言论谨慎起来，并尽可能客观地看待和评价尼克松。1973 年 1 月，在尼克松宣布越南停火的当晚，基辛格对这位总统的认识也深刻起来。他写道：

"命运为了实现自己的目的，选择了多么奇怪的手段！这位成功时如此孤寂、在有些事情上动机如此褊狭的人，领导我们国家度过了历史上最令人痛苦的时刻之一。他生性并不勇敢，但是他硬逼着自己作出了卓越而罕见的英勇行为。他通常并不外向，但他强迫自己把人民团结起来对付挑战。他努力变革美国的外交政策，以使它能克服在过多承担义务和孤立主义之间的灾难性的摇摆。他被权势集团所轻视，他对人的看法暧昧模糊，然而他却牢固地怀有一种国家荣誉和责任感……如果他既爱又恨的权势集团对他表示一些爱心的话，事情会怎样呢？他会在自己怨恨的荒野里越躲越深呢，还是会来一道大赦令把他解放出来？事到如今，这已经无所谓了。他现在处在难以排解的孤独之中，已经经历了国内严重分裂的时期，但他却看到了光明的前途，这是很少政治家有福气能够企望的。……在胜利的时刻，他孤独地待在一个峰巅，而这个峰巅很快就要变成峭壁。但是，尽管他有许多不稳定性和瑕疵，他却以巨大的毅力给我们带来了使理想和可能性相结合的非凡的时代。"

在五年的相处中，基辛格和尼克松客客气气，私人关系并不算亲密。尼克松为双方关系定下的基调是淡化，公事往来。如果他对基辛格不满意，总是用间接委婉的方式表达，比如不接电话，不请基辛格参加会议，从没有当面动过怒。通常，基辛格似乎不必故意向尼克松表忠心，也不必担心尼克松的家臣暗中拆他的台。但是，基辛格一直在全心全意支持总统的政策，具有用尼克松风格表达自己思想的神奇能力。在突如其来的外交事件面前，他能很快为尼克松的战略决策提供一套完整的理论基础。而且，基辛格还是能够摆正自己与尼克松的位置的。

在打开中美关系的大门这一重大事件上，基辛格这样分析道："尼克松对于推动事物前进具有特殊的本能。他对策略问题和一些细微末节的变化不感兴趣；过多地讨论执行细节也使他伤脑筋。一旦确定了政策方向，他几乎总是要我来贯彻他的战略并和官僚机构周旋。虽然我自己也作了同尼克松相同的判断，而且其中许多行动方案也是我设计的，可是我没有那种政治实力或官场神通来作根本性的政策转变。尼克松深谙机会的重要性，而且抓住机会不放。……他的处事风格使得他便于采取政策所需的秘密而隐蔽的策略。"

基辛格察言观色，十分注意观察尼克松的性格、作风、生活习惯，尤其是尼克松的复杂的心理活动。他认为，只有认识了总统究竟是一个什么样的人，才能"更好地为他服务"，更好地占有"权力和荣誉的精华部分"。

上任初期，当基辛格与国务卿发生矛盾时，注意对总统察言观色的基辛格，却意外地发现了尼克松的"两个突出的属性"。他总结说，尼克松"是非常果断的。在他整个总统任期中，他的决定几乎总是勇敢、坚定，而且时常是不顾所有专家的意见而独自作出的。但是，在可能的情况下，他也是根据一些备忘录（基辛格提供的）单独作出这些决定，或者和几个很亲密的助手一起作出这些决定的。他不愿面对有意见分歧的同事，他也不能去面对一个不同意他的意见的朋友"。

基辛格发现，处置矛盾的典型的"尼克松做法"是："先给一个明确的指示，然后以令人感到恼火的暧昧态度和拖延——这是为了掩盖寻找间接的解决途径，最后是一个突然的决定，通过两个中间人传达到失败者那里。""在尼克松手下工作，应当让他能够以不同的态度对待他发出的命令，再给他一个机会来考虑那些无法实行的或者是危险的命令。"

基辛格在分析尼克松的心理特征时指出："一个总统需要实质性的建议，但也需要感情上的支持。他一定知道，他的顾问们是有能力的、自信的。他也一定意识到，他们对他的地位所带来的孤独处境和重大责任抱有同情，不会有意增加他心理上的负担。"

后来，基辛格在他的《动乱年代》一书中剖析了他与尼克松的关系。他写道："我自己对尼克松的感情是相当复杂的。他的一些粗鲁言行使我退避三舍。我因经常受摆布而感到愤恨。如果他的话不那么模棱两可，或是他的做法比较直截了当，我会感到舒服些。然而我十分感激他给了我为国家效劳的机会，我起初担任国家安全事务助理，后来又担任国务卿。当局外人看到尼克松咆哮如雷时，我认为他是怕遭抵制。他说话似乎经常隐晦曲折，而按我的理解，这是他对自己的判断心存怀疑，为保留回旋余地而采用的手段。很少有人像他那样如此渴望得到人们的钟爱，但对爱的基本原理又如此存有戒心。复杂的心理使他常怀戒备，他自感能力不足而内心深处觉得羞愧。这种心理状态终于成了他的第二性格，并使他变得最为怕事。我看到过他孤寂的决策过程：同自我怀疑作斗争，往往得出大胆的结论。"

当尼克松因涉嫌"水门事件"而被迫辞职时，基辛格并没有像有的人那样远离他，而是一直陪伴到最后。当听到尼克松表示要辞职的消息后，身为国务卿的基辛格中断工作，来到白宫尼克松的办公室。他安慰尼克松说："历史将比你的同代人更为仁慈。"然后伸过手臂去拥抱他。这样"终于弥合了这些年来我们在感情上的隔阂"。基辛格后来写道："尼克松下台时，我对他满怀恻隐之心，为的是他这个具有复杂性格的人所进行的艰苦卓绝的斗争，为的是他的极度痛苦，为的是他遭受的攻击，为的是他的雄心壮志终因性格上的种种弱点而未能实现，而且这些弱点由于他从未努力去克服而招致了他的毁灭。"

二、警觉的鸽子与温情的鹰

在美国政界，有所谓强硬的"鹰派"和温和的"鸽派"之分，而基辛格既不是强硬的鹰派，也不是温和的鸽派，而是温情的鹰派和警觉的鸽派，是一只温和的鹰，一只警觉的鸽子，他自称自己不属于任何一派，而是喜欢把自己看作自由派的政治上独立的人，代表超党派利益的原则。在处事上，尽量做到既强硬，又温和；既不强硬，也不温和。

基辛格还十分注意与反对派交朋友。一般来说，要你去面对反对自己的人，需要真诚和信任，需要勇气和胆略，更需要智慧和谋略。基辛格在自己的政治生涯中就十分善于同反对派打交道，把他们争取到自己一边来。他能够做到这一点，不仅仅凭直觉，而是有理论根据。基辛格明白，在美国政界那种尔虞我诈、竞争激烈的政治气氛中，自己要跻身高层社会，实现自己的政治抱负，除了具有专业知识和哲学头脑外，还必须学会在这种政治气氛中生存的本领。

基辛格对党派政治的权力之争不感兴趣，他跻身政坛，不是出于党派利益，或是与总统、要人的私交，而是为了实现他的谋略和政治抱负。正因为这样，他才避免了卷入导致尼克松下台的"水门事件"。他作为肯尼迪、约翰逊、洛克菲勒的政策顾问，或是作为尼克松总统的国家安全事务助理，作为尼克松和福特的国务卿，不是为哪一个人服务，而是为收留他的这个国家服务，贡献才智和心血。

有人认为基辛格在政治上是一条变色龙，善于随环境不同而变换颜色，无论鹰派、鸽派都觉得同他气味相投。这种说法有一定道理。在美国这种复杂的政治环境中，作为想在外交上实现其宏图大志的基辛格来说，他总是企图使自己的思想和行动能得到最大多数人的支持，不论这人是强硬的鹰派，还是温和的鸽派。

1969 年 11 月间，尼克松就越南问题发表了两个重要演说，以安抚越来越多的国内反战人士。他在演说中提出了所谓"越南化"的政策，表示："就这样，今天晚上，我向你们美国人中伟大的沉默的多数呼吁，请求你们给我支持。"

基辛格向一位共和党保守派议员评论尼克松的演说道："精彩啊，真是精彩极了。他下了赌本，赢了。这下子咱们的日子好混多了。"基辛格一不做二不休，还提议国会在六个月内不再辩论越南问题。

然而，在乔治敦的鸽派面前，基辛格却装出另外一副模样。只见他心事重重，面带忧色，碰到有人严厉批判尼克松的演说，他总是点点头，表示赞同，看上去心情很不舒畅，甚至有些痛心，他装作很诚恳的样子低声对人说，他对于副总统"炮轰"电视记者，对于总统危言耸听，都感到不安。

不过，基辛格有时也是旗帜鲜明的，当确认要造成反对国内鸽派气氛时，基辛格的实际工作就是使总统尼克松在大多数国际问题上固有的强硬路线合法化。而当政策需要软化时，他便竭力争取鹰派人士的支持。

相对于那些容易走极端的人来说，基辛格在处理外交事务上要周到一些，能够较好地把握分寸，掌握火候。他善于用温和的策略来打动鹰派，而用独立的外交政策来号召鸽派。在处理棘手问题需要软化的政策，迎合温和的鸽派时，他也决不拿国家利益作交易，因此就像一只非常警觉的鸽子；当需要强硬的政策，迎合鹰派观点时，他又显出一定的灵活性，像一只温和的鹰。但是，更多的是一项政策会受到鹰派和鸽派的两面夹攻，他就将警觉的鸽子和温和的鹰融为一体，表现出原则性与灵活性相结合的高超艺术。

基辛格的出身和国别使他很难信心十足。他自己曾表白说："作为一个纳粹统治下的犹太人，一个寄身于美国的难民，一个陆军士兵，这些经历怎么能使人具有信心。"为此，他必须掌握一些必要的"生存"智谋和技巧。

还在哈佛大学时期，基辛格就熟练地掌握了明争暗斗、奉承吹牛和闲聊天的技巧。他一方面乐于为白宫出谋划策，另一方面很圆滑地与政府中的其他要人周旋。他在给前国务卿迪安·艾奇逊的一份报告中说："当今华盛顿的状况令人生厌，聪明的策略家太多，深谋远虑者太少。"转而他对这位美国著名的前国务卿奉承道："现在再也找不到年轻的迪安·艾奇逊们了，我怀疑我们是否还能够

美国前国务卿迪安·艾奇逊

造就出他们来。当聪明的年轻人到了70岁依旧还是聪明的年轻人时，对他们来说，会发生些什么呢？"基辛格还懂得，借提高显要人物以抬高自己身价的做法也是很有用的。他还告诉艾奇逊："几星期前在巴黎时，我曾和一位在你之后与戴高乐约会的人交谈过。他告诉我说：'戴高乐真是个人物！'……当然，这对你的仰慕者来说不足为奇。"

后来到了白宫，基辛格对美国高层政治看得更清楚，手腕也更高明，也就更能应付自如了。他曾这样表白说："确实，没有一套残酷手腕，谁也不能幸免于白宫杂乱无章、互相倾轧的政治斗争，尤其不能幸免于尼克松的白宫政治。"这一点基辛格也不例外。他说："所用的一个诀窍就是下达一个业已软化到家的暴戾的上司发出的令人不快的命令；我本人就是用这个权术处理我和尼克松的关系的。别人把我看作白宫里的好人时，我也从未极力反对过。"

为对付国会那些难以对付的人物，基辛格风趣和魅力、强硬和坦率并用，加上不少的狡诈。他可以使意见相反的双方都以为得到他的赞同，而他仍然能够毫不改变自己的立场。有一次，基辛格分别同杰克逊和富布赖特这两位参议员谈话，解释苏联首脑勃列日涅夫关于中东的一封信，这封信曾在1973年10月间使美国进入戒备状态。杰克逊对美苏缓和持怀疑态度，基辛格就对他说，勃列日涅夫的这封信态度"很粗暴"，杰克逊听了后觉得受到鼓舞。富布赖特主张与苏联进一步缓和，基辛格便告诉他说这封信"还可以"，这使富布赖特感到可以放心了。

基辛格不喜欢极端的革命，他善于通过协调经营政治，这使他避免了从过分意识形态化的角度看待问题。他善于根据情况而变，是一位开明的保守主义者，一位不激进的进步主义者。

作为一位优秀的历史学家和国际战略大师，基辛格认识到，成功的对外政策必须立足于国内，国内政策与对外政策之间有着互相影响、互相补充的联系。一个政治家应该了解这种联系。他必须负起领导责任，但不可操之过急；他必须立足于本国的传统，但不可执之过深。有人评价基辛格说："当社会变化停滞时，他推动变革，当变革速度过快时，他又试图减缓速度。"基辛格总结19世纪欧洲外交历史指出：英国外交大臣卡瑟尔累和奥地利首相梅特涅如果有什么错误的话，就在于他们没有能在外交和内政的不同要求之间搞好平衡关系。他写道："一个政治家，无论其政策多么高明，如果超出本国人民的经验太远，就不能得到举国拥护；卡瑟尔累就是这样的。而如果把政策局限在本国人民的经验之内，又必然缺少创见；梅特涅就是这样的。""考验一个政策，要看它能否获得国内的支持。"

基辛格在自己的实践中正是坚持立足国内政策的原则，反映公众的意志，而又超越一般人的智慧，从而不断推动美国的外交前进。他总是想使他的政策在国内获得更广泛的支持。他讨好国会，结交新闻界，善意地与向政府示威的学生对话，他把许多潜在的对手"争取"了过来，办法是让他们以为自己是参与决策的人，是入幕之宾而感到飘飘然。

作为白宫顾问的基辛格，虽然多次采用行政手段拒绝向国会各委员会正式作证，但他却一直和外交委员会主席富布赖特参议员保持着密切联系。富布赖特的一位助手曾回忆说："基辛格引起了他的兴趣。他把富布赖特哄得团团转，富布赖特觉得他能言善辩，办事圆通。几乎从他们初次打交道起，亨利的才智就给富布赖特留下了深刻的印象，他对亨利的口才惊叹不已……"

曾负责白宫和国会联络事务的布赖斯·哈洛回忆说："我们举行了多次会晤，结果总是很滑稽。每次所有那些鸽派参议员都围拢过来，等亨利坐下之后，我们就开始向他发起进攻。可是，15分钟之内会议就成了亨利主持的讲习班。他们坐在那里呆呆地听基辛格高谈阔论。每隔六个星期，我们就从头再来一遍。"

　　1969 年底，持续一年的越南问题谈判毫无进展，来自国内批评者和抗议者的压力越来越大。怎么对待这些批评者和抗议者？基辛格不是以牙还牙，而是以诚相待，设身处地地理解他们，与他们对话。他认为，学生抗议不只是美国政府在越南问题上的困境，而是"现代社会都存在的一个问题，就是在越来越官僚主义化和技术化的国家里，如何使一代人，年轻一代人的生活具有意义"。因此，"我对抗议者的态度与尼克松不同。他把他们当作必须战胜的敌人，我把他们看作同我有分歧的学生和同事，但是他们的理想却是我们的未来所不可缺少的，我想要在自己同他们之间搭桥。抗议运动中那些并非激进派的人们的苦恼，我是理解的，就人性一面来说，我同他们中的许多人是息息相通的。虽然坚信他们的政策是十分错误的，他们固执地自以为公正这一思想对我国的国际地位和国内安定是极其危险的，但是，我试图在政府和它的批评者之间保持认真的对话"。

　　为缓解反对派与总统的矛盾，争取他们支持总统的政策，基辛格不辞辛劳，不放过任何一个可以猎取对方的机会。他写道："……我花了很多时间并作了很多努力来同这些反战组织会谈……每次总统就越南问题发表讲话，我都要向报界发表背景情况，我在 1970 年陪同总统在全国各地旅行，同一批主编、发行人和广播员谈话。……1969 年 10 月在我同一批企业界领袖举行的会议上，我争论说……"

　　于是，虽说他所属的政府对新闻界和反对党都不放心，但他凭自己的耐力和智慧，凭他的三寸不烂之舌，征服了那些难以对付的反对派，并同一些批评尼克松最厉害的人，甚至同日后被列为"敌人"的人常有来往。

　　为了弥补越南问题造成的裂痕，基辛格还利用自己的"双重身份"，充当美国政治生活中左右两翼的中间人，力促它们言归于好。他经常把自己看作这两个互不来往的对立营垒之间的桥梁，而且往往是唯一的桥梁。

　　对于尼克松政府里的那种官僚政治斗争，基辛格的信条是："制定政策的人，应该是艺术家；而执行的官员，应该是工程技术人员。"

　　混迹于官场多年，基辛格也学会了一些官场手腕，学会了圆滑的手法，学会了迎合某些人的心理，学会了闲聊天，学会了与记者拉关系，但他始终保持自己的本色和风格，具有学者和外交家的双重气质。只要一发现有可能反对他的人，他就本能地用他的魅力和风趣将他争取过来。他对朋友，对信得过的人，坦率耿直。如果这个朋友是他的下属，他就有可能粗暴一点，发些脾气。在处理与国务院、五角大楼的关系方面，基辛格也是费尽心思的。

基辛格认为自己是一个干大事业的人，他同意进入白宫为尼克松服务，不是出于党派利益或与尼克松的私交，而是为了实现自己的谋略和政治抱负。为此，他在尼克松的庇护下，利用国内政治上的有利条件，通过改革国家安全委员会，把外交和国防政策方面的一切行政大权都掌握在自己手里，一只手伸进军政各部攫取权力，一只手又挡住了他人参与重大军事政治外交决策的道路，形成"人人向基辛格负责，基辛格一人向总统负责"的奇怪局面。这就势必"触犯众怒"，在白宫与国务院、白宫与五角大楼等机构之间，因为基辛格的"霸道"和"得势"而风波迭起，为此基辛格常常绞尽脑汁，施展谋略为自己开脱。

上任伊始，基辛格就按照他自己的作风，要求国务院、国防部、中央情报局、商务部和财政部就他提出的 50 个重大问题，在一个月甚至更短时间内提出详尽答案，这引起了一片抱怨声。基辛格解释说，其实这不是他个人的主意，而是总统的主意，是尼克松要对美国的现状和趋向提出一个总的看法。而实际情况，是基辛格最先提出这一措施，经尼克松点头同意的。

基辛格在正式谈问题的时候，总是先声明掌握决定权的是总统，而不是他，虽然他作为国家安全委员会机构的主管人，把最后的选择方案上报总统，但他说，他从不凭自己的好恶来影响方案的上呈。他说："在实质性问题上，没有什么'基辛格政策'，我的任务是向总统提出一系列政策选择方案。假如真有什么'基辛格政策'的话，我们在国家安全委员会里所建立的一整套新体制就会乱了套，更不用说政府各部门之间的关系了。"

有时遇到别人找麻烦，基辛格就把尼克松推到最前面做挡箭牌。比如，他说把权力集中在国家安全委员会是总统的主意。他解释说，总统对组织工作有非常坚定的看法。基辛格明确指出，总统希望权力掌握在直接由他领导的主管外交政策的人手里，就是说，他的顾问手里。而涉及自己，基辛格却似乎很超然地说："我对组织机构没有什么意见，因为我认为总统怎么办都可以。"

1974 年 1 月，有一次基辛格举行记者招待会，有记者问：由于尼克松受到"水门事件"的挑战等复杂情况的困扰，你作为国务卿是否正在以一种比你在头四年当顾问时更为独立的方式执行着政策？

基辛格对此作了一番很长的解释。他说："当我同总统都在（华盛顿）城里时，我每天上午都会晤总统，最少要会晤半小时，但是通常要比这长得多。当我们不在同一城市，我不记得我们有哪一天没有通过电话进行交谈。当我旅行时，我在每天结束时都要向总统报告……在我旅行之前，我和总统总是坐下来，他告诉我他的总战略是什么和他希望取得什么成果。"

"宪法规定，执行对外政策的责任在于总统，国务卿必须是总统的代理人，否则他什么也代表不了。……因此，我完全反对那种认为我在试图推行一项独立的政策的说法。"

有时面对责难，基辛格就以幽默和自我解嘲的办法来为自己解脱。国会一些人挖苦说，基辛格是没有国务卿名义的"地地道道的国务卿"，但却不受国会的追究。基辛格便用贬低自己和自我解嘲的办法来缓和对他的批评。他跟一群记者说："我不相信我有七个人就会把国务院和国防部都接管过来。"基辛格一跃而成为超级政治明星后，司法部长公开把他称为"自命不凡的狂人"，基辛格便假装满不在乎地说："在哈佛大学，我花了十年工夫才弄得我周围的人把我当作仇敌；我要大家知道，在这里，我只花了 18 个月时间。"

当升任国务卿后，基辛格知道国务院的人员长期以来对他怀有强烈的抵触情绪，因此他首先用笼络人心的办法来消除这种情绪，让他们继续为自己服务。在接受任命的首次记者招待会上，他一改过去在白宫时对国务院人员横加指责和冷嘲热讽的习惯，装作没有那回事似的，好像他与国务院的关系一直融洽。他十分客气地说："到国务院任职所面临的挑战之一，将是是否能同外事工作方面的一些杰出的专家共同工作……"

几天后，基辛格又把参加限制战略武器谈判的首席代表约翰逊、驻菲律宾大使沙利文、驻约旦大使布朗和驻韩国大使哈比卜请到圣利门蒂，以示对国务院职业外交官的重视和信任。随后，在参议院外交委员会作证时，基辛格又表示，他以前在白宫的某些活动，譬如作为谈判代表的任务，将随他转到国务院去，以便使国务院的人产生一种"参与工作的感觉……从事某种重要的符合国家利益的工作的感觉"。

过了半个多月，正式就任国务卿之后，基辛格又在国务院 1500 多名工作人员的集会上保证，他将尽快地使最能干的人上升到国务院的重要职位上去。他要求国务院所属每个司的领导人在一个星期之内向他提出他们所能"预见到的明年的问题"，并说明"应当做哪些事情"，使国务院在首都"作出最好最仔细的工作"。

基辛格进入白宫，是有一些特别之处的，比如异国口音、哈佛经历、洛克菲勒的智囊等等，这一切似乎与周围那些官僚政客格格不入。基辛格曾作过这样的分析：

"要尼克松班子中的有些人不讨厌像我这样的一个外来者，是需要超人的宽容品德的。这个外来者似乎占尽了世界上所有的好事：在他们看来作为一位哈佛教授和洛克菲勒同僚的令人羡慕的地位，以及在尼克松竞选总统胜利后和这位总统当选人的联系。我毕竟不仅仅是没有参加竞选斗争，而且还属于那些敌视或者瞧不起尼克松的人们的主流。一位新总统的最头疼的任务之一，就是从帮助他上台的人员当中挑选一些人来帮助他管理国家。这几乎不可避免地会导致在竞选过程中帮助他当选总统的人们，和在这些老卫士眼中成了采摘他们的劳动果实的后来者之间的矛盾。"

基辛格就属于这后来者，他要在白宫立住脚跟，必须施展"魔法"与"老卫士们"处好关系。他到任伊始，便触犯了那些官场老手，其中有些是被尼克松引入政府机构的政客，有些是混迹政坛多年的常任官吏，也有一些是尼克松身边的老部下。基辛格口音不纯，才气过人，傲视一切，这在官场上简直被视为异端。

基辛格与前任国务卿罗杰斯的关系是比较难处的。尼克松任命敌对阵营里的基辛格作为第一谋臣，让他统管外交、军事、安全和情报政策方面的权力，又任命自己的老朋友罗杰斯为国务卿，一开始就制造了国家安全事务助理与国务卿之间的矛盾。如基辛格所说："一旦尼克松任命了一个精通外交政策的强有力的人物担任国家安全顾问，和国务卿的竞争就会成为不可避免的。"在这一矛盾中，由于尼克松或是不管，或是支持基辛格，所以最终取胜的总是基辛格。通常尼克松总是绕过国务院，通过基辛格处理外交事务，因而，剥夺了国务院的外交特权，主要的外交谈判由基辛格控制，尼克松亲自授权基辛格与六位主要的驻外大使直接而秘密地进行通讯联络。从 1970 年起，在尼克松整个任期内，当他在椭圆形办公室会见国宾、进行长时间谈话时，基辛格是唯一在座的美国人。

基辛格自感罗杰斯在才干上是有优越性的。他分析说："罗杰斯事实上比人们所描绘的要能干得多。他思想敏锐，擅长分析，而且很有主见。但是他的观点是战术性的。作为律师，他习惯于在问题发生时'就事论事地'加以处理。我的观点是战略性和从地缘政治看问题的。我要把各种事态发展联系起来看，推动或者施压力于某一地区借以影响另一个地区的事态发展。罗杰斯对于具体谈判的要求特别适应，我却要把各种细腻微妙的材料收集起来供制定长远战略之用。罗杰斯关心的是国会和新闻界眼前的反应，作为外交事务的主要发言人，这在某种程度上是他的责任；而我所担心的更多的是某一事件在今后若干年内会产生的后果。罗杰斯一定认为我是一个自私自利、专门找人岔子的人，破坏了他和总统的关系。我倾向于认为他是一个会把我国对外政策的精心构想弄糟的感觉迟钝的新手。"

这就是基辛格眼中的国务卿，这也决定了政治家尼克松只会偏重于基辛格。

但是，由于国务院不仅是美国三大部之一，而且是当前的第一大部，要搞好外交工作，就不能没有国务院的配合，于是，基辛格避开罗杰斯，将副国务卿理查森拉了过来，他与理查森每周举行一次午餐会，这成为白宫与国务院唯一有实质意义的联系方式。

对于不同的竞争对手，基辛格也采取不同的策略。他对五角大楼首脑、国防部长莱尔德的态度，与对罗杰斯的态度就有些不同。莱尔德有 16 年国会议员的资历，曾担任过众议院军事委员会委员，精通本行，还有一批重要的支持者。基辛格感到不能小看此公："莱尔德是一个职业政界人物，他用的语言，尼克松是懂得的。尼克松对他的国防部长没有心理上的保留，也没有旧账要算。……莱尔德在国会很有影响力。总统如果忽视他，就会冒严重的风险。尽管莱尔德的手法像尼克松的一样，常常具有拜占庭式的复杂风格或迂回曲折，但是，他却能以充沛的热情和令人吃惊的善意，完成尼克松以坚强的决心和带着内心的苦恼正在做的事情。"另外，"莱尔德的举止言行好像宪法给了他权利，使他可以战胜他的职务使他接触到的任何一个人。这既是一种赌斗，也是一个老练的政界人物为了保护自己的权利和声望的做法"。

基辛格承认与莱尔德只能打个平手，不过他也找到了对付莱尔德的办法。他说："如果给他一定程度的挽回面子的余地，可以转换到一个新的位置而不显得使他难堪，莱尔德就毫无怨言地接受在官场斗争中的失败。但是，他坚持要有一个公开陈述他的意见的机会。在和他共事的时候，理智上的论据只会起有限的作用，而直接下命令，那就等于自杀。我终于了解到，要同莱尔德展开一场斗争，最好的办法就是，尽可能地切断我所能够发现的——这并不一定是一件容易的事情——他在政府机构或国会中的一切退路。只有在这样做了以后，我才会接触到问题的实质。但是，即使采用了这样的手法，我也是胜败参半。"他同莱尔德"斗得像两只猛虎"，但两人有一个限度：不伤对方的和气和尊严。

基辛格也常常借尼克松的名义抢莱尔德的饭碗，以三头六臂到处染指。比如，美军撤出越南的问题本属于国防部或陆海空三军的职权范围，且与莱尔德直接有关，但却被主张和平谈判的基辛格抢占了。在制定轰炸越南的决策时，基辛格在参谋长联席会议主席穆勒上将的支持下，越过莱尔德直接下令。在物色接任海军部长这个海军最高职务的人选时，需要的是基辛格而不是莱尔德或尼克松批准。

基辛格在对付国会方面的能力也是独一无二的。按照美国法律规定，总统助理无需经过参议院的认可，不必去国会作证。基辛格认为，官僚们为保护自己的领地而斗争，成了正常的司空见惯的事情。他们推诿责任，说话办事就像一部打官腔的留声机。"官僚机构的目的是想搞出一套公式化的例行程序，以有效地对付大多数问题。"

基辛格对官僚机器的这种固有的看法，致使他不喜欢立法机构对外交政策和外交活动的制约，也不满意其他行政机构的低下效率和十足的惰性。他来到华盛顿，犹如钻进官僚机器里的"孙悟空"，用美国人的说法就是"超人"。基辛格充分利用这一"政治生存空间"，利用"行政特权"，躲开国会的干预。他是以战略家和学者的身份应召进入白宫的，而不是选民推荐给尼克松的，故无须为经常去国会作证而劳神。

而在大量频繁的外交活动中，为了不受干扰地顺利实现目标，必须躲开官僚机器日常程序的控制。对此，作为国家安全事务助理的基辛格真是如鱼得水，在这种特殊的政治环境中充分发挥了自己的想象力和创造力，使美国外交活动人格化。他相信意志论，宁可使个人因素居于群体之上，在风云变幻的国际舞台上，同尼克松一起大搞"秘密外交"，热衷于"秘密谈判"和"秘密渠道"，演出一幕幕具有戏剧性的外交活剧。

三、幽默大师基辛格

幽默是一笔不可多得的财富，基辛格学富五车，才智过人，机智而幽默，这也是他纵横世界政治外交舞台的看家本领之一。

基辛格最喜欢说的笑话，也就是他演讲时的开场白是："我的父亲假如还活着，一定不相信我这个德国来的孩子如今竟然是白宫的要人……"于是，大家为这位来自德国的犹太移民鼓掌。

1971 年，基辛格第一次访问中国，中美双方的谈判代表彼此生疏，为了调节气氛，他对中方翻译、出生在美国的唐闻生开玩笑说，南茜·唐（唐闻生在美国时的名字）可以竞选美国总统，而他自己则没有资格，因为唐闻生出生在美国，而他不是。在座的人都被他逗笑了，气氛很快活跃起来。

1972 年 5 月，基辛格陪同尼克松总统，前往莫斯科与苏联首脑勃列日涅夫举行最高级会谈。在出发前，基辛格必须同记者进行周旋。

5 月 21 日，基辛格就核时代大国首脑最高级会谈举行记者招待会。其间，有记者很有礼貌地问道，4 月底实际上同勃列日涅夫谈过话的，究竟是基辛格还是尼克松？

早在 4 月底，为安排这次最高级会谈，基辛格曾访问过苏联首都莫斯科。这位记者所说的正是这次基辛格与勃列日涅夫的会晤。因为有人怀疑基辛格正在取代尼克松总统，所以基辛格用自我贬低式的幽默回答说：

"我（同勃列日涅夫）谈话时，是代表总统的。"

记者们都笑了。然后，基辛格自我解嘲地补充说："我还没有狂妄到那个程度。是在朝那方面发展，但还不到那个程度。"

又赢得了一阵大笑，有的记者都笑出声来了。这时，基辛格又朝他的同事齐格勒扫了一眼，继续说："他们专门有人从记录稿上删去开玩笑的话。"这引起了哄堂大笑。

这一段精彩笑话，打破了会上的沉闷气氛，也解除了大家的疑虑。

当记者招待会快要结束时，基辛格再次以他的机智和幽默赢得了记者们的喝彩声。《纽约时报》的记者马克斯·弗兰克尔，想给基辛格出一道难题，他提出一个所谓宣布尼克松访问成果的"程序性问题"。他问基辛格：

"你打算在这星期点点滴滴地宣布呢，还是来个倾盆大雨，成批地发表协定呢？"

从不放过机会讽刺《纽约时报》的基辛格回答说：

"我明白了，你看马克斯同他的报纸一样多么公正啊，他要我们在倾盆大雨和点点滴滴之间任选一个，所以无论我们怎么办，总是坏透了。"

停了一下，基辛格又说："我们打算点点滴滴地发表成批声明。"

这下记者们笑得更厉害了，也很佩服基辛格的机智。只有《纽约时报》的那位记者想笑却笑不出来。

当尼克松和勃列日涅夫签署美苏限制战略武器协定之后，基辛格在莫斯科一家旅馆的夜总会里召开新闻发布会，向随行的美国记者团介绍限制战略武器会谈的一些机密情况。基辛格解释了限制战略武器会谈中的复杂算术。他透露说："苏联生产导弹的速度每年大约 250 枚。"他微微一笑，又说："先生们，如果把我在这里当间谍抓起来，我们知道该怪谁啊。"

当记者们问及美国轰炸机能载多少核弹头时，基辛格无法不回答。他说："既然我已说出了苏联的数字，那就把美国的数字也说出来吧。"

这个妙不可言的记者招待会进行了 40 分钟的时候，基辛格的背后突然发出了急速的敲门声。所有的门都是锁着的。记者们停下了手中的笔，基辛格也不讲了。等了一会儿，又没有声音了。基辛格继续讲下去。几分钟后，敲门声又响起来了。在场的人都知道，在苏联，半夜敲门可能意味着大祸临头。大家一声不响，过了几秒钟后，基辛格嘿嘿笑了，他说：

"一定是个哈佛学生听我的课迟到了。"

基辛格在哈佛大学讲课时常有这样的情况。经他一说，房间里紧张的气氛顿时又活跃起来。基辛格继续讲下去。

这时，一个记者问道："基辛格博士，我们有多少潜艇导弹在配置分导式多弹头？又有多少'民兵'导弹在配置分导式多弹头？"

基辛格回答说："我不确切地知道正在配置分导式多弹头的'民兵'导弹有多少。至于潜艇，我的苦处是，数目我是知道的，但我不知道是不是保密的。"

记者说："不是保密的。"

基辛格说："不是保密的吗？那你说是多少呢？"

这里，基辛格又在要他的拿手好戏了：用反问的办法来窥测对方是否知情。这仅仅是一个圈套而已。

记者不知是计，直接说："你们已经配置了八艘。"

基辛格说："但你不知道我们正在改装的数字。"

记者真的让基辛格给套住了："有 31 艘在改装。"

这引起了记者们的哄堂大笑。

基辛格说："我还以为我以前的那些部下也都等着'改装'哩！"

大家笑得更厉害了。

1970 年 4 月间，尼克松总统下令美军入侵柬埔寨，激起美国国内民众的强烈反对。这时的基辛格就像一个消防员，到处"救火"，他每天除了处理日常公务外，还至少七次接见大批记者，不断阐释政策，对付敌意批评。在这种紧张对垒的情况下，基辛格的幽默语言往往能帮他的大忙。他便以此来博取听众的好感，岔开对方的攻击，有时还可以使批评降温。

5 月 9 日，在向报界作"背景情况介绍"时，基辛格一上来就说：

"我刚才还在情况室里策划战争呢！"于是引起一阵大笑。基辛格马上加了一句："齐格勒先生说，'那句话不得发表'。（稍停片刻）用德语来讲更好听些。"逗得大家都乐了。

5 月 16 日，基辛格接见记者，一上来就问："谁有什么问题要我回答吗？"第一个提问者指出，官方关于柬埔寨之役的解释显然前后矛盾。此人最后质问道："我要问你，是谁在对我们撒谎，再通过我们对美国人民撒谎？"

基辛格只停了一秒钟便回答道："我喜欢这种提问的建设性精神。"又引起了一阵笑声。

1973 年 11 月，在实施中东穿梭外交期间，基辛格在埃及停留时，前往开罗郊外参观沙漠边上的吉萨金字塔。他的身后跟着一大群记者和摄影师。基辛格同人面狮身像在一起，站在这座人类建筑奇迹面前，同样是妙趣横生。

有个埃及记者问道:"基辛格博士,您对我国的历史很熟悉吧?"

基辛格用外交辞令回答说:"我一直陶醉于埃及的历史——陶醉于它的永恒感。"

顺着石阶爬到金字塔的入口处,基辛格盯着阴暗的洞说:

"这里作国务院的新闻发布室倒挺好,是不是?"

记者们被逗笑了。

随后,基辛格向下望着台阶说:"这对有心脏病的人倒是一个很好的锻炼。"记者们大笑起来。当他走近人面狮身像前仔细端详时,记者们争先恐后地抢最好的角度给他拍照。一个记者问:

"你觉得自己像一个阿拉伯酋长吗?"

基辛格没等他说完就说:

"岂止觉得?我就是嘛!"

然后他看看人面狮身像,沉思地问道:"咱们俩谁是真正的人面狮身啊?"

1977年1月,基辛格结束了国务卿的任期,福特总统专门为他举行了隆重的仪式,授予他美国文职人员的最高奖赏——自由勋章,并称他为"美国历史上最伟大的国务卿"。由于这一决定事先对基辛格保密,所以,基辛格十分吃惊地说:"我在华盛顿待了八年,我们最后总算保守了一个秘密。"

当天,在新闻俱乐部的午餐会上,基辛格发表了离职前的最后一次演讲,幽默地向外交界告别。他平静地说:

"当我来国务院时,最担心的是外交界能否对付'现代外交'的挑战,我希望人们多创新,少自满。我是得到了这些,特别是得到了对外交政策表示不以为然的评价。"

然后,他又抬高嗓门说:"我要求得到这个,而我已经得到了这个。"这多少有些自我嘲讽。听众们被他逗笑了。

接着,基辛格摊开双手,毫无表情地说:"我对他们表示原谅。"听众们捧腹大笑。

谈到八年来最得意的工作时，他说："过去八年最大的成就可能是帮助美国摆脱了越南的创伤和水门的噩梦。我感到自豪的是，我是在世界比八年前更为平静的情况下离开华盛顿的。"

当有记者问："你能否列举一下掌管对外政策方面最引为自豪的时刻？"

基辛格回答道："当然，踏上中国的国土是一个异乎寻常的经历。当北越谈判代表黎德寿把将要结束战争的建议摆到谈判桌上时，那是一种异乎寻常的感受。达成限制战略武器会谈协议、签署'上海公报'、促使埃及人与以色列人签署第一个脱离接触的协定，也是可以自豪的。"

略停顿一下，他又说："令人悲伤的是没有完成美苏达成限制战略武器协议的任务，本来以为在 1977 年美苏签署协议应是可以实现的。"他预言："毫不怀疑即将上任的卡特政府将奉行尼克松—福特谋求同中国关系正常化的政策。"

最后，基辛格幽默地说道："这次仪式是我最后一次正式公开露面的机会。今天对一个经常奚落的特别是私下经常奚落的团体加以赞扬是可笑的。"

四、工心讨好记者，控制媒体

基辛格的可爱、灵活、多变、巧言、狡猾、理智，是让他成为闪亮的公众人物的缘由。他机智、灵活、多样化地经营着自己的名声，非常清楚谁能够为他增加价值。

基辛格的政治手腕之一，就是与媒体建立良好关系，他充分利用华盛顿的媒体圈，将自己打造成为"超级 K"（K 是基辛格英文名的第一个字母），成为杂志的封面人物和处理外交事务的能手。社会知名度也是权力的体现和促进剂，基辛格有意博得媒体的好感，并在新闻媒体上频频"亮相"，这有助于提高其知名度，从而有助于提高其政治地位。即便在 20 世纪 70 年代中期，美国面临非常严重的外交困境，基辛格仍然抽出时间接听来自媒体记者的电话。

1975 年那个有点乱糟糟的年头，因为基辛格同时还是国务卿，所以福特总统解除了他的国家安全事务助理一职。时为 CBS 特派记者的卡尔波打电话给基辛格说："我给您打这个电话的唯一原因就是想告诉你，尽管表面看来没有人支持你，事实上恰恰相反，在这个城市，你还是有一些朋友的。"

一年之后，基辛格的任期即将结束之时，ABC 的外交特派记者科佩尔给他打电话说，追踪报道基辛格外交活动的三年对于他来说真是受益匪浅，他称赞基辛格是一个魅力无穷的人，并表示如果早些年有一位基辛格这样的老师，自己或许就不会那么愤世嫉俗了。科佩尔说美国人有基辛格这样的一位领导人真是幸运备至。

基辛格具有非凡的迎合别人以及游说的能力，也正是这些技巧使得他获得了惯于怀疑的华盛顿媒体界的支持。

听听基辛格是怎么跟媒体记者说话的："我给你打电话是因为我最信任你"，"我如此坦率地跟你说话是因为我知道你是个有教养的人，你清楚如何公正客观地使用你所获得的信息"。他会说"我觉得跟你谈话根本就是自杀"，但接着来一个像是朋友间的、漫长的谈话。

当然，很多时候记者也会想着从基辛格这里得到一些独家新闻。比如科佩尔就曾经问过他，埃及总统萨达特在白宫晚宴上同另外一名女士一起翩翩起舞在伊斯兰世界会引起怎样的反应的时候，基辛格就非常直接地说这种东西可不能出现在利雅得。又比如，基辛格在 1973 年秘密邀请《华盛顿邮报》的发行人凯瑟琳·格雷厄姆共进午餐时说，如果尼克松总统知道了这件事，那么他很可能就要卷铺盖走人了。

基辛格与新闻媒体拉关系，颇有手段。今天给《纽约时报》一道特讯，明天又给《华盛顿邮报》一个专栏，便是他惯用的手法。

五、漂亮女友——政治外交掩护

基辛格善于搞秘密外交，其中一个秘诀，就是借助漂亮女人打掩护。他说："权力是一副最好的春药。"同自己看中的漂亮女人在一起，既是一种人间享受，又掩盖了自己的真实意图。

自从来到白宫以后，基辛格在总统助理的头衔之外，赢得了一个额外的"桂冠"——"全国头号风流人物"。

虽然华盛顿上层人物热衷于纵情猎艳，但政客高级官员们仍怕被抓住小辫子，绝不敢同那些隆胸裸臂、性感十足的漂亮女人在一起抛头露面，只有基辛格"天不怕地不怕"，带着漂亮女人满世界跑。

美国上流社交场合，一向有在竞争中赢得情人的传统。基辛格用实际行动证明自己是这方面的高手。有人说："基辛格有一种特别的本领，他总能邀请到一位漂亮的女人陪他一起出席某次活动，并且在报界获悉此情况时，又总能突然'忘掉'他的邀请。"

1971年秘密访问中国后，美国记者有的文章开始介绍基辛格从菲尔特镇到哈佛的身世背景。记者的追踪、炒作，使他成了一位家喻户晓的新闻人物，自然也成了许多女人特别是那些混迹于上流社会的漂亮女人心目中的"人物"。

基辛格总是以他的灵巧和随和吸引着女人。基辛格其貌不扬，大腹便便，戴着大宽幅眼镜，看起来是个迂腐的、只会研究纸文的学究。但是，基辛格的身后也有着无数的女性，他与好莱坞的明星们打得火热。他与男星聚会，和女星幽会，忙得不亦乐乎。基辛格点菜似的要求与某某、某某女星见面，好莱坞的老板们对基辛格的要求几乎有求必应。而被点到的女明星也引以为荣，欣然赴约。理智、清醒又好奇的基辛格并非仅仅寻花问柳，聪明、智谋多端地知道如何借助明星的绯闻，抬高自己的身价，以身边众多的好莱坞女明星来巩固其政治明星的地位。基辛格算得上是位超级智谋大师，连个人的私生活也成为他政治智谋的一部分。

从相貌上看，基辛格并无明显的吸引人的美男子特征。但他的特殊身份、特别气质又是明显吸引人的。他从哈佛教授一跃而成为尼克松总统的头号外交顾问，他的论著表明他不仅是一位著名的学者，而且是一位深刻的思想家。他那哈佛教授头衔，他那深刻的思想，使他不仅在政治舞台上格外显眼而产生让尼克松都为之着迷的魅力，而且也使他在社交场合或情场上赢得阵阵喝彩。特别是他在外交决策和国际舞台上扮演着重要而又多彩的角色，秘密访问中国使他一举成为美国最耀眼的政治明星。他的个性、谈吐以及他的德国绅士风度和带德国口音的英语，都是讨漂亮女人欢心的地方，而且他也确实给和他约会过的女人留下了美好的印象。有的说，基辛格是"一个出色而彬彬有礼的、既热情周到又慷慨大方的美男子"。有的称，"第一眼看上去，他并没有什么特别打动人的地方，然而当他一开口，简直就是天使。他具有一个女人想要的一切"。在好莱坞，基辛格有"亨利群芳"之称。

　　集智慧和力量于一身的基辛格，这种政治明星效应、这种深刻的思想和特别素质，不是一般男人所能企及的，也不是那些自以为用权势和巨富就可以享受一切的男人可以匹敌的。基辛格追求的是一种境界。政治上的成功使他一举成为"全美最著名的单身汉"。在青少年时代一见到女孩子就脸红的基辛格，在做了总统助理之后也学会了如何讨好女人，被公推为"美国东部最酣畅的猎艳能手"。当过尼克松政府财政部长的康纳利，在情场上受欢迎的时间只有一个月，他谈起基辛格来总是自愧不如。

　　与基辛格约会最多的一位女明星，叫捷尔·约翰。第一次见面，基辛格就用巧舌征服了捷尔，两人相见恨晚。之后，两人便频频约会。捷尔回忆说："谈话是基辛格放松的最佳方式。我们经常彻夜长谈。我要是遇到麻烦或是心情不好的话，就打电话给他。有时凌晨3点也打。基辛格就陪着我聊天，一聊就是几小时。"

基辛格与捷尔在一起

　　不过，基辛格与漂亮女人打交道多半出于外交上的考虑，是工作和风流两不误。基辛格把漂亮女人作为秘密外交活动中的挡箭牌。基辛格和尼克松都喜欢制造秘密外交的戏剧效果，外交活动的微妙之处在于处理好神秘与公开的关系，这对基辛格来说真是一举两得。他自己说："我们靠明星演员搞对外政策。"所以，与其他身居要职的政界人物不同，基辛格与女人聚会时非但不避耳目，甚至故意招摇，喜欢在大庭广众之下与美女出双入对。那些艳丽的女人给基辛格这个外交家蒙上了一层既耀眼又神秘的面纱，基辛格则穿梭于特殊的"时间隧道"，忽然是谈判桌上谈锋甚健的舌辩之士，忽然又变成了女明星身边彬彬有礼的绅士。

　　1969 年秋，舆论界对越南问题的议论沸沸扬扬的时候，基辛格的名字开始在报纸的要闻版跳到了社交新闻版，同交际花出席鸡尾酒会的消息掩盖了真正的外交内幕。

　　1971 年 7 月秘密访华后，基辛格到达巴黎，准备同越南共产党中央政治局委员黎德寿进行一次秘密会晤。为了掩人耳目，他和女影星玛·奥斯在巴黎一家著名的餐厅共餐。有时，从巴黎飞回美国安德鲁斯空军机场的基辛格，马上换乘一架喷气式飞机去纽约，而不是立即回白宫办公室。在纽约，记者们发现基辛格正在同一位漂亮女人宴饮欢谈。刚刚与越南人结束一轮美越秘密谈判的人，摇身一变成为纽约风流场上的"情种"。那位漂亮女人正是掩护这次神秘使命的挡箭牌。

　　第一次秘密访问中国，1971 年第二次访问中国，基辛格特地带上两位漂亮的女秘书。特别是第二次，这两位美丽女郎跟随基辛格来到中国，同上司形影不离，在公开场合跟上司表现出亲密关系。有位消息灵通人士评论说：有两位高雅端庄的女秘书陪同，有助于抵消基辛格贪恋女影星的名声，也有助于改善他对待下级冷面无情的形象，并且可以以一副较为守旧的形象出现在美国人感到陌生的中国人面前。

　　可以说，在外交谈判与社交情场之间，基辛格善于一张一弛，扮演外交大师和社交明星的双重角色。在华盛顿和纽约，基辛格成了上层社交圈竞相邀请的"宠儿"。他的到场或离去关系到华盛顿一个晚会的成败。有一部基辛格传记曾这样写道："任何场合，只要他一露面，就算成功；多数女主人情愿基辛格光临哪怕 20 分钟，也不稀罕内阁的所有其他部长和国会议员全体都来这里待一整晚。他按情况不同，或以知识分子面目出现，纵论天下大事，或以风流才子姿态出现，从他的万宝囊中挑几句有趣的话儿说说，博人一笑。聚会一散，基辛格又开始工作了。"

基辛格挑选女人的标准也很特别。他深知，好些漂亮女人看重的是他的权力地位和他拥有的智慧财富。那些女人不会去读他的著作，但对他凭借智慧进行个人奋斗的结果颇为看重。他的女朋友都是有知识素养和政治头脑的人，而不仅仅漂亮。

对于人们的各种议论，基辛格一向不太在乎。一位内阁部长问基辛格："亨利，你用于白宫公务的时间和花在欢乐场上的时间各占多少？"基辛格幽默地回答道："你自己动脑筋去猜吧。"

六、自负与自知

相对来说，基辛格是一个诚实的人，他有时候掩盖自己的缺点，有时十分自负，但也勇于承认自己的不足，可谓有自知之明。

基辛格承认自己在进入白宫前是一个"学院式的自我中心论者"，一个很自负的人，同哈佛的许多人物一样喜欢妄自尊大。进入白宫后，基辛格承认自己"在学识上又自视很高"。在谈到自己同尼克松总统的关系时，基辛格颇为自负地说："我毕竟是少数同他（指尼克松——引者）能谈得来而又是他认为同他知识相当的一个人。"

对于自己进入白宫后的处境，基辛格十分清楚。他说："要尼克松班子中的

有些人不讨厌我这样一个外来者，是需
要超人的宽容品德的。这个外来者似乎
占尽了世界上所有的好事：在他们看来
作为一位哈佛教授和洛克菲勒同僚的令
人钦羡的地位，以及在尼克松竞选胜利
后和这位当选总统的联系。"他也十分清
楚自己是一个"精通外交政策的强有力
的人物"。

基辛格承认自己同样也有令人讨厌
的虚荣心。在谈到对事业的追求时，基
辛格说："像虚荣心和权力欲这样一些不
那么高尚的动机究竟在多大程度上起了
作用，目前还很难说——看来要说完全

基辛格的亲笔签名照

没有这些动机是不大可能的。"谈到如何对待荣誉，基辛格也承认："新闻界有很
多人因为尼克松的观点和他过去的所作所为而讨厌他。于是就形成了一种倾向，
有好事发生，就归功于他的比较讨人喜欢的同僚，遇到不得人心的事，就把责任
推到他身上。这些同僚除非有超人的大公无私和自制力，才能拒绝这些送上门来
的荣誉。没有一个人，包括我自己在内，具有这样的品德。"

基辛格对于自我评价不喜欢夸大其辞。1974年初，有人同他一起驱车从圣
克利蒂沿着圣地亚哥公路去洛杉矶，途中请他谈谈他的希望和抱负，他心平气
和地说："我希望，当我离开这个世界的时候，世界会比我降生的时候太平一些，
在实现人类理想方面多一些创造性。当然喽，我总是希望能在某种意义上对美国
人民的团结有所贡献；可惜，由于种种原因，这个希望至今还未能实现。这就是
我对越南问题的观点。当时，我们也还没有预见到'水门'这件事啊。"

略停一下，基辛格又说道："不错，我有我的虚荣心和自私心，还有人们对
我的种种议论，这些我觉得我都是有的。但是，我制定的政策与其说是为了迎合

明天报上的论调，不如说是要适应 1980 年人们的想法。"应该说，这种评价是较为客观的。

谈到他的国务卿一职，基辛格坦白地说："想想我这个身世，有谁料到我结果会当上全世界最强大的国家的国务卿呢？我的意思是说，当我在德国连上学都上不了的时候，当我在纽约做送货员的时候。"

他作为美国对外政策的主持人，对于他自己的成就当然十分自豪，但也并不因之而被成功冲昏头脑。他既自鸣得意，又能面对现实，把外交的效能发挥到极限。他知道，一切终不免要受到不可预见的情况的影响。他说："每一次成功，不如说是下一个更大难题的前奏而已。"

他在谈到中东穿梭外交成就时指出："回溯我个人经历的这些文字显然会给人一种印象，似乎这场外交活动的缰绳是听任我一个人操纵的。实际情况并非如此。我当然运用了策略。但是，任何国务卿，尽管位高权重，也不能独自制定战略。只有总统才能制定这样的一种复杂和强硬的政策，使我们走了这么远，并且顶住犹疑逡巡的官僚，摇摆不定的盟国，疑神疑鬼的苏联和那些斗志高昂的中东战士，把这项政策坚持下来。"

基辛格谈到他的国务卿一职时说："想想我这个身世，有谁料到我结果会当上全世界最强大的国家的国务卿呢？我的意思是说，当我在德国连上学都上不了的时候，当我在纽约做送货员的时候。"

基辛格因为有超人的才智，才生出许多不尽人意的缺点，但他也有许多令人敬佩的地方，比如他敢于接受挑战，越是危机时刻越能显示出他的英雄本色，他需要被逼入困境，这样才好打出水平，胜过别人。他以打倒对手、显示自己的才智为乐。有人这样评论说，基辛格"对琐事最不耐烦。要是有什么人打扰他，或者有什么事打扰他，他会简慢无礼，甚至粗暴无情。另一方面，如果真碰到一件难办的事，这家伙的脾气就迥然不同了。当他面对严重局势，处于千钧一发之际，反倒非常冷静……但是他也善于用一种很适时的幽默感来冲淡'紧张气氛'，然后就抓住这时在众人中涌现出来的好主意。"

基辛格有超强的生存能力。自基辛格以来，整整 10 位国务卿都生活在他的阴影之下，他们或者缺乏实际的影响力而迅速被遗忘，很少留下真正的智力和政治遗产。而只有这个灵活多变的基辛格，像个长寿的花蝴蝶，罕见地长期飞舞在政坛，即使在"水门事件"的飓风中，狡猾的基辛格也毫发未损。

基辛格是崇拜伟人的。在 1975 年 12 月对记者的一次谈话中，他表示："戴高乐是伟人，罗斯福是伟人，毛泽东是伟人。"他认为，伟人就是那样的，"一个人使他的人民的生活发生了质的变化，而如果没有他，就很难设想他的人民的历史会一模一样"。在其他的场合，他还写道：每当"思想意识起决定作用"的革命运动的初期过去以后，"很多事情要取决于人物的偶然性。如果由于某种原因领导人物消失了，运动就可能崩溃或改变到无法辨认的地步"。他强调："法国的恐怖时代由于去掉了罗伯斯庇尔这一个人而结束。""如果列宁不搭那趟由德国开往俄国的著名列车，布尔什维克革命也许不会发生。"

七、敢于冒险，敢于创造

作为著名的西方资产阶级政治家，基辛格对政治家的职责、素质有自己独特的看法。他从历史的角度研究得出结论说，历史的政治学启示在于："如果说历史有任何教育意义的话，那么其教育意义就在于：没有平衡，就没有和平；没有节制，就没有公正。但是，我同样相信，如果没有一个道义上的罗盘，在含糊暧昧的现实中确定航向，并且使得牺牲具有意义，任何国家都不可能正视甚至明确它的抉择。"

这是理论上的东西，是学者们总结历史经验得出的有益结论，政治家要想有所作为，必须超越这一层次，运用他的智慧和胆略，敢于冒风险。基辛格说："是否愿意照这条良好的路线走，是标志着学者——或者任何局外人——的道德观和政治家的道德观之间的区别。一个局外人，从绝对观点考虑问题，他是从概念上来判定是非的。而一个政治家却没有这样舒服的事。他很少能够不分阶段就达到他的目标；任何一个局部的步骤，从德行上来说，本来就不会是完美无缺的，但是，没有这个局部，就不可能有接近于完美的德行。"他还说："一个国家的选择总是有限的，一个国家不能简单地抉择每一种可能性。但是，政治家一般比那些缺乏远见的人能看到更多的选择余地。政治家在善于取舍他所发现的选择方案的能力上显示本领。所有的选择都包含风险，所有的选择都建筑在推测之上。"

基辛格进一步分析说："对一个哲学家的考验是他的警句背后的推理，对一个政治家的考验不仅仅是博得人们对他的目标的称赞，而且是他使人类避免了灾难。人类永远不会知道，由于避免了风险，或者由于采取了行动，从而避免了可怕的后果，这样他们才有可能避免了浩劫。所以，学者和政治家之间的对话，总是得不出什么结果的。没有哲学家，政策就会没有标准；但是，如果不愿窥伺暗处，不冒风险，没有把握地采取某些跟跄的步子，人类就永远不会有和平。"

基辛格在这里实际上是讲政治家的"德"，尽管讲得有些空，但在某些程度上超越了一般资产阶级政治家的认识局限性，其视野照顾到人类的命运，观照的是整个人类的前途。虽说他在整个政治作为上不一定有这么高尚，但作为一个资产阶级政治家、外交家，能认识到这一点，也是难得的。当然，这与无产阶级那种全心全意为人民服务、为人类解放事业服务的政治观不可同日而语。

他告诫政治家要敢于斗争，敢于创造。他说："历史是永远不停止地前进的，也没有什么平稳时期。我们知道，有史以来的所有社会，都经历过衰落时期，其中大多数终于崩溃。但是，在必然性和偶然性之间还有一点回旋余地，政治家必须通过坚韧和直观来进行选择，从而塑造他的人民的命运。无视客观条件是危险的，拿历史必然性来做挡箭牌，就等于是精神上的推卸责任，那就忽视了力量、希望和灵感的因素，而这些因素，多少世纪以来，却支持着人类的生存。政治家的责任是对一个瞬息进行斗争，而且不要追求永垂青史。他可能知道，历史是不会永久不变的；但是，一个领袖没有权力听天由命。为了他的人民，他应该斗争、创造，并且抵抗困扰着人类制度的腐蚀剂。"

基辛格还对政治家的素质、能力、作风提出看法。他认为，美国领导人"需要有更大的洞察力，这是没有其他的东西可以代替的"；只要他们"对问题的实质掌握不住，他们就不能制定长远政策，也不能在我们所遇到的挑战的局势面前巧妙而富有自信地采取行动"。

他反对任何根据一个人的意见执行政策的企图，而主张博采众议，集思广益，找出一种办法来使美国"最能干的人能够……处理政策问题和为国家服务"。他认为，应当重视和使用的，不是那些"在现有框框之内最善于精细推敲的人"，而是那些能够"完成新的还没有想到过的工作的人"，能够"开辟新道路的人"，也就是没有被官僚体制给腐蚀的有创造才能和创新精神的人。他批评那些"在传统的美国外交中培养起来的人"，是不可能有哲学头脑和创新精神的。他们只会处理一些技术问题，却缺乏把握历史进程的鉴别力。

八、神秘即是魅力

作为世界风云人物，基辛格为了使自己身上永远闪烁着诱人的光环，总喜欢给自己套上一层神秘的外衣。他自己解释说，神秘便是魅力。

对于许多人来说，基辛格至今仍然是一个谜。他那传奇式的战争经历，在20世纪70年代美国外交领域里作出的巨大贡献，离职后仍然活跃于世界政治舞台。总之，他具有无限的魅力。而据他解释，这魅力的来源之一就是神秘。基辛格在接受意大利著名女记者法拉奇的采访时，有这样一段对话：

法："基辛格博士，我已经感觉到了。我从来没有采访过一个像您这样避而不答问题或对问题不作确切解说的人，没有人像您那样不让别人深入了解自己。基辛格博士，您是不是有点腼腆呢？"基："对，我是个相当腼腆的人。另一方面，我觉得我还是相当沉得住气的。您看，有的人把我描写成一个苦恼和神秘的人物，也有人把我描写成乐天派，整天嘻嘻哈哈。这两种形象都不准确。哪一个也不是我……我是……不，我不告诉您我是什么样的人。我对谁也不说。"

自从进入白宫一步登天，成为受世人瞩目的人物后，基辛格便感到让自己保持神秘的重要性。他懂得，像他这样一个走到哪里都成为中心人物的人，一个没有足够时间满足所有对他的要求的人，一个颇以为到处都少不了他而沾沾自喜的人，神秘一点要比为自己立传更有魅力。他好像觉得他的身世详情，从难民到移民到教授的这一切，对于他优游其中的显赫世界来说，实在很不够味，于是，他便尽可能地使自己蒙上一层层神秘色彩。一位专栏作家曾这样说过：基辛格的妙处在于他总是告诉你他不是这，不是那，但是从来不说他究竟是什么。

其实，虽说基辛格是一个自相矛盾、复杂多变的人物，但他还是有其较稳定的性格和气质。基辛格的魅力既来自他那神秘的个性，更来自他的博学、智慧、成就。越南战争谈判取得突破，参与打开中美关系大门，美苏关系缓和等几大外交成就，使他获得了各种美誉，成为美国"外交政策的设计师"。一位漫画家把基辛格画成超人，在空中飞翔，玩地球于股掌，地面

意大利著名记者法拉奇

上则站着矮小的尼克松。自基辛格担任总统国家安全事务助理后，他使白宫顾问这一职务充满了明星气质，使外交官成为公众心目中的英雄，人们称赞他"知识渊博，能言善辩；才华出众，智慧过人，仪表堂堂"。他所处的时代正是美国大众需要崇拜某个人的时代。基辛格认为自己是孤独、强大的领导人，美国人欣赏的就是这种独立扮演角色的人物。在意大利记者法拉奇的笔下，基辛格把自己说成是"一个牛仔，单人匹马率队前进"，"这个牛仔不必有什么勇气，他所需要的一切就是骑着马走南闯北，赤手空拳，包打天下，向世人显显身手"。基辛格还说："这种充满浪漫色彩、出奇制胜的角色很合我的胃口，因为独来独往一向是我的作风，也可以说是我的技巧。"

九、从历史中汲取政治智慧

历史是智慧的富矿，有熟悉历史的智囊人物参与重大决策，往往使决策具有驾驭全局的历史威力。基辛格的一大特点，就是善于着眼于现实，从历史中汲取战略智慧。他对当代世界的矛盾与问题，之所以有自己的见解与构想，原因之一是这些见解与构想从历史的广度和深度中产生。

一位中国高级将领曾经评论说："基辛格曾是决定美国外交政策方面有主要影响的智囊人物。他就是从对19世纪欧洲军事外交史的追踪中，去寻找可供20世纪的现实借鉴的战略思维。"基辛格对近代欧洲历史十分熟悉，仅论述欧洲历史的著作和文章就有《重建的世界》《论梅特涅思想》《维也纳会议》《白色革命家：论俾斯麦》等等，此外，在他所著的其他几部著作中，也包含着不少关于欧洲外交史的论述。

当基辛格24岁跨进哈佛大学时，他虽然不是胸无点墨，但也谈不上有什么学问。可是三年之后，他拿出的毕业论文，却使人们感到震惊，这不仅因为论文手稿卷帙浩繁长达 377 页，而且由于论文的内容一下子概括了西方历史上三个学识深奥、著作庞杂的哲学家和历史学家的思想。

有人曾评价说，基辛格把他在哈佛学到的许多知识写进了论文。论文表面上似乎在研究 18 世纪以来某些历史的哲学流派，而事实上却表明了基辛格本人的信念。他是利用每一个作家来阐述自己的哲学。这充满智慧的论文，正是基辛格在哈佛刻苦"修炼"结出的硕果，使他"具有的天赋变为具有历史感的智慧之源"。

后来基辛格到了纽约，在美国对外关系协会的聘请下参加美国外交政策的研究和著述工作，写出了轰动美国的《核武器与对外政策》一书。这两年，对于基辛格后来的事业具有重要的影响。他借此机会结识了美国许多权势人物和军政要员。更为重要的是，他从此置身于战略学的研究，并在这个重要领域有所创造性地发展。基辛格后来推行的外交谋略，也绝不是他自己"闭门造车"的结果。他在哈佛期间，就已经在历史学、政治学、国际关系等方面打下了很深的认识基础。在被洛克菲勒吸收参加美国对外关系协会的一些重要研究计划之后，他进一步接触到了美国军政首脑，了解到军事与外交战略方面的许多重要情报与各种观点、

梅特涅

主张，弄清了美国在外交和政治领域的现实。

基辛格认为，历史与现实之间有着某种不可分割的联系。他主要是从现实出发来研究历史的，研究的目的是想从历史中汲取某些经验教训，汲取战略智慧，来解决现实中的矛盾和问题。在他看来，历史本身就是进行因果分析的对象。从对历史的研究中，可以获取对现实问题的透视力。

在基辛格看来，历史上的人物与事件，必然会以不同的形式重新出现，而现实中的一些现象与问题，也可以从历史演变中去寻找解释或解决的方案。基辛格选择拿破仑以

后时期的欧洲国际关系这个题目，是经过深思熟虑的。基辛格并不认为核武器的出现改变了整个国际关系的结构和格局，现状和历史之间总有某些类似之处。他之所以要研究梅特涅和卡斯尔累，是因为他们使他的眼界开阔起来，从而使他能够更加有效地考察他自己这个时代的问题。基辛格写道："在1814年，这些人对自己所干的事是胸有成竹的，解决的办法并不是他们随便搞出来的，所以我便进行了分析，看看解决办法是如何产生的。"

通过分析，基辛格得出了不少新的看法，这些看法后来形成了他外交的独特标志。梅特涅这位由奥地利首相而一跃成为所谓"欧洲的首相"的大外交家，在维也纳会议后，在欧洲外交舞台上纵横捭阖，诡计多端，见风使舵，为欧洲的"均势"设计了一种"和平结构"。基辛格认为20世纪六七十年代的国际形势与此类似。他通过分析得出的看法，就是要在同时存在不止一个对手的大国之间推行纵横捭阖的"均势"外交，以便巧妙地利用它们相互制约和争斗的均势，来建立一个所谓的"和平结构"。他认为，保守势力同革命势力之间是会经常发生冲突的，并且很有可能导致暴力行动，因此他得出结论说，外交政策的目的应该是建立一种"和平结构"；其战略是巧妙地利用相互争斗的势力之间的均势，其手段是把秘密谈判同必要时不惜使用军事力量二者结合起来。他还从中得到启发认为，国际关系是一种权力斗争，无道义可言，制定对外政策不能从道义原则出发。他十分推崇所谓"秘密外交"，认为维也纳时期的"会议制度"，不是由皇帝和军队而是由外长们建立的。掌握外交过程，不是使用力量，而是调和利益，在这方面大国外交尤为重要。外长应该对元首、立法机构和公众保持自治权，特别不要被议会所制约，因为一般来讲议会不具备外交气质。

由于基辛格既熟悉历史，又了解美国实力的现实强弱，他就能比别人从更为深广的角度上来观察世界情势，并据此考虑美国的战略问题。又因为他当时未任公职，没有陷入美国官僚机构的日常行政事务之中，能够比较超脱，突破美国官场的一些陈规俗套，不局限于美国政府的眼前利益，而是从美国垄断资本的根本利益和长远利益来思考问题，提出主张。《纽约时报》一位评论员曾这样评价道：

"基辛格之所以取得今天的地位，并不是因为他是一个伟大的人物，或旅行家，或局内人物，而恰恰是因为他是个局外人，曾经有时间思索问题，并且曾同另外一些思考美国的基本目的和切身利益的独来独往的人保持接触。"

基辛格的思想植根于欧洲均势的传统，这既帮助他在美国外交史上有所建树，也限制了他的视野和思维，使他在外交和政治方面缺少更大的灵活性。毕竟，19世纪欧洲的传统思想多脱胎于封建土壤，缺少新鲜的实践动力。

十、拼命三郎

第一个"发现"基辛格的克雷默尔曾称赞说："他有三头西西里骡子加起来的那股子蛮劲，人有了这种劲头，什么事干不成啊！？"

西方一些基辛格传记作者认为，基辛格有顽强的性格，对自己从事的工作和争取的目标具有一种百折不挠的精神。有的还拿希腊神话中的西瑟夫国王的故事来比喻基辛格的韧劲。那故事说，西瑟夫因为触犯了天神，被罚作劳役，往山上运大石块，每次运上去就滚下来，滚下来又运上去，费尽了力气却毫无结果。而基辛格比西瑟夫还要顽强，因为他从来不承认失败，只不过是把每一次的挫折和失败，当作争取最后成功的起点和锻炼自己的机会。正像克雷默尔所说："此人有一股韧性！"

基辛格在哈佛大学获得博士学位后，学术界人士都猜测他可能被聘在哈佛大学任教。他是该校公认的大有前途的学生，他的博士论文由于学术卓著，获得了萨姆纳奖金，而他自己也满以为一旦博士头衔到手，跻身于哈佛教席当然不在话下。然而，哈佛将他拒之门外。这可以说是他人生第一次遭受的重大挫折。

在沉重的打击和意外的挫折面前，基辛格并没有低头泄气，而且把它看作成功的新起点。芝加哥大学表示愿意请他去当教授，但看准哈佛的基辛格谢绝了，他留在哈佛做了临时教员，等待那个哈佛曾拒绝给他的职位。基辛格最终实现了心愿，1959年担任了哈佛副教授，1962年晋升为教授。

基辛格在哈佛任教的时候，就对美国外交政策和国际事务有着自己独到见解和主张，只是得不到当权者的赏识，而无法施展自己的抱负。但他从来也不轻易改变自己的主张，为了个人的飞黄腾达而去迎合当权者的心意。

基辛格未进入尼克松政府之前，论资格和地位不过被人看作二三流的战略问题专家，但他决不因为自己人微言轻而放弃对美国外交政策弊病的批评。他批评美国整个国内结构和美国过去历届总统的领导方式，认为这些当权者根本不懂得客观情势的变化和美国外交所面临的实质问题。

肯尼迪时期，基辛格虽是白宫的顾问，但他的主意与那些"常规智慧"难以相容，他也看不惯肯尼迪总统那种不可一世的"美国万能"的作风。在灰心之余，他采取了"反潮流"的做法，毫无顾忌地兜售己见。比如，20世纪60年代初，肯尼迪竭力维护美国在北约中的盟主地位，对法国戴高乐的独立自主政策很反感，发动舆论界对戴高乐横加指责，把他比作拿破仑、希特勒一类的人物。基辛格一向推崇戴高乐，认为他是一位大政治家，而批评肯尼迪政府自不量力，他要美国人更仔细地留意戴高乐和其他欧洲领袖近十年来的谈话。他批评美国官方对欧洲人，尤其是戴高乐的态度太傲慢、太缺乏理智。

基辛格还用梅特涅的话自励道："因为我知道我自己想干什么，又知道别人能够干什么，因此我是作好了充分准备的。"这个"充分准备"，就是深信美国某些当权者总有一天要用其人，取其谋，让他出来大显身手。

在经过多年的准备、等待，甚至由于怀才不遇而产生的压抑之感艰苦折磨之后，基辛格一旦得到重用，能够有大好的机会来施

美国前总统肯尼迪

展自己的智谋韬略，他的劲头就像喷泉一样地迸发出来。自从1969年担任尼克松的国家安全事务助理之后，基辛格就把他过去在哈佛刻苦治学和拼命工作的劲头带进了白宫。在70年代美国政府的智囊团中，基辛格不但才智过人，而且有惊人的充沛精力。他睡得很少，工作时间很长，整天在他的办公室和白宫地下室忙个不停。他领导下的国家安全委员会就像一部运转不停的机器，他要自己的手下人每周至少干六天，每天都要干到深夜。尽管他的助手年龄比他小十几岁，他们却累得顶不住了，而他自己还是若无其事地照常坚持下去。从国务院调到白宫担任基辛格助手的劳伦斯·伊格尔伯格，就因为跟着基辛格拼命干了几个月，得了神经衰弱症，不得不请求离职而去。

在那八年中，基辛格曾代表尼克松、福特或者分别同他们一起参加过无数次的外交谈判。这种谈判，需要耗费大量的智力和体力，有人往往累得难以支持，而对基辛格来说则无所谓。美国著名专栏作家普曼曾这样评论说：外交家一个必不可少的品质是精力旺盛，谈判是件非常累人的事，身体弱的人成不了一位好的谈判家，而基辛格在体质上得天独厚，生来就具有一个好的谈判家的条件。另一位基辛格传记作者这样写道："他又是一个惊人的实干家，具有巨大的精力和毅力。这是使他的智力得以发挥的物质基础。"

第三章　高超的外交谋略与谈判策略

一、超级谈判大师

基辛格堪称现代世界级谈判大师。他巧舌如簧，能言善辩，是一个谈判高手，具有"能把任何东西卖给任何人的"的销售能力，能协调非常复杂的各方利益。

一次，基辛格为了"练兵"，主动为一位老农的儿子做媒，使这个一无所有的青年平步青云，一步登天。

他对老农说：我已经为你物色了一位最好的儿媳妇。

老农回答说：我从来不干涉我儿子的事。

基辛格说：可是这姑娘是罗斯切尔德伯爵的女儿（罗是欧洲最有名望的银行家）。

老农说：嗯，如果是这样的话……

基辛格又找到罗斯切尔德伯爵说：我为你女儿找了一个万里挑一的好丈夫。

罗斯切尔德伯爵忙婉言谢绝道：可是我女儿太年轻。

基辛格说：您可能不知道，这位年轻小伙子是世界银行的副行长。

罗斯切尔德伯爵有些被说动了：嗯……如果是这样……

基辛格又找到世界银行行长，道：我给你找了一位副行长。

行长：可我们现在不需要再增加一位副行长。

基辛格：可你知道吗，这位年轻人是罗斯切尔德伯爵未来的女婿。

于是世界银行行长欣然同意。

基辛格便促成了这桩美满的婚姻，让农夫的穷儿子摇身一变，成了世界高级金融管理者，成了金融寡头的乘龙快婿。

基辛格的成功在于他找到了各方的需求，从而满足各方的需求，也就达到了自己的目的。所以他凭着自己的三寸不烂之舌，在世界各国之间能够找到平衡点，创造一个个奇迹，签下一个个协议。

自从 1969 年以来，他就再未从公众的视野中消失过，他用非凡的口才和高度发达的智力，始终站在华盛顿有影响的大人物之首。这个"政治销售员"轻易地叩开了很多国家元首的大门，在国际上贩卖美国的政治主张。他的灵活、多智的大脑让他成了尼克松的外交政策的决策人，政治精英圈流行的笑话是："基辛格死了，尼克松终于可以成为总统了。"他用一张能把死人说活的巧嘴，把冰封了二十年的中美关系融化了，成了世界外交史上的奇迹。极具说服力的口才，让基辛格在向苏联领导人勃列日涅夫解释一个军备问题难点时，勃列日涅夫听得专心致志，简直像个小学生，把自己的顾问给晾在了一边。

二、谈判策略和技巧：相互信任，讲求实效

基辛格是周恩来最为佩服的谈判对手，他有自己独特的方式和技巧。

基辛格认为，建立相互信任的关系是取得谈判成功的重要前提。他说："每个谈判者都必须作出决断，到了什么程度小利就不值得再争下去了，那种不择手

段的争执会失掉对方的信任。在外行眼里大外交家都是狡诈的；而明智的外交家懂得，他不能愚弄对手；从长远的观点看，可靠的公正这种声誉是一笔重要资产。一次再次地见面的就是那么几个谈判代表，如果一个外交官得到了躲躲闪闪或者口是心非的恶名，就会削弱与对手打交道的能力。"诚实是外交家必须遵循的原则，"对于一个外交家来说，欺诈不是明智的道路，而是一条走向灾难的道路。因为你必须不断地同一个人打交道，所以欺诈手法至多只能得逞一次，而其代价却是毁了彼此的关系"。

在基辛格看来，互不熟悉的谈判对手，当务之急是建立信任关系。在与周恩来的会谈中，基辛格更加深了对这一问题的认识。当时中美之间没有任何外交关系，彼此对抗二十多年，两个谈判对手如何打开谈判的局面？两位谈判大师既不谈影响中美关系的重要实质问题，也不谈有可能很快实现突破的问题，而是从务虚开始，从而建立起彼此的信任关系。基辛格说："我们关心的不是两国之间的双边问题，……我们必须建立起彼此间的信任，消除那种神秘感。这是他（指周恩来）的基本想法，也是我的基本想法。"

基辛格后来回忆第一次与周恩来会谈时写道：

"我生平所遇到的两三个印象最深刻的人中周恩来是其中之一。他温文儒雅，聪慧过人，机巧敏捷，他在我们讨论之际，轻而易举地就点破了我们新关系的实质，似乎除此之外别无选择。我们两国的社会从意识形态到历史，差异是那么大，要把两国促合在一起，这确实是一个相当困难的问题。一般人的想法，也许认为最好是先消除造成两国紧张关系的某些具体问题的根源。台湾问题就是这样一个问题，但这个问题又不能很快得到解决；至于其他问题，又太微不足道，不能成为我们两国持久关系的基础。所以结论是讨论根本问题：我们对全球事务特别是亚洲事务的看法，以此来澄清我们的目标和前景，这样就可以使我们由20年来彼此隔绝无知而达到相互了解。正是因为我们没有多少实际事务性问题要解决，建立相互间的信任就必须从务虚开始。周恩来和我主要就是把时间花在那些能增进相互了解的看不见摸不着的问题上。"

"两个人在思想意识上是敌人,"基辛格继续写道,"但我们各自陈述对世界事务的观点,态度之坦率,即使在盟友之间也是很少能做到的,而内容之深刻,只有在一位伟人面前才会经历得到。在我第一次访问中,我和周恩来会谈用了17小时。在他任总理期间我以后的几次访问中,我们每天会谈时间至少6到10小时,除吃饭时间之外没有中断过,即使在吃饭的时候,我们之间的谈话也是哲理性的,饶有趣味和富有启发意义的。尼克松访问中国的时候,也是这个样子。这样建立起来的关系已经经受了多次困难的考验,而且已经成为当代国际关系的基石。""我认为,这是我政治生活中最得意的事情之一。人类的目光是有限的,政治家们总想通过不断的努力,摆脱那种狭隘的见地而取得某种持久的成果,而我能和一位伟人一起努力在顷刻之间就跨过了意识形态的重重障碍,虽然从无情的历史角度衡量,这只是短暂的片刻。"

在与越南政府的谈判中,基辛格曾试图建立一种互相信任的气氛。一开始他就提出,如果能在美国和越南政府谈判代表之间建立起一种信任感,那么他就有办法打破巴黎会谈的僵局,从而结束这场战争。于是,他说服尼克松同越南北方的领导人胡志明建立直接联系,向他发出一封密信,建议举行认真的谈判,并且表示,如有可能,由基辛格和越南政府代表在巴黎开始秘密接触。密信通过秘密渠道传到河内,很快便得到答复,越南政府郑重表示同意由春水同基辛格举行秘密会晤。从此,揭开了双方长达三年之久的马拉松式的秘密谈判的序幕,最终通过谈判解决了最令美国人头疼的越南问题。

取得相互信任的第一步,就是要讲信誉。基辛格认为,谈判者的一个基本品格就是必须讲信誉。他说:"可靠的信誉在外交政策中是一笔重要的资产","……骗人只能得逞于一时却损害了整个关系。讲信用才能使国际秩序得以巩固,哪怕是在敌人之间也是如此;搞小动作决不能持久。""我们不能试图欺骗敌人,他知道实际情况是什么。"关于对华战略,他曾向尼克松进言道:"我们(同中国)的交往,无论是对中国人还是别人,都需要讲信用、准确和策略。如果我们能掌握这些,我们就是进行了一次革命。"

　　但是，基辛格认为，建立信任是为了取得谈判成功而实施的步骤，不能为建立信任而建立信任。他批评说："我们过去的政策往往是一种为'建立信任'而建立信任的政策，认为信任增强了，紧张局势就会缓和了。"

　　基辛格非常重视掌握谈判的时机，他主张在顺势时才与对手谈判。尤其是军事外交谈判中，当自己处于不利的军事态势时，最好不同对手举行谈判。基辛格说："我一贯认为，举行谈判最有利的时机是局势发展看来顺利的时候。"如果时机不成熟，而形势又逼迫必须进行谈判，就必须创造条件，制造有利于自己一方的局势。

　　基辛格认为，外交谈判中主动让步比被动地向压力屈服更为明智。他说："向压力屈服等于鼓励对方施加压力，给自己造成一个缺乏毅力的名声等于大力鼓励对方拖延谈判。主动让步是促使对方也让步的最有力的办法，也是使我们能够坚持下去的最好保证。在我进行的谈判过程中，我总是设法判断什么是最合理的结局，然后努力用一两步就迅速达到目的。"

　　基辛格认为，谈判中的让步也很有学问，他不赞成那种零敲碎打式的让步。他说："那些喜欢零敲碎打、最后一分钟才让步的人嘲笑这种战略是'先发制人式的让步'。但是我认为他们那种战略的主要作用不过是安抚官僚机构，并使良心得到慰藉。它使初出茅庐的人得到一种印象，似乎这是强硬的表现。在通常的情况下，这种战略总是弄巧成拙；零敲碎打地吊胃口会促使对方坚持不让，等着瞧下次可能出现什么让步，总也不能断定这是否真正的底牌。因此，在我……进行的多次谈判中，我倾向于在出乎意料、压力最小的情况下采取重大步骤，并使对方认为我们将坚守这一立场。我几乎一贯反对在压力下修改谈判立场。""从谈判的观点来看，我们的最好的策略应当是制定一个非常宽宏大量的建议，然后坚持这个建议不作进一步的让步，直到对方愿意采取互相行动。"

　　坚持互惠互利原则是基辛格进行谈判的又一大特点，他认为，"抱着单方面得到好处的观点来看这些谈判，是愚蠢和短视的。任何国家在同对手打交道时都不可能拿出本国的安全和生存来冒险。对任何一方不利的协定都不可能持久，而只带来新的不安全"。

在谈到美苏两国限制战略武器谈判时，基辛格说："我们对待这些谈判，从一开始就抱这样的态度：只有双方都认为符合共同利益的方案才是明智的方案；我们认为，如果这个协定所起的作用正是我们所期望的，那么，未来的事态发展将表明双方都是得胜者。"

在谈到与周恩来的会谈时，基辛格说："我们虽不能做到目标一致，却能作出类似的分析，那就是在当前这个历史时刻，我们应该做些什么来利用国际上的均势使之对我们双方都有利。"

基辛格认为，在谈判中，追求单方面利益和作出单方面让步都不可取。在谈到美苏间关于限制战略武器谈判时，基辛格说："究竟是美国单方面作出姿态，还是使克里姆林宫面对他们亟欲制止的危险和计划更能使苏联对妥协感到兴趣呢？这是多年来争论不休的问题。这个问题把我们从氢弹到 B-1 型轰炸机等一系列防务问题的辩论搞得混乱不堪。我至今还没有听到过美国单方面克制曾经使苏联作出更大反应或持久反应的任何例证。"

基辛格认为，单方面作出让步往往被看作软弱可欺，更容易纵容对方得寸进尺。在谈到美国国务院要求白宫在中东问题上采取积极行动的情况时，基辛格说："如果我们压制以色列，就会鼓励阿拉伯的激进派和那些投靠苏联的人，他们会以为采取顽固态度是做对了……"

基辛格强调，谈判必须讲究实际效果，不喜欢讲气氛，玩所谓气象学的把戏。他把美国对外政策中乌托邦式的幻想一扫而光。他跟谁都可以谈判，超越意识形态方面的限制。他的行为使那些按理想主义规则办事的人大吃一惊。

基辛格曾目睹美国的外交政策在孤立主义和干涉主义之间摆来摆去，美国无时不披上卫道士的外衣，他要设法使这个外交钟摆稳定下来。他抛开理想主义，不求至善，只求至真至实。他在谈到美国与苏联由对抗走向缓和的谈判时指出，"实际的原则"是美方应该坚持的基本原则之一，"我们坚持美苏之间的谈判要处理紧张局势的具体的根源，而不是讲气氛。最高级会谈，如果要有意义的话，就必须有充分的准备，而且要反映已经通过外交途径取得的重大进展。……不要把我们引到去谈我们两国在很多问题上互不相容的利益。不要装扮得让人以为，良好的个人关系或温情的言辞就能结束战后时期的紧张局势。但是，我们准备探讨共同关心的问题，并且在严格的互利基础上达成明确的协议。"

基辛格希望同苏联人的谈判是"具体的、切实的"。他十分讨厌所谓"友好气氛"之类的提法，他说："我不想玩弄气象学的把戏。"他向苏联人表示："苏联领导人会发现，新政府准备提出一个反映真实利益的持久解决办法来。我们认为，对气氛的关心太多了，而对实质的关心太少了。""我们打算根据我们对国家利益的考虑、根据严格对等的原则进行谈判，而不是根据抽象的口号、'姿态'或'讯号'进行谈判。"

三、掌握火候，见机行事

中国古语说，"见可成则就之，见不可成则避之"。基辛格虽时常自负自信，但行动起来却十分谨慎，善于掌握火候，从不做无把握之事。他指出："我一向认为，凡事都得掌握火候，什么时候该主动，什么时候不该主动。"

基辛格说："政策是权衡可能性的艺术，要精通这种艺术便要掌握可能性的微妙之处。"他十分重视如何发掘和利用外交事务中的各种"可能性"，做到不打无把握之"仗"。

尽管基辛格善于出谋划策，喜欢在世界外交舞台上进行他的"特技表演"，但是在没有较大把握的时候，他是不愿轻易登场的。他之所以在中美关系、越南问题、美苏关系等问题上积极奔走，是因为他自以为有施展自己谋略、解决问题的"可能性"。相反，在他进入尼克松政府的最初几年内，由于中东问题还不具备这种条件，因此他就不愿贸然行事，而让国务卿罗杰斯去空忙一阵。这也许就是基辛格事半功倍的诀窍之一。

基辛格走马上任尼克松的国家安全事务助理时，中东问题已经成为总统感到最危险的问题。他认为，那里是一个火药桶，除中东本地以色列与阿拉伯国家的冲突外，美国和苏联在那里也都有各自的势力范围，美国支持以色列，苏联支持阿拉伯国家，一旦爆发战争，很可能引起核大国之间的对抗。当时，阿拉伯国家与以色列的关系越来越僵，军事斗争越来越尖锐，根本无法达成妥协，彼此从来没有直接对话，谁都不愿理睬谁。新政府开张不久，尼克松就急于要使动荡不安的中东地区平静下来，制定了所谓"不偏不倚的外交政策，声称必须让阿拉伯国家相信美国总统的态度是绝对客观的、超然的、'不偏不倚'的，同时遏制苏联在该地区日益增长的影响，美国必须直接出面安排一种'真正'的和平"。

基辛格对这一政策持怀疑态度。他认为，这一政策要取得成功，必须具备两个条件：一是要有苏联的大力帮助，但他认为出现这种情况的可能性不大；二是要看阿拉伯人和以色列人是否愿意越过他们之间的鸿沟，并接受这样一个"强加的"解决办法。在他看来，这第二个条件比第一个条件更难实现。他说："我经常想，必须有一段相持时间，好让各方都认识到他们力所能及的极限。这并不是说你就不应当努力缓和紧张局面了。但是，能不能出现真正的突破，我总没有别人那么乐观。"

事情果然不出基辛格所料。当国务院代表美方和以色列提出包含苏联意见的方案后，遭到了莫斯科方面的拒绝。由于自己在美方施压下作出了让步却被苏联拒绝，以色列人十分愤怒。与此同时，苏联在苏伊士运河西岸不断加强防空导弹基地，这引起了基辛格的警觉，他预言说，以色列很可能在绝望之余采取强烈的单方面行动。果然，1970年，以色列对埃及的军事目标实施了一系列闪击，进一步引起阿拉伯人尤其是埃及人的不满，局势不仅没有取得突破，反而更加恶化。

1973年，基辛格在第四次中东战争结束之后走访阿拉伯各国的途中，在开罗接受埃及《金字塔报》前主编海卡尔采访时说："在我感到已经掌握了某一问题的基本因素或到已掌握大部分基本因素之前，我是不愿接近这一问题的。关于中东危机，我还不能确切地计算出我手中所掌握的基本因素，同样我讨厌失败，我有成功的基础，我不想随便利用这一基础。"

等到埃及军队渡过苏伊士运河突破以色列军队的防线，打破了"不战不和"的局面，取得了反侵略战争的重大胜利之后，基辛格认为，"现在情况已经改变得适于停火了，……有一些新的事实我们应该予以考虑了"。

基辛格之所以在中东第四次战争结束之后立即出来进行穿梭外交，正是因为他看到了在中东利用各种矛盾，进行一场政治交易的"可能性"。

尼克松在1969年1月总统就职演说中曾提出："经过一个时期的对抗后，我们正在进入一个谈判的时代。"一直与美国处于冷战中的苏联人似乎抓住了美国的话柄，对尼克松的讲话迅速作出反应，宣布苏联已准备好就限制美苏两个超级大国的核武器问题开始认真交换意见，并随时准备同美国进行谈判。

尼克松总统这一关于谈判时代来临的说法，也给了美国国内渴望和平的人们一线希望，四分之一世纪以来的冷战和铁幕政策，对抗和冲突，令美国民众忧心忡忡，就连许多高层人士也都渴望真正的和平，渴望摆脱为了制造层出不穷的先进武器而引起的那种耗费巨大的恶性循环。于是，社会各界纷纷向尼克松政府施加压力。他们说，还有什么比举行限制战略武器会谈更好的办法来开创美苏关系的新"纪元"呢？！

但是，基辛格并不同意接过前任政府那套未经考虑的谈判方案，仓促去进行限制战略武器的会谈。他认为，虽然现在处于一个"谈判的时代"，但是关于举行限制战略武器谈判的时机尚不成熟，还有必要拖一拖再说。他对尼克松分析说，限制战略武器会谈并不是孤立的，而是与美苏两国之间的许多其他问题连在一起的。基辛格通过尼克松向高级官员们表示："我是赞成举行战略武器会谈的。这里，问题不仅在于会谈什么时候举行，而且在于会谈将在什么情况下举行。""我打算采取的方针是，务必使举行战略武器会谈的方式和时机能够（如果能够的话）促使悬而未决的政治问题同时取得进展，例如中东问题，以及一些只要美苏合作便可造福和平的其他重大问题。"

但是，基辛格的这一主张并没有得到人们的理解，来自国内的压力越来越大，国务院急着向苏联提供信贷，签订航空协定；负责军备控制的高官要求基辛格同意举行限制战略武器会谈。而基辛格总是强调，重新安排两个超级大国之间的关系，绝非一朝一夕之事，而需要周密的准备。他说："在没有弄清底细之前，我们不想就这样重大的问题进行谈判。"他一面说服人们要耐心等待，一面加紧进行会谈的调研工作，拟定美国在限制战略武器会谈中应采取的立场，一面由尼克松宣布搞新的所谓反导弹导弹计划和反导多弹头导弹的计划，以便增加美国在未来谈判中"讨价还价的筹码"。

不料，这时国务卿罗杰斯出来"捣乱"了，他向基辛格递交一份又一份报告，反复提出举行会谈的主张。基辛格不急不躁，一定要等到苏联人在越南和中东问题上采取较为实用的态度再说。罗杰斯便直接与苏联驻美国大使多勃雷宁联系，告诉他美国准备在 7 月 30 日开始会谈。可是，直到 7 月 31 日这一天过去了，苏联人并没有接受罗杰斯的建议。

这时，基辛格开始反击了。他把罗杰斯的话引为己用。首先，他找到一条现成的借口，以后每当那些牢骚满腹的国会议员和"军备控制迷"指责他拖延限制战略武器谈判时，他就抬出这一条来，装作不知底细地说："我们已经准备好了嘛。国务卿就是这么说的。是俄国人在拖延嘛。"这一下还真见效。基辛格的一位助手说："我们昧着良心用罗杰斯的话来堵住批评我们的人的嘴。你看，这倒真管用。"同时，罗杰斯的作为给了基辛格一根大棒，用以迫使办事拖拉的政府机关多搞出一些更全面的选择方案。他不断地反问政府机关的那些人："我们怎么能肯定俄国人不会骗人呢？"

直到经过几个月的工夫，基辛格能够把核查小组的研究成果归纳为几个实际可行的选择方案，每个方案都可以用来谈判时，他才认为美国已经具备了进行限制战略武器会谈的坚实基础。

基辛格又十分重视谈判时机，是"见机行事"的大师。一旦时机到来，他从不会轻易放过。对于他来说，国际生活中变幻莫测的事物，加在一起构成了历史上一个独特的时机。他认为抓紧时机是要害。他曾写道："机会耽误不得，往往一去不可复得。"也就是说他不但讲究要干什么，而且讲究什么时候干。他在世界各地飞来飞去，窥探机缘。

四、善于向对手学习

基辛格和周恩来是打开中美关系大门的谈判大师。周恩来是世界公认的罕见的外交家，在外交谈判中有许多典范式的做法。对于基辛格来说，与周恩来谈判，既是考验和较量，又是一种享受，一种训练，一种学习。在谈判过程中，基辛格学会了周恩来的一些谈判法则和技巧。

1971 年，基辛格第一次到中国来，就被周恩来的魅力所征服。在他眼里，周恩来"举止娴雅庄重，使举座注目的不是魁伟的身躯（像毛泽东或戴高乐那样），而是他那外张内弛的神情、钢铁般的自制力，就像是一根绞紧了的弹簧一样"。"他是一个杰出的历史人物。他精通哲学、熟谙往事，长于历史分析，足智多谋，谈吐机智而又风趣，样样都卓越超群。"

基辛格称赞周恩来机智敏锐，威严而灵活，富有幽默感，对周恩来充满仰慕之情。他说："自从我与周（总理）在 19 个月前结识以来，两人渐渐互相熟悉了，我对他不无倾慕之情。""我生平所遇到的两三个给我印象最深刻的人中，周恩来是其中之一。"

基辛格对周恩来的谈判艺术、谈判风格十分钦佩。他认为，周恩来在谈判中始终采取真诚态度，以真诚对待谈判对手，这令他十分信任与敬佩，并且很快学会了这一点。

就在第一次会谈中，中美双方由二十多年来彼此隔绝无知而开始相互了解，相互认识。双方既有严重的分歧，也有目标一致的地方，这使会谈从第一轮开始就有了意义。他们主要是把时间花在那些能增进相互了解的看不见摸不着的务虚问题上。那种谈笑风生的气氛，那些深入透彻的内容，使会谈像两位教授之间的一场政治哲学对话一样。双方在思想意识上是敌人，但各自陈述对世界事务的观点，态度之坦率，即使在盟友之间也是很少能做到的。

基辛格第一次领略到毛泽东、周恩来那种过人的胆识和外交谈判艺术，他称赞说："伟大人物对重大事件的影响是很难加以确定的。诚然，中美两国的接近是由于客观的必要性使然；不是由于抽象的善良愿望而是由于双方有共同利益才使我到北京来的；不是由于我同周恩来的私人友谊而是由于共同认识到一种危险才促成了两国关系的发展。但清楚地认识到这种利益并采取决定性的行动却是领导人在起作用，是双方的领导人巧妙地利用了那种可供选择的余地。中国和美国在70年代初谋求和解，这是世界环境所决定的。但事情来得这样快，发展又如此顺利，则是由于中国总理的光辉品格和远见卓识起了不小的作用。"

1973 年 11 月 10 日，周总理在北京设宴款待基辛格。

1973 年 2 月，基辛格第五次来中国访问，与周恩来举行会谈，纵论天下大势，两人从相似的前提、不同的处境和平行的战略出发，纵谈了世界形势，交换各自的看法。后来，基辛格写道："日常关系十分密切的国家之间也不可能像我们双方那样谈得如此深、如此坦率，而正是这种开诚相见才是我们弥合不同观点的最可靠保证。"

基辛格也承认："当然，周恩来和我是相互利用，说穿了这就是外交的目的。但还有一个目的就是使双方的目标一致起来；只有那些不懂行的人或不可靠的人才自作聪明，以为能够长久地愚弄对方。在外交政策上切不可忘记：你是在和一些人循环往复地打交道，在不断地处理一些问题；骗人只能得逞于一时却损害整个关系。讲信用才能使国际秩序得以巩固，哪怕是在敌人之间也是如此；搞小动作决不能持久。周恩来是很了解这一点的，因此我们虽不能做到目标一致，却能作出类似的分析，那就是在当前这个历史时刻我们应该做些什么来利用国际上的均势使之对我们双方都有利。"

作为美国当政的外交家，基辛格代表美国方面已经经历了多次谈判，包括与苏联人、越南人的谈判，但还没有碰到过像周恩来这样的对手。在基辛格看来，其他的谈判对手，都急于想显示自己的高明或者哗众取宠，有时采用一种"色拉米"香肠式的办法：他们像切香肠一样，把他们的让步切成小片，切得越薄越好，而每作一点点让步，拖的时间越长越好。这种办法给人以虚假的印象，好像是很强硬。由于双方都不知道哪是最后的一片香肠，因而双方都想等着瞧，这样就进一步拖长了谈判时间。由于双方消磨了过多的时间和精力，都志在必得，压力也就不可避免地越来越大，这样也就很容易使谈判双方走火，超出慎重的界限。而周恩来采取一套独特的方式，他总是一开始就尽可能确定一项合理解决办法的性质，一步就跨到那里，然后坚持立场不变。这样做，一开始就接触实质问题，又显出谈判者的真诚。

对于周恩来的这种方式，基辛格一开始还有些不适应，但他很快便发现了这种方式的妙处，并且在以后与其他对手谈判时，学会了运用周恩来的这种独特的方法。他曾在回忆录中解释说:"只要有可能,我在后来同别人进行的一些谈判中总是尽量采用这种办法——有人把这种办法斥之为'先发制人的让步'。事实上,尽管开头的让步似乎大一些,但与那种'色拉米'香肠式的办法相比,几乎可以肯定,总的让步还是比较小的。这种一步跨到一个合理立场的战略,明确无误地摆出了无可改变的立场;这样做更容易维护自己的立场,而那种旷日持久、零敲碎打的细小步伐所积累起来的效果却是不容易维护的,在那样的过程中总是会掩盖问题的实质。"

而且,基辛格还以这种方式与周恩来进行谈判。他在回忆录中写道:"周恩来从不在小地方讨价还价。我不久就发觉,和他谈判的最好方式,是提出一个合理的主张,详加说明,然后坚持到底。我有时甚至把内部文件拿给他看,使他了解我们为什么达成这个结论。"

五、决策投资:做好最充分的准备

基辛格从事外交活动的一个重要特点,就是要求别人或者自己亲自动手就某项重大的事情进行调查研究,撰写"调研报告",他把这项工作看成是决策前的必不可少的重要的投资步骤。他说,在谈判前搞出各种各样详尽的调研报告和各种经过深思熟虑的选择方案,是十分必要和十分有益的。

基辛格就任总统国家安全事务助理后的第一件事,就是要求国务院、国防部、中央情报局、商务部和财政部以及预算局在一个月甚至更短时间内就一些问题提出详尽的答案,如:美中关系的现状如何?美苏关系的现状如何?苏联和中国是不是在走向战争?美国与印度、越南和印度尼西亚关系的现状如何?等等。认为"这对于我们今后几个月作出决定时会大有好处"。

尼克松就职的第二天,基辛格就按照新任总统的指示,开始就美国军事力量问题进行一项细致的调研工作，想以此作为尼克松政府日后可能在限制战略武器谈判中向苏联人提出方案的基础。他说："关于裁军问题的空洞的一般原则，毕竟不能代替大量的调研工作。"经过半年工夫，基辛格搞出了许多"扎扎实实"的专题调研报告，每一份都装成一个盖有"绝密"字样的活页本。这些报告为日后同苏联进行限制战略武器谈判奠定了很好的基础。基辛格称赞说，这些调研报告是"我们最有价值的投资之一"。

基辛格进行调研的一个重要目的就是制定多项选择方案。喜欢搞多项选择方案是基辛格的一大特点。他认为，作为领导层智囊的主要任务，就是提供尽可能多的各种各样的选择方案，并且说明可能产生的后果。他说："在我看来，让总统作真正的抉择是至关重要的，这不仅为了建立总统的真正威信，而且让他知道他已考虑了各种有效的方案，从而使他产生了自信，这样就增强了他的领导。"

在谈判中，基辛格也喜欢使用选择方案，他把这种不寻常的做法叫做"积木组合"。在美苏进行限制战略武器谈判时，基辛格就采取这种十分灵活的方式，给对手带去四个说明性方案，而不是具体方案，这四个方案全都是用作谈判依据的，让对方可以从中任意选择。实际上这等于向对方提出这样的问题："哪个方案你们最感兴趣？说得更具体些，这四个方案中哪些部分你们最感兴趣？也许我们可以把这些部分捏在一起？"这就给谈判提供了很大的回旋余地，减少了程序，节省了时间，加快了进程。美国政府花了五年时间煞费苦心才谈成了部分核禁止试验条约，禁止核扩散条约也经过了四年多才谈成，可是限制战略武器会谈第一阶段只用了两年半时间就完成了。

六、"均势"思想与"和平结构"理论

"均势"思想和"和平结构"理论，是基辛格制定外交政策的两大理论支柱。

基辛格在任期内推行的外交政策和各种谋略，实际上都是"均势"政策、"和平结构"理论的具体运用。他认为，外交政策的目的应该是以"均势"为指导，建立一种"和平结构"，其战略是巧妙地利用相互争斗的势力之间的均势，其手段是把秘密谈判与必要时不惜使用军事力量二者结合起来。

在实践上，基辛格积极推动尼克松政府与中国改善关系，对苏联推行"缓和"战略，从而构筑一个以均势为基础的稳定的世界和平结构。

基辛格的"外交哲学"与过去美国外交政策的不同之处，主要不在于根本目的有什么不同，而在于为实现其目的所采取的策略与手法的不同。这种"外交哲学"的核心内容就是：以他自己早年研究过的康德、黑格尔的古典唯心主义哲学为理论基础，运用梅特涅、俾斯麦的强权政治与"均势"思想，在力不从心的情况下，暂时收缩阵地，加强实力，拉拢伙伴，利用各种矛盾，创造有利于美国的战略"均势"，集中主要力量对付主要对手。

在西方，"均势"思想来源于 19 世纪的奥地利外交大臣梅特涅和英国外交大臣卡斯尔累。其根本目的，是要在相互争霸的欧洲大国之间，在同时存在几个对手的情况下，使用纵横捭阖、变换联盟、损人利己的手段，来削弱和制服自己的主要对手，以取得和保持自己的霸权地位，因而包含强权政治、霸权思想内容。

1812 年拿破仑入侵俄国失败后，特别是 1814—1815 年维也纳会议上结成反动的"神圣同盟"以后，欧洲各君主国为了恢复王统、兼并弱国、争夺霸权，展开了纵横捭阖、钩心斗角的外交斗争，而当时的奥地利首相梅特涅几乎控制了欧洲外交舞台。他不仅思想极端反动，对欧洲资产阶级革命抱有刻骨的仇恨，而且为人阴险狡诈，手段卑鄙毒辣，见风使舵，随机应变，诡计多端，自夸在动荡混乱的欧洲局势中能够冷静分析，准确判断，抓住时机，利用矛盾，制服对手。

基辛格对梅特涅这套外交做法十分推崇，1964 年，他在《重建的世界——拿破仑之后的欧洲：革命时代中的保守主义政治》一书中，对梅特涅奉行的"均势"外交政策、权变机诈的手腕，联系当时欧洲列强争霸的历史背景，进行了深入的研究。基辛格认为，欧洲从法国大革命和拿破仑战争所造成的这一场"大动乱"中获得"稳定"，"主要是由于两个伟大人物的工作结果"，他们就是"以谈判促成国际和解的英国外交大臣卡斯尔累，和使这种和解正统化的奥地利首相梅特涅"，称赞他们"在均势中寻求安全"，"梅特涅的政策是维持现状的最卓越的政策之一，这种政策不是靠集结优势，而是靠对于他的关于正统的见解的自愿顺应来执行的"。

梅特涅之所以能够"掌握"他所参与的列强之间的每一次会谈，是因为他具有"一种建立道义体制的艺术，这种艺术可以使（对手的）让步看起来不像是投降，而是出于共同事业的牺牲"。

基辛格通过对反法联盟的形成、维也纳会议的过程与"神圣同盟"缔结的分析，探讨了法国大革命以后欧洲列强之间起伏多变、错综复杂的国际关系，并从中得出了他对外交谈判、"均势"政策、"国际秩序"以及所谓"和平结构"的看法。他写道："如果认为只要具有'善意'或'达成协议的愿望'，外交就能解决国际纠纷，那是错误的。因为在一个大变动的国际秩序中，每一个强国，在它的对手看来都缺乏这些品质。外交家们可以继续会谈，但他们不可能进行说服，因为他们不再有共同语言。没有那种对于什么才算是合理要求的一致性，外交会谈就变成毫无结果的对基本立场的老调重弹，缺乏诚意的指责或'不可理喻''进行破坏'的断言。"

那么，在这种情况下，如何才能打破僵局，达成协议呢？基辛格开出的处方，主要是依靠在"均势"的基础上建立一种"和平结构"。他说："那些回顾起来好像是最和平的世纪，恰恰是极少谋求和平的世纪，而那些竭力谋求和平的世纪倒很少可能实现宁静。当和平——作为战争的避免来理解——成为一个强国或一群强国的首要目标时，国际体系却受到了国际共同体最无情的成员的摆布。当国际秩序认为，即使为了和平，也难以在某些原则上作出妥协时，以均势为基础的稳定却至少是可以设想的。"

"这样，"基辛格写道，"稳定的局面通常不是谋求和平，而是由普遍接受正统而产生的。这里所指的'正统'，不应该与公正混同起来。它只是意味着具体行得通的安排的性质和在外交政策上能够容许的目标与方法上的一种国际协议。它包含着这样的意思，就是所有主要强国都能够接受国际秩序的基本安排，至少是没有一个国家对它感到如此不满，像凡尔赛和约以后的法国那样。"

在白宫执掌外交大权后，基辛格把他从19世纪欧洲外交风云中总结出来的"均势"思想创造性地运用于外交实践。1972年6月，在向美国国会议员发表讲话时，基辛格说："自从1969年以来（即尼克松执政以来），美国政府已把承认现实作为美国政府的出发点。本政府的政策的特点有时被说成是以传统的均势原则为基础的。如果说这个说法意味着深信安全需要有一定程度的均势，那么这个说法是有一定道理的。"

随后不久，基辛格通过尼克松解释他的均势思想说：

"我们必须记住，在世界中我们享有长期和平的时期，只是在存在力量均势的时候。"

"那些嘲笑在世界舞台上实行'均势外交'的人应该认识到，代替均势政策的唯一办法是力量的不平衡——而历史向我们表明，任何情况都不会比这样的不平衡如此剧烈地加剧战争的危险。正是由于目前存在着一些均势因素，才使我们得到一个稀有的机会来建立一个稳定的体系。"

在基辛格看来，原先以美苏"两极"为中心的力量，现在变化和分散成为"五个力量中心"，出现了一种"多极均势"的局面。这种"均势"并非单单以军事力量来衡量，而是由多方面因素构成的一种错综复杂的综合"均衡"。在这种"均势"局面下，各种力量虽然各有长短，但哪一个国家或国家集团都不可能处于绝对优势的地位，都没有在军事上制服对手的绝对把握或屈从于对手的绝对可能。它们在整个国际格局中都不能不受各种牵制而无法支配全局。各自都要为了保持有利地位而利用对手之间的矛盾来制约、削弱和对付自己的主要对手。因此，基辛格认为，虽然一方面美国已经丧失了它原有的"优势"，但另一方面，它却有着在"多极均势"的局面下推行"均势"政策、创造利己"均势"的机会。他甚至预测说："这种机会是一个世纪中不可多得的，是由于一些不是非得重复的历史性事件结合在一起造成的。"

为实现其均势思想，基辛格主张建立一种和平结构，用外交谈判解决国际争端。在基辛格那里，"和平结构"既是构想，也是行动；既有目的，也有手段；既针对现在，也着眼将来；既包括美国的伙伴，也包括美国的对手。

通过研究20世纪70年代以来世界形势发生的深刻变化，基辛格认识到，50年代杜勒斯时期的"大规模报复"和"遏制"政策，60年代肯尼迪提出的"灵活反应"与"和平战略"都不符合美国的利益需要。他指出：面对时势的潮流一直下落、时间并不是美国的朋友这种不利的发展趋势，美国外交政策的当务之急，显然不可能像过去那样到处"遏制"世界反帝革命形势的高涨，或是开拓美国的"新边疆"，而只能是力求自保，首先收缩力不从心的侵略扩张的漫长战线，减轻美国承担的所谓"全球义务"，缓和美国同西欧、日本伙伴之间的竞争与矛盾，以便继续加强美国军事实力，来对付世界人民革命斗争和威胁美国最大的主要对手苏联。他提出以实力、伙伴关系和以谈判代替对抗为"三根支柱"，以才干和思考代替资源，"以想象力、谅解和耐心来掌握"美国面临的问题，主张决策者"应当关心可以取得的最好结果，而不应当仅仅关心可以设想的最好的结果"。

基辛格看到，由于世界力量对比发生巨大变化，美国实力地位大大下降，美国已不可能凭借它的"优势"实力一味蛮干，强加于人，而不得不考虑到现实的情况，把可取和可行的事情当作政策的目标，在继续加强实力的同时，运用谋略来弥补实力之不足。应该说，这是实事求是的明智之举。

当然，基辛格的上述思想是从美国的立场出发的，带有强权外交的色彩，与我们所追求的世界和平、人类和平有本质区别，他的所谓"均势"思想与我们的外交平衡艺术也不可同日而语。

七、大国外交不能靠"吹牛皮"吃饭

在中国近现代文明史上，有讲实事求是的传统。作为西方著名的战略家、政治家和外交家的基辛格，也强调要实事求是，勇敢地承认美国实力衰弱的事实，告诫美国人不能妄自尊大，靠"吹牛皮"吃饭。

历史发展到 20 世纪 70 年代，美国实力和范围与限度被大大削弱，基辛格是认识到这种事实的仅有的几个人之一，显示出敢于实事求是的气度。

第二次世界大战以后，美国成了西方世界的"老大"，政府当局养成了美国第一的观念，认为美国可以操纵一切，可以包打天下。不过，长达几十年的冷战，到处发动侵略战争，尤其是越南战争，使美国实力大大削弱，元气大伤。可是，包括美国政府当局在内的许多高级人士，都不承认这一事实。基辛格却勇敢地作出了正确分析，并勇敢地承认了这一事实。

基辛格之所以能够正确分析形势，提出决策建议，根据之一就是能够正确看待美国实力的削弱。他以战略家的远见和勇气，顺应历史潮流，承认战后 25 年来国际战略格局发生巨大变化的客观事实。当时，战争与美国社会内部的矛盾，使这个国家陷入分裂与混乱之中，苏联的咄咄逼人则使这种衰弱更为明显。

基辛格认识到时代的变迁。他说："我曾经写过一本书和几篇文章，谈 19 世纪的外交。我写这些书和文章的动机是，要了解欧洲在经过几场拿破仑战争后建立已持续一个世纪的和平过程；我还想了解，为什么那个和平在 1914 年土崩瓦解。但是，我从来没有设想，从前的雄图和战略，可以原原本本地适于现在。当我任职时，我相信，过去的事情能够给我们一些重要的教益。但是，我也知道，我们正在进入一个无论是在武器的摧毁方面，在思想传播的速度方面，在外交政策对全世界的影响方面，还是在实现由来已久的改善人类条件的梦想的技术可能性方面，都是史无前例的时期。"

基辛格将美国与古罗马帝国进行比较，认为古罗马帝国是通过武力征服的方式实现对帝国的统治，而美国则是通过与其他国家结盟、设立军事基地的方法谋求实现对全世界的征服。

自第二次世界大战结束之后，美国一跃而成为资本主义世界的头号强国，一直到 20 世纪 60 年代初卷入越南战争的时候，它的综合国力仍处于隆盛的阶段，是世界头号超级大国。于是它在世界上到处伸手，广泛地承担"义务"。然而，即便美国是全球性的超级大国，但它所拥有的实力与其称霸世界的目标相比也是远远不够的。随着美国卷入越南战争，美国的侵略和干涉达到了顶点，美国实力消耗也达到了极限。

一方面，美国用于越南战争的庞大开支严重损害了国内经济，其收支情况急剧恶化，四年的财政赤字超过以前 19 年赤字的总和，国力日衰。另一方面，美国的核垄断优势地位发生了动摇，长期处于核优势的美国，开始面临美苏战略力量接近均衡的严峻挑战。旷日持久的越南战争将美军打得焦头烂额，美国国内的各种矛盾更为激化，遍布全国的反战运动如火如荼，政府高层内部也出现分歧。

就在美国由于侵越元气大伤的时候，世界上开始出现多极力量，除美、苏两个超级大国外，西欧、日本和中国日益发展起来，成为重要的国际政治力量。

基辛格在 20 世纪 60 年代就观察认识到了这种对美国越来越不利的变化。当时，他就提醒当政的肯尼迪总统说，西欧和日本已经恢复活力，美国决不能视而不见。

担任尼克松的国家安全事务助理后，基辛格对他的白宫同事说：1969 年进入白宫的，"不管是谁，都得重新估计一下我国政策的前提"。尼克松政府"接事之日，正是美国不得不对前一阶段的政策力矫积弊之时，刷新美国政策已属势在必行。"针对越南战争，基辛格批评说："归根到底，我们之所以投入战争，部分原因……是这种理论，即不管哪里出现侵略，都是我们责无旁贷的事。"

对于美、苏两国在军事力量对比上发生的根本性改变，基辛格也分析得很透彻。他认为，美国之所以能从 1945 年到 60 年代初期成为西方国家的盟主，是因为当时美国对苏联居于压倒的战略优势地位。1962 年美国迫使赫鲁晓夫把导弹从古巴撤走，正是由于这种优势而不是由于肯尼迪有什么魅力。

　　研究历史的基辛格，从来不赞成那种只有美国才能决定世界道义和政治命运的论调，也不相信美国初创时期先辈们所传下来的所谓"美国力量"无所不能的想法。1962 年，当时的美国国务卿迪安·腊斯克提出所谓"美国万能"的信念。他有一次同记者们就越南问题争得面红耳赤时，把食指按在咖啡桌上说："只要美国在哪里加一点压力，哪里就得屈服。"

　　基辛格颇为这种美国佬的自我陶醉而感到忧虑，他曾在参议院外交委员会的一次公开会议上表示：美国越来越厉害的"包打天下"的倾向，使我很是担心，"我们的精神力量哪里吃得消啊！加在美国领导身上的负担实在太大了"。在他看来，这些都是以幻想代替现实、主观凌驾分析的恶劣习气，是美国沙文主义的表现。

　　基辛格的思想植根于欧洲均势理论的传统，他强调大国间分担义务和权利，而不是一家独霸世界。他不赞成肯尼迪和约翰逊两届政府对西欧盟国的态度。他认为，美国在欧洲问题上不应强加于人。他指出："如果我们硬要在一切地方，包括欧洲继续包揽一切政策，我们的资源将不堪重负。总有一天，我们会认为欧洲有点自主性不但不是坏事，反而是好事。"他之所以离开肯尼迪政府，一个重要原因就是他不喜欢肯尼迪那种以幻想代替现实，以主观凌驾分析的恶劣作风。他认为这位总统完全不懂得力量的限度，随随便便就答应援助别国，妄自以为美国是无所不能的。肯尼迪竭力维护美国在北约中的盟主地位，而对法国总统戴高乐的独立自主政策很反感，他试图在欧洲推行他的"宏图大略"，把英国拉入萌芽中的"欧洲联邦"。而基辛格认为，肯尼迪这样想是短视的和不现实的，"一旦西欧的力量得到恢复发展，西欧独立性的增长是自然的和可以设想的。美国的控制也就失去意义"。

　　基辛格认为，要认识美国的局限性并不容易。他说："在各个国家的生活中，就像一个人的情况一样，事情往往到了这样的地步，好像青年时期看起来无限的机会突然变得狭窄了，而且人们必须严肃地认识到，并不是所有可供选择的机会都继续存在。……一个人认识到自己的局限性，绝不是一个容易的过程。最后可能导致失望或者反抗；也可能引起一种怨恨自己的心情，这种心情把不可避免的妥协变成了一种机能不安全感。"他承认"美国在 60 年代后期就经过了这样一个怀疑自己和怨恨自己的时期"。

基辛格从历史发展的角度分析了美国所面临的困境。他写道："在我看来，越南并不是我们的困难的原因，而只是一个征象。我们正处在一个令人痛苦的调整时期，来适应世界政治的深刻变化；我们不得不面对我们的历史和我们的新的需要这两者之间的紧张关系。两个世纪以来，美国在世界上所起的作用，似乎总是在过分卷入和退守本土之间摇摆，在对我们的力量期望过高和引以为耻之间摇摆，在乐观的精神焕发和对一个不完美的世界上的暧昧不定感到灰心丧气之间摇摆。"

进而，基辛格分析说："我相信，我们国家的不安情绪的最深刻的原因，是这样一种人们还只是模糊地察觉到的认识：我们正变得像其他国家一样，需要承认我们的力量虽大，但还是有限度的。我们的能力和我们的问题相比，再也不是无限的了；相反，无论是在才智上，还是在物质上，我们都必须规定一个轻重缓急。在 50 年代和 60 年代，我们曾经企图对一些具体问题找到最后的解决办法；现在，摆在我们面前的要求是，塑造整个世界和确定美国在这个世界中长期应起的作用，我们再也不能用我们的努力总会有尽头这种幻想，来维持我们扮演的这个角色。"

基辛格抱怨说："我们的历史没有使我们做好准备。具有讽刺意味的是，我们的开国先辈都是一些成熟的政治家，他们了解欧洲的力量均衡，并且很出色地利用这种力量均衡，首先实现美国的独立，进而维护美国的独立。"可是，"美国在进入 20 世纪时，基本上没有做好准备来扮演可能要它扮演的角色。它忘记了开国先辈赖以取得美国独立的娴熟的治国才能；它又瞧不起各国为了维护自己的利益必须使用的技巧"。"我们从来没有认识到，虽然我们的绝对力量在增长，然而，随着苏联从第二次世界大战的创伤中得到恢复，我们的相对地位肯定是削弱了。我们的军事和外交地位也不如 40 年代后期刚开始实行遏制政策时那样有利了。"

正是从这一基点出发，基辛格主张美国必须对自身的力量有清醒的估量，调整全球战略，采取新的对策。他同尼克松一起修改了美国的全球战略，把准备打两个半战争改为准备打一个半战争，调整与盟国的关系，改善与中国的关系，从越南战争脱身，收缩战线，以便集中力量对付苏联，争取美国在全球争夺中处于有利地位。

基辛格不喜欢极端的革命，他善于通过协调经营国际政治，避免从过分意识形态的角度看待问题，善于根据情况变化而行事。他比同时代的人更为现实，他用高超的协调能力，在时机到来时，搭起了中美关系的桥梁，与苏联发展既合作又对抗的关系。

《外交博士基辛格》一书的作者舒尔茨分析认为："基辛格认识到了美国实力的范围与限度"，"在说服美国人认清自己在世界政治中所拥有利益的性质方面，基辛格至少在其部分任期时间里获得了成功。在他之前没有几个人，在他之后还没有人能够做到这一点。"

第四章　谋于东方：通向中国的 "基辛格道路"

一、见微知著：改变对美、中、苏大三角的看法

　　基辛格善于观察形势，见微知著。20 世纪 70 年代，他参与打开中美关系的大门，对中国认识的转变，就是从很细微的差别判断上开始的。

　　一开始，基辛格也赞同美国国内流行的看法，认为中国同苏联一样是一个好战的国家。而且，那时他的精力主要放在越南问题而不是中国问题上。可是，不久中苏在珍宝岛以及新疆一带发生了一系列武装冲突，从根本上改变了基辛格对中苏两国的看法，尤其是新疆中苏边境的武装冲突打翻了美国人估量谁是可能的进攻者的天平。

　　1969 年，中苏关系全面破裂，中苏边界上发生了双方军队的一系列军事冲突，有记载的战斗达 400 多次。5 月和 6 月，苏联在边界一侧调集重兵，声言要对中国实施所谓 "外科手术式的打击"。这时，美国国务院一些人围绕着谁是进攻者争吵不休，一些不明真相的人甚至猜测是中国挑起了事端，说中国人比苏联人更好斗。善于进行战略分析的基辛格为此查看了一份地图，仔细研究了双方的部署以及军事形势，发现新疆战斗发生的地点离苏联的铁路终点只有几英里，

而离中国的任何一个铁路终点都至少有几百英里。这使他认识到，中国军方决不会选择这样不利的地点发起主动进攻。

在基辛格看来，如果苏联是进攻者，那么对美国来说则既是问题，又是机会。问题是，苏联对中国的威胁如果得逞，就有可能打破国际战略格局的平衡，甚至会出现苏联势力无法阻挡的严重局面。而机会在于，中国可能由此愿意缓和同美国的紧张关系。同时，中苏冲突加剧也会减轻欧洲受到的日益沉重的压力。中国没有发动战争，说明中国比苏联容易相处。而且，他感到拥有五千年历史的中国，比美国更能忍受漫长的战争。从此，基辛格不再把苏联和中国两国看成没有区别的敌人，而是根据两国不同的态度，分别同两国打交道，由此解开了许多外交上的重大难题。

基辛格由此改变了对中国的看法，开始从地缘政治的角度来确定对华政策，用他自己的话说："从那时起，一切朦胧不清都消失了，我们毫不犹豫地走向世界外交的重大变化。"

珍宝岛事件过去不久，美国政府开始采取一些行政措施来缓和中美关系。1969 年 7 月，经尼克松批准，美国国务院公开宣布，将允许美国的旅行者、博物馆等等无需经过特别授权就可以非商业性地购买中国的商品，美国国务院还决定扩大其护照将自动有效至可以去中国旅行的美国公民的类别。

8 月 14 日，尼克松和基辛格召开国家安全委员会会议，正式讨论对华关系的一系列问题。经与基辛格共同探讨，尼克松提出了一个惊人的见解，他认为：苏联是更具有侵略性的一方，"如果听任中国在一场中苏战争中被摧毁，那是不符合美国利益的"。在这里，虽然尼克松和基辛格低估了中国自卫的决心和能力，过高地估计了中苏之间爆发大战的可能性，但是，一位美国总统承认一个共产党大国、昔日战场上敌手的存在，对于美国具有重要的战略意义，这意味着尼克松政府的对华政策开始发生了改变。

9 月间，尼克松和基辛格亲自召见美国驻波兰大使斯托塞尔，要求他打破外交先例，设法同中国驻那里的大使馆进行接触，建议恢复华沙会谈。经过三个月的曲折磨合，1969年12月11日，斯托塞尔应中国驻波兰使馆代办雷阳的邀请来到中国大使馆。中美关系出现了新的转机。按照基辛格的说法，到了这年的年底，美国同共产党世界的关系就慢慢地演变成"三角关系"了。12月18日，基辛格在年终记者招待会上宣布："我们没有永久的敌人。我们对其他国家——包括共产党国家，特别是像共产党中国这样的国家——的判断，将以他们的行为为依据，而不是以国内的意识形态为依据。"基辛格进一步指出："他们将根据他们的概念和需要来作出他们的决定。但是，他们的行动可以受到我们的行动的影响，因此，我们准备同他们对话。"这可以说是美国领导人自新中国成立以来第一次公开地从地缘政治的角度而不是从意识形态的角度来评论中国。这表明美国对华政策已经改变。

就在基辛格发表上述讲话不久，中美两国在波兰首都华沙恢复了大使级会谈。

二、"破译"中国领导人的讲话

兵法曰：知己知彼，百战不殆。外交斗争，弄清对方的真实意图极为重要，尤其是在中美对抗、隔绝二十多年之后，加之中美文化方面存在巨大差异，要弄清中国政府的真实意图，谈何容易！在尼克松当政期间，基辛格最善于"破译"毛泽东、周恩来的思想实质。

1970年5月初，就在中美两国恢复华沙会谈后不久，尼克松政府却悍然出兵入侵柬埔寨，从而激起了包括中国人民在内的世界各国人民的强烈反对。5月18日，中国方面通知美方，鉴于美国政府"悍然"出兵侵柬，扩大印度支那战争造成"越来越严重"的局势，中国政府认为，按原定计划于5月20日举行中美大使级会谈第137次会议已不适宜。今后会谈何时举行，将通过双方联络人员另行商定。5 月 20 日，中共中央主席毛泽东发表庄严声明，强烈谴责美帝国主义新的侵略行径，并且表明了中国坚决支持印度支那三国人民打到底的坚强决心和严正立场。毛泽东指出：美国侵略者在越南、老挝打不赢，阴谋策动朗诺—施里玛达集团的反动政变，悍然出兵柬埔寨，恢复轰炸越南北方，激起了印度支那三国人民的愤怒反抗。毛泽东表示，中国政府和人民热烈支持柬埔寨国家元首诺罗敦·西哈努克亲王反对美帝及其走狗的斗争精神，热烈支持柬埔寨民族统一战线领导下的王国民族团结政府的成立。他相信印度支那三国人民加强团结，互相支援，坚持持久的人民战争，一定能够排除万难，取得彻底胜利。

毛泽东还断言：美帝国主义看起来是个庞然大物，其实是纸老虎，正在作垂死挣扎。无数事实证明，得道多助，失道寡助。弱国能够打败强国，小国能够打败大国。小国人民只要敢于起来斗争，敢于拿起武器，掌握自己国家的命运，就一定能够战胜大国的侵略。这是一条历史规律。

在声明的最后，毛泽东号召："全世界人民团结起来，打败美国侵略者及其一切走狗！"

毛泽东主席的这个声明，通篇洋溢着国际主义的精神，同时也一针见血地点明了美国侵略者外强中干、失道寡助的虚弱本质，因而在国际社会产生了巨大反响。世界各国热爱和平、主持正义的人们由此看到了中国政府和中国人民以天下为己任的博大胸怀，同时也增强了弱国、小国人民起来掌握自己命运的信心。

可是，这篇声明对于尼克松领导的美国政府来说，不啻是当头一棒，信奉"狂人理论"的尼克松气急败坏，不待征求基辛格等人的意见就匆忙下令：凡是在越南用不着的第七舰队的舰只全部开往台湾海峡，以便挫掉中国的"那种好战的锐气"，并且声言："事情已经无可挽回。我要他们在 24 小时内到那里。"

显然，柬埔寨问题已经使中美之间刚刚有所松动的关系再次陷入危险的境地。然而，对于有远见的政治家来说，越是在复杂的情况下，越是需要保持冷静的头脑。这时，基辛格很快给尼克松送来了一份报告，详尽分析了毛泽东的"5·20"声明，善于观察的基辛格注意到中国当时激烈的革命言辞与谨慎的实际行动之间的极大差异。他提醒尼克松注意声明的"实质"，说应该看到声明中根本没有对尼克松本人的人身攻击，这是不同寻常的做法。基辛格分析道：

"实质上……那是一篇非常空洞的声明。它只提出要'热烈支持'印度支那三国人民，甚至关于中国是斗争的'后方'这种常用的词句都没有。声明的中心论点是：小国能够打败大国，河内看来必定从中得不到什么安慰。它没有提出什么威胁，没有承担什么义务，对你没有进行人身攻击，在争议的双边问题上避免表态。

"从策略上来说，毛泽东的声明是要达到这么几个目的：

"——利用你在柬埔寨的行动大肆宣传。

"——以毛泽东的个人威信加强中国人对西哈努克的支持。

"——它尖锐地指出，已有二十个（别的）国家承认西哈努克（莫斯科没有承认西哈努克，而且始终不承认他）。"

基辛格的这个分析，虽然在尽量贬低毛泽东"5·20"声明的巨大意义，但它至少在两个方面是有见地的：第一，基辛格正确地领会了中国在柬埔寨以及整个印度支那问题上的某些立场。毛泽东在声明中对印度支那人民所表明的支持，主要的是道义上的支持，而没有任何直接卷入与美国开战的迹象。第二，他注意到了涉及中美双边问题上，中国的态度是非常谨慎的，尤其是对尼克松没有进行通常的那种点名抨击。

确实，中国方面虽然激烈反对美国入侵柬埔寨、扩大印度支那战争，但在中美关系问题上，还是留有余地的，避免把话说绝，以待日后逐渐恢复两国的互相接触。这也正是毛泽东处理中美关系的高明之处。基辛格准确解读了毛泽东的这一高明策略。

再说尼克松也毕竟不是等闲之辈。他读了基辛格的报告，再浏览一遍毛泽东的声明，这才觉得把其中慷慨激昂的词语去掉后，露出了非常谨慎的实质。于是，在一阵激愤过后，他权衡利弊，开始省悟到，把柬埔寨问题同中国连在一起是不符合美国的国家利益的，是欠考虑的。因此，在台湾海峡重新部署军事力量并非良策，而只会把事情搞糟。毛泽东是留着不少口子以待恢复两国互相接近的，在盛怒之下把这些口子都堵死是一点好处也没有的。很快，美国政府通过各种途径对中国进行新的试探。由此可见，正是基辛格的准确而深刻的分析使总统避免了一次重大外交失误。

1971年4月，经毛泽东主席决定，周恩来总理亲自出面，中国接待美国乒乓球队，向美国政府传达了一个和平信息。在会见美国乒乓球队代表团全体成员时，周恩来高度评价了美国乒乓球队的来访，他说："中美两国人民过去来往是很频繁的，以后中断了一个很长的时间。你们这次应邀来访，打开了两国人民友好往来的大门。"周恩来充满激情地表示："你们揭开了中美人民关系的新篇章。我相信，我们友谊的这个新开端必将受到两国人民大多数的赞成和支持。"他稍停一下，又对面前仍然发愣的美国年轻人说道："难道你们不同意我的话吗？"顿时，大厅里回荡起经久不息的掌声。周恩来精明练达，在这次"乒乓外交"中再次显示了政治家的超群风度和外交家的卓越手腕。

消息传到白宫。基辛格认为："这整个事情是周恩来的代表作。跟中国人的所有举动一样，它有着许多层意义；描画得光彩夺目的表面是最不重要的部分。对这些美国青年的邀请最明显的意义是，它象征着中国已承担了同美国改善关系的义务；而更深层的意义是，它保证——比通过任何渠道发出的外交信息都更有分量——现在肯定将被邀请的使节将来踏上的是友好国家的国土。这是向白宫发出的一个信号，表示他们已经注意到我们有主动行动。

"从中国的观点看，由于这些选手不可能代表某一种政治倾向，这一做法更加具有吸引力。这样中国就可以在根本不可能刺激美国评论界的情况下表明它的真意。周恩来也懂得怎样做才不会遭拒绝。在中国内部，这有助于使党政干部适应方针上即将发生的革命性变化。不过，这也暗示有对美国的警告：如果中国的建议遭到拒绝，北京可以积极开展人民对人民的来往接触，很像河内当时所做的那样，设法发动一场公众的运动，以求达到他们的目的。"

基辛格的分析评论，除了忽略了这场"乒乓外交"的总导演毛泽东之外，是很有见地的，他完全理解了中国方面这一主动行动的深刻含义。他后来说："中国人最了不起的才能之一，是使经过精心策划的东西看起来像是临时决定的。"

同一天，美国方面马上作出反应，来推动已经出现的好势头。不久，基辛格就对华政策向尼克松提交了一个备忘录，向尼克松建议分三个阶段发展中美贸易：第一阶段把对华贸易保持在略低于对苏贸易的水平上；第二阶段把对华贸易置于和美苏贸易平等的地位；第三阶段使对华贸易超过对苏贸易的水平。尼克松立即批准了这个基本战略，并下令立即采取第一阶段的措施。打开中国之门可能是一个漫长的过程，但基辛格抓住了最重要的机会，使之成为现代历史上重要的外交转折点之一。

三、"波罗"行动："遁身术"

基辛格擅长于搞秘密外交，而用来掩护这种秘密外交的武器，就是"遁身术"，这在他的外交生涯中屡试不爽。

1971年5月29日，经毛泽东主席亲自批准，中国方面以周恩来名义给尼克松口信，通过巴基斯坦渠道传到白宫，表示欢迎尼克松访问中国。口信说："周恩来总理欢迎基辛格博士作为与中国高级官员举行一次秘密的预备性会议的美方代表，提前来华为尼克松总统访问北京作准备工作并进行必要的安排。"

尼克松和基辛格为打开中国的大门，决定采取秘密的方式，尼克松要基辛格来完成这项重大使命。这使基辛格激动不已，他知道，去中国是一个施展抱负的好机会，谁都愿意因第一个踏上新中国土地而名垂青史。他对尼克松说："这是第二次世界大战结束以来美国总统收到的最重要的信件。"

尼克松和基辛格之所以要保密，主要是出于这样几点考虑：一是没有必定获得成功的那种把握，因此要留后路；二是担心美国国内的保守派会对他们的这种冒险作出激烈的反应；三是防止苏联方面从中捣乱。他们认为，由于保密，即使这次使命没有取得，或者仅仅取得有限的成果，也不会对继续发展中美之间的接触造成公开的挫折。

周恩来总理会见基辛格

自从决定由自己亲自秘密访华后，基辛格就飞到加利福尼亚棕榈泉的私人别墅里，躲了起来，名义上是休假，实际上是避开日常工作，避开新闻界的耳目，积极准备去中国访问的工作。对于中国，基辛格还很陌生。对此他从华盛顿带来了一大包关于中国的各种书籍，诸如：关于中国的哲学、历史、艺术和文化，还有他的助手们为他准备的一大本一大本关于中国的资料，已达一吨重。

基辛格更感兴趣的是有关周恩来的情况。他向美国中央情报局要来一份非常详细的周恩来生平资料，怀着一种敬畏的心情仔细研究起来。此时，基辛格还不知道，在北京这边他本人也成了中国外交界议论的话题。中国外交官员在同外国人的谈话中时不时地提起基辛格的大名，对他的兴趣比对其他美国官员都大。一次，中国大文豪郭沫若会见美国作家特里尔，特里尔想讨论中国文化，郭沫若却偏要谈基辛格。

既要研究中国，又要保密，不过做起来很不容易，因为总统国家安全事务助理研究中国问题，就意味着有可能要同中国和解，这可称得上爆炸新闻。于是，基辛格不断使用障眼法。一次，他要美国中央情报局给他搞一份关于周恩来生平的详细材料，但稍一转念，他马上扩大范围，要求把所有具有世界影响的领导人的传记都送来，还假装说："供我参考之用。"他巧妙地向各方面的中国问题专家请教，但绝不吐露自己的真实意图。专家们也都信以为真，十分赞赏基辛格的求知欲，真的以为他无非是想了解关于中国问题的各种新见解而已。

在公开场合，基辛格大谈越南问题、苏联问题和欧洲问题；而在背地里，则孜孜不倦地钻研中国问题。为了不露真相，他常常故意施放烟幕，讲一些反话让人无法揣测。一次，《纽约时报》登载了一条马路新闻，推测说，如果中美建交，基辛格将来会出任驻北京的大使。白宫里有个不知内情的人拿这则消息同基辛格打趣。基辛格莞尔一笑，答道："准是国务院里我的一个崇拜者，认为北京大概就是他能够想出的把我打发到离华盛顿最远的地方吧。"

6月3日，基辛格通过秘密渠道，向美国驻巴基斯坦大使约瑟夫·法兰发去一封密信：

"为了只有总统和我知道的非常敏感的原因，总统希望你找点个人的……借口，立即返回美国，以便你能和我会谈。我们的会谈必须完全保密。会谈的性质，除总统、你和我自己以外，不得向任何人透露……我意识到这个信息会给你带来困难。但是，我确信你会认识到，总统重视我们的会谈，这是压倒一切的考虑。我们会谈的题目不要求你做任何准备。"

6月7日，法兰乘坐班机抵达洛杉矶。有一位法兰不认识的中年男子迎上来接他。此人自称是基辛格的朋友，受基辛格的委托专程来接法兰的。法兰于是没有出机场就被一架小飞机接走了，不久就飞到了洛杉矶附近的棕榈泉。基辛格在棕榈泉的私人住宅里微笑着接待了这位使者。

"你好，大使先生，总统也会感谢你的到来。我与你谈完后，马上送你回洛杉矶飞机场。"

法兰十分惊愕。只见基辛格狡黠地一笑："你到棕榈泉来过是根本无案可查的事。你明白吗？"

基辛格告诉法兰说："我要与中国的使节谈判。我与中国人会见的技术安排要通过你来做。事前我已经了解过你的情况，档案材料表明你为人忠诚可靠，办事扎实能干。总统也批准了由你来安排。要绝对保密，除你之外不能让其他人知道。"

"我在国务院的上司为什么不能知道？"法兰不解地问。

"你不用担心以后上司怪罪。有总统和我呐！这是为了美国的国家利益。之所以要保密，是为了避免许多涉及很复杂很敏感问题的材料经过太多人手有可能泄露而造成误解。"

随后，基辛格说出了自己酝酿已久的具体行动计划："我将从华盛顿出发作一次'了解情况'的出访。我将访问西贡、曼谷、新德里、伊斯兰堡和巴黎。我的飞机上不带新闻记者。我在预定停留的地方都不举行新闻发布会，但是都举行了解情况的会议。这样，等我经过一个星期到达伊斯兰堡时，记者们从我身上采访新闻的兴趣已经不大了，记者厌烦之时，就是我成功之日。"

经过一番面授机宜之后，基辛格又派人将法兰送回洛杉矶机场。

基辛格将秘密访华的文件编成黑皮书册，取名"马可波罗"，意为东方探险；尼克松亲笔批示照准执行。在这次行动中，基辛格被授权为尼克松访华做最充分的准备，确定总统访问的日程和时间，并与中国领导人就共同关心的问题举行预备性会谈。还可以就不久之后两国政府发表的新闻公报，独立代表美国作出决定。

基辛格被授予特殊的外交权力。

6月30日，美国白宫新闻秘书齐格勒在例行的新闻发布会上公布了一个简短的公告，说尼克松总统将派他的国家安全事务助理基辛格博士于7月2日至5日前往越南南方执行一项调查任务。随后，基辛格将去巴黎与布鲁斯大使进行磋商；在基辛格前往巴黎的途中，他将到泰国、印度和巴基斯坦进行一系列的访问与会谈。

经过周密细致的安排之后，1971年7月1日晚，基辛格带着他的谈判智囊，按预定计划从美军安德鲁斯空军基地起飞前往亚洲，揭开了这次不寻常的"万里之行"的第一幕。

7月2日，基辛格在南越西贡露面，与阮文绍会谈，那里记者很多，紧盯着基辛格，但他很少讲话，令记者大失所望。当抵达曼谷时，基辛格一行的活动从头版要闻上消失了。

7月6日，基辛格出现在印度首都新德里，仍旧很少讲话。

7月8日，基辛格终于飞抵就要充当中国之行跳板的伊斯兰堡。这时，他已经引不起记者们的多大兴趣了，跟前只剩三名记者，人们不再注意他了。

为了缓和消息公布之后可能对盟国造成的冲击，基辛格每到一站，都闪烁其词，预先向盟国就美国的对华政策作巧妙的辩解。当谈到中国的"乒乓外交"和美国放宽对华贸易限制时，基辛格解释说，美国谋求接近中国，主要是全球均势的需要。他还向其盟国保证，美国仍将履行其对盟国所承担的义务。

基辛格一到达伊斯兰堡，由东道主叶海亚·汗总统和舒尔坦外交秘书直接参与的一场掩人耳目的"大骗局"便开场了，其目的就是要施放烟雾，为基辛格实施"遁身术"前往中国制造假象。法兰大使悄悄告诉基辛格，使馆的主要外交人员都被他打发去休假了，使馆的医生两天前外出，留下的女护士很容易对付。而在伊斯兰堡只有一名美国记者。总统叶海亚和法兰大使告诉基辛格，一切将按预定计划进行。最关键的是基辛格要装病，而且要装得很像，天衣无缝。

按外交礼仪，基辛格首先对叶海亚·汗总统进行90分钟的"礼节性"拜访，可他们在一起讨论的却是基辛格中国之行的最后细节，以及东南亚次大陆的形势这样的实质性问题。然后，基辛格出席了叶海亚·汗举行的便宴。按照原定计划，基辛格的肚子痛成了大家谈论的话题。于是，叶海亚·汗顺理成章地建议这位美国贵宾避开伊斯兰堡的酷热，前往纳蒂亚加利山区的总统别墅作短暂的休息。

叶海亚·汗表演得如此逼真，以至于基辛格手下的一个特工人员信以为真，马上派他的一个同事前往该地探查，结果被扣留在那里，直到基辛格从北京返回华盛顿才获得"自由"。幸好那些专门报道基辛格来访的记者都相信了官方的说法，误以为基辛格第二天一大早就要前往山区休养。

按照预定计划，基辛格一行将分成两部分，国家安全委员会的五位高级成员将陪同基辛格前往北京，另有两位特工人员跟随行动；另一部分人将留下，实施掩护计划，他们是基辛格的私人秘书黛安娜·马修斯和几位特工人员。

7月9日凌晨4时整，基辛格一行由巴基斯坦外交秘书舒尔坦陪同，驱车到达查克拉拉机场。基辛格特意戴上大檐帽和一副墨镜，看上去像是一位商人。坐在车里，基辛格一言不发，陷入沉思之中。他在想：这真像是单枪匹马去历险。一架巴基斯坦国际航空公司所属的波音707飞机早已在此等候。在此之前，这架飞机曾前往北京作过试验飞行，回程还带来了三名中国领航员。

为了保密，这次基辛格的中国之行要飞一条巴基斯坦驾驶员所不熟悉的喜马拉雅山航线，而通常巴航去北京的班机则是在达卡以及广州、上海停留。在飞机上，基辛格见到了中国方面派来的专程迎接他去北京的四位中国外交部官员，他们是外交部美大司司长章文晋、外交部礼宾司副司长王海容、翻译唐闻生和外交部礼宾司接待处副处长唐龙彬。这是基辛格有生以来第一次遇到活生生的中国共产党人。

基辛格给中方接待人员的第一印象是反应敏锐，知识丰富，精力充沛。交谈中，基辛格告诉中方代表："我这次去中国很秘密，谁都不知道，早上起床我连警卫都没有告诉。一会儿，他可能会因为找不到主人而急坏的。不过不要紧，巴基斯坦人会告诉他，说我到总统府去了。"

当基辛格乘坐的这架巴航飞机顺利起飞之后，舒尔坦立即驱车返回伊斯兰堡，安排下一步的掩护行动。他和美国驻巴大使法兰带领一支豪华车队，行驶50英里佯装送基辛格去纳蒂亚加利，而实际上坐在基辛格位置上的却是一名特工人员。

在纳蒂亚加利，假戏还在继续上演。巴基斯坦官方对新闻界透露，基辛格至少要卧床休息两天，才能恢复健康，于是那些无可奈何的新闻记者只好去安排自己的娱乐活动去了。7月9日上午8时，一队悬挂美巴两国国旗的伪装车队在摩托车的护送下，在伊斯兰堡大街上招摇过市，浩浩荡荡地驶往山庄。法兰大使和基辛格留下的助手坐在车里，假装是基辛格和他的随从。为了演得更像一些，叶海亚·汗还授意许多不明真相的巴基斯坦高级官员前往纳蒂亚加利看望基辛格，而舒尔坦则好像是真事似的对他们说，基辛格身体尚未复原，不宜会客。

1971年7月9日，北京时间中午12点一刻，基辛格一行经过五个半小时的长途飞行，越过了世界上最为壮观的喜马拉雅山岳，终于到达了对于当时的美国人来说无比"神秘"的中国首都北京。

在北京停留紧张兴奋激动的48小时之后，基辛格完成了他的重大历史使命，于7月11日下午飞回这次神秘旅行的出发地查克拉拉机场。为了继续演戏，基辛格在前往迎接的舒尔坦陪同下，乘车绕了一个圈子经过穆里路折回伊斯兰堡。巴基斯坦官方则公布消息说，基辛格已恢复健康并于当天从纳蒂亚加利归来。

整个行动安排得天衣无缝，没有引起任何人的怀疑。基辛格见过叶海亚·汗总统之后，于当晚公开登上他自己的那架飞机，前往法国巴黎。四天后，中美两国同时宣布了震惊世界的"中美公告"。直到这时，基辛格对中国的秘密访问才公布于世。

基辛格冒着极大风险，成功地表演了他的"遁身术"。而对他本人来说，秘密访华，使他一夜之间成了全美国和全世界的风云人物。

四、巧妙让步，打破僵局

基辛格被周恩来的魅力迷住了。

1971年7月9日下午4时30分，基辛格秘密抵达北京四小时后，周恩来亲自到他下榻的钓鱼台国宾馆举行会见。这是二十多年来中美两国最高级别领导人的会见。周恩来的到场，给人一种京剧中"亮相"的强烈感觉，他的一举一动兼有外交和人情的两种含义。他与尊贵的客人握手要长时间地摇晃几下，把饱满的感情自然而有力地传递到对方身上。握着基辛格的手，周恩来不无感触地说："您把手伸过太平洋来跟我们握手。"基辛格也幽默地回应道："让我们一起来改变世界。"

1971年7月9日至11日，是中美关系中最值得回顾的重要日子，基辛格博士秘密访问中国。周恩来与基辛格的这第一次握手，属于外交家握手的杰作。"这是中美两国高级官员20年来第一次握手。"

1971年7月9日至11日是中美关系中最值得回顾的重要日子，基辛格博士秘密访问中国。周恩来与基辛格的这第一次握手，属于外交家握手的杰作。

"遗憾的是这还是一次不能马上公开的握手，要不然全世界都要震惊。"基辛格有感而发。

在基辛格陪同下，周恩来同在屏风前站成一排的美国客人一一握手，并就每个人的特点说上几句幽默诙谐的话，使紧张拘束的气氛顷刻间消失了。

周恩来与基辛格的第一次会谈就在钓鱼台国宾馆6号楼的会议室里进行。基辛格面前放着一本厚厚的材料，它是基辛格专为这次会谈花了很长时间精心准备的，被他的助手们戏称为谈判的“圣经”。这位哈佛教授在阐述美国方面的立场时，不时地翻看那一大沓材料，好像在作论文答辩，而不像同别的国家领导人会谈那样轻松自如。

而对面周恩来这一边，茶杯旁只有一张纸，上面简单地写了几行字，是会谈的发言大纲。这是周恩来的风格。周恩来在会谈前把有关会谈的所有资料、信函都重新看了一遍，重温了过去几周内美国发生的每一件事，然后在一张纸条上写下一些要点。

钓鱼台国宾馆的外景

基辛格被周恩来的神奇魅力所迷住了，不过他自己也绝非等闲之辈，很快摆脱原定计划，同周恩来一口气谈了八个小时。

会谈中，基辛格向周恩来提到了不支持“两个中国”“一中一台”和“台湾独立”，并提出两岸可“政治演进”，认同周恩来关于台湾应归回大陆的主张。

基辛格（以下简称“基”）：对我们而言，这是个历史的时刻，因为这是美中领导人第一次在互相承认彼此平等的基础上交谈。在我们两国最后接触时，相对于中国的悠久文化说来，美国仅仅是一个新的发展中国家。在上个世纪，你们是外国压迫的受害者。只是在今天，在经过困难和不同的道路，我们才在相互平等和尊重的基础上走到一起来了。因此，我们双方都翻开了我们历史的一页。

总理先生，我想我们今天和明天的会面有两项目的。首先，如同毛主席和你所建议，我们应在尼克松总统希望和期待访问中国这件事情上，找出彼此都能满意的理解。我已被授权处理所有关于这项访问的事宜，包括其内涵、时间及其他细节，包括该如何准备会面、讨论的议题、可能的结果以及当我回美国后可能的"公报"。

其次，为了尼克松总统的访问成功，我们希望能通过你我讨论双方关切的亚洲问题，以及世界和平，立下基本规范。

我相信我们会讨论到以下的主题：

——台湾：在我们交换信息期间，我们了解这是你们对双方关系主要关切的议题。总理先生，你已界定美国军队应撤出台湾及台湾海峡，我也准备好听听你的意见，并实际来讨论这个问题。

——中南半岛：这是目前亚洲主要冲突与紧张的地区。

——与其他主要国家关系：例如苏联与日本，也势必影响世界和平的未来。

——南亚次大陆的局势，其间牵涉了许多其他国家。

——建立双方安全沟通管道：不靠其他国家的善意或干扰，而是完全在两国领导可控制之下。

——武器管制议题：例如最近提出的五强会议，美国在得到总是有益的看法前，会推迟我们的回应。

——任何其他中国方面希望提出的议题。

作为尼克松总统的亲近下属，我被授权向你彻底解释我们在世界上主要地区及政策的利益为何，我也希望你能随时向我提出任何问题。

我可以完全保证这个管道会被彻底尊重。

尼克松总统深信，一个强大和发展的中华人民共和国对任何美国的实质利益，都不会造成威胁。我们两国长期以来友谊常在，也毋庸置疑。

更清楚一点说，尼克松总统已授权我告诉你，美国在没有和你们讨论并纳入你们的意见之前，不会采取任何影响中国利益的步骤。

我希望当我在此时，能安排一个能让双方直接和秘密沟通的管道，我们准备建立类似联系美国和其他主要决策国家的沟通管道，以及其他能使我们更好解释彼此看法的沟通。

我也被授权和你讨论，我们和你们认为可能影响中国利益的邻邦协商内容。

周恩来（以下简称"周"）：第一个问题是台湾。基辛格博士已非常坦率地提出了看法，我们也会表达我们的意见。

基：我说得不够清楚，但显然能和周总理沟通。

周：你提到今天的会面是个历史性的场合。当然如果尼克松总统能到中国并和毛泽东主席会面，会是个更具历史性的场合。如果我们能解决问题的话，那会是个历史性的场合。当然，我们今天可以开始创造气氛，因为你提到，我们两条分道扬镳的路又聚在一块儿。从另一方面说，我们想在平等的基础上解决问题。

因此，台湾问题让我不得不批评你的政府。当然，你不需要对此负责，你也可能说尼克松总统不应为台湾问题负责。

但对美国政府，我必须说几句话。我不会提到美国在中国参与的那些过去的会议，因为那是很久以前的事了。狄恩·艾奇逊（杜鲁门时期的国务卿）的白皮书把当时发生的事，披露得再清楚不过了。其中也证明是中国人民自己赢得自己的解放，解放了我们的祖国，并赶走蒋介石保守统治的残余势力。

当时，美国政府认为（解放）是中国的内政，这是在 1949 年至 1950 年初。当时，台湾已回归祖国，而中国就是祖国，美国也说她对台湾或任何中国领土都没有野心。而且美国也宣布不干涉中国内政，并让中国人解决内部问题。

你们当时所有的文件都宣称这样的立场，虽然有些文件对我们采取敌意，不承认中国共产党正领导新中国，但你们也没有做任何事。因此，你们声明不会干涉中国内政。

但没有多久，朝鲜战争爆发，你们却包围台湾并宣布台湾地位未定，即使到今天，你们国务院的发言人仍说这是你们的立场。这才是问题的核心。

基：他（国务院发言人）没有再说啰！（中方大笑）

周：如果这个关键问题没有解决，所有的问题都很难解决。我们是太平洋两边的两个国家，你们有200年的历史，我们创立新中国只有22年；因此，我们比你们年轻。

至于我们的古文明，每个国家都有，美国和墨西哥有印第安人，南美洲有比中国还古老的印加帝国。很可惜，他们的历史没有保存，遗失掉了。至于中国的悠久历史，有一点是好的，就是已有四千年历史的书写文字。这对国家统一和发展有益。但仍有一点不好，我们的象形文字限制了我们的发展。你可能认为这些字都是空的，但它们不是，它们代表我们知道客观的世界，我们也能冷静地礼赞它们。

历史也证明台湾早在超过一千年前就属于中国，比长岛成为美国领土的历史还久。这段期间，台湾曾因中国在（甲午）战争中失败，暂时被日本夺取，但台湾在开罗及德黑兰宣言中，以及日本投降后，就回归中国。艾奇逊的白皮书和杜鲁门的宣言，就是证据。

因此，要承认中国，美国必须毫无转圜地照作。美国必须毫无例外地承认中华人民共和国是代表中国的唯一合法政府，正如同我们不用提到夏威夷，就会认为美国是唯一合法的政府。但唯一的例外是长岛。

台湾是中国的一省，已回归中国，也是中国领土无法分割的一部分。

这就带出了第二个问题：美国必须限期撤出所有在台湾及台湾海峡的部队和军事设施。这也是这件事很自然的逻辑。

当然，美国的杜勒斯（前国务卿）与蒋介石在1954年签订的"中美共同防御条约"，中华人民共和国及中国人民认为是非法的，我们也不承认。所以谈到台湾问题，这是最重要的，我也想知道你的看法，我们也可以交换意见。

基：让我先在台湾问题上说些话。

我非常同意周总理的历史分析。如果朝鲜战争这个我们双方都不想要的战争没有爆发，台湾今天毫无疑问地，可能就是中华人民共和国的一部分。现在讨论先前（美国）政府部分因为美国当时的内部意见，把南韩与台湾的未来挂钩，已经没有用了。

不管理由为何，一个关于某些我们外交政策原则的确定历史，现在已经发展。我注意到周总理在谈话中，超过了一些我们先前已交换过的意见。

在这些沟通和我们在华沙会谈中，你都提到（美国）撤除在台湾和台湾海峡地区的军事部署与设施。今天你还提及某些官方的政治宣言。

周：因为要交换意见，就得对这件事提出完整看法。

基：当然。我不是批评你，只是为了把问题分成两个部分。

首先，台湾及台湾海峡的军事情势；其次，台湾及中华人民共和国的政治演进（political evolution）。

周：这和我们的意见不一样。

我们把和台湾的关系，当成是中国的内政，也一再在华沙会谈及我们所有的公开宣言中重申，我们一直保持同样和持续的立场。我刚刚说的，就是如果我们中美两国要建立关系，美国必须承认中华人民共和国是中国唯一合法政府，台湾省是中国领土不能分割的一部分，也必须重回祖国。在这样的情况下，美国与蒋介石的条约不能存在。

基：我了解你所说关于外交关系的问题。让我在我们目前没有外交关系的现况下，谈谈台湾。

首先，关于我们的军事部署，也是总理在谈话中提到的第一点，和我们美国政府在两次华沙会谈中讨论过的。我们已用许多象征性的方式，表明我们的想法。例如，我们已结束在台海的定期巡航，从台湾移走一营的空中坦克，并减少百分之二十的军事顾问团人员，我知道这不是你的重点，我只是借以表明我们想法的大致方向。

我们目前在台湾的军事部署由两项要素组成，其中三分之二与其他在亚洲部分的活动有关，其中三分之一才与台湾防卫有关。

我们准备在中南半岛战争结束后一段确定的短时间内，把与台湾无关的三分之二兵力移除，如果你想知道的话，我这里有详细数目。我们准备随着（美中）关系改善，开始减少我们在台湾的部队，使得军事问题不再是我们当中的一道障碍。

我可以这样说，这都是尼克松总统的个人决定，尚未和我们的官僚体系与国会讨论，所以应该用极大的信心看待。至于台湾的政治未来，我们不鼓吹"两个中国"，或"一中一台"的解决方案。

作为一位学历史的人，我预测（两岸的）政治演进（political evolution）可能会朝周恩来总理提到的方向。但如果我们想把两国的关系放在真正的理解基础上，我们必须承认彼此的需求。

周：什么需求？

基：我们不应逼使双方在短期内，达成没有实际效果的正式宣言。不过，一旦你我有基本共识，我们不会挡在基本演进的路上。这就是我想用一种广泛的方式来陈述，但我也乐意回答问题。

周：台湾很明显是我们两国关系的重要议题，我们已不止一次在华沙的大使级会谈中说过，我们也提到这问题不仅在美国撤军，也在两国的基本关系上。

台湾必须被当成中国的一部分，解决这个问题必须依此而行，才能有出路。在我们的讯息中，我们也已重申台湾是中国的一个省。

至于你刚才所说，你在历史演进上的意见，以及你清楚表明不宣扬"两个中国"或"一中一台"的方式解决台湾问题，这显示问题解决及建立我们两国外交关系的前景，是有希望的。

基：总理先生，这得视现实情况及时间而定。我提到的原则都是我们政府的原则，可以靠得住。至于（采取）政治步骤的时间，仍得由我们双方讨论。较简单的是军事步骤，而不是其他需要多一些时间的步骤。

周：（前略）我必须在另一件事上说清楚。美国政府对所谓"台湾独立"运动的立场是什么？

基：台湾人（"独立运动"）？我们没有支持。

周：美国政府内部分人如中央情报局或国防部的人是否支持"台独"运动？

基：中情局的能力常被世界上许多地方的人夸大。最近几年世界上只有两个亚洲国家发生革命——印尼和高棉，这两个国家中情局都没派人。

周：我很看重你刚才说的，美国政府及美国总统不支持，也不会支持所谓的"台湾独立"运动？

基：我可以称呼你"总理（Prime Minister）"，或你觉得不妥？

周：随你喜欢。

基：这在英文中比较自然一点。总理先生，（美国）官僚系统很大，有时候不能完全掌控。

周：你不知道蒋介石十分抱怨是中央情报局同意让彭明敏逃出台湾的吗？

基：你可能知道彭明敏五年前曾是我学生，但我不想让你认为我和这件事有任何关联。（中方笑）

我们认真些。首先，就我所知，中情局与彭明敏教授到台湾毫无关系。其次，如果（尼克松）总统与毛主席有共同理解，我的工作就是在官僚系统执行（不支持"台湾独立"），我向你保证一定会执行，美国也不会支持（"台湾独立"）。

我必须向总理坦白，欺骗我们自己没有意义。美国不可能在接下来一年半之内，就正式承认中华人民共和国是代表中国的唯一合法政府。但在既有（的架构上）防止新的要求，则是可为的。例如，"台湾独立"运动，或分裂总理和我已讨论过的"演进"的力量，这也会是毛泽东主席与尼克松总统可以确认的。

会议结束时，基辛格谈起了自己首次来中国的心情：

"已经有很多人访问过这个美丽的国家了，可对我们来说，她却是一片神秘的国土。"

"神秘？"周恩来摆了摆手，"你会发觉，她并不神秘。当你熟悉她之后，就不会像过去那样神秘了。"

基辛格在北京总共停留 48 小时，其中与周恩来会谈就用了 17 个小时。根据周恩来的精心安排，会谈是在基辛格住所钓鱼台国宾馆和人民大会堂两地轮流举行。最后一次会谈是在基辛格住所举行。通过紧张的谈判，解决了两国最高级会晤的关键问题，两人都感到十分快慰。他们交谈的话题十分广泛，气氛无拘无束，幽默风趣。一次，周恩来在会谈中讲了一个小时，结束讲话时深为自己讲得时间太长而道歉。基辛格马上邀请周恩来去哈佛大学讲演。

在会谈中，周恩来的坦率求实给基辛格留下了深刻印象。基辛格认为两个大国间坦诚相待，在历史上从未有过，就是美国跟盟国也做不到这一步；自己跟苏联人谈判时经常也做不到这一步，而自己跟苏联人谈判时经常要的小花招在周恩来面前失灵了。

尼克松来中国之前，如何说明尼克松要访问中国？关键的关键是双方都要面子。美方主要想表明尼克松是受邀请来的。中方想着不是中方请尼克松来的，而是尼克松自己要来的。中方欢迎你。这时，基辛格想出了一个绝妙的办法，就说基辛格得知尼克松有访华的愿望，中方就发出邀请。基辛格怎么得知的？中方翻译冀朝铸提出，是他通过中方内线得知的，其他谁也不知道。

1971 年 10 月 22 日，为了给尼克松总统访华作细节上的安排，基辛格第二次来到北京。当天下午，周恩来总理在人民大会堂会见基辛格一行。周恩来一出现，整个气氛变得轻松起来。当小型欢迎会开始时，周恩来巧妙地称赞了尼克松和基辛格两人的胆略。他说："中美两国在关系中断 22 年之后，现在在两国的关系史上就要揭开新的一章。我们应该说这要归功于毛泽东主席和尼克松总统。当然，一定要有一个人作为先导，这个先导就是基辛格博士，他勇敢地秘密访问了中国这个所谓'神秘的国土'。这是一件了不起的事情。现在是基辛格博士第二次访问这个国土，它不应该再被认为是'神秘'的了。他是作为一个朋友来的，还带来了一些新朋友。"

听了周恩来的祝酒辞，基辛格十分激动，他联想到上次访问北京时自己与周恩来关于"神秘的国土"的有趣对话。他认为："周恩来提到我们以前的一次谈话，这使我们感到好像我们在继续对话；这是周恩来一种特有的风格，一种非常巧妙的讨人喜欢的技能。……两次会谈相隔数月，又把话题重新搬出来，这使人感到好像会谈从未中断过。"

关于中美联合公报的紧张谈判在钓鱼台举行。美国方面先提出了一个公报草稿，是由基辛格亲自主持起草，经尼克松审批的。这份公报草稿，为了显示美国总统访华的成果，采用了标准的外交辞令来暗示双方有很多的共同点（有些是子虚乌有），同时又用含糊的折中语言，来掩盖双方争论最激烈和最难解决的问题。

周恩来经请示毛泽东后，表示不同意美方的公报草稿的写法。他说："毛主席已经看了你们拟的公报草稿，明确地表示不同意。这样的方案我们是不能接受的。"接着，周恩来分析道："你们草稿的措辞不是真实的反映，用的都是陈词滥调。公报必须明确地摆出双方的根本性分歧，不能虚饰伪装。"

基辛格和助手们表示不快。基辛格争辩说："我们草稿的意思是强调，和平是我们双方的目的。我们不回避双方的分歧，签公报又有什么用呢？在公报里摆出双方的不同观点，岂不是等于告诉全世界，我们双方是在吵架吗？"基辛格的一位助手也强调说："我们起草的公报草稿，采用的是国际通用的惯例。"

周恩来沉稳地驳斥道："我认为这类公报往往是放空炮。""你们也承认，中美双方存在着巨大的分歧，如果我们用外交语言掩盖了这些分歧，用公报来伪装观点一致，今后怎么解决问题呢？""我们两国打过仗，相互敌对和隔绝二十多年。对于如何管理国家，对于如何跟外界打交道，我们各有自己的观点。如果我们突然弥合了这些分歧，找到了广泛的一致，谁会相信呢？"

基辛格认为周恩来分析得极是，可一时也找不到好的办法来取代公报草稿，内心十分焦急。还是周恩来替他们解了围，他微笑着建议道："现在应该吃烤鸭了。我们将在下午提出一个公报草稿。"

下午复会时，基辛格拿到了中国方面提出的公报草稿。这个草稿以鲜明锐利的措辞摆出了中国在一些重大原则问题上的立场，而空出篇幅相当的段落由美国方面填写可能完全相反的观点。周恩来当场解释了这种前所未有的公报构想：

"公报由双方各自阐述不同的立场观点。中国方面已经阐明了观点。留下的空白由美国方面阐述观点，然后双方再进行讨论。"

看到这个公报草稿，基辛格和他的助手们面面相觑，感到异乎寻常，在外交谈判史上找不到先例。基辛格对周恩来说："总理先生，我看这个草稿在国际上和美国国内恐怕都是无法接受的。"

周恩来又耐心解释说："用漂亮的外交辞令掩盖分歧来达成公报，往往是祸根。既不解决问题，又会导致更深的矛盾。公开摆明分歧，就是解决问题的开始，是通向未来的第一步。"他建议美国方面考虑之后再举行谈判。

基辛格和助手们经过进一步的讨论和深思，也开始认识到中方草案的独特价值，对这种别出心裁的新鲜做法有所领悟。基辛格认识到，采用这种方式或许能够解决一些难题。例如，直言不讳地阐明分歧会使盟国和朋友们放心，说明他们的利益得到了保护，而且双方形成的一些共识也会显得突出，表明这是坚持原则的领导人的坚定可靠的信念。

此外，双方还可以避免那老一套的解释，而这往往是那种通常类型公报的祸根。这样一来，在公报正式发表之后，双方不至于承担出现矛盾和恶意的风险。因为，每一方都没有可能把那些模棱两可的词句解释得对自己有利。如果用老一套办法达成公报是解决不了这些困惑的。

想到这里，基辛格心中豁亮起来："这就是中国草案高明的地方。"于是，基辛格告诉周恩来："美国方面同意接受中方的基本构想，并愿意尽快提出美方新的草案。"

第二天，双方再次就公报草案举行会谈。周恩来也根据美方的态度显示了高度的灵活性，同意删除中方几句带有意识形态色彩的革命性语言。周恩来和基辛格在实事求是解决了公报草案框架后，也深感双方在一些重大问题上存在共识，因而同意在公报中概述一下双方的共同立场，特别是两国反对霸权的观点。谁都知道，这样的共识观点将对重划世界均势产生巨大影响。周恩来称赞说："这是难能可贵的。"

在触及极为敏感的台湾问题时，周恩来与基辛格的会谈一下子陷入僵局。

周恩来一开始就摆明立场："台湾问题是中美两国之间的老问题了。华沙会谈 15 年也一直僵持在台湾问题上。我必须重申：中华人民共和国是中国唯一的政府；解放台湾是中国内政；美国军队必须撤出台湾。这三条立场，是不变的。"

基辛格也提高嗓门，亮明观点："由于众所周知的原因，我们不能在开始我们之间的新关系时背弃我们的老朋友。我们绝不能放弃对台湾的义务。我们决不会与台湾断交。"

"什么样的复杂原因？什么样的义务？这真是天方夜谭。"周恩来也略为提高了声调，反唇相讥，表情十分严肃。

"如果我们背弃老朋友，不但别的朋友不信任我们，你们中国人也不会尊重我们。"基辛格申辩说。

周恩来停顿了片刻，调节一下情绪，针锋相对地反驳道："台湾是中国领土。台湾问题，是中国的内政。这是你们历届政府都承认的。而现在，是哪国的军队占领着台湾？是你们美利坚合众国。中国人有句俗话，'解铃还须系铃人'。如果说有什么复杂原因，那是你们美国政府一手造成的。你们不但对这一现实没有任何改变，而且还继续从各方面封锁、孤立我们。"

"我今天坐在这里，不就是说明我们在改变吗？！"基辛格说。

周恩来寸步不让，越说越冷峻："现在我还要重申：台湾问题，关系到一个国家的主权。在这一点上，不容置疑。"

谈判陷入僵局。双方反复强调各自的立场和观点。当基辛格再次重复"美国不能抛弃老朋友"时，周恩来反驳说：

"什么老朋友？台湾问题不是朋友之间的问题，是美国军队进驻台湾分裂我们国家的问题。朋友之间的道义不能代替主权国家的领土完整问题。"

周恩来进一步指出："既然中美要进入一个新时代，必然要改变一些关系，中国有句俗话说，会掌舵的人引导航船迎着浪头上，不然将会被浪潮淹没。有远见的人会懂得如何掌舵。如果把所有的老关系一无更改，一切照旧，那怎么能迎接新时代呢？总之，时代在前进，懂得时代精神的人，会促使世界情况改进，否则就要被时代的潮流所淹没。"

基辛格听后受到震动，美国在这个问题上的表述应该有所前进，至少应该承认北京和台湾都同意的一点，即中国的统一。同时他也意识到周恩来已经不会再作让步，也意识到自己明天离开北京的时候，这个关键问题没有一个大致的结果，将难以回华盛顿复命，于是他和他的助手洛德一起离席，到会议厅另一侧的角落去商议。两人嘀咕了好一会儿，才回到谈判桌上来。基辛格坐回沙发，端起杯子喝了一口茶，原来绷紧的脸已经放松了。他说："我决定换一种方式表达美国的观点。"

基辛格略作停顿，说："美国认识到，在台湾海峡两边的所有中国人都认为只有一个中国，台湾是中国的一部分。怎么样？"

周恩来将这句话重复了一遍，脸上也绽开了笑容，称赞地说："博士到底是博士，这可是一项奥妙的发明。这句话的基本意思我方可以接受，只是个别词句还需要推敲。比如，应该用'省'，台湾是中国的一个省，更准确。不用部分。"

基辛格申辩说："'部分'比'省'通用，'部分'是对整体而言。"

周恩来反驳道："'省'比'部分'准确，省是行政上对政府的归属。"

"英语没有多大的差别。"基辛格不甘示弱。

"汉语却有质的差异。"周恩来大度地说，"我看僵局有望打破，至于尚未解决的句子及措辞，等总统访华时，还可以继续讨论。会找到一个解决办法的。"

僵局打破了，基辛格在这里采取灵活的态度，运用文字上的巧妙对中国作出让步，这就是后来写进中美联合公报的那段文字："美国认识到，在台湾海峡两边的所有中国人都认为只有一个中国，台湾是中国的一部分。美国政府对这一立场不提出异议。"这个提法，是基辛格从美国国务院为谈判准备的一份文件上摘录的。基辛格后来回忆这段话产生经过时说："我认为我所做过的和说过的任何事情，都没有比这个模棱两可的提法使周恩来印象更深刻的了。按照这个提法，我们双方在将近10年内都可以对付过去。说句公道话，这个提法我是摘自国务院为谈判所准备的一个文件，那次谈判在 50 年代流产了。"

当时，基辛格确实顶着来自美国国内的巨大压力。

在 1971 年 8 月 12 日基辛格与保守派领袖的对话中，基辛格称，对中国开放是制衡苏联的必须。当时为了将新的对华政策与此前支持台湾当局的政策统一起来，基辛格曾告诉保守派议员们说："如果台湾被逐出联合国，那么我现在就对华政策所作的辩护将被证明是错误的。"可是几个月后，联合国就恢复了中国的合法席位，很难说基辛格当时这么说是判断失误，还是他故意敷衍国内的批评声音。事实上，当时基辛格表面上假装欢迎"来自右派的压力"，而背后却希望那些在场的听众闭嘴，因为"他们声音太刺耳"，应该"停止对我的叫嚣"。

五、参与东西方巨人的战略对话

1972 年 2 月 21 日上午，北京时间 11 点 30 分，尼克松、基辛格率美国政府代表团乘坐"76 精神号"蓝白色座机抵达中国北京，下午 2 点 30 分，毛泽东主席会见尼克松总统，在座的有周恩来总理、基辛格博士等。这是一次有特殊意义的历史性会见，对基辛格来说也堪称智慧旅行。毛泽东对基辛格似乎比对尼克松更感兴趣，在与尼克松交谈中常常把基辛格扯进来。

这场历史性会谈实际上在尼克松来北京的途中就已开始了。

在来北京途中，尼克松在他的座机上对

美国出版的书籍《尼克松与毛泽东》

记者们说："我准备同中国领导人进行马拉松式的会谈，如果这些会谈证明在缓和中美紧张局势方面有成果的话。我期望同共产党主席毛泽东和周恩来总理的谈话从哲学的角度来进行，而不是只集中讨论眼前的问题。……毛泽东和周恩来都是有哲学头脑的人物，他们不是仅仅讲究实际的、注意日常问题的领导人，他们都是一些眼光看得很远的人。"

所以，毛泽东（以下简称"毛"）一上来就说：昨天你在飞机上给我们出了一个难题，说是我们几个要吹的问题限于哲学。（众笑）

尼克松（以下简称"尼"）：我之所以这样说，是因为读了主席的诗词和讲话，我知道主席是一位思想深刻的哲学家。

毛泽东用手指指基辛格说：他是博士。

尼：他是一位思想博士。

毛：（指基辛格）今天主讲要他讲，博士，Philosopher（哲学家），哲学博士。

尼：他是一位哲学专家。

周恩来与尼克松

基辛格（以下简称"基"）：我过去在哈佛大学教书时，指定我的学生要读主席的选集。

毛：我那东西算不得什么。

尼克松称赞说：主席的著作感动了全国，改变了世界。

毛：没有改变世界，只改变了北京附近几个地方。

尼：如果有可能，我希望跟总理，以及以后跟主席除了讨论眼前的问题，台湾问题、越南问题、朝鲜问题而外……

毛泽东不等尼克松讲完，就说：这些问题我不感兴趣，那是他（指周总理）跟你谈的事。我们共同的老朋友，就是说蒋介石委员长，他不赞成。他说我们是"共匪"，他最近还发表了一篇讲话。

周恩来（以下简称"周"）：就是在他们最近召开的"国会"上。

尼：蒋介石把主席叫作"共匪"，主席把他叫作什么呢？

周：我们一般叫蒋介石集团，新闻里面有时也叫匪。

毛：那还不是匪？彼此叫匪，互相对骂。其实我们跟他做朋友的时间比你跟他做朋友的时间长得多。

周：从1924年开始。

毛泽东对基辛格说：你跑中国跑出了名嘛，头一次来，公告发表以后，全世界震动了。

基辛格很得体地称赞了尼克松的大胆决策。

尼：他不像一个特工人员。他去巴黎12次，来北京1次，而没有人知道。——除非有两三个漂亮的姑娘。

基辛格忙解释：她们不知道，我是利用她们作掩护的。

尼：凡是能用漂亮姑娘作掩护的，一定是有史以来最伟大的外交家。

毛：你们的姑娘常被人利用啊，特别是大选的时候。

接着大选的话题，毛泽东又说：讲老实话，这个民主党如果再上台，我们也不能不同它打交道。

尼：这个我们懂得，我们希望我们不会使你们遇到这个问题。

毛：我的问题是哲学问题，就是说，你当选，我是投了一票的。

尼：我想主席投我一票，是在两个坏东西中间选择好一点的一个。

毛：我是喜欢右派的。人家说你们是右派，说你们共和党是右派。

尼：是的。

毛：说英国的希思首相是右派……说西德的基督教民主党也是右派。我喜欢右派，比较高兴这些右派当政。

尼：我想重要的是，在美国，至少现在，像我这样的右派可以做那些左派只能口头上说说的事情。

毛泽东点点头。

基辛格对毛泽东的解释犹感不足，以向尼克松提醒的方式补上一句说：总统先生，我觉得左边的人是亲苏的，他们不鼓励我们向人民共和国这边移动，而且批评你这样做。

毛：就是啰。我们国内有一派也反对我们跟你们往来，结果坐一架飞机跑到外国去了。全世界的侦察就只有美国的比较准确，其次就是日本。苏联就在那里挖尸。

……所以我们两家也怪得很，过去22年总是谈不拢，现在从打乒乓球（table tennis）起不到10个月，如果从你们在华沙提出建议时算起，两年多了。

我们办事也有官僚主义。你们要搞人员往来这些事，搞点小生意，我们就死不肯。十几年，说是不解决大问题，小问题不干，包括我在内。后来发现还是你们对，所以就打乒乓球。

……从杜鲁门到约翰逊，我们也都不那么高兴。这个中间有八年的共和党，那个时候，你们也没有想通。

尼：……世界上大多数国家都是赞成我这次访问的，苏联不赞成；日本是怀疑的，它已经表示了这种怀疑；印度不赞成。所以，我们要研究为什么会这样，并决定我们的政策，看就全世界来说，我们应如何发展，而不是看眼前的问题。当然，朝鲜、越南、台湾这些问题也要讨论。

毛：对，赞成。

尼：……究竟怎样好，是要日本处于中立和不能自卫的状态，还是在一个时期内让日本同美国具有某些关系，这都是属于哲学范围的问题。总理指出，他感到美国在伸手，苏联也在伸手，那么问题是，人民共和国面临的危险，是来自美国的侵略，还是来自苏联的侵略，这是一个困难的问题，但是我们要讨论这个问题。

毛：来自美国方面的侵略，或者来自中国方面的侵略，这个问题比较小，也可以说不是大问题，因为现在不存在我们两个国家互相打仗的问题。你们想搞一部分兵回国，我们的兵也不出国。

尼：主席先生，我知道，我多年来对人民共和国的立场是主席和总理所完全不同意的。我们现在走在一起来了，是因为我们承认存在着一个新的世界形势。我们承认重要的不是一个国家的对内政策和它的哲学，重要的是它对世界上其他国家的政策以及对于我们的政策。

毛：就是啰。

尼：……当我们看到美国和中国这两个伟大的国家时，我们知道中国并不威胁美国的领土。

毛：也不威胁日本和南朝鲜。

周：任何国家都不威胁。

尼：我们也不威胁别人，我想你们也知道美国对于中国也没有领土要求。我们知道中国不想统治美国，我们认为你们也懂得美国不想统治中国。同时，我相信，当然你们可能也会相信，美国和中国都是伟大的国家，它们都不想统治世界。正因为我们这两个国家在这些重大问题上态度相同，所以我们相互并不构成威胁。因此，我们虽然有分歧，但是可以找到共同点来建立一个世界结构，一个我们都可以在其中安全地发展自己、各走各的路的结构。对世界上另外一些国家谈不上这一点。

毛泽东没有回答，转而询问时间，表示结束不谈。尼克松又说：我想说，我们知道你和总理是冒了很大的风险请我们来的，这对我们也是一项困难的决定。但是，我读了主席的某些著作。我看到主席写道，机会来到面前时，要"只争朝夕"。

毛泽东似未置答，而是以开玩笑的方式把话题推给基辛格，他笑着说："只争朝夕"就是他。

尼：从个人的意义上说，你和总理对我都是不了解的，因此你们不应该信任我。但是你们会发现，我不能做的就决不说，但我做的比说的要多。我就是想在这样的基础上，同主席和总理坦率地交换意见。

毛：大概我这种人放大炮的时候多。无非是全世界团结起来，打倒帝、修、反这一套，建立社会主义。

尼（微笑）：就是像我这样的人，还有匪徒。

毛：你可能就个人来说，不在打倒之列。可能他（指基辛格）也不在内。都打倒了，我们就没有朋友了嘛。

尼（笑）：就没有靶子了。

尼：主席的一生我们都是熟悉的。你出生于一个贫穷的家庭，现在到达世界上人口最多的国家、一个伟大国家的顶峰。我的背景，不那么被人所知，我也是出生于贫穷家庭，现在到达了一个大国的顶峰。我感到，是历史把我们带到一起来的。问题是，我们的哲学是不同的，但我们都脚踏实地，都来自于人民，我们可以实现一个突破。这种突破不仅将有益于中美两国，而且在今后的岁月中会有益于全世界。我就是为此而来的。

毛泽东由于不赞成尼克松所谓共同"建立一个世界结构"的设想，对他的上述讲话仍不置理，只是说"你的《六次危机》写得不错"，从而表明他也研究过尼克松的著作。接下去说：

所以我跟早几天去世的记者斯诺说过，我们谈得成也行，谈不成也行。何必那么僵着呢？一定要谈成？

尼：他的死是很令人悲伤的。

毛：人们会说话的。一次没有谈成，无非是我们的路子走错了。那我们第二次谈成了，你怎么办啊？

双方站起来。

尼克松握着毛泽东的手说：我们在一起可以改变世界。

毛：我就不送你了。

如此答问，体现了毛泽东鲜明的立场和超人的智慧。

持续 65 分钟的会谈结束了。毛泽东的言论、著作一向以流畅易懂著称，但他同尼克松的这次谈话却有所不同。这次历史性会见给基辛格留下了深刻印象，日后他深有体会地说："我慢慢捉摸到毛泽东的谈话有好几层意思……而他最后的那个意思只有长时间思考以后才能从总体上把它抓住。……毛泽东的诙谐谈吐之中夹带有一些暗示和主题，犹如瓦格纳歌剧的序曲，需要加以发展，才能显示出它们的意义。"

对于毛泽东的印象，基辛格写道："我从没有遇见过一个人像他具有如此高度集中的、不加掩饰的意志力。""他身上发出一种几乎可以感受到的压倒一切的魄力。"基辛格认为毛泽东"机敏，富于哲理和幽默"，"讲话不用讲稿，不用标准口径，思路不受议题的约束，没有什么顺序，像是漫谈，具有跳跃性"。"随便引导着苏格拉底式的对话，从中表达真意。玩笑中夹带着主要论点、哲理和冷嘲热讽。那种叙说寓言式的能力，就像另一个世界的神灵。"

六、智慧旅行：与东方巨人对话

毛泽东主席在世时，基辛格博士又多次访问中国，而在他看来最大的殊荣就是受到毛泽东的接见，与这位思想大师、历史巨人进行苏格拉底式的对话。

1973 年 2 月，基辛格第五次访问中国北京。这次，毛泽东破例会见了这位对打开中美关系大门作出突出贡献的美国人。许多外交界人士对这次会见感到"甚为惊讶"，因为按外交惯例，毛泽东没有礼节上的道理要见基辛格。这种破格接待，本身意味着中国最高领导人对中美关系进入一个更高阶段给予了赞许和重视。

毛泽东会见美国国务卿基辛格

　　基辛格这次访华是在越南战争刚刚停息，国际形势发生重大变化的情况下进行的。由于美国过去长期陷入越战泥潭，元气大伤，尼克松政府不得不重新调整其全球战略。美苏关系虽然在尼克松 1972 年 5 月访苏之后表面上有所缓和，实际上却是"相互争夺更加尖锐复杂"。苏联乘机打起缓和的旗帜加紧分化西欧同美国的关系，利用中东不战不和的局面，西向地中海、东向印度洋扩张，并进而向东南亚渗透。面对苏联这种咄咄逼人的攻势，美国急于从印度支那"脱身"，调整与盟国的关系，希望能够进一步加强同中国的关系。而中国从国际战略全局出发，也准备利用美苏间的矛盾，来推动世界局势进一步朝着有利于人民的方向发展。特别是由于苏联在中苏边境上不断增兵，中苏关系进一步恶化，中国方面认为，即便为了维护自身的安全起见，也应当减少敌人，尽可能地团结和利用一切可以动员起来的力量。

　　毛泽东依然像一年以前同尼克松会晤时那样挥洒自如，以近乎诙谐的语言谈论重大问题。而基辛格也尽量运用他的智慧，与毛泽东一起进行苏格拉底式的谈话。

毛泽东说："哈里·杜鲁门和约翰逊这两位前总统相继在两个月前去世了，随着他们的去世，美国旧的对华政策和旧的对越南政策也就被埋葬了。那个时候，你们反对我们。我们也反对你们。我们双方是敌人。"说着笑了起来，巧妙地用一句话把过去的事情一笔勾销。

"是两个从前的敌人。"基辛格机智地回答道。

"以前的仇人，现在我们的关系叫做什么 friendship（友谊）。"毛泽东用一句简洁的话概括了中美关系的过去和现在。这是中国领导人首次把中美关系称为友好关系。

紧接着，毛泽东赋予这句话以重要意义。他强调了中国对外交往的一条基本原则：中国治国之道有一条基本原则，就是要手腕占小便宜是近视的政策，双方不应该做有损于相互信任的任何事情。"我们都不要说假话，也不搞阴谋诡计。"

他开玩笑似的对基辛格说："你的文件我们是不偷的。你故意放到那里试试看嘛。"毛泽东接着说，"我们也不搞窃听那一套，搞那些小动作没用，有些大动作也没有用。"毛泽东称赞基辛格在美国对外政策方面所起的作用，并且对美国停止卷入越南战争表示满意。

"燕子低飞，山雨欲来风满楼。"毛泽东把基辛格比作风雨中飞行的燕子，说，"你不得不忙。当风雨来袭时，燕子就忙了。"这个世界并不平静，而暴风雨——风和雨——来了。"随着风雨的来临，燕子也开始忙碌了。"他对基辛格说："你的事情干得好，到处飞。你是燕子，还是鸽子？越南问题可以算是基本解决了。"

"我们感觉是这样，我们现在需要一个走向平静的过渡时期。"基辛格谨慎地回答道。

"这样很好。"毛泽东表示赞同。

毛泽东肯定和赞扬基辛格为中美关系所作的努力，他说：你跑中国跑出了名嘛，头一次来，公告发表以后，全世界都震动了。

中美两国是社会制度完全不同的国家，但在急剧变动的世界战略格局中又存在共同的利益，因此，双方必须在坚持自己原则的基础上发展两国的共同点，毛泽东用赞赏的语气提起一年前尼克松对中美相互接近所作出的解释，好像事情就发生在昨天。毛泽东说：

"我们也需要嘛。你们的总统坐在这里讲的（手指基辛格的座位），我们两家出于需要，所以就这样，（把两只手握在一起）hand-in-hand（手携手）。"

"我们双方都面临同样的危险，我们可能有时不得不运用不同的方法，但目标相同。"基辛格说。

"这就好，只要目标相同，我们也不损害你们，你们也不损害我们，共同对付一个王八蛋。"毛泽东说。

毛泽东和基辛格都明白，在对外关系方面，国家的最高利益是超出意识形态的分歧之上的。毫无疑问，中美双方都将继续坚持各自的社会制度和价值观念，但双方都有责任不使这种意识形态方面的争论影响和妨碍国家最高利益的实现。毛泽东认为，在这个大的目标确定以后，中美之间有时也可以互相骂上几句，这不仅无碍大局，反而会使双方减少一些麻烦，免受一些国内外无端的攻击。这是必要的策略。

毛泽东对基辛格说："实际情况是，有时候我们也要批你们一回，你们也要批我们一回。你们总统说是叫'思想力量'的影响。就是说，'共产党去你的吧！共产主义去你的吧！'我们就说，'帝国主义去你的吧！'""有时我们也要讲点呢，不讲不行呢。"

基辛格对此表示理解，他说："我认为我们双方应该忠于各自的基本原则，而且我们双方用同样的语言说话，反而会使局势混乱。我对总理说过，在欧洲，你们出于自己的原则，可以讲得比我们更坚定。"

谈到欧洲和日本，毛泽东从遏制苏联扩张的角度出发，劝美国要加强同他们的团结，不要因为细微末节的问题纠缠不清，而忽略了根本的苏联威胁问题。

毛泽东告诫美国和其他西方国家应当抵制"祸水东引"的诱惑，这是要不得的害人害己的战略。他指出："你们西方历来有条政策，两次世界大战开始都是推动德国打俄国。"

对此，基辛格解释说："推动俄国打中国不是我们的政策。因为，如果在中国爆发战争，对我们来说，其危险性和在欧洲爆发战争一样。"

"是不是你们现在是推动西德跟俄国讲和，"毛泽东接着发问道，"——然后又推动俄国向东进。我怀疑整个西方有这么一条路线。向东，主要向我们，而且向日本，也有一部分向你们，在太平洋和印度洋。"

基辛格解释说："我们并不赞成德国的政策，我们宁愿德国的反对党上台，德国的反对党不奉行这个政策。"

鉴于来自苏联霸权主义的威胁与日俱增，毛泽东认为有必要在国际上孤立苏联。他对基辛格说：我跟一个外国朋友谈过，我说搞一条横线，就是纬度，美国、日本、中国、巴基斯坦、伊朗、土耳其、欧洲。毛泽东实际上是提出了一个联合抗苏的国际统一战线构想，称为"一条线"思想。

基辛格对中国在反对苏联霸权主义方面的坚定立场表示钦佩，他说：

"我曾告诉过总理，你们的行动方式要比我们直截了当和英勇一些。我们有时要采用复杂的方法，这是由于国内的形势所造成的。"

基辛格接着说："不管公众舆论如何，我们对基本目标会有决断的。如果霸权的意图活跃起来，那么真正的危险就会发展。不管哪里有这种意图，我们肯定都将予以抗衡。总统曾对主席说过，我们这样做是为了我们本身的利益，而不是为了对别的任何人表示善意。"

毛泽东认为基辛格讲的是"老实话"。

这次谈话持续了近两个小时，几乎比一年前同尼克松的会晤时间多了一倍。第二天，《人民日报》在头版刊登了毛泽东和基辛格在中南海他的书房里一起会谈的大幅照片。在这短短的几天里，基辛格的名字已经是接连两次出现在这家具有全国性影响的大报的头版了。现在他又获得了与毛泽东会见的殊荣。基辛格把它看作对智慧的考验。

毛泽东给基辛格留下了深刻的终生难忘的印象。他感觉到毛泽东和戴高乐一样，是世界上少有的具有典型个性的魅力型的领袖人物。

基辛格与尼克松的访华之旅，开启了全球战略的新格局，冷战的东西方两大阵营的二分法被打破，国际权力格局开始重新洗牌。美国找到联中制苏的突破口，也找到从越南撤军的契机，但仍确保东南亚其他国家不会像多米诺骨牌一样倒往共产党阵营。基辛格的理论，在于了解美国权力的极限，尤其在核武器时代，美国不能和苏联或中国打一场核战争，在这种"恐怖的平衡"下，传统的外交智慧，是回归寻求可能的艺术，避免一场大家都不愿看到的噩梦。

不过在 21 世纪之初，基辛格却发现这场噩梦很可能出现。于是，他出版了《美国还需要外交政策吗？》一书，字里行间充满了这种忧虑。他发现美国新一辈的外交决策者，逐渐走向自以为是的思路。美国不再需要可能的艺术，而只是自鸣正义，自以为拳头最大，可以用赤裸裸的力量粉碎一切反对的声音，美国不再需要什么外交政策了。

美国舆论指出，这其实是基辛格写给小布什总统的警告，他以老臣的身份，犯颜直谏，尽管他没点名批评任何身在高位的决策者，但政界都知道他指的是围绕在小布什身边的一大堆"冷战武士"，他们看似爱国，但其实损害了美国的国家利益。《纽约时报》的评论认为：基辛格这本新书，就等于当年马基雅维利写的《君王论》，提醒执政者该如何玩权力的游戏，不要被意识形态冲昏了头脑。

基辛格在书中并特别提到中美关系，他指出一个中国政策，其实不仅仅是1971 年"上海公报"的结果，而是可以追溯到 20 世纪三四十年代罗斯福总统的对华政策，就是要坚持一个中国，以免中国在四分五裂中形成亚洲的危局，烽烟四起，损害了美国的国家利益。基辛格语重心长地说，美国和中国对抗，是下下之策，是"最后的手段"。双方修好，争取双赢互惠，才是优先的政策。

基辛格以老迈之年，退而不休，敲起了新世纪的警钟，提醒美国人不要以为和平是必然的，外交决策也不能脱离历史与文化的考虑。

七、战略远见：保持与中国的战略对话

1989 年秋天，正是中美关系陷于停顿状态的时候，应中国外交部的邀请，基辛格冒险来到中国。他是寻求恢复双方接触而最早前来探路的美国显赫人物之一。维护中美关系是他一生努力的一部分。

在到达北京的前一天，基辛格在香港会议展览中心出席"亚太地区经济关系展望国际会议"，他在发言中强调世界必须重视中国的存在。他说："各国不能不重视中国在亚太地区扮演的角色。孤立中国或与它对抗都没有好处，应采取大事化小、小事化无的态度。"

他还从战略高度说明："我注意到日本人正在加强军事努力……如果美国现在切断同中国的联系，那将影响到我们在亚洲的一切关系。"

邓小平会见基辛格

基辛格来中国，享受与前总统尼克松一样的礼遇。中国领导人江泽民、李鹏、杨尚昆和其他几位中央政治局常委都会见了他。

11月10日，邓小平在人民大会堂会见了基辛格，这是邓小平在退休后第一天，不顾年迈破例进行外事会见。85岁高龄的邓小平爽朗地对基辛格说：

"我仍然是中华人民共和国的公民，中国共产党的党员，在需要的时候，我还是要尽一个普通公民和党员的义务。""你现在不当国务卿了，不也还是为国际事务奔忙吗？"

邓小平是基辛格心目中少有的几个值得钦佩的世界领导人之一，基辛格很理解邓小平一生的经历和他对某些问题的独到分析。基辛格强调，美国同中国的关系是特殊的。美国不能切断与中国的关系，不能孤立中国。

回国后，基辛格继续关注中国政局和经济的发展。1990年6月3日，香港《南华早报》记者专程前往纽约采访基辛格。基辛格表示："我一直是反对制裁中国的。大多数西方传播媒介对这一局势的报道是过于简单化了。"他重申："我是永恒的中国的朋友……我认为美国同这个永恒的中国保持关系是重要的。"

记者问道："现在回过头来看一年前的事，你对这些事件的看法有什么变化？"

基辛格："我认为，苏联的动乱是其制度所固有的。我认为中国的动乱在某种程度上是偶然的，是一个悲剧。我是从下面这一前提出发的——在经济领域，邓小平是改革派。为了改革中国社会，他一生已付出了很高的代价。"

最后基辛格还谈道："中国文化比俄国文化更易于接受企业家精神。"他强调评论历史要留有余地，"而不只是拍现在的一张快照……政治家们将由历史来评定，而不是靠明天报刊上的大字标题来评定"。

基辛格当然首先考虑的是美国的利益，但是，作为一个有远见的战略家，他能够看到中美关系改善的必然性，并为此不辞辛劳，敢于担风险。

1990年9月，基辛格再次会见了中国国家主席江泽民。他对江泽民说："迅速恢复与发展中美关系符合两国的根本利益。但并不意味着给谁以恩赐。"1991年，基辛格应中国外交部邀请，率领一个高级代表团再度访问中国，会晤了中国领导人江泽民、李鹏、杨尚昆等，设法利用同中国官员的联系来探讨结束中美摩擦的办法和途径。同江泽民会晤一开始，基辛格就表示："我认为，对美国来说，中美关系是最重要的关系之一。"他说他一直认为："孤立中国既不利于中国，也不利于世界。"

江泽民强调指出："现在不是两国相互抱怨的时候，应该强调两国的共同点。""恢复高层对话，中方没有困难。"

事后，新华通讯社报道说：中国领导人认为"现在是结束两国关系中出现的这些曲折的时候了"。"在当前国际形势发生巨大变化的情况下，中美关系只能搞好，不能搞坏。维护亚洲与世界的和平，需要中美合作。"基辛格同中国领导人一起回顾了前总统尼克松和中国已故总理周恩来在二十年前签署"上海公报"的往事。基辛格颇有感触地说："公报的原则对我们很有用，相信这些原则将来继续有用。"中国领导人称这个公报是"一个卓越的文件，它仍然是我们关系的光辉指针"。双方都认为：中美关系正常化对全世界有利。基辛格说："在世界发生急剧变化的时候，美中两个大国不进行高级对话是很不正常的。"

1992年，对于中美关系又是一个经受考验的岁月，中国改革开放再掀高潮，美国举行总统选举，新政府的对华政策面临考验。基辛格对中国改革的深入发展再次给予了高度评价，认为中国会尽最大努力保持发展的势头。他深有感触地说："广州和香港的差别仍相当大，但比10年前小多了。我第一次到中国的时候，中国（内地）同香港确实截然不同。今天上海已经开始变得像20年前的香港了。"

在美国总统大选揭晓前，基辛格预测说，如果克林顿当选，中国可能遇到巨大的麻烦，克林顿给中国带来的压力将比布什政府的压力大。克林顿当选美国总统后，基辛格在全美广播公司电视台接受了记者的采访。在谈到新政府应当奉行的对华政策时，基辛格说：

"我希望新政府能够认识到，不久拥有13亿人口的中国，是任何亚洲政策中的一个绝对关键的因素，而且通过他们一方的让步，和我们一方所给予的谅解，我们将采取一种能够同中国人进行持久对话的立场。""我希望新政府要时刻记住，中国人在过去 150 年中吃尽了外国干涉的苦头，因此他们不想对那些告诉他们如何安排自己国内事务的外国人表示屈服。""根据这种情况，我认为，中国和美国之间建立一种新的关系是可能的。"

1994 年 5 月，美国对外关系委员会两主席基辛格和万斯联合发表了关于美中关系前途的报告，并将此报告专呈克林顿总统。该报告建议总统在 6 月 3 日以前，也就是美国政府决定是否延长给中国最惠国地位问题之前，"将主动行动转向北京较向前看的领导人"，以便达成一项解决办法。

基辛格和万斯的报告分析说："在 90 年代纠纷迭起的世界上，亚洲和中国的地位将显得日益重要。它们的生气勃勃的局面，对美国来讲既是机会，又是挑战。""在后冷战时代，在武器扩散、维持和平与亚洲地区安全问题上，中国的地位正在上升。""因此，我们敦促克林顿总统采取必要的主动行动，使今后延长最惠国地位问题同我们希望中国在人权方面实现的目标脱钩。"

5 月中旬，基辛格应邀来北京出席"1994 年北京国际经济论坛会议"，与会的都是全世界著名的政治家和商界高级人士。会议期间，中国国家主席江泽民特意抽出时间会见基辛格，进行了一次"高水平的对话"，如信步于国际战略舞台纵论天下大事。江泽民强调指出："中美关系从不局限于双边，而与国际局势息息相关。中美关系要好起来，这是世界和平稳定的需要。""中美两国作为具有世界影响的两个大国，对世界前途和人类命运负有重大责任。我们应当为世界人民做点事情。"他称赞基辛格说："基辛格博士总是以战略家的眼光和政治家的勇气，始终不渝地为中美关系的发展积极努力。这是难能可贵的。"

基辛格表示感谢并赞同江泽民主席的观点，他说："美中之间保持友好关系对亚洲和世界和平与稳定是至关重要的。"他重申，他一向反对利用最惠国待遇作为对中国施加压力的做法，希望尽快看到美中关系得到改善。

在基辛格结束访华后不久，克林顿总统表示："应该像尼克松政府一样下决心使美中关系转折。"6 月初，克林顿政府正式决定，对中国最惠国待遇的问题不再与中国的人权问题挂钩。这个决定受到了普遍欢迎。它是基辛格和万斯在报告中提出的建议，是基辛格访问中国的主要议题之一，说明基辛格在中国问题上仍然拥有显赫的权威。

1996年初，"台独"势力活动猖獗，中国人民解放军在中国南部举行三军联合演习，中美关系再度紧张，美国国会叫嚣要制裁中国，基辛格再次表现出一个战略家的远见和政治家的勇气，著文批评美国的对华政策，认为中国统一是中国的内部事务，美国政府不能因小失大，反对对中国进行所谓的制裁。

1997年1月，竞选连任后的克林顿组成新的政府，基辛格及时撰文对新的克林顿政府提出忠告。

基辛格写道："连任后的克林顿政府要想发挥长远的影响，就必须对它寻求的未来世界有一个明确的构想。只有这样，它才能确立一些判断自己正在朝什么方向前进的标准。"

"在亚洲，中国将成为一个新兴的超级大国。当它的人均收入达到韩国的水平（相当于我们的三分之一）时，它的国民生产总值就将是美国的两倍。这样一个经济庞然大物势将产生重要的影响。但是，这并不是说中国就一定会谋求霸权，或者说美国的政策将会失去对亚洲施加影响的能力。原因之一是，中国不会在真空内发展。两极世界的结束和其他力量中心——印度、中国和韩国——的崛起将使日本采取民族主义色彩更浓的方针。日本会越来越不相信它的利益必定与美国的利益一致。它将强调更加基于日中看法的外交和防务政策。"

"印度正在以一个重要大国的姿态出现，尤其是在南亚和东南亚。从越南到缅甸和印度尼西亚，东南亚各国将加强它们之间的团结，在这种形势下，任何一国的称霸只有在所有其他国家都从内部垮掉的情况下或者通过采取大规模军事行动才能实现，倘若真的有人采取这样的行动，那将引起强烈的对抗性反应。"

"有一种学派主张用人权压力和经济战来与中国对抗，设法促使挑战早日到来。他们的理论是，民主化将导致中国采取较为和平的政策，而经济的困乏会削弱中国在军事上的选择。这样一项政策肯定要失败，而且会招致它本来要对付的那种危险。过去六年来，对中国施加的人权压力均告失败了，其部分原因就在于这些压力代表着一些错误的估计。美国采取对抗性的政策只能煽起中国的民族主义情绪。中国经济不是斯大林式的计划体制，而是一种自称社会主义的市场经济。在实际运作中，'市场'这个词要比'社会主义'重要得多。它最大危险在于过热，而不是像苏联那样出现停滞。不仅如此，中国的社会已经处在被本国的一些因素——特别是邓小平发起的改革——改造的过程中。他们通过决策权力的下放创造了一种多元化体制。"

"在亚洲仿照冷战模式实行军事遏制是没有客观基础的。当年，苏联的欧洲邻国感受到威胁，因而渴望美国提供明显的军事支持。不同的是，中国的邻国中没有一个国家愿意把它们的政策建立在中国会进行侵略这一假设上，或者基于这样的假设参加一个联盟。诚然，它们希望美国在那个地区保持影响，使自己在思想上觉得美国对它们的命运并非漠不关心。但是，它们知道，中国永远是亚洲的一部分，而美国的承诺却很可能是暂时的。所以，如不遇到直接的挑战，它们会拒绝把自己的政策建立在对中国采取敌对态度之上。如果美国实行对抗政策，那就会使亚洲国家疏远美国。"

"与苏联相比，中国的外交更讲技巧，中国的社会更团结。有史以来第一次（此种说法有误），中国同世界经济和一种全球性的国际体制联系在一起了。在转向对抗之前，应当先给合作关系一个机会。"

据此，基辛格建议美国政府，应"同中国进行真正的战略对话。美国的政策不应当排除同北京达成政治谅解的可能性。避免在亚洲发生战争，这对美中两国是同样有利的，所有这一切都使得在可能的情况下实行调和政策、在无法这样做的情况下减少分歧带来的不利影响是值得一试的"。

2003年11月初，基辛格访问北京，与中央党校国际战略研究所的专家、学者进行了学术交流。在谈到关于中美关系的发展时，基辛格作出这样的总结，他说，美国的外交政策容易受到"个人性情"的影响，但无论历届政府如何开头，在两到三年后，他们总是转向同中国的全面合作。中美间产生并解决的每一次危机都使人们认识到，两国的分歧不应超越两国的共同利益。基辛格指出，这一共同利益就是，如果仔细分析一下中美冲突的结局，就会认识到，冲突的结局远远大于冲突所带来的好处。最终，两国领导人会选择合作。

2004年8月，基辛格在《华盛顿邮报》上发表《变化不定的全球秩序》一文，指出：在美欧日渐疏远的同时，国际政治的重心正向亚洲转移，几乎所有重要国家都在调整自己的角色。中国逐渐成为导致这种变化的一个重要因素。

2005年，基辛格访问中国，在北京发表演讲时说："虽然我也去过别的国家，但我对中国怀有更高的敬意和感情，这不仅因为我崇仰中国的文化，两国人民之间存有的亲密联系，更重要的是中国领导人一直以战略眼光看待问题，令我印象深刻。"他还说："中国发展速度世间仅有。我访问中国很多次，我可以作出前后对比。"

基辛格在《冲突不是办法》一文中指出，中国不会走军事帝国主义道路，对中国实施冷战时期的军事遏制政策非明智之举。中国正寻求与美国合作，美国也不可能从冷战对中国造成的危害中获益。

基辛格认为，中国经济发展国力提升有助于世界和平繁荣。他警告美国当政者：美国需要明白恃强凌弱的语气会使中国想起帝国主义国家的傲慢态度。在与一个四千多年以来一直实行自治的国家打交道时采用这种语调是不合适的，"随着新世纪的到来，中美关系的好坏很可能决定我们的子孙是生活在比20世纪更糟的动荡局势中，还是将目睹一个与全球对和平与进步渴望一致的世界新秩序"。

八、和平友谊：与总设计师的会谈

基辛格来中国访问时多次会见过邓小平。基辛格与邓小平的对话可说是另外一种风景。

1974 年冬，作为福特总统的国务卿，基辛格访问中国。邓小平作为中国国务院副总理，率中国高级官员乔冠华、黄镇等同基辛格举行了会谈。这是邓小平第二次与基辛格见面。两人首次见面是在这年的 4 月，那时邓小平作为中国代表团团长，到纽约出席联合国大会第六届特别大会。4 月 14 日，美国国务卿兼总统国家安全事务助理、美国政府代表团团长基辛格博士举行宴会，邀请邓小平出席，并与之进行了会谈。基辛格后来回忆说，邓小平"处理事情的果断、能力以及对事物的洞察力给我留下了深刻的印象"。

第二次会见，是 1974 年 11 月 26 日，在北京人民大会堂。基辛格感到邓小平"是个不容易对付的人"。在会谈前几分钟，邓小平风趣地说："基辛格博士刚刚周游世界，我对能和他交换意见感到高兴。"

看到中方参加会谈的有关人员还未到场，基辛格用十分友好的语气对邓小平说："今天我们在人数上超过了你们。"

邓小平立刻温和地说："我们还有人要来。不管怎样，我们有八亿人呢。"

当时，邓小平特意安排基辛格的家人参观了紫禁城。基辛格表示感谢，并提及他的妻子南茜要去接受针灸治疗，邓小平和他谈起了中国针灸术的历史。基辛格感慨地说：谁会想到把一根针刺入身体能治病呢？全球没有其他文明能想出这招。

正式会谈开始前，基辛格和邓小平也有一段十分有趣的对话。基辛格指着摆在面前的三本厚厚的提要手册，对邓小平说：

"我将开始把这本手册从头到尾向你念一遍。"

"这几本手册有几吨重？"邓小平问。

基辛格开玩笑地说："有好几吨重，而且我另外还有一些。这仅仅是我的开场白。"

邓小平忽然以严肃的语气向美国人说："我们方面没有任何手册。我们只有小米加步枪。"

当时两国都希望致力于 1972 年开始的关系正常化。邓小平表示：

"如果有一天我们能在华盛顿交换意见就好了。"

基辛格十分乐观地回答说："我希望我们能在不久的某一天做到这一点。"

邓小平赞赏地说："看来这是我们的共同愿望。"

1987年9月3日上午，人民大会堂福建厅。邓小平在这里会见了再次来访的基辛格。

基辛格：每次见到你，你都显得更年轻。

邓小平：你是我会见最多的外国朋友之一。

基辛格深有感触地对邓小平说："当你第一次率领代表团出席联大特别会议时，美国专家都在猜测邓小平到底是一个什么样的人物？现在我们都十分清楚了。你一生中有几个时期是在集中思考一些问题，养精蓄锐，然后开始领导10亿中国人民走向未来，这是一项很了不起的工作。每次见到你，你上次所谈的一些事情都已经实现了。我知道中国有人比你更年轻，但我不知道，在中国还有谁比你更有活力。"

1989年10月10日，在中美关系面临严峻形势的时刻，刚刚辞去中央军委主席职务的邓小平，在人民大会堂再次会见了来访的老朋友基辛格博士。

基辛格对邓小平说："您看起来精神很好，今后您在中国的发展中仍会发挥很大的作用，正像您在过去所起过的作用那样。您是中国改革的总设计师，您是做的比说的多的少数几位政治家之一，您使中国发生了历史性的变化。"

基辛格称赞邓小平是20世纪最伟大的人物之一。后来，基辛格在谈到21世纪领导人素质时，曾这样说：

"领导人最重要的是勇气。领导人或政治家的任务，是把国民从现在引向未知的世界。能否上升到最高负责人地位的重要标志，是看其能否描绘出光明的未来。"

"我在历史中读到的伟大的领导人，都曾在其人生的经历中有过沉思的时期。在此期间，了解自己、学习社会。戴高乐总统曾流亡他国，邓小平曾被监禁。"

"邓小平是中国推动改革的领袖。他着手共产党领袖从未搞过的改革，解放了农村经济，把粮食进口国家变成了粮食富余国。虽然他作为老一代的革命家，不允许共产党的地位下降，但他还要将经济改革搞下去。"

　　基辛格是邓小平会见次数最多的外国人之一。邓小平作为一个政治家和一个普通人的性格魅力使基辛格折服。基辛格说，邓小平思维敏捷，说话喜欢直截了当。他话不多，却有着将一个复杂的问题进行高度概括并用短短几句话表达出来的高超能力。因此，他能够在非常有限的时间内做完大量的事情。

　　邓小平的平易近人令基辛格难忘，他后来说："邓小平对待老朋友不拘泥于礼节。他很喜欢吃火锅。曾经有两次，他带我去一家餐馆吃火锅。我们用餐的地方是一个单间，但餐馆本身却是普通餐馆，不是国宾馆。中国领导人带外国客人去普通餐馆吃饭并不多见。显然，邓小平没有把我当客人，而是当成他的老朋友。"

第五章 智勇考验：越战谈判

一、勇于承认失败

1961年5月，为干涉越南南方人民的革命斗争，美国出动特种作战部队进入越南，开始发动由美国出钱出枪、由美国顾问指挥的南越西贡军队进行的"特种战争"，并且不断升级，派兵规模越来越大，战争强度越来越大，战死的官兵越来越多，美国政府越陷越深。

在进入尼克松政府之前，基辛格曾受官方的派遣前往越南战场进行实地调查，以其独特的认识和方法掌握了真实的第一手材料，并从中得出结论：美国在越南战场军事上已经失败，只剩下外交谈判这唯一的出路。

到20世纪60年代中期，越南战争已成为美国政府最为头痛、最为棘手的问题，官方的看法是"隧道将尽，光明在望"，而基辛格通过实地考察发现，越南问题仍然毫无头绪反而越发复杂。

1965年，基辛格受约翰逊政府的委托，冒着战火前往越南进行实地考察。他先向美国和南越方面的官方人士了解情况，发现这些人总是报喜不报忧，他认为这无助于问题的解决。于是，他采取了自己喜欢用的实地调查方法，把目光伸向平民百姓。他绕过掌权人物，向不当权的民众征求意见。他同佛教徒、当地的知识分子、村长、记者们交谈。基辛格发现，越南南方伪政权和偏僻的村庄实际上是两个不同的越南。因此，他亲自跑到乡下，询问有关越南历史、社会和文化方面的情况，提出一连串的问题：越南人是怎样的一种人？他们有什么民族传统？他们有政治基础吗？他们能应付战争吗？南越军队情况怎样？能改进吗？要多久？最重要的是，除了向越南源源不断地运进美国军队和军事物资以外，美国还能用什么更切实的方法来帮助西贡伪政权？

在进行大量调查的基础上，基辛格对这场旷日持久、不得人心的战争作出了精辟分析，认为美国在越南的前景十分不妙，西贡领导人"几乎完全缺乏政治上的成熟性和无私的政治动机，美国政府正在执行的军事战略非常错误，不是在进行一场反叛乱的战斗，而是在对非常规的北方进行一场常规战，美国政府已经把美国的旗子钉死在西贡一小撮声名狼藉的政客和将军们的旗杆上了"。他提醒美国当局："我们已经卷入了一场我们既不知道如何取胜、也不知道如何结束的战争。"美国在越南的入侵行动，不仅受到国际社会的谴责，而且不能发挥决定性作用，于是，"我们的对手就得以控制双方军事行动的步调和双方伤亡的水平"。一句话，美国政府在越南陷入了一个不可自拔的泥潭，而这一点是前两届政府所不愿正视和承认的。

基辛格批评说，约翰逊政府"由于没有胜利的标准，自欺欺人之谈代替了分析判断"；"使我印象深刻的是这样一个事实，没有一个人能够真正向我说明，即使根据我们对越南战争所作的最有利的估计，这场战争将怎样结束……我认为我们甚至还没有开始解决这样一个心理上的根本问题。""在某种程度上，我同意对立双方的政界人士所提出的批评。约翰逊政府由于处理战争的做法，已经放弃了取得上次常规的军事胜利的任何希望……"

基辛格还从军事角度分析了美国人永远不能取胜的这场侵略战争。他说："游击队不败就是胜利，这是游击战的一条重要原则。可是，正规军只能胜利否则就算失败。我们是对一个难以捉摸的敌人进行一场军事战，我们的敌人却是对固定不动的居民展开一场政治战。""敌人的策略是制造最大限度的不安全感，同时又不谋求占领任何可能会成为美国进攻目标从而导致一场激烈战斗的领土。"

进而，基辛格从战略高度分析说："如果我们在太平洋行动中失败的话，那不是由于技术上的差错，而是因为我们难以在一种局势中使政治和军事目的一致起来。"在这里，基辛格因其政治局限性，没有也不可能从政治上认识到美国入侵越南的非正义性，所以他只能说其政治和军事目的难以一致。

尽管这样，基辛格对越南战争的形势作出了较为准确的估计，并提出了关于解决越南问题的战略和策略。

他主张通过谈判解决问题，军事行动要为谈判服务，而不是相反。他说："通过谈判得来的和平将是对双方所冒风险进行深思熟虑而产生的结果，而不是一阵感情冲动产生的结果。"这正是日后尼克松政府解决越南问题的战略和策略。

二、用谈判来摆脱越战噩梦

尼克松上台时，美国政府面临的越战压力越来越大，国内反战运动此起彼伏，抗议浪潮不断向白宫袭来。美国这个世界上最发达而又卷入海外干涉最多的国家患上了近乎绝症的"越南战争综合征"，美国政府在侵略越南的泥潭里苦苦挣扎。美国民众再也忍受不了每天在客厅的电视展示的血腥杀戮的镜头，更受不了五万名美国子弟魂兮不归来、战死异国的噩梦。基辛格和尼克松认为，约翰逊那种缺乏战略规划、虎头蛇尾的做法，既不能在战争中取胜又不能在战争中脱身，只能被动地从一个灾难走向另一个灾难。尽管基辛格承认美国在侵越战争中军事上已遭到失败，但他顽固地认为，美国从越南撤军不能有"受侮的感觉"，"必须保证国内的团结和美国的国际形象不受损害，美国的利益不允许美国政府在结束这场战争时屈膝投降"。

基辛格认为，只有外交谈判才能救美国。他相信，同越南举行认真谈判的时刻已经到来。他表白说："我觉得我被任命担任高级职务使我有责任来帮助结束这场战争，其方式应当同美国的自尊心相称，并且符合对一切善良的男女都有重大利害关系的美国的力量和目标。在我看来，重要的是：美国不能受到屈辱，不能被搞垮，而是在这样的方式下离开越南，使得即使是抗议者以后也会认识到，这表明了美国是出于尊严和自尊心而作出的选择。"

这番表白完全是"死要面子"。侵越战争使前两届美国政府民心丧尽，在国际上遭到舆论的强烈谴责，脸面已丢尽。要恢复美国的"尊严和自尊心"，必须无条件撤军，还越南人民自由生存和发展的权利，而不是靠讨价还价。

为了急于结束不得人心的越南战争，在经过实地考察和深思熟虑的研究之后，基辛格进入白宫不久就抛出了他的关于越南问题的战略建议，其中包括："①我们的军事战略不能带来胜利；②我们的军事行动必须与明确规定的谈判目标一致起来；③美国必须把越来越多的进行战争的责任转给南越人；④如果在谈判中河内表明是毫不妥协的，而战争继续进行下去的话，我们应该争取单方面地尽可能多地实现我们的目标；⑤我们应当把停火之类的军事问题当作我们谈判的重点，而把政治权力的分配问题留给越南各政党去解决。"

最初人们并不认为这是解决越南问题的灵丹妙药，但从越南战争的实际情形来看，这也不失为解决问题的可靠办法。这几乎成了日后尼克松政府解决越南问题的行动准则。其思想集中到一点就是通过外交手段，武力的方法与外交的方法巧妙结合，"不要求军事上的胜利，但也不要政治上的失败"。

为了进一步全面掌握情况，基辛格出了一个大题目：《国家安全调查备忘录第一号——越南局势》，提出 28 个主要问题和 50 个次要问题，要求国务院、五角大楼每个部门和机构分别予以回答，提出不同的意见，以便使他可以准确地掌握有争论的问题和不同的观点。

正当基辛格着手进一步研究对策时，1969 年 3 月底，南越人民武装在北方人民军支援下，趁美军准备撤军之际，在非军事区到湄公河三角洲一带发动了第二次战略进攻。五角大楼和国务院的首脑要求对越南北方施加压力，包括必要时进行轰炸。基辛格非常希望给谈判一个机会，主张通过外交谈判解决，因此一开始不太同意采取强硬的军事行动。

随后有人提出轰炸越南北方在柬埔寨建立的基地网（庇护所）。越南北方发动全国性攻势的那一天，正好是尼克松即将启程前往欧洲访问之时。这是尼克松当选总统以来第一次出国访问，他希望这第一次旅行取得成功，所以并没有立即下令进行轰炸。可是，第二天，他乘飞机前往布鲁塞尔的途中，突然下令实施军事行动。

基辛格认为这样干太仓促，他向尼克松建议说："作出这样重大的决策，如果不同有关的官员商量，或者不制定一项应付各种后果的详细计划，是不能简单从总统的'空军一号'飞机上用电报下令的。"他建议尼克松把最后的"执行"命令推迟48小时。实际上，基辛格是希望制定一个外交计划，以免在外交上出现被动局面。他的这一方案对维护美国利益考虑更周到一些。

这时，国防部长莱尔德提出了保留意见，他认为要对轰炸保守秘密是不可能的，新闻界很难对付，而且不能保证取得公众的支持，他要求等对方"挑衅"的情况更明朗时再说。

基辛格赞成莱尔德的主张，认为"虽然应该对越南北方进行报复，但是时机不太合适，正当总统在欧洲旅行的时候发动一次新的军事行动，这是不明智的，总统可能会遇到敌意的示威，也不能使越南问题成为美国政府在欧洲为报界举行的所有情况介绍会上的主题，或者私下里试图向盟国政府进行解释，而且很难得到欧洲盟友的公开支持"。

尼克松认为基辛格的分析是有道理的，便下令取消了这个计划。

1969年3月14日，尼克松得知越南北方向西贡发射了五枚火箭弹，他再也忍不住了，通知基辛格立即下令出动B-52轰炸机轰炸北越军队在柬埔寨的庇护所。

基辛格仍然坚持主张以外交谈判方式为主，再次寻找理由阻止了尼克松。他说，总统应该先听听高级顾问的意见，哪怕只是为了在万一引起公众反对的时候可以保护总统自己；同时，为执行总统使命，至少需要24小时的准备工作。他认为，在目前的情况下，军事手段的运用必须为政治外交服务。他着重向尼克松阐明了所冒的风险，包括苏联作出强烈反应，越南北方政府采取报复行动，引起国内反战高潮。他建议让美国驻巴黎的谈判代表在轰炸当天举行一次秘密会议，以强调说明美国政府更愿意寻求谈判解决的办法，而不是用武力来解决。

为继续寻求外交解决的办法和途径，基辛格开始汲取那些越南问题专家和外交上有所建树的政治家的战略智慧。对于基辛格来说，他只坚持一个实用原则，而不管党派，不论个人成见。他打电话给上一届政府参与巴黎谈判的代表艾夫里尔·哈里曼和赛勒斯·万斯。哈里曼是一位经验丰富的老外交家，是曾经同二次大战中的伟大人物丘吉尔、罗斯福和斯大林亲自打过交道的最后一个还在从事外交活动的美国政治家。万斯是哈里曼的助手，也是一位谈判高手。在此之前，善于搞秘密外交的基辛格，通过他的朋友、前法国驻河内的总代表琼·圣特尼开辟了一条通往河内的"私人渠道"，并向越南北方政府发去一封信，强调美国政府准备"随时举行认真的谈判"，只要求会谈"将以有关各方的自尊心和荣誉感为基础"。

基辛格的建议理所当然地遭到了越南政府的拒绝。遭受美国大兵摧残的越南人民渴望和平生活，渴望通过斗争重获生存和发展权利，要求侵略者无条件撤出越南。他们认为，美国政府发动这场非正义战争，无权同越南人民进行讨价还价，要求全部美国军队完全撤出，撤消"西贡伪政权"。但基辛格不承认越南人民正义斗争的合法性，反而诬蔑他们是在"讨价还价"。他说："越南北方只是把谈判当作斗争的另一种手段，一种心理战武器。基辛格的对手非常善于利用美国国内的反对派来向美国政府讨价还价，从而使我的大部分精力消耗在同国内进行谈判上。"

而且，美国政府内部各部门产生了重大分歧。尼克松总统不相信在军事形势根本改变以前谈判会有任何结果，国务卿罗杰斯主张不分原则地在谈判中让步，国防部长莱尔德则主张在谈判中采取强硬方针，同时要以尽可能迅速的步骤撤出军队，以减轻军方压力。只有基辛格坚持谈判，同时必须使用好讨价还价的资本，他说："要使外交手腕获得成功，我们必须善于使用我们在谈判中所拥有的资本。"这是他在越战谈判中一贯坚持的所谓"撤退战略"。他的意思很明确，美国靠军事手段难以获胜，就必须以谈判为主要手段，辅以军事手段，为达到谈判的目标，必须谨慎使用同越南人民"进行讨价还价的资本"。尽管尼克松政府在基辛格建议下，迫于国内政治、经济危机和国内外反战舆论的高涨，同意与越南政府举行停战谈判，但美国一直没有停止其军事行动，交替使用"以炸迫和"和"停炸诱和"两种手段向越南北方施压。

基辛格要实施他的谈判战略确实困难重重，在尼克松政府里面，在军事作战与外交谈判两种方式偏重于哪一方的问题上，意见分歧不小。国务卿罗杰斯虽赞同通过外交途径解决，但对基辛格提出的把军事问题和政治问题分开的所谓"双轨策略"表示怀疑；而五角大楼、参谋长联席会议迷信 B-52 轰炸机的效果；在国会方面，长期以来就一直扮演批评战争的角色，一味要求撤军。

基辛格感到，这样下去形势对美国政府越来越不利，他决定实施"连环套"战术，把苏联人拉进来，以美苏关系来促使苏联干预越南问题，企图以此压迫越南北方向美国就范。他建议派赛勒斯·万斯前往莫斯科，开始关于限制战略武器条约的讨论，同时由苏方安排秘密会见北越的一位高级代表，前者是苏联急切等待的，后者是美国急切盼望的，基辛格希望做成一笔秘密交易。

1969 年 4 月 3 日，基辛格向尼克松正式提出一项名为"万斯计划"的方案，其中阐明了必须对付的两种情况和应当采取的计谋："我们必须使美国公众相信我们是殷切希望解决战争的，同时又要使河内相信我们并不是急切到这种地步，以至于它可以满不在乎地在拖延时间方面超过我们。我们必须施加足够的军事压力，以防止河内把谈判变成另一次板门店；但行动上又不要过于刺激，以免促使河内把战争进行到底。"

但是，由于苏联识破了美国人的把戏，基辛格的"万斯计划"没能实施。基辛格转而又提出采取秘密谈判的方式。为了换取越南政府的让步，尼克松主动宣布美国单方面撤出 2.5 万人的部队。基辛格虽然同意了总统的做法，但对它的作用表示怀疑。他说:"我们的撤退越是自动,其作为讨价还价的武器的作用就越小;随着我们的撤军步伐加快,我们要求共同撤军的主张就变得越来越没有意义了。"

基辛格的注意力仍然在外交谈判上,他认为,"通过谈判,双方可以检验自己关于对方的估价,而我们则力图从似乎无法解决的僵局中找出解决办法"。他以尼克松的名义给越共中央总书记胡志明写去一封私人信件,信中强调说明"美国政府致力于谋求和平的决心"。他写道:"在会议桌上朝着早日解决这场悲惨的战争前进的时刻已经到来。你将发现,我们在把幸福带给勇敢的越南人民的共同努力中是乐于尽力并且不抱成见的。让历史记录下来:我们双方在这一决定性的时刻都在面向和平而不是冲突和战争。"

为了尽早将侵略者赶出越南,越南政府决定同美国政府进行外交谈判。7月底,基辛格在巴黎同越南政府代表春水进行秘密会晤。这是他第一次作为主要人员同北越进行谈判,但是,双方除了重申既定的立场外,没有取得任何进展。

就在基辛格与春水秘密会晤后的第三天,越南方面对金兰湾发动了新的反击。尼克松以宣布暂停撤军作为报复。但是,基辛格对白宫的政策感到忧心忡忡。他向同事们呼吁说:"我们需要一个结束战争的计划,而不只是撤退军队。这才是人民所关心的。"

基辛格不得不探讨新的战略。不久前,尼克松赞同实行"越南化"政策,让美军训练和加强南越军队的力量,美国逐渐撤军。基辛格认为这种政策是行不通的,他的逻辑是:撤退对美国公众来说将会变得像咸花生米一样,撤回国的部队越多,人们就越是要求多撤,最终导致要求也许在一年之内就单方面撤出。同时,南越方面能否承担更多的责任很值得怀疑。因此,他重提制定"万斯计划"时的主张:"提出我们所能提出的最广泛的、条件最宽大的建议,如果这些建议遭到拒绝,就停止撤退部队,并进一步采取军事行动,目标是迅速通过谈判取得妥协解决。"

为此,基辛格下令制定代号为"猎鸭"行动(Duck Hook)的秘密军事计划，海军上校鲁宾逊在其中发挥了重要作用。他向国家安全委员会提交报告，汇报了"猎鸭"计划的内容。

1969年9月29日的档案显示，基辛格的助手莫里斯和莱克致函鲁宾逊，要求他提交对"猎鸭"计划的一切后果的分析，以免总统在实施中间面临使用战术核武器的问题。

1969年10月2日，基辛格向尼克松提交手下撰写的报告，汇报"猎鸭"计划的制定情况。报告说，这个计划的后果介于对越南"造成不可接受的损失"与"国家和政权被摧毁"之间，目的是要通过一系列军事打击，迫使河内进行谈判，作出妥协。在报告的附件中，他们向尼克松请示："我们应该准备动用核武器吗？"

但是，尼克松最后放弃了"猎鸭"计划，部分原因是他的国防部长和国务卿都反对。

1972年，尼克松赢得竞选连任。4月25日，他对基辛格说，他认为动用原子弹比用其他炸弹轰炸越南防洪堤更具有强大的"心理"冲击力。但基辛格等人对此有疑虑，尼克松最后也在动用核武器问题上后退，仅仅威胁可能使用核武器，但是北越方面并未被吓倒。这是后话。

形势对尼克松政府越来越不利。国内人民反战情绪再度高涨，学生示威，反对派不断攻击政府。基辛格感到，必须在屈膝投降和没完没了的僵局之间找出一条中间道路，这将取决于是否有能力在面对公众毫不留情的、急不可耐的抗议的同时，使一系列复杂的外交、军事和政治行动彼此很好地配合起来。

基辛格建议尼克松全面出击。在外交上，基辛格同尼克松演双簧，当苏联驻美大使多勃雷宁来找基辛格时，尼克松按照事先的安排打电话到基辛格的办公室，要基辛格转告苏联客人，越南是美苏关系中的重大问题，告诉他"火车已经离开车站，正沿轨道驶去"。基辛格重复了尼克松的意见，并且补充说，下一步就看河内的了。不久，尼克松又会见多勃雷宁，并表示，如果苏联给予合作使战争体面地结束，美国将采取一系列引人注目的行动来改善美苏关系。

在政治上，基辛格建议"向人民汇报"。11月3日，尼克松向美国国内发表了关于越南政策的重要讲话，呼吁国内"沉默的大多数"支持政府的政策。尼克松的讲话得到了预期的效果，支持他的人数在增加，自从1月份以来第一次有了一些回旋余地。

但是，基辛格明白，仅靠这一点是难以奏效的。为此，他采取了智囊团的形式，建立了一个越南问题特别研究小组，重新仔细研究越南问题，得出的结论是："①河内将拖延时间，直到美军撤出的数量使它可以在比较势均力敌的基础上向南方武装力量提出挑战。②北越人战斗了25个年头，不可能不再作一次重大努力而就此罢休。但是，如果他们决定不作这种努力，照说他们应当对于谈判更积极些。③越南南方还没有真正有所改进。"

基辛格同时派他的军事助理亚历山大·黑格，带一个分析专家小组前往南越访问西贡政权，作实地调查，掌握真实的第一手材料。

三、巴黎"遁身术"

在巴黎与越南政府代表举行的秘密谈判中，基辛格展现了秘密外交的"高超艺术"，这位善于创造外交奇迹的外交家在手法上也是花样翻新。他明里装得好像整天只知出席酒会的贵宾，暗中却在开展秘密外交。

为尽快结束不得人心的侵越战争，尼克松决定派基辛格与越南政府代表黎德寿在巴黎举行秘密会谈。而对于像基辛格这样的华盛顿的政治明星来说，要想离开华盛顿，而又无人知晓，是需要费一番功夫的。于是基辛格采用了科幻小说中的"遁身术"，他借助各种手段，像外交界的"007间谍"一样，十几次秘密飞渡大西洋。

基辛格采取这种"遁身术"的一般套路是，临去秘密会晤之前，总是故意到处抛头露面，格外活跃。但见他：出席有许多记者到场的酒会；在著名的法国餐馆里同有名的专栏作家吃饭；带着漂亮的女朋友出席阔绰的宴会；在外交活动中让新闻记者、政府官员和外交官团团围住。

基辛格的秘密使命由白宫东楼的军事处负责协助。基辛格经常悄悄来到白宫东楼，进入军事处提供的一间专用办公室，里面有秘密透风设备。在这里，基辛格多次接待神秘的来客。在基辛格乘总统专机飞赴巴黎后，军事处的无线电报务员便启用密码电报同他联系，军事处处长加利和一位值班员专门守候在那里，基辛格的助手黑格准将则守在国家安全委员会办公室，一旦接到基辛格发来的密码电报，便立即向尼克松总统报告，不管总统是在哪里。基辛格多次使用东楼军事处的秘密办公室，神出鬼没，外界根本摸不到他的行踪。

有时，为了偷天换日，尼克松以总统之尊也参加串演，为基辛格作掩护。尼克松同基辛格一起离开白宫，前往戴维营，白宫发言人照例宣布他们的旅行计划，但有一点却秘而不宣：基辛格在得到总统的最后指示后，将从戴维营坐直升机到华盛顿市郊的安德鲁斯空军基地，在那里转乘喷气式飞机，飞到联邦德国或法国的一个偏僻的军事基地，然后转往巴黎，而每一次，要求他在华盛顿不露面的时间不超过48小时。

这里说的是基辛格第九次与黎德寿会谈的外交"绝技"。

尼克松总统同其主要助手们已商定，内政方面的重大消息发布要为基辛格的秘密旅行作掩护。因此，在1971年9月13日宣布了全国关注的新经济计划的第二阶段方案，当尼克松就此会见国内企业界代表人物和工会领导人的时候，基辛格正悄然飞往巴黎。

基辛格在出席一次广为报道的周末夜晚社交活动之后，于周日清晨离开他在华盛顿的寓所。新闻界和一些好奇的人会猜想基辛格同其他寻欢作乐的人一样，将一直睡到下午1点以后。可是实际上，特工人员一大早就把他接走了，并送到了安德鲁斯空军基地。在那里，有一架没有任何标志、配备有精密通讯系统的C-135型飞机正等着他。整个机场处于严密警戒之中。通常的军事和外交的频繁空中交通能使这次起飞没有受到人们的注意。

第一站是离德国法兰克福很近的莱茵——美军空军基地。在飞行整整六个小时之后，基辛格要在这里换乘一架蓬皮杜总统专机，然后再飞行 72 分钟，到达法国的一个很小的军用机场，这个机场位于巴黎西南郊 10 公里的地方，机场旁边有一个小镇。小镇四周布满了前来保护基辛格的法国秘密警察。

尽管机场所处地区很偏僻，过往的飞机也很少，这架飞机还是停在了跑道的尽头，让这位神秘的旅客从那里走下飞机，并乘上一辆装有窗帘和防弹玻璃的黑色雪铁龙 DS21 型轿车。由基辛格的保镖和助手们组成的一个小车队尾随这辆轿车前往什瓦齐勒罗瓦镇，基辛格将在那里的一栋私人住所休息片刻，然后换车前往不远处的一幢别墅，同越南代表举行会谈。

在这里有一次就出现了意外。这一天，法国秘密警察的一个特别小分队认为这幢别墅正由指定的一队地方警察守护着，然而这些地方警察却由于在几公里以外发生了学生示威而被临时调走了。当一批美国游客为了躲避一场突然降临的法国常见的大暴雨而上前敲门时，这所房子并没有人守卫。这时，房子里两个国家的十几位高级官员相互观望，不知由谁去开门为好。最后，基辛格身边那位反应灵敏的译员去开了门，并对游客说这所房子因麻疹而被对外隔离。游客们吓得立刻骑上自行车走了。

一场虚惊过去了，秘密会谈继续进行。

1971 年 9 月，基辛格在前往谈判地点时表演了另一种"遁身术"。当时他刚访问过中国，便来到巴黎，公开理由是听取美国谈判代表团的意见。同时，由于黎德寿公开邀请他去巴黎，所以要避开新闻记者的纠缠并不容易。为此，基辛格让美国驻巴黎谈判代表布鲁斯故意在大家都看得见的情况下来到他的住所，并宣布布鲁斯是来报告巴黎谈判情况的。基辛格在前门把布鲁斯迎进公寓，当布鲁斯刚一坐定，基辛格马上从后门溜进院子，负责安排基辛格活动的沃尔特斯将军坐在他自己的雪佛兰牌私人汽车里等候基辛格，并给基辛格准备了一顶帽子。为安排这次行动，沃尔特斯特意用最奇特的五角大楼行话写成一个脚本，题名为

《前往和离开某地的行动计划》，以电报的方式发给基辛格。

基辛格和沃尔特斯缩紧身子坐在车子里，唯恐记者们守候在后门口。沃尔特斯亲自驾车绕道而行，来到沃尔特斯在纽利区夏科大街49号的住所。基辛格从汽车里走出，走进一扇有电子装置的门，等他进门后，门便自动关闭，然后基辛格乘电梯到地下室。与此同时，沃尔特斯开车进入地下室，在那里与基辛格会合，然后一同走进车房，沃尔特斯的随从准尉在他们进入之后，锁上车房的大门。基辛格和沃尔特斯随后从后门前往谈判地点圣詹姆斯路。

四、政治失分

基辛格认为，举行谈判最有利的时机是局势发展对己方有利的时候。1970年初，他认为尼克松政府处在就职以来地位最强有力的时候，便向总统建议与越南政府谈判代表举行秘密接触。尼克松同意了基辛格的提议，通过美国驻巴黎武官弗农·沃尔特斯将军提出同春水秘密会晤。但是，越南政府以美国没有新的方案而拒绝了。

但基辛格并不死心，一个月以后，说服尼克松授权他再作一次尝试，向越南方面建议在2月8日以后的任何一个周末举行会晤，地点仍在巴黎。越南政府也许有意考验基辛格的耐力，直到2月16日，才突然通知美国同意在2月20日或21日举行会晤，并要求在12小时内作出答复，基辛格早已等得不耐烦了，也不管越南方面是不是故意在搞心理战，便在限期内接受了2月21日作为会晤日期。

基辛格的谈判对手是越共中央政治局委员、越南政府谈判代表团特别顾问黎德寿，一个职业革命家。基辛格认为这是一个极难对付的谈判对手。在基辛格眼里，"作为'真理'的代言人，黎德寿根本不理解我们的谈判方法。用让步换取让步对他来说似乎是不道德的；除非出现比道德更高的需要，否则他准备无限期等待，直到我们不继续为止……他无法平等看待我这样一个来自大洋彼岸的、把雄辩看成是扭转历史不可抗拒的进程的一种手段的野蛮人"。

实际上正好相反，是基辛格无法理解黎德寿和他身后受美国侵略军蹂躏的无数越南人民，无法理解他们所进行的正义斗争。基辛格以"让步换取让步"是没有道理的。

基辛格按照他一贯的谈判技巧和方法开始他的秘密会谈。他一上来就列出了美国可能作出的最后让步。他喜欢在出乎意料、压力最小的情况下采取重大步骤，并使对方认为他将坚守这一立场。他一贯反对在压力下修改谈判立场，认为向压力屈服等于鼓励对方施加压力；给自己造成一个缺乏毅力的名声等于大力鼓励对方拖延谈判；主动让步是促使对方也让步的最有力的办法，也是使自己能够坚持下去的最好保证。

按照这一思路，基辛格首先保证一定认真谈判，希望达成一劳永逸的方案。他说："过去一切协议只是使无休止的战争暂时停顿下来，我们不想重蹈覆辙。"他提醒对方说："根据我们的判断，国际形势发展可能使其他国家不再专心关注越南，现在支持越南的国家也可能不再一致予以支持。"

接着，基辛格提出两点意见：美国愿意撤走全部军队，而且不在越南保留基地；在安排双方撤军时，我们并不坚持把北越军队放在和美国军队同等的法律基础上。他说："我们要求的是实际而不是理论上的结束。只要贵方事实上把军队撤走，我们并不坚持要它正式加以宣布。我们准备派一名新的高级谈判代表到巴黎来达成协议。"

基辛格这一看似合理实则无理的要求遭到越南代表的拒绝，他们提出：结束战争的唯一合理办法就是美国在规定期限内无条件撤退并推翻南越政府。黎德寿一针见血地击中了"越南化"的痛处，责问基辛格说："过去你们有100万美国军队和傀儡军队，尚且失败了。那么，让傀儡军队单独去打仗，又怎么能够成功？现在美国仅仅提供支援，你们怎么可能打得赢呢？"

　　基辛格无言以对。同时，越南方面要求军事问题和政治问题必须同时讨论，这与基辛格的"双轨策略"正好相反，他被告知：除非美国改变立场，否则再没有什么可以讨论的。

　　谈判没有取得任何进展，基辛格唯一的收获是了解了自己的谈判对手。基辛格明白，这第一轮谈判，失败是在情理之中的，因为外交永远是某种力量对比的反映，一方面美国正处于不利的状态，同时另一方面，越南北方的反抗能力越来越强。他一个人对于这种社会的力量是无能为力的。

五、撤军数字游戏

　　1970年初，为了欺骗蒙蔽越南人民和美国公众，同时对付国务院和五角大楼的"捣乱"，基辛格和尼克松玩起了撤军数字游戏。

　　此时，对于白宫和基辛格来说，越南形势继续向坏的方向发展。基辛格分析，白宫只有撤军一步棋可走了，而单方面撤军虽然有助于医治国内公众的心理创伤，却会严重削弱美国进行谈判的杠杆，"越南化"正在减少政府的选择余地。因此，他虽然不得不支持"越南化"政策，却极力主张撤退的战略必须使尼克松拥有按照北越的行动加速或放慢撤军速度的某种自由处置权，必须有节制地使用谈判的有利条件。

　　对于撤军的数量和时间，白宫、国务院和五角大楼各有各的想法，大家都想从撤军计划方面捞一点功劳，但谁也不愿为撤军可能带来的失利或失败受到责难。罗杰斯主张在尽可能短的时间内撤出尽可能多的军队。国防部长莱尔德则既反对单方面撤军，又要求尽快结束战争，他建议每月固定撤军人数；公众则希望每隔数月就宣布一次撤军人数。基辛格认为，这些建议都有失偏颇，他建议尼克松宣布一个巨大的撤军数字（15万人），同时把撤军时间延长一年，以便给

"越南化"留下足够的时间；而且开始90天只撤出很少量的人，大部分人计划在1971年撤出，这不仅使尼克松在战略上有灵活处置的余地，而且可以树立良好的公众形象。

这一建议得到尼克松的赞同。为了不使下属知道这一计划，尼克松和基辛格一面暗中部署如何宣布计划，一面布疑阵使内阁成员摸不清总统有什么打算。总统撰稿人开始为宣布新的撤军计划起草讲稿，但把人数和时间空着不填。4月19日，尼克松在圣克利门蒂，一个离内阁成员3000英里的地方向新闻界宣布，他将在第二天晚上就驻越美军重新部署问题发表演说，但拒绝透露任何内容。同时，基辛格按照尼克松的指示，告诉莱尔德和罗杰斯，说总统正在考虑只宣布每月撤军数字而不讲总数，这同实际情况正好相反。

这一计谋成功了，基辛格和总统计划在一年之内，要把在越南的驻军从上任时发表的最高数字——54.95万人，整整减少26.55万人，既满足了制定撤军日程上的政治需要，又能满足未来三个月在越南的军事需要。基辛格认为这是迄今为止，他在越南问题上的精心杰作之一。

基辛格总结说，他在这件事上收获之一是：没有一个说得过去的军事战略，就谈不上有效的外交；同时，单纯的外交是没有出路的，军事同政治必须保持步调一致，否则两方面都会徒劳无功。

六、掌握轻重缓急

尼克松政府再次陷入进退两难境地。1971年春天，越南军队在柬埔寨向南越伪军发动猛烈攻势，尼克松便采取报复措施，下令进攻北越在柬埔寨的部队，不料在国内引起更为猛烈的大规模的反战浪潮，他们批评白宫正在使战争升级，而且任何军事行动都不可能成功，因此，政府声称取得胜利是虚假的、骗人的把戏。尼克松政府被搞得狼狈不堪，精疲力竭。

为了避免全国四分五裂，基辛格开始替尼克松做安抚工作，他在协调处理危机工作的同时，还要耗费大量时间对付心情抑郁、近乎惶惶不安的同事，甚至用更多的时间对付游行示威的学生。

一贯主张通过外交谈判手段解决问题的基辛格，即使在战争期间也没有中断外交努力。他不断向北越发去要求同黎德寿会晤的信息，尽最大可能保持巴黎谈判渠道的畅通。

为打破僵局，他重新考虑尼克松政府的战略必须有轻重缓急。

为了表明美国对于谈判的"真诚"，基辛格为尼克松物色了一位驻巴黎的新的谈判代表，此人名叫戴维·布鲁斯。

布鲁斯曾为两个政党的总统服务，先后担任驻伦敦、巴黎和波恩的大使，颇有个性，把服务于国家看作超越个人生命的事业，从不把自己的辛勤劳动当作追求个人地位的本钱，是一位非凡的外交家。按照基辛格的说法，布鲁斯对他影响颇大。他说："戴维·布鲁斯对我的影响是很少有人超过的。当我做某些最重大的决定时，我本能地会向他讨教。我并不是每次都采纳他的意见，但每次我都从他的谈判、他的幽默和他的无穷的机智中获得教益。他使我不过分重视自己的作用。他深信为我国前途而工作是一种严肃的职责。这种信念对我永远是一种鼓舞。"

对布鲁斯的任命，说明基辛格是知人善任的。在人心惶惶，尼克松政府在国内陷入越南问题的困境时刻，布鲁斯走马上任，起到了稳定人心的作用。他要求用两个月时间研究越南问题，然后提出建议。这对于情绪激动的尼克松来说，起到了镇静的作用。

但越南战争局势对尼克松政府仍然十分不利，公众的敌对情绪仍然非常强烈，国会要求尼克松确定一个最后的撤军日期，基辛格认为这将捆住白宫的手脚。越南北方军民的反抗力量日益壮大，美军节节失利，伤亡越来越大。到 1970 年 3 月，尼克松政府的"越南化"政策已经在越南人民的英勇斗争面前濒临破产。

基辛格十分清楚这一切。7月20日，他写信给尼克松，再次提醒他："依靠'越南化'的战略和依靠谈判的战略是不能永远并行不悖的。每一次单方面撤军都会削弱美国在谈判桌上讨价还价的地位，这样下去美国将没有任何东西用来说服河内妥协，必须在'越南化'和谈判两种策略之间进行选择。"他再次提出就地停火，认为这是"打破僵局的唯一战略和策略，将具有深远的影响，它将使双方都放弃取得军事胜利的打算，从而能够取得人心。同时，在实现这一步之后，接着就举行结束战争的外交谈判"。这一建议得到了尼克松的首肯。

美国政府的停火建议还没有提出，越南北方抢先表示和平诚意，发出和平倡议，提出了"八点和平纲领"。9月7日，美越两国代表在巴黎再次举行秘密会晤。这一次，基辛格犯了所有谈判代表的通病，总以为凭自己的三寸不烂之舌就可以打破僵局。一上来，基辛格就劝说越南代表不要放过目前举行谈判的大好时机。他说：

"我再次请求你们和我们一起走上谈判的道路。这是符合双方的自尊心和目标的。我们认识到你们的猜疑很深，但是猜疑不会随着时间的推移而消失，因此斗争将继续下去。这就是战争的本性。"

"我们如果再不抓紧时间，谈判解决的可能性即将消失。错过这个时机，你们实际上就非得大动干戈不可了。我不想预测，你们同得到我们支持而且自身力量也得到加强的南越大动干戈，会有什么结果。我也不想预测，战争会打多久。但是，你们必须认识到，这样做会使同美国谈判解决越来越困难。"

"因此，现在时间还来得及，让我们走向谈判解决吧！"

基辛格接着表示，美国准备作出重大让步，美军将在战后全部撤退，不留守部队、基地或顾问。

但是，越南方面并没有被基辛格的威胁给吓住，他们最清楚美军和西贡伪军并不像基辛格所说的那样可怕，而且也不认为基辛格所说的话表明美国有多少诚意，他们再次回答基辛格："我们什么也不怕，不怕威胁，不怕打下去，不怕谈下去，我们什么都不怕。"

这次会晤不久，北越方面由外交部长阮氏萍提出新的"八点和平纲领"，要求美军在九个月之内，也就是 1971 年 6 月 30 日前，全部无条件地撤退；同时，在南越成立由北越控制的临时政府，由共产党占优势的政府决定南越的前途。作为回报，越南政府同意立即讨论释放美军被俘人员。

9 月 27 日，基辛格再次在巴黎与越南谈判代表春水举行会谈，春水对"八点和平纲领"略加解释，同时提出，要实现有效的和平，就要在比南越更为广泛的格局内寻求解决办法，所有的邻国都必须成为独立的和中立的。

基辛格再次感到美方所处的被动地位，他得出的结论是："我们单方面撤退是不够的；在我们撤退之前，我们必须进行一次政治改革，否则战争停不下来，我们留守部队撤退时的安全也得不到保证，而且我们也不能接回被俘人员。我们的难处在于：河内在 1972 年 10 月之前（即南越大选之前）一直坚持这一立场，只要它这样坚持下去，就不可能谈判解决。一边是拒绝妥协的敌人；一边是国会中的反战运动，它既不承认河内是顽固的，也不支持我们采取军事行动迫使河内降低条件。我们在这二者之间左右为难。"

10 月 7 日，尼克松发表演说，建议就地停火，包括在整个印度支那停止轰炸，表示愿意就美军全部撤退的时间表进行谈判，要求举行一次和平会议，以结束所有印度支那国家的战事。

尼克松的想法是，全部撤军，同时对越南北方进行封锁并恢复大规模轰炸。基辛格认为这样做有欠妥当："美国突然撤军，即使不全弄垮南越政府，却会给北越造成一种美国急于求成的感觉，因而封锁和轰炸将收效甚微。"他建议："在目前这批要撤出的军队在 1971 年 5 月撤完之后，我们宣布一次大规模撤军，也许是在六个月之内撤出 10 万人。这样仍能保证南越预定在 10 月举行的总统选举的整个期间处于安全状态。在那以后，在我们留下的军队只有 18 万人左右的时候，我们将继续相当频繁地宣布少量撤军，直到 1972 年夏天达到留下五万左右的志愿留守部队为止。这五万人将一直留到达成协议为止。我们将视情况在 1971 年的某个时间，宣布美国不再参与地面战斗。我们还将在 1971 年的某个时间向北越建议较快地撤军以换取停火。"

　　基辛格估计，如果这一建议遭到拒绝，美国也将了解到，美国将在 1972 年面临一场军事攻势。因此，和平终将在 1971 年底或 1972 年底实现，或则通过谈判，或则由于西贡政权垮台。

　　基辛格认为，为使这一战略奏效，必须尽量削弱越南方面的力量，打乱它的后勤供应计划，进一步推迟它发动攻势的时间。

　　于是，在经过长时间的密谋策划之后，美军在老挝发起旱季攻势，对越南北方在老挝的所谓"胡志明小道"实施轰炸。

　　"胡志明小道"是越南北方利用 10 年时间建立的一整套复杂通道，从那里把兵员和供应品源源不断地运进南方和柬埔寨，它是由全长 1500 多英里的许多通道和密密麻麻的小道网组成，其枢纽是小小的省城车邦，所有的小道都汇集在这里，而且供应品和人员也从这里渗入南方。基辛格了解到，活动从每年的 10 月开始，到第二年的 5 月结束。现在是雨季，道路泥泞，无法通行，越南人民军部队通常在这个时候隐退，等下一个旱季时再出动。所以，尼克松政府认为这是最好的时机。任务由南越军队执行，美军指挥员作顾问。

　　由于作战不利，两个阶段的军事行动并没有取得多少进展。越南北方顽强抗击，使遭受美军不断轰炸的"胡志明小道"从未中断过，炸了修，修了炸，炸了再修。尽管美军每天在这里扔下三四千吨的炸弹，"胡志明小道"仍稳稳地掌握在越南军民手里，保持运输畅通。基辛格再次失算。

　　基辛格一直认为，采取军事行动只不过是外交谈判的一种手段，必须先在军事上摊牌，谈判才能成功，他一心所想的是通过谈判结束美国在越南问题上的苦恼，而不是采取军事行动取得决定性的军事胜利。于是，在对老挝的"胡志明小道"实施打击失败之后，基辛格再次开始了他的外交奔波。

　　基辛格开始重新思考下一步的战略和策略。首先对 1972 年的军事前景作出预测，然后考虑应该怎样修改美国在谈判中提出的条件，以诱使越南方面采取灵活的态度。基辛格的智囊分析指出，进攻老挝为美国赢得了一年时间，北越能够发动重大攻势的地区只剩下南越北部第一军区靠近非军事区的地方，以及在较小程度上第一军区的中央高地，时间不会早于 1972 年 3 月初。

据此，基辛格认为，如果越南方面的估计也是这样，北越是否会在 1972 年发动一场进攻，或者会在 1971 年试图进行认真的谈判。于是，基辛格开始修改美国的谈判方案，提出一项七点"和平纲领"。他决定采取他早先提出的"双轨"谈判策略，把军事问题抽出来单独解决，以确定美军的全部撤退期限来换取北越同意就地停火，释放美军战俘。他将提出："美国准备放弃共同撤军的要求，愿意规定一个全面撤退的期限，条件是河内同意不再向印度支那各国进行任何渗透。根据双方同意的最后时间，在国际监督下，在美军开始撤退时，在印度支那全境内恰当地实现停火；出于人道主义的理由，并作为美军撤退时间表的不可分割的一部分，双方立即释放一切战俘和无辜平民；南越的政治前途留待南越人自己去解决。"

基辛格认为，这是美国到那时为止所提出的最彻底的方案。在他的说服下，尼克松同意基辛格在 6 月同越南代表谈判时，把它作为一项"最后的建议"提出来。

机敏过人的春水一上来就对基辛格在军事问题上的所谓重大让步提出怀疑，仍然主张正确而合乎逻辑的解决办法是，由美国规定一个单方面撤军的期限，而不要和谈判的任何其他方面联系在一起；即使美国规定了撤军期限，越南方面也只能商谈，而不能保证释放战俘。他强调：政治和军事问题，是两种关键的而又不可分割的问题，而撤军期限是当前的关键问题。

按照商定的时间，6 月 26 日，基辛格将在巴黎与越南方面谈判特别顾问黎德寿进行秘密会晤。这一次，为了保证不被人发现，基辛格重新改变了他的"遁身术"，选择一条新的路线前往巴黎。他安排了一次对伦敦的两天访问，由他的英国好朋友内阁大臣伯克·特伦德爵士向他发出邀请，理由是想了解美国国家安全委员会制度的运转情况，不过要一名英国文官硬说英国在官僚政治方面还有什么要向美国学习的地方，这是需要有勇气的。在规定进行会谈的第二天，伯克建议到郊外走走，他们"走"到一个英国军用机场，在那里基辛格乘一架英国飞机前往巴黎。

基辛格到达迪路时，黎德寿早已在那里等候他了。这是 14 个月来破题第一遭，基辛格很感意外。

黎德寿表现出一心一意要制造友好的气氛，但在谈判问题上仍然十分顽强，他指责说，美国的联合军事行动干扰了通过谈判找到解决办法的进程。

但是，在这次谈判中，双方都很谨慎，避免说出任何含有拒绝意见的话。而且每逢一方作出尖锐答复时，另一方的语气很快就缓和下来。基辛格也因对方表现出以前少有的灵活性而表现出更大的灵活性。

基辛格说："我们提出了我们的建议。如果你们没有别的自己的建议要提出，我也没有更多的话要说了。"

这话触痛了对方，春水开始长篇讲述越南的历史，然后提出了"九点纲领"。他半开玩笑地对基辛格说：

"我们提出的建议（比你们）多两点，这证明我们结束战争的愿望比你们真诚。"

春水建议美国的撤军期限为 1971 年 12 月 31 日，并首次表示同意，在美国撤军的同时，在越南的美国被俘人员将被释放，在达成协议之日，将实行就地停火，并接受国际监督和保证，要求美国停止支持南越，以便建立"一个主张和平、独立、中立和民主的新政府"。

对于基辛格来说，越南北方第一次对他们的主张作出了回答这件事本身，就令他和他的同事感到欣喜万分。由于越南问题的谈判一直被一种神秘的气氛所笼罩，而且两年来备受北越的责难和国内的攻击，基辛格认为这已经算得上前进了一大步。而且黎德寿一再强调，这些都是供谈判的项目，请美方提出反对建议，他愿意待在巴黎，直到谈判结束。从这一点上，基辛格似乎看到了这场马拉松式谈判的尽头。

此时，基辛格正在准备 7 月份的中国秘密飞行，向打开中国大门迈出坚实的第一步，他相信"一直受中国支持的北越"将会受到他的这一行动的影响，他向尼克松建议，在他中国之行（环球旅行）结束后，他将在7月21日提出一项反建议，设法把双方的文件糅合在一起。

为了掌握外交斗争的主动权，同时表明自己的正义性和诚意，7月1日，也就是基辛格即将开始环球旅行的时候，越南外交部长阮氏萍发表了一个新的"七点方案"，对黎德寿在巴黎提出的"九点方案"作了修改，把关于撤军的条款和关于释放俘虏的条款排列在一起，并制造出一种二者互相联系也许可以从一揽子里面抽出来的印象。给美国公众造成以撤军换取释放战俘的印象，这正是美国国会和公众所盼望的。同时，黎德寿在巴黎向美国记者明确表示，以撤军换取释放战俘的确是可以和其他条款分开解决的。

同时，基辛格对中国的秘密访问获得了成功，使尼克松对越南的立场开始变得强硬起来，露出"狂人"真面目，甚至要突然宣布全部撤军，同时又进行全面空袭。在基辛格进行环球旅行的途中，尼克松向他下了一道又一道指示，要他在巴黎的谈判中持强硬态度，并提出问题的实质。这无疑更增加了基辛格达成和平解决目标的难度。

到这年秋天，美越秘密会谈已断断续续进行了两年，仍毫无进展。本来，侵略者是无权同被侵略的人民进行讨价还价的，越南军民抗战力量日益壮大，并且受到中国等主持正义的友好国家的支持和援助。为尽快取得外交进展，基辛格不得不修改其谈判策略。

七、及时调整谈判策略

1971年10月间，基辛格带着一个新建议来到巴黎，再次同越南代表举行会谈，尽管双方在军事问题上都向前迈出了一步，但在政治问题上谁都不愿再妥协。这时，国会参议院通过了曼斯菲尔德修正案，提出要尼克松政府在六个月内撤出全部美军，而条件是越南方面释放美军被俘人员。在这种气氛下，基辛格作为谋士，作为学者政治家，重新审视了美国的越南政策，他给尼克松提交了一篇长篇分析文章。

基辛格写道："如果我们由于仓促撤退或过多的政治让步而推翻南越的政治结构，朋友和敌人在缓过气之后就会得出结论说，美国在第二次世界大战之后的领导作用正在转化为越南战争之后的退让政策。我们在越南的不光彩的下场也会给我们的社会留下深刻的伤痕，引起互相指责和加深现存权力的危机。我们撤离越南应该是一种政府的政策行动，是有尊严的，而不是屈服于压力或由于丧失意志。"

他分析了目前尼克松政府所掌握的"谈判本钱"。他抱怨道："但是，我们现在发现自己在浪费谈判的本钱。尽管由于公众的抗议而造成种种苦恼，'越南化'使美军的人数、伤亡和费用都稳步下降，在国内为我们赢得了时间。而且它对河内造成两种压力：第一，我们有步骤地撤军，这向北越表明，如果他们要我们很快或全部撤离，他们得付出代价；第二，'越南化'提出的前景是，最后一个加强了的越南政府将能独立存在。不幸的是，我们的第一笔本钱几乎全都耗尽了。我们国内的压力和官僚机构的缺乏纪律性结合在一起，几乎每天都在不停地向北越保证，我们很快就会全部撤出越南。他们对于唾手可得之物，又何必去花费代价呢？"

基辛格认为，美国的第二笔本钱——西贡伪政权，也正在逐渐被削弱。在南越，"总统"选举、美国撤军以及美国国内的反战浪潮这几件事凑在一起，正在再度引起骚乱。阮文绍伪政权和军队中的某些人开始脚踏两只船，准备向越共投诚。同时，尼克松政府在国内面临真正的危机，国会将通过法案，确定一个政府必须撤军的日期，或许还会限制政府对南越的援助。反对派中的许多人一味要求政府尽快撤军，等等。

基辛格的结论是："第一，我们不能再用好心的万灵药去削弱越南的政治结构，因为这是我们剩下的唯一的一张牌了。第二，我们应该在我们的本钱用光之前，在谈判上再作一次努力。最后，在没有大规模挑衅的情况下，要进行升级（军事行动）在国内是通不过的。"他要求尼克松批准一项政治问题方面的新谈判倡议。他建议修改他在8月16日提出的"八点方案"，并作出一项规定：在最后协议签字后的六个月内，在南越举行一次新的"总统"选举。由一个代表包括共产党在内的所有各种政治力量的选举委员会在国际监督下主持这次选举。在这次选举之前一个月，阮文绍将辞职，由"参议院议长"代行其"总统"职务。在这时候，余下的小部分美军也将撤走。我们还将把撤军的最后期限从九个月缩短到七个月。基辛格把它称作"是一项和美国所负的义务、美国所作出的牺牲以及美国的荣誉相适应的最大限度的倡议"。

即使在美军多次遭到沉重打击之后，基辛格仍不肯放弃他的无理要求，企图继续在南越维持西贡伪政权，并把它看作对越南人民的政治让步，而不肯承认其战争的非正义性。

尼克松认为基辛格的分析是有道理的，抓住了问题的实质，便批准了这一建议。基辛格在通知越南方面时，改变了以往的做法，决定先告诉对方美国有了新的倡议，这是为了在1971年底以前达成一项公正的协议所作的一次最后的尝试。但是，越南方面认为美国的建议是换汤不换药，没有什么新内容，感到美国人对谈判缺乏诚意，十分冷淡地建议在11月20日举行会晤。他们认为对待侵略者这种态度已是十分客气的。

1971年底，为了加快解放南越的步伐，越南人民军和南越人民武装总指挥部正在酝酿一项把侵略者赶出国土、推翻西贡伪政权、解放全部国土的战略计划。同时，感到美国尼克松政府在谈判方面使尽花招，讨价还价，缺乏诚意，便决定降低在巴黎与基辛格举行谈判的规格，只派春水出席。基辛格无奈，只是写来一封长信，表示遗憾。

不过，基辛格这一次并没有感到失望，因为在他看来，他精心设计的"连环套"战略就要发挥作用，美国对中国和苏联的外交正在取得历史性的突破。

10 月 12 日，白宫宣布尼克松要在莫斯科举行最高级会谈；尼克松正在准备于1972 年初访问中国。基辛格曾说："我们需要借助于中国来加强我们在外交上的灵活性，这其中就包括解决棘手的越南问题。"

1972 年 1 月 25 日，为了赢得国内支持，尼克松与基辛格商量后，公然违背与越南谈判代表达成的协议，向美国国内公布了巴黎 12 次秘密会谈的记录，并透露：美方在 1971 年 5 月 31 日曾提出撤军的最后期限，但遭到了拒绝。尼克松还重申了基辛格在 1971 年 10 月 11 日提出的关于政治解决的建议：在国际监督下，举行共产党参加的自由选举，而且在选举前一个月，阮文绍愿意下台。

尼克松的这一演说博得了国内公众和国会的喝彩，使尼克松政府赢得了主动。基辛格夸耀说，在过去六个月内，他两次以计谋战胜了越南北方，第一次是他秘密访问北京，第二次就是尼克松公开巴黎会谈记录，表明了美国所作出的巨大让步。他说："不论用任何正常标准来衡量，1972 年初，我们对越南的政策是相当成功的。在改善我们的盟友的军事处境的同时，我们撤退了 41 万多军队。我们从外交上使河内和它的主要支持者分开。在国内，我们经受了本世纪以来对政府最严厉的抨击。……我仍然相信，如果我们在越南完全垮台，我们对北京和莫斯科采取的主动都将无法实现。只有我们在天平上还占有一定的分量的时候，这两个国家才会认真对待我们。而且我们还向美国人民显示，即使在内部分歧十分严重的情况下，美国也还掌握着重大的富于创造性的主动权。"

这里的实际情况是，基辛格施展了计谋，但并没有如他所说的那样"战胜北越"。他秘密访问中国尚未回到华盛顿，正式访问越南刚刚四个月的周恩来总理，于 1971 年 7 月 13 日再赴河内，向越南领导人通报了基辛格秘密访华的情况。接着，越南总理范文同率越南党政代表团访华，中方给予破格、热烈、隆重的接待，毛泽东会见代表团全体成员，表示支持越南人民的正义斗争；周恩来总理为范文同举行了盛大宴会和群众大会，对 1972 年的援越计划定了基调，对越南抗美战争给予高度评价。1972 年 3 月，尼克松访华后，周恩来再次前往河内，向越南领导人通报尼克松访华情况，表示："如果印支问题不解决，中美关系的正常化是无法实现的。"这说明中国不会拿老朋友做交易。

八、"连环套"战略

越战谈判期间，基辛格的伎俩之一是企图运用所谓"连环套"战略，把苏联和中国争取到美国这边，以便"最大限度地孤立"越南政府和人民。事实证明他这种计谋必定会失败的。

1972年初，尼克松政府在越战问题上再度陷入困境。2月，尼克松访问中国，双方发表了"上海公报"，打开了中美关系的大门。访问期间，尼克松、基辛格与周恩来、乔冠华讨论了越南问题。

基辛格自认为他的"连环套"战略产生了作用："我们的外交，克服了一切不利的情况，已接近把河内孤立起来了。""中国之行越来越被认为是一个巨大的成功。由于美国公众从中国之行中获得了希望，越南问题变得不那么像是不可解脱的梦魇，而更像是应当迎接而取得的挑战了。"

实际情况是，基辛格并没有真正弄清中国的意图。中国人说话历来是算数的，毛泽东早就明确表示中国是越南人民抗击美帝国主义的大后方。就在"上海公报"发表后的第六天，周恩来总理亲往河内，向越南领导人通报尼克松访华情况，并表示一如既往地支持和援助越南人民抗击美国侵略者。

为了把美国侵略者赶出越南，推翻西贡伪政权，南越人民武装在做了精心准备之后，于3月29日发起第三次战略进攻战役。基辛格不相信越南人民将正义斗争进行到底的决心，反而认为越南方面也像他一样是在讨价还价。他写道："不管这次攻势的结果如何，它将结束战争。这是河内的孤注一掷。不管怎么样，现在将进行认真的谈判了，谈判的实质要取决于哪一方在战场上得胜。如果南越垮下来，战争将以溃败结束（对美国来说）。如果西贡在我们的帮助下抵挡得住全部北越部队，那么河内除了让步妥协以外，就别无其他选择。"

基辛格十分惊恐。他想：如果美国在越南垮台，他所精心设计的外交政策中耐心企求的意图将陷于危机。他决心防止这一"灾难"的发生，而把它变为"美国从越南脱身的最佳时机"。他的战略建议就是以更强大的军事打击来对付越方的军事攻势，迫使其最后一次走到谈判桌前。同时，在河内、北京和莫斯科三条外交战线运用外交策略，"最大限度地孤立河内"。

早在年初，基辛格就曾预料到越南方面会发动一场新的进攻，并且也制定了对付的方案。他向尼克松报告说："我的想法是织一个复杂的网，这会给我们最大的选择余地。我虽然赞成在军事上作出强烈的反应，但从来不想仅仅依靠力量，也不想光依靠谈判。我认为，外交和军事应该相辅相成，我总是主张在采取一个军事行动以前，或至少在这样做的同时，采取一个外交行动，即使我认为成功的希望不大。如果外交行动被接受，我们就实现了我们的外交目的。如果被拒绝，一个和解性的建议会有助于争取公众支持我们的军事行动。"

尼克松虽然同意基辛格作外交上的努力，但对于谈判并不热心，一直采取一种谨慎的态度。他认为，目前越南北方正企图利用谈判来破坏美国国内对他的支持。基辛格虽然同意这一判断，但认为不能采取拒绝谈判这样的对策，谈判是美国解决越南问题的最为有效的途径之一，一旦把谈判的大门关闭，就会立即受到严厉指责。他相信，在目前情况下，如果美国接受越南北方的外交挑战，就可以"详细说明体面和平的条件，使形势转为对我们有利，至少我们可以驳掉那种指责我们没有尽力争取结束战争的说法"。他劝尼克松在越南北方面前没完没了地提一些建议，哪怕只是关于会晤的建议也行。这样可以使美国有机会试探越南北方是否愿意解决问题。他建议尼克松于 1 月 25 日发表讲话，同时私下给越南北方带信，建议恢复秘密会谈。尼克松同意了。

接着，基辛格再次把目光转向苏联和中国，告之美国的让步已经到了极限，如果越南发动军事攻势，美国将作出强烈反应。中国方面回答说，中国不会置之不理，要求美国尽快从越南撤军，而不应再继续采取军事行动，实行强权政治。苏联方面则冷淡地表示支持北越的谈判立场。基辛格认为，可以在更为广泛的范围内同苏联讨价还价，他威胁说，如果越南硬要寻求军事解决，那将危及莫斯科会谈，而莫斯科会谈是苏联最高当局急切盼望的。为了进一步鼓励苏联对北越施加压力，基辛格接受了苏联多次提出的邀请，前往莫斯科筹备美苏领导人最高级会谈。

2、3 月间，基辛格与越南政府继续打嘴仗。2 月 24 日，越南政府答复同意恢复秘密会谈，时间定在 3 月 25 日以后，言外之意是把恢复谈判的时间和发动攻势的时间配合起来，以使谈判在美国最大压力和最难办的情况下举行。

基辛格在动身去中国前夕答复越南方面 3 月 20 日同黎德寿会晤，并警告说："想用军事活动升级的做法是不符合这次会议的目的的。"基辛格同时也制定出对付北越军事行动的原则："从政治上和心理上来说，把反击越南方面的时间推迟到他们发动攻势以后，将会使美国处于最有利的地位，以便反攻获胜，并得到公众对报复行动的支持。"

但是很快，越南方面提出修改会谈日期，要求改在 4 月 15 日。基辛格认为，正是"即将到来的军事攻势决定了北越外交活动的时间安排，他们准备先发动军事进攻"，然后利用基辛格同黎德寿的会晤"来遏制美国的军事反应"。3 月 13 日，基辛格回复了一封措辞十分尖锐的信，信中回顾了双方交往的记录，拒绝在 4 月 15 日会晤，建议改在 4 月 24 日。

迟迟得不到越南方面的答复，尼克松下令中断了巴黎圆桌会议。尽管历时四年的圆桌会议开了 140 多次会，却连一个最小的问题也没有解决，但是还必须继续进行下去。

基辛格认为尼克松的这一做法不妥。他提醒总统，"那样将给北越提供攻击的借口，国内的反战派也会抓住大做文章，不如把它留作对北越军事攻势的报复手段"。3 月 27 日，越南方面答复同意美方提出的 4 月 24 日举行秘密会晤的时期，前提是恢复圆桌会议。基辛格建议尼克松答应下来，如果由于拒绝出席圆桌会议而使秘密会谈无法举行，美国在宣传上就会十分不利。他建议在 4 月 13 日开一次新的圆桌会议，如果秘密会谈没有取得什么进展，可再次中断圆桌会议。尼克松接受了基辛格的这一计策。

可是，如何对待越南方面大规模的军事攻势，尼克松政府内部看法不一。有一派认为应听其自然，不要因为危机而增加援助，因为"越南化"的最后考验即将到来。

基辛格不这么看，他的逻辑是："北越这次是孤注一掷，如果由于美国实行节制而招致失败，美国将得不到任何好处，而且整个外交政策将处于危险的境地；如果北越失败，北越除了谈判，别无选择，美国就能从中获得一项解决办法。"

在基辛格的说服下，尼克松下令向越南北方的河内、海防两城市实施空袭，并向东南亚增派 B-52 战略轰炸机和全天候战斗机。

与此同时，基辛格在外交战线发起"攻势"。4 月 3 日，基辛格在白宫的筹划室会见苏联驻美国大使多勃雷宁。他首先指责苏联是北越发动攻势的同谋，表示如果攻势继续下去，美国将被迫采取一些措施。并声言，到那时美国不可能在德国问题上发挥积极作用。当时，苏联希望美国说服联邦德国批准苏联人急切想得到的"东方条约"。基辛格正拿它来压苏联。他又使出了他的"连还套"战术。他说："这些措施肯定要使莫斯科在最高级会谈之前面临困难的抉择。同时，我们将不得不取消对莫斯科的一些特殊照顾，我们不能在波恩起积极的作用，莫斯科不能一方面要求我们在欧洲提供帮助，而另一方面却在东南亚挖我们的墙脚。北越的行动可能危及苏联的一些基本目标，大局的利益正在受到威胁。"

基辛格并没放松脚步，接着又公开向苏联施加压力。4 月 4 日，他指示国务院发言人在定期新闻发布会上指出，北越进攻南方之所以可能，是由于苏联提供了武器。同时，基辛格通过美国驻巴黎谈判代表通知越南方面，4 月 13 日的巴黎圆桌会议将无法如期召开，但他只字未提 4 月 24 日的秘密会谈，是想把取消秘密会谈的责任推给对方。

为了使越南政府作出让步，基辛格再次私下会晤多勃雷宁，威胁说：北越发动攻势将迫使美国以决定性的军事解决办法来结束这场战争。他再次就苏联在莫斯科最高级会谈时的得与失作了预测性分析，然后强调说："我们现在将坚持结束战争，如果可能就通过谈判，如果必要就使用武力。"

与此同时，在基辛格建议下，尼克松下令继续增兵越南，又派出28架B-52战略轰炸机和一艘航空母舰，并授权美方战机可以空袭北方远至北纬19°线的地方。基辛格的逻辑是："如果我们想促成外交解决，就必须制造一种铁了心要取胜的印象，只有这样才能使苏联要么积极帮助结束战争，要么默许我们加强军事压力，而这一点我们在外交手段失败时是决心这样做的。"基辛格只顾帮助尼克松政府逃出战争的泥潭，而不顾越南人民的损失和死活。

为了迫使苏联人在越南问题上帮助美国，基辛格继续不断向莫斯科施加压力。

4月8日，基辛格再次向苏联打出联邦德国牌。他写信给联邦德国总理勃兰特的顾问巴尔，提醒他"美国正在重新估价整个对苏政策，苏联对北越在装备上的支援实在太过分了，美国怀疑在这种情况下缓和政策还有什么价值"。基辛格相信巴尔肯定会提醒苏联领导人，美国并非不具备施加压力的手段。

接着，基辛格又拿中国问题来刺激多勃雷宁，他让苏联大使观看他北京之行的电影，对苏联搞一场"三角政治表演"。

此时的苏联也确实感到紧张了。那天，多勃雷宁告诉基辛格，莫斯科非常愿意看到基辛格和黎德寿预定在4月24日举行的秘密会晤能取得成功，并且已经把这一点告诉了越南政府方面。基辛格则抬高身价说：

"在战斗继续的情况下，我们将不会再同意会谈。我们将坚持结束这次攻势，否则我们将采取更加严厉的措施。"

经常与苏联人打交道的基辛格发现，"每当遇到对手强大和认真的时候，苏联人便很少像平常那样逞威吓人"。这次也是一样，多勃雷宁没有反驳，只说他将向莫斯科转达这个警告。

苏联方面的紧张情绪使基辛格再一次验证了他一贯的信条："一旦发生了对峙，停止对峙要比继续对峙下去更为危险。一方暂停行动会使对方犯疑：反应是否已到了极限，并且会使对方动手试探是否可以保持现状。只有当对手看到不值得冒这样大的风险去达到目的时，对峙才会结束。为此必须把风险搞得很大和无法估量。"

苏联人的态度似乎纵容了基辛格，他建议尼克松继续增加外交和军事上的赌注，两人轮番对多勃雷宁搞"车轮战术"。

4月10日，尼克松借出席国务院一个仪式的机会，再次提醒多勃雷宁说："各大国特别负有重大的责任，不去直接鼓励任何国家对邻国动武或进行武装侵略。"言外之意是要莫斯科对越南北方的攻势负责。

一小时后，基辛格同多勃雷宁交谈，进一步阐明尼克松的观点。他威胁说："我们将不会坐待河内重新使用在前两轮秘密会谈期间欺骗我们的手法。如果河内在谈判过程中再公布新的建议，秘密渠道将到此结束。"

随后，基辛格向他的苏联事务首席顾问索南费尔特提出决策咨询。基辛格问：在苏联领导人很感兴趣的美苏谈判中，有哪些是美国可以放慢速度的？索南费尔特回答说：暂且不要使在莫斯科举行的美苏关于美国向苏联出售粮食的谈判产生结果；在其他谈判中避免不必要的友好接触；在解决租借法案欠款问题的谈判中坚持强硬要求；冻结其他双边谈判；利用苏联商业部长5月初来华盛顿访问的时机向他表明美国的强硬路线，如果形势恶化，取消他的来访。基辛格接受了这些建议，并向尼克松写了报告。

4月11日，基辛格以"北越进攻非军事区"为由，取消了预定于4月20日举行的巴黎圆桌会议，只表示仍举行秘密会谈，如果秘密会谈成功，再恢复全体会议。

越南政府识破了基辛格的把戏，采取针锋相对的策略，于4月15日拒绝基辛格提出的4月20日同黎德寿秘密会谈的建议，除非美国同意恢复全体会议。它建议4月27日恢复全体会议，5月6日举行秘密会谈。

基辛格坚持自己的策略。4月16日，他建议秘密会谈日期不变，然后美方将出席4月27日举行的全体会议。三天后越南方面便作了答复，坚持上次提出的方案，但是如果美国表示愿意恢复全体会议，黎德寿将立即动身前来巴黎同基辛格举行秘密会谈。

双方打起了太极拳，对秘密会谈既想开，又不想开，又都怕承担取消会谈的责任。双方都努力不把谈判大门关死，以等待合适的时机：越南想把会谈掌握在美国遭到大规模失败后最丢脸的时刻召开；美国则想等到苏联完全被牵进越南问题以后再召开。

在美国的军事和外交压力下，为维护苏联本国的利益，苏联政府有些坐不住了。同时，他们也不希望越南战争再打下去。4月12日，在一次回顾最高级会谈筹备情况的午餐会上，多勃雷宁向基辛格保证说，苏联领导人不想摊牌，希望美国尽可能通过谈判解决。多勃雷宁提出，基辛格对莫斯科的访问迫切需要实现，议程除了加速最高级会谈筹备工作外，可以包括越南问题。基辛格答应将向尼克松提出这个想法。

对于尼克松来说，莫斯科最高级会谈是一个很棘手的问题。一方面，一种强烈的虚荣心使他急切地想实现对苏联的访问。早在艾森豪威尔时期，美国政府就向苏联提出举行最高级会谈，但苏联方面拒绝了，艾氏吃了闭门羹。最高级会谈将使尼克松成为去莫斯科访问的第一个美国总统。另一方面，尼克松不想在处于软弱地位的情况下去同苏联领导人握手，而且他怀疑苏联人在越南问题上搞鬼，要把他的第一助手、谈判大师基辛格拖入莫斯科旷日持久的谈判中去，"以便推迟白宫计划中的对北越的军事行动，或使之复杂化"。

而喜欢制造喜剧效果的基辛格当然乐意秘密前往莫斯科，他认为，苏联方面愿意在最高级会谈中无条件直接参加越南问题的讨论，仅此一点就可以肯定会使越南方面感到不安。在他看来，最高级会谈的筹备工作将是美国"把苏联的利益与北越利益分开的手段，美国不会失去太多的东西，而所获得的却会很多"。美国处在一个更强的谈判地位，它的威胁更有说服力。于是，基辛格要求尼克松批准他的建议。为了表示美国愿意谈判，基辛格再次建议在莫斯科会见一个越南方面的高级官员。

尼克松被说服了。基辛格答复接受苏联的邀请去莫斯科，条件是："莫斯科应为停止越南战争采取某种行动，最好安排一个授权来解决问题的河内方面的谈判代表。"

没想到尼克松很快又改变了主意，他担心勃列日涅夫会将基辛格拖在莫斯科，对美国采取军事行动十分不利，他主张先发制人，自己取消高级会晤。基辛格认为总统的担心是多余的，他并不认为他在莫斯科，美军就不能采取军事行动。他告诉总统：

"即使我在莫斯科，我们也可以轰炸北越全境，只除了河内和海防这两个敏感地区。况且我去莫斯科本身就是一张得分的牌，它可以缓和国内的批评者和苏联的反应。我也不相信最高级会谈一定会取消。"

基辛格这么一分析，尼克松又感到很有道理，便改变主意说："你去访问是一件好事。我想去是对的，你非去不可。现在我相信，你和我都同意采取的策略是对头的。"

在启程前，基辛格再次就美国采取的战略和策略致函尼克松，这一次是典型的美国式的胡萝卜加大棒思维。基辛格说：

"我们将毫不犹豫地采取为打垮河内攻势所必需的军事措施，不管这样做会使苏联感到多么难堪，不管它会不会危及我们同莫斯科之间的关系，以及不管国内定将出现的一片喧闹。同时，我们把大大改善美苏关系这根胡萝卜悬挂在苏联领导人的面前。我将把经济关系同政治上的进展，包括苏联在越南问题上给予的帮助，联系起来。"

基辛格分析说："现在河内已把它的全部军队投入攻势，我强烈主张摊牌。我深信一旦挫败了河内的攻势，谈判就势在必行。另一方面，我认为莫斯科不可能发一道圣旨就能使战争停下来，也不能期望它公开背叛它的盟友。河内……不管莫斯科如何施加压力，都能够把攻势进行到底。他们把战争胜利的希望寄托在这次攻势上；莫斯科要命令他们停止，现在已经为时过晚。"

基辛格向尼克松阐述了他要采取的战略和策略："我将向莫斯科说明，你打算采取必要的军事措施以制止共产党的攻势；从这个意义上说，你准备使对苏关系服从于越南局势当前的需要。我将坚持要先讨论越南问题，然后才转入讨论同最高级会谈有关的美苏关系的各项实质性问题。苏联要对共产党越南的攻势负相当大的责任，因此不能因为他们施加影响来促成逐步降级而期望我们给予'奖赏'。尽管如此，为推行我们的总方针而最有希望取得成功的策略大概是：使勃列日涅夫感到存在着广泛改善美苏关系的前景。"

基辛格的战略概括起来还是"连环套"。

九、变局

1972 年 4 月 20 日，星期四，当地时间晚 8 时，基辛格带着他的谈判智囊团飞抵莫斯科，开始了一次艰难的较量。

基辛格很清楚苏联人是很难对付的谈判对手。几十年的冷战对抗，要在一夜之间填平鸿沟是不可能的。

第一天，基辛格尽量使全部时间用来谈判越南战争问题。他首先给主人一点甜头，代表尼克松总统表示美国将致力于最高级会谈的成功。他对接见他的苏联最高领导人勃列日涅夫说，美方不仅想改善东西方关系的气氛，而且想改善它的实质。接着，基辛格单刀直入，威胁说：河内的攻势威胁了最高级会谈。他大胆提出在越南问题上美国与苏联有共同利益。这是一个惊人的论点。他说：

"防止北越的胜利符合苏联的利益；如果我们吃了败仗，我怀疑尼克松总统是否还能到莫斯科来。即使到时候战争还胜负未定，美国人民也知道是苏联的武器使河内得以发动攻势，因此总统的活动余地仍然是很有限的。我必须坦率地告诉总书记，如果局势不受阻挡地发展下去，那么一种可能是，我们将被迫采取势将危及最高级会谈的行动；另一种可能是，如果最高级会谈举行，我们将失去我们实现已申明的目标所必需的行动自由。"

接着，基辛格提出："必须在 5 月 6 日之前同黎德寿再举行一次秘密会谈，而且一定要谈出结果。我们对会谈本身不感兴趣。我们关心的是结果。我喜欢黎德寿先生，他给人以深刻的印象。但是我要见他，不是因为我喜欢和他交往，而是想得到一些具体的成果。"

勃列日涅夫的反应既是温和的又是谨慎的。他只是代越南政府宣读了一份电报，越南方面提出坚持在 4 月 27 日恢复全体会议，然后在 5 月 6 日举行秘密会谈。

第二天，基辛格主动提出了一个折中方案，以打破美国与北越在全体会议和秘密会谈的次序问题上的僵局。他说："我们将出席 4 月 27 日全体会议，条件是河内事先同意在 5 月 2 日举行秘密会谈。5 月 2 日是切实可行的最后一天，在那以后我们将不得不另行决定，因此必须在那次会谈中取得成果。为了表示我们的诚意，在那次会谈以前我们将不轰炸河内或海防地区。"

基辛格提出这些建议是另有考虑的，它不光是说给越南人听的，也是说给苏联人听的，以便让苏联领导人对会谈的结果分担责任，并且企图把会谈失败的责任推给河内。这正是他这次莫斯科之行的目的之一："让苏联卷入和谈的过程，而且卷入的方式对美国有利。"

因此，基辛格又进一步提出了他准备在 5 月 2 日向黎德寿提出的实质性建议，这就是尼克松 4 月 19 日批准的那个蛮横建议：撤走 3 月 29 日以来进入南越的北越部队，尊重非军事区，立刻交换已经拘禁四年多的战俘，并认真努力在双方商定的时间内谈妥解决办法。作为交换条件，美国将停止轰炸北越，并撤走 3 月 29 日以来新派去的海空军力量。

急于想讨论苏美关于最高级会谈问题的苏联领导人，没有提出更多的疑问和反驳，只是同意把美方的建议转交给河内。勃列日涅夫还幽默地表示，他既控制不了美国的和平建议，也控制不了美国的轰炸机。

据此，基辛格认为，苏联人卷进来了。在他看来："一个国家一般是不会答应转达一项它自己也想拒绝的建议。同时说明苏联优先考虑的是最高级会谈和美苏关系，而不是越南。"基辛格认为这是个关键性的信号，它说明美国还可以走得更远，而不致引起苏联威胁取消最高级会谈。根据这一新情况，基辛格得寸进尺，他已经想好，如果越南方面拒绝在5月2日举行秘密会谈，或者会谈失败，美国将采取什么对策。

在取得这些关键性成果之后，基辛格擅作主张，作了一个关键性的决定：同意把越南问题放在一边，着手进行最高级会谈的筹备工作。这是苏联人急切盼望的。

经过紧张的讨价还价，最高级会谈的筹备工作很快结束。双方商定了一个宣布基辛格这次访问的简短公告，宣布"会谈涉及重要的国际问题以及与筹备尼克松总统和苏联领导人5月会晤有关的双边问题"。

访问结束时，基辛格向尼克松报告了他认为取得的成就，其中有关越南问题的部分包括：

——在我们轰炸河内、海防三天后，并且在我们正在轰炸和炮轰（北越）的时候，莫斯科愿意接待我。

——访问公告加上适当的吹风可以清楚地看出讨论了越南问题。把重要的国际问题与和最高级会谈有关的双边问题区别开来，这就是暗指越南问题。

——在我们继续进行轰炸的时候，苏联愿意把我们的程序性建议转告河内并劝它进行秘密会谈。

——苏联愿意将一项很强硬的实质性建议转告河内。

——苏联认识到我们极其认真地对待越南问题，认识到其他一切都取决于越南问题。为交换以上各点，我们同意停止轰炸海防一周。

基辛格认为，他的莫斯科之行使美国在越南问题上迈出了决定性的一步。

两个超级大国之间的这场交易，无疑深深地损害了越南人民的感情和利益。

这也可以说是美国侵略者干的又一笔罪恶勾当。基辛格的计谋主要是用来对付苏联的，以图压越南方面作出更大的牺牲和让步。

十、投其所好：威胁利诱兼施

1972 年 5 月 2 日，基辛格带着喜悦的心情再次来到巴黎，同黎德寿举行秘密会谈，结果双方不欢而散。气急败坏的基辛格回到华盛顿，向尼克松作了详细汇报，建议总统"下决心采取得力的军事行动"。他让尼克松给他 48 小时，以便制定一个军事行动的计划。

尼克松同意了基辛格的建议，但他最关心的是莫斯科最高级会谈。他虚张声势地说，最高级会谈如需取消或推迟，应当由他采取主动。如果由莫斯科宣布取消最高级会谈，对他来说简直就是丢尽脸面，他要求基辛格在假定他对莫斯科先发制人的基础上制定计划。

基辛格也认为尼克松的想法是对的，不过他所关心的是"如何击退北越的攻势"，因为"美国没有了选择的余地，不得不冒一切必要的风险，至于是先发制人地取消最高级会谈，还是让苏联去作决定，应由尼克松作出政治判断"。

基辛格警告苏联领导人美国正在作出重大的决定，同时与尼克松一起制定军事计划。基辛格主张以布雷来封锁越南，下决心要切断越南与外界联系的一切通道，恨不得把越南一口吃掉。他的逻辑是："美国所采取的军事行动必须立即使北越受到足够的震动，改变越南军事态势的方向，同时要能承受得住美国公众舆论的批评，而布雷便是达到这一目标的最佳选择，布雷可能一劳永逸，一旦北越在南方的供给枯竭，布雷就会对谈判产生强大的压力。"这一建议被尼克松接受了。

5 月 8 日，尼克松悍然下令在越南民主共和国港口布设水雷，把战争升级到了极点。

　　为了制定新的作战计划，基辛格向在越南的美军最高指挥官征求意见，并请他手下的专家，包括白宫的苏联问题专家、亚洲和越南问题专家、中央情报局的首席越南问题专家商讨对策。最后由尼克松主持召开国家安全委员会会议讨论，签署了由基辛格主持制定的"军事行动计划"。

　　作出了军事决策，基辛格和尼克松关注的焦点便是莫斯科最高级会谈。现在他们的外交重点就是把球踢给莫斯科，并尽可能不让苏联方面取消最高级会谈。他向多勃雷宁转送了尼克松给勃列日涅夫的一封信，信中概述了尼克松将要在讲话中宣布的措施，并提出了结束封锁和轰炸的条件：越南方面停止攻势；实现国际监督下的就地停火。基辛格在信中以引诱的手法向苏联领导人总结了限制战略武器会谈、原则宣言和扩大贸易方面达成的协议，预见会谈可能取得的成就。在信的结尾，基辛格向苏联领导人呼吁：

　　"最后，总书记先生，让我对你说，这是一个发扬政治家风度的时刻。此时此刻，如果我们共同努力，就能结束越南冲突长期以来对我们两国关系和世界和平所产生的不良影响。我随时准备和你一道立即实现双方都不丢脸而造福于有关各国人民的和平。我知道，我们在一起是有能力做到这一点的。"

　　当天，尼克松向全国发表电视讲话，提出在美国人看来十分宽容的条件：就地停火、释放战俘、在四个月内撤出全部美军，并称这将使越南方面保留在攻势内得到的全部好处。尼克松引诱苏联领导人勃列日涅夫采取合作的态度，他说："我们美苏两国正在门槛前，即将进入一种新的关系，这种关系不仅有利于我们两国，而且有利于世界和平的事业。我们准备继续建立这种关系。如果我们做不到，责任就在你方。"

　　5月9日上午，基辛格在白宫的东大厅向记者吹风，劝告苏联和中国默许美国的行动，以便孤立越南，推动它进行有意义的谈判。基辛格同时提醒越南说：

　　"且不说在目前的状况下举行真正全面的秘密会谈的可能性有多大，我们相信，结束战争的最有效和最可靠的办法是通过谈判。我们敬重黎德寿是越方的严肃的和忠实的发言人。任何时候他准备讨论符合我们的原则的方案时，我们就准备同他恢复谈判。我们也将尽一切努力来理解他的观点。"

中国方面没有被美国的计谋所蒙蔽，于5月11日，中国政府发表声明，坚决支持越南政府5月10日声明的严正立场，重申："七亿中国人民是越南人民的坚强后盾，辽阔的中国领土是越南人民的可靠后方。不管出现什么情况，我们这个立场是坚定不移的。"

5月12日，黎德寿在巴黎表示了恢复谈判的诚意："如果尼克松先生真想进行认真的谈判，就我们来说，我们忠于自己的严肃立场和良好意愿，我们愿意与美方一起寻求对越南问题的合乎逻辑的、合理的解决办法。"

5月14日，多勃雷宁向基辛格递交一封信，劝美方恢复巴黎谈判，表示如果能在最高级会谈之前宣布恢复巴黎谈判，这对苏美会谈将会有许多好处。同时表示愿意把美国的反应转告越南。

基辛格认为宣布恢复会谈为时尚早，此时争取越南战争迅速解决的最好办法是显示美国的坚定性。5月15日，他交给多勃雷宁一封没有署名的信，原则上同意举行全体会议，但是，为了避免引起不切实际的幻想，应当先同黎德寿举行秘密会谈，如果取得进展，全会就可恢复。基辛格在信中以强硬的口气威胁说，如果北越在军事行动上进一步升级，将会造成最严重的后果。多勃雷宁对于被要求转达这一威胁信号表示为难。这时，基辛格灵机一动，让人把这一段带刺激的话打在另外一张纸上，称之为"口信"。多勃雷宁同意了。

1972年5月20日，基辛格陪同尼克松从华盛顿启程访问莫斯科。他把这一步骤看作解决越南问题的关键一着。他要继续对北越打苏联牌，认为美国对苏联和北越的离间计正在见效。苏联的和解态度，继续准备在莫斯科举行最高级会谈，等于帮助他和尼克松抵消了国内的反对派——"鹰派因看到最高级会谈终于举行感到松了一口气；鸽派因在北越布雷而欢喜"，认为最高级会谈的举行表明苏联作出了让步。

基辛格十分清楚，要同地缘政治上的强大对手苏联打交道并不容易，特别是要想解决越南问题，仍需更多的计谋和勇气。

在同勃列日涅夫讨论越南问题时，尼克松一上来就说，越南问题是附带问题，它不应该阻碍我们两国中正在取得的基本进展。他扼要而坚定地阐述了美国的立场，提出莫斯科应该利用它提供军事装备所获得的影响促使河内重新考虑一下。"至于美国，我们决心结束战争，能够通过谈判方式最好，不得已也只好通过军事方式。"

勃列日涅夫首先向美国人发难，他指责美国最近的残暴轰炸，谴责美国卷入越南问题的全部历史，认为美国这些行动旨在使苏联难堪。但是，即使这样，苏联还是同意举行这次最高级会谈。他说：

"在目前这种情况下，我们本来很难同意举行这次最高级会谈。但是我们还是同意了。我想解释一下原因。最高级会谈之前的准备工作使人抱有这样一种希望，即两个具有如此强大经济力量、高度文明以及其他一切必要条件的大国能够走到一起来，更好地改善我们两国间的关系。"

接着，由苏联总理柯西金发言，他讲得有条有理，冷静而得体。他回顾历史，论证尼克松政府将像约翰逊政府一样，预言会获得胜利，却最后落得个失败的下场。他暗示说，河内方面可能会重新考虑它过去拒绝外国军队帮它作战的决定。

经过十多天的艰苦较量，美苏最高级会谈取得了成功，双方签署了包括限制战略武器协议在内的数个协议，按照尼克松的说法，是"为世界上两个最强大的国家之间建立一种新型关系奠定了基础"。尼克松答应苏联方面，美国将作出一定的让步。

苏联方面答应，最高级会谈结束后，将派波德戈尔内访问越南北方，以便安抚河内的不满情绪，传递美国的意见。尼克松则答应如果美国其他条件都被接受，他将同意在波德戈尔内在河内期间美军不轰炸河内和海防，阮文绍将在选举前两个月辞职。

基辛格自认为最高级会谈使尼克松政府在越南问题上牢牢掌握了苏联这张牌。他说："无论从最高级会谈的内容还是从历史背景看，这都是美国政策的一项重大成就。我们不仅挫败了河内，而且还完成了同莫斯科的重要谈判，这使未来变得更有希望，从而使人们对越南问题有了正确的认识。"

十一、对付盟友，打拉结合

莫斯科之行使基辛格更加相信可以通过谈判最后解决越南问题。他的结论是：继续关注巴黎谈判，并且为每一步骤费尽心机。

6月12日，基辛格建议6月28日由基辛格与黎德寿举行秘密会谈，同时强调秘密会谈应先于圆桌会议。

基辛格认为："恢复谈判具有相当重要的象征意义：它表明北越不再把他们取得军事胜利或者尼克松竞选失败看作理所当然的了。那样不外乎两种情况：如果北越确信它会赢得胜利，它就会配合新的大规模攻势来选择恰当的谈判时机。如果它相信能使尼克松从政治上垮台，它就会设置障碍，发表含糊的和平倡议，以便煽动美国国内的反对派，把尼克松政府描绘成为和平的障碍。现在看来，不论结果如何，北越的攻势最后都会导致认真的谈判。"

基辛格认为，在越南对即将来到的美国总统选举的可能结果作出分析以前，美国的上策是保持冷静，不拿出任何特别的新建议，希望以此加强对越南的压力。他判断："只有在北越对尼克松竞选的前景作出最后判断之后，关键时刻才会到来。战争必须在表明美国政府控制着局势的情况下结束，这就需要外交的主动权。"

基辛格再次进行外交出击，并制定了新的策略：在摸清越南的意图之前不提新的建议，设法逐渐把越南政府的政治建议中的有效内容排除掉。如果越南政府表示合作，美国就可以逐步端出自己所提出的两者并存的办法：一方面解决军事问题，一方面把政治问题基本上留待有关各方协商解决。他认为这将给西贡伪政权方面一个决定自己命运的机会。

但在重新与越南北方政府打交道之前,基辛格必须与美国的南越盟友阮文绍取得战略上一致。为此他派他的助手黑格将军前往南越首府西贡进行实地考察,同时向阮文绍介绍美国准备在下一轮会谈中采取的立场。

黑格按照基辛格的要求,对美国的策略进行了说明:"美国一直试图把军事战线上采用的强硬措施和谈判桌上的通情达理结合起来。"同时说明了美国对越南政府在美国总统选举问题上所作出的推断。他说:"河内设想尼克松总统在 11 月份选举中会取胜,在他再次当选之前同他打交道可能比当选以后更容易些。"

7 月 19 日,基辛格在巴黎同黎德寿举行第十五次秘密会谈。这一次基辛格说话慢条斯理,并且多用半哲理性的措辞,免得黎德寿以为尼克松面临大选的压力。他假话真说:

"我们的情况大选后会好转。任何利用谈判来影响我们选举的企图都会立即导致谈判的破裂。"

接着,他许给对方一些甜头:"我们愿意在战后同河内共处。我们不想在东南亚保持永久性的基地。"

越南谈判代表团特别顾问黎德寿重申越南政府的正义立场和谈判诚意,并作出了一定的让步。他强调说,越南政府在尼克松第一届任期内就迫切希望解决战争问题,我们会记住美国在世界其他地区所承担的责任,即使这些责任和越南人没有直接关系。他重申了关于组成三方民族和睦临时联合政府的标准建议,但暗示说,一旦阮文绍下台,在同共产党人进行最后谈判期间,政府其他人员可以留任,甚至可以接受美国的援助。

由于担心受到国内攻击,基辛格要求公开会谈的事实。他对黎德寿说:"特别顾问先生,我的行动现在很受注意,会谈无法保守秘密,进行会谈的事实将公开。"黎德寿拒绝了这一要求。

回国后,基辛格在给尼克松的备忘录中总结了他认为这次与黎德寿谈判取得的成果。他写道:"他们在第一次会议上表现得相当积极,如果他们真想解决问题，我们对他们的期望也不过如此……"他预言："如果他们确想有所前进，则可能会按照我们1月25日的建议朝着停火和政治原则相结合的方向前进。但是这种情况最早也要再举行几次会谈之后才能出现。此外，他们还可能利用谈判强调阮文绍是全面解决问题的唯一障碍。"

在下一轮会谈之前，基辛格再次征求南越盟友的意见，他把美国将在下一次会议上提出的建议告诉了阮文绍，让他准备在新的大选前两个月而不是一个月辞职；停火应在签署原则协议时生效，而不是像河内一直坚持的，停火要推迟到政治问题达成协议时才生效。

这一次，美国与南越在根本利益上的冲突开始暴露出来。阮文绍对于美国政府强迫他辞职一事表示强烈反对，提出：美国可以非正式地而不是以书面形式提出让他在大选前两个月辞职，美国也要撤军。

基辛格认为，阮文绍的要求是无法实现的。他凭直觉认为，在战场上没能迫使越南政府放弃的东西，在谈判桌上也不能使它让步。但是，鉴于阮文绍的建议与秘密谈判没有关系，基辛格既没有同他争论，也没有同他计较。他的注意力仍然是同黎德寿的会谈。

8月17日，基辛格访问西贡，他希望同他的盟友达成战略上的一致，共同对付越南北方。但是，他没有想到阮文绍会接连给他出难题。

由于没有思想准备，看到美国与越南北方有可能很快达成协议，阮文绍开始对美国人说不。他似乎同情地听基辛格讲完，再提出尖锐的问题和修改意见，讨论具体的实施办法。

基辛格一直对西贡阮文绍政权表现得"诚心诚意"，他向他的盟友保证，美国"不会使自己在越南的长期奋斗以耻辱而告终"。然后，他向阮文绍介绍了他设想中的美国方案：将选举委员会改名为民族和解委员会，但不改变其职能。这样做的目的，是搞掉黎德寿提出的联合政府方案。

基辛格根本没有想到阮文绍并不领他的情，对他的方案不屑一顾。直到这时，基辛格才明白，"过去他一直同我们站在一起，以便有权取得美国的支持。

但是在面临认真的谈判时，他同我们的看法就开始出现越来越大的分歧了"。阮文绍对通过谈判取得和平根本没有思想和心理上的准备，他们宁愿继续进行军事争夺而不愿面对一场政治斗争。这几乎成为基辛格同黎德寿进行谈判的障碍。

基辛格考虑再三，决定不为南越所左右，不能因为南越的顽固态度而使谈判破裂。但是，此时的基辛格已经真切地感觉到，他现在所面对的对手不仅是黎德寿，而且又多了一个美国的盟友阮文绍的南越。他看到，"他们之间由于不信任和彼此造成的苦难而形成的鸿沟，是无法用善意或美国人所倾向的那种妥协来加以填补的。越南双方都把每一次解决当成是不久以后的某个时候一场新的斗争的起点。双方对我所提出的每一项有意含糊的方案都加以研究，以确定这个方案在多大程度上可以给它提供一个使可鄙的对手丢脸的机会。为了取得这样的胜利，双方都以使人惊奇的狡诈而巧妙的手段不断改变提法"。

这确实增加了基辛格的困难。尽管基辛格一向喜欢承受更多的压力，但是，此时的他宁愿困难和阻力少一些，他真盼望美国政府能早一天从越南脱身。他不顾阮文绍的反对，决心执行他既定的方案，把军事问题和政治问题分开，首先解决停火、释放战俘和撤军等军事问题，而把政治问题留给越南人自己去谈判解决，让多年来美国努力使之强大的盟友有机会依靠自己的力量去求得发展。

但是，正如基辛格所预料的，他的方案遭到南越盟友的强烈反对，因而被拒绝，阮文绍设法阻止他在形式上作出让步，以避免面对停火的现实。这对于基辛格来说是可怕的。他想："这样在战争临近结束时，我们终于使越南双方'一致'起来了——他们对美国的目的一致感到惊恐，最终都一致地不喜欢和不信任美国的主要谈判者。"

在这种困难局面下，为了应付下一次会谈，基辛格又精心设计他的谈判策略。他分析，美国现在有三个战略性选择：一是设法在大选以前获得解决；二是大选一结束就采取升级的做法，使事情发展到顶点；三是照目前速度使冲突继续下去，希望有一天河内会软下来，并提出对美国更为有利的条件。

基辛格赞成第一种做法。尼克松赞成第二种做法，他宁愿在赢得公众对总统新的委托后，就立即戏剧性地用炫耀武力来取得这些条件。但是，这一次基辛格不准备再迁就总统。他认为，把那些使美国多年来得以处在极强有力的国内、军事和国际地位的条件很好地结合起来加以利用，是比较明智的。现在正是设法使越南方面作出最大让步的时候。他精心设计了下一次的谈判方案，但是随后的两次会谈都没有像他想象的那样有所进展。

9月15日，基辛格秘密前往巴黎，提出了他的全盘计划，但是越南代表团并不感兴趣。黎德寿重新提出了一项新的"十点建议"，被基辛格拒绝了。

双方没有达成什么一致意见，只是定下了就达成原则协议规定期限以10月15日为期。

就在这时，阮文绍又出来干扰了。他指责美国人走得太远了，警告说不应再作出任何让步，并公开声明：除了南越人以外，"任何人都没有权利商谈或接受任何解决办法"。

基辛格不想在这个节骨眼上与他的盟友争吵，于是他写信给驻南越的邦克"大使"，要他对阮文绍进行安抚："阮文绍应该明白，在我们所面临的敏感时期，他对谈判的表态会对河内的策略产生重大的影响。……我们此时的策略是迫使河内的立场进一步发生变化，在继续对河内施加最大限度的军事压力同时，维持在巴黎进行建设性活动的外表。因此，必须使阮文绍同我们紧密地站在一起，以便向河内显示我们的团结。"

十二、忍无可忍，强行摊牌

经过激烈的唇枪舌剑，1972年10月，基辛格与越南谈判代表进行秘密会谈几近达成协议，但基辛格与南越伪政权的关系却越来越僵。基辛格没有想到，阮文绍对美国与越南政府达成协议、美军撤离越南仍表示严重怀疑，更担心美国人出卖他。于是，基辛格怀着较为乐观的心情从华盛顿飞往西贡。他认为，这次应该是阮文绍真正表态的时候了，尼克松把自己的政治前途和国家的信用都作为赌注押在支持南越上面了。

可是，阮文绍一上来就对基辛格搞心理战，他先让基辛格和他的助手们在记者面前等了足足一刻钟。当基辛格等人被招到阮文绍面前时，这位被美国称作"南越总统"的阮文绍，连一句寒暄的话都没有，只是冷冷地接过尼克松写给他的信。这封由基辛格起草的信写道：

"基辛格博士将向你最详细地解释拟议中的协定的条款，协定由他带着……我希望你知道，我认为我们只有接受这一协定而无其他合理的选择余地。协定代表了对方的主要让步，我坚信这个协定的执行将使你和贵国人民有能力保卫自己并决定南越的政治前途……最后，我必须说，正像我们在战争中冒过风险一样，我认为我们也必须为和平冒些风险。我们打算忠实地遵守同河内达成的协议和谅解，而且我们知道这也是贵国政府的态度……请你放心，我们将把他们任何背约行为当作最严重的问题来看待，那将会产生极其严重的后果。"

阮文绍对尼克松的这封信不置一词，接着把基辛格一行请到隔壁房间，那里坐满了西贡的"国家安全委员会"成员。基辛格这才意识到又一场会谈即将开始。基辛格阐明了美方的方针。他说：

"我们在越南问题上的努力是由很少一部分人坚持着的，他们顶着国内的巨大压力。许多人急于结束美国的卷入换取美国战俘的归来……两年多来，我们在贵国政府的同意下，提出了一套明确的方案，现在河内已经接受了这个方案。如果我们现在拖延，就连国会中支持我们的人也决不会理解。"

接着，基辛格花了一个小时介绍整个协定文本。最后，他谈了自己认为的中心问题：

"我们在一起作战已有八年多了。你们作出了很大牺牲，我们的损失也不小。如果我们现在能在一起缔结和平，也不算枉受苦一场，还能一起在越南建立一个我们曾为之饱受患难的结构。正是本着这种精神，总统让我来同你们谈话。我作为朋友到这里来和你们解决一个共同的问题，以便我们能够继续友好合作。"

阮文绍对基辛格的雄辩无动于衷，只是问了一些无关痛痒的问题。第二天上午举行的会谈也是如此。基辛格误以为阮文绍正在慢慢地同意协定。

定于10月20日上午9时举行的会谈，被阮文绍人为地推迟了五个小时。会谈的情况与前两次情况没有多少差别。这时，就连美方一向沉默寡言的艾布拉姆斯将军也按捺不住了，他站出来敦促阮文绍接受河内的协定草案。他说：

"我相信，这里现有的领导机构有能力保住这个国家和政府。我同意基辛格博士的意见：保住这个国家不能靠任何协定，只有靠警惕和决心……我对南越人民和军队向来很尊重和钦佩，但从一开始我就认为，为了你的自尊心和贵国人民，总有一天安全和政治力量要完全由你们自己掌握，最后只有我们的空军力量在一侧待命，我们的装备和补给输入你们的港口。"

基辛格后来才明白，阮文绍真正担心的不是协定，而正是缺乏如此重要的自信心。也就是说，他所担心的，不是签订什么样的协议，而是签订协议本身。这令基辛格叫苦不迭，感到尼克松政府几乎要走投无路了，不知为什么阮文绍到现在才说这种话。

21日，基辛格拿到了南越对草案的修改意见，共有23处之多，但是基辛格还是答应试一试。可是，他没有想到，这么多意见本身所表明的还有另外一层含义：阮文绍在故意刁难他的美国盟友，并准备同基辛格进行对抗。

善于洞察事物本质的基辛格，这一次确实没有料到阮文绍会来这一手。这一天，预定在下午2点钟举行会谈，基辛格早早来到邦克"大使"的办公室，等候被召到"总统府"再次会晤"南越国家安全委员会"的全体成员。可是，在约定的时间没有来电话。过了约一小时，那边来电话，说会见改到下午5点钟，而对于会见为什么推迟，既没有道歉，也没有作解释。一直等到下午5点30分，阮文绍的车队路过美国大使馆，警笛声震耳。直到下午7点30分，那边仍然没有传来半句话。又过了五个小时，阮文绍来电话说，内阁会议仍在进行，结束后立即会见。又过了三刻钟，那边又来电话，说阮文绍将在第二天早上8点钟会见基辛格。

这是基辛格自担任公职以来从没有遇到的粗暴礼遇。他想："不管他们关切的是什么问题，任何盟国都无权这样对待美国总统的一位特使。阮文绍一定以为我们的策略离了他不行。"

大约晚上9点钟，阮文绍突然来电话，歇斯底里地抱怨说，三个星期前黑格到西贡来的使命是要组织一次推翻他的政变，而此时由基辛格率领的代表团成员们正在继续这个企图。他要求美国人立即住手。

基辛格认为这真是天大的冤枉，他和邦克是阮文绍多年来的主要支持者，顶住了来自河内方面和美国国内反战批评者们要他们搞掉西贡政府的巨大压力，现在竟被阮文绍指责为企图推翻他。此时的基辛格，除了忍受，别无他法。但是尼克松政府自己让日程捆住了手脚，基辛格必须在72小时内到达河内。他向尼克松报告说："一个熟悉的模式正在出现。这使我们的地位极为脆弱。如果河内对我们最近发去的信再次表示认可，而我又拒绝去一趟，他们就会清楚地知道我们的困难所在。他们一定会公开要求我们签署一项我们已经同意的解决方案。"

就在这时，越南的一个行动，无意中给基辛格提供了一个台阶。原来是美国著名记者阿诺·德博什格拉夫在没有申请签证的情况下，意外地拿到了去河内的签证，并得到了越南总理范文同的亲自接见。在谈话中，范文同说阮文绍落后于事态的发展，并介绍了与美国达成的协议草案。基辛格认为范文同对协议草案提出了越南方面有倾向性的解释，肯定会激怒西贡政权，并引起他们最严重的怀疑，这样他就可以继续向越南方面施压了。

与此同时，尼克松也从华盛顿打来电报，指示他尽量推动阮文绍，但不能闹翻，最好的办法是把最后达成协定的时间推迟到美国大选之后，并使越南双方在此以前保持安静。基辛格认为，尽管尼克松对他提出苛刻的要求，并且没有指明采取什么策略，但这仍不失为一个不错的办法。而且，尼克松还发来了他亲笔起草的给阮文绍的信，其中特地加了一条严重警告：

"如果你现在认为协定不能接受，而对方却显示他们为满足对他们提出的要求作出了极大的努力，那么我认为你这样的决定将产生最严重的影响，使我无法继续支持你和南越政府。"

但是，尼克松和基辛格最后没能打动阮文绍。这最后一次会见持续了将近两个小时，阮文绍一边讲，一边流着眼泪。他说，美国显然同苏联和中国"串通"要出卖南越。他不参加这种交易，并第一次透露，起码一年前他就感到自己被出卖了，那时美国建议他同意在美国新的总统选举前一个月提出辞职。他说：

"自从美国要我辞职，并且在辞职时间上同我讨价还价之后，如果我不是军人的话，早就辞职了。因为我看到，我认为是朋友的人抛弃了我。不论对我个人的耻辱会有多大，我将继续打下去。我最大的心愿是能签署一项和平协定。我并没有告诉任何人说美国人要我辞职，那样美国人会同我一样不光彩。我装成是我自愿提出辞职的。"

基辛格听后非常气愤，但他还是忍住了，平心静气地回答说："我钦佩你讲话中表现的勇气、献身精神和英雄主义。但是作为一个美国人，我对你关于我们串通苏联人和中国人的说法不能不表示十分气愤。你想这怎么可能呢？我的总统为了帮助你们，在5月8日甚至冒了可能毁掉他整个政治前途的危险。我们同苏联人和中国人谈是要他们向河内施加压力。我们真诚地相信，拟议中的协定维护了南越的自由——我们的原则同你们的原则是一致的，而且我们维护了这些原则。你只面临一个问题，而尼克松总统面临的问题却多的是。你认为我们毁了你的想法，不会为任何美国人所理解，尤其是尼克松总统。"

基辛格争辩说："说到具体问题，我们没有承认北越有权留在南方，我们使用了日内瓦协定语言，因为我们认为这是制定实际解决方案的最好办法。如果我们真想出卖你，另有许多更容易的办法。我们已经打了四年仗，把我们整个外交政策押在保卫一个国家上面。你刚才说的话使我们很痛心。"

但是，基辛格知道，他只能同阮文绍就一个问题进行争论：美国没有出卖朋友，而不能同阮文绍闹翻，不能把他推到悬崖边缘，导致把他与美国的分歧公开化，从而使越南北方又一次拒绝妥协。同时，又不能让阮文绍认为美国被他给难住了，或者美国放弃了和平解决越南问题这个大目标。他制定了对付阮文绍的新策略："我们必须使他清楚地认识到，任何时间的推迟都只是策略性的，是为了掩盖我们的分歧，并提出小的改进要求，而不能要我们根本推翻我们解决这场战争的决心。"

十三、和平在望

没有阮文绍的同意，谈判就无法进行下去。基辛格认为，最重要的是要在河内发火以前赶回华盛顿，同时立即通知苏联方面，说明美国在西贡碰到了障碍，只得同黎德寿再开一次会，希望得到苏联的协助。

向阮文绍辞行时，基辛格警告说，如果战争按目前的规模再打六个月，国会将切断政府的经费。他说：

"重要的是不能使我们已经作出的牺牲变为白费。如果我们继续对立下去，你会获胜，但最终我们双方都会失败。美国报界、新闻界和知识分子都把他们的利益寄托于我们的失败，这是事实。如果这几天我显得急躁，那是因为我眼看要失去良机……我不是想说服你，而是想要你理解我们试图做的事。如果我们不以我们的关系为重，我们就不必制定新的计划——我现在怀着悲痛的心情而走，原因也就在此。我们将尽力而为……"

也许基辛格的话产生了作用，直到这时，阮文绍才表示他决不会公开批评美国，不搞任何对抗。

基辛格还得考虑如何对付越南政府方面新的挑战。在即将离开西贡时，他以尼克松的名义，给巴黎的美国谈判代表盖上校发了一封电报，让他转交给河内的代表。时间是巴黎时间下午3点，在西贡是晚上10点，也就是说他早已登上回华盛顿的归途了，再加上电报转递时间，他也许能在河内作出反应之前赶到华盛顿。他在电报中称：

"越南民主共和国方面同时也知道，美国的一贯立场是它不会把一个单方面的解决方案强加于它的盟国，美国只会在协商的基础上前进……总统建议特别顾问黎德寿和基辛格博士尽早在巴黎再次会晤，商量解决剩下的问题。基辛格博士将在越南民主共和国规定的任何日子前来巴黎。在目前情况下，在这些额外的会谈结束之前，基辛格博士不可去河内。"

基辛格还威胁说："美国方面必须警告，任何想公开利用目前的暂时困难的企图，只会使谈判延长。"

此时，基辛格的麻烦还不止于此，他还必须面对国内的分歧。就在飞返华盛顿的途中，基辛格得知，国内很多人主张先把和约草案丢开，等大选以后再去赌博。在此之前，就连他的助手、留在华盛顿的黑格将军也提出，如果闹翻，就把责任推在河内身上，反对民族和解与和睦国家委员会，说它是一个联合政府，并对协定提出异议，说河内想通过它来加强自己的安全，同时只作含糊的保证。

基辛格认为这种做法是无法想象的。他在22日的回电中反驳说，我们不该"贬低一项我们无力再作重大改进的协定，而应把它看作巨大的胜利"。23日，他又给黑格发去一封措辞尖锐的电报，指责说："许多战争都是由于不幸的胆怯而失败。但是军人们不能抓住解决问题的时机也造成巨大的悲剧。"

基辛格感到，必须顶住各方面的压力，以维护协议草案：既要顶住河内要求签署现有条文的压力，又要顶住西贡关于放弃协定的要求，还要顶住华盛顿想走回头路的倾向。而现在他最害怕的是越南政府单方面提前公开协议草案。他在飞机上致电尼克松说：

"如果河内把事情公开出去，我就举行记者招待会，承认有这个协定，并表示协定是一个重大进展。但要坚持说，有些细节尚待商讨，不受人为的时间限制。我将通知河内，协定的基本内容不会被放弃，但需作某些修改；我将通知西贡，我们将给它更多的时间并争取作一些修改，但是协定的基本结构不能改动。"

基辛格的这一策略得到了尼克松的批准。

正如基辛格所预料的，尽管他做了多方面的工作，又是向越南方面许愿，又是要苏联和中国对越南方面施加压力，但是，越南方面认为美国出尔反尔，不守信用，于是他们不得不采取非常措施，于 10 月 26 日向新闻界披露了一个月来的越美两国巴黎秘密谈判记录，并发表声明"强烈谴责尼克松政府缺乏诚意和缺乏认真态度"，要求在 10 月 31 日以前签署协定。

基辛格和尼克松一致认为，美国不能保持沉默，必须表明自己的立场，一则让河内放心，美国将遵守基本的协议，但保留提出西贡政权对协定的修改意见的可能性；二则也是向西贡傀儡显示，尼克松政府决心按自己的方针行事，以便挽救这个能结束 10 年痛苦经历的脆弱协定。

在同尼克松详细商讨之后，基辛格第一次被允许录音。他在开场白中用了"和平在望"这句话，以后它不断给基辛格带来麻烦。基辛格说：

"现在我们已经了解到越南双方各自的意见，显然这场打了 10 年的战争快要结束了，而且它对所有参加各方都是极其痛苦的经历……"基辛格这是说给美国人听的。

"我们相信和平在望。我们相信协定近在眼前。该协定以总统 5 月 8 日的建议和经修改的、对各方都是公正的方案为基础。在这样一场极其复杂的战争中……在取得最终解决的过程中，偶然出现一些困难是不可避免的。但是我们认为已走完了大半路程，目前阻碍达成协定的问题跟已经解决的问题相比是次要的。"

他安慰国内的人民说："我们很清楚这场战争在我国所造成的分裂和痛苦。总统十分关心通过谈判结束战争，并且以符合我们原则的方式加以结束，原因之一就是希望实现和平的行动能恢复在战争的某些时期失去了的团结，和平协定能弥补裂痕，而不致引起新的分裂，这依然是我们的政策。"

最后他说："如果协定条款不适当，我们决不会被迫仓促达成协议。如果条款适当，我们也不会因受到干扰而不去达成协议。我们相信，上述态度加上另一方的某种合作，将使我们能很快恢复美国的和平与团结。"

"和平在望了！"记者们特别关注这句话。这一消息立即传遍了世界。国会山上一片欢呼，股票市场价格猛涨，全美渴望结束战争的脉搏加快了跳动。基辛格的只言片语和不着边际的神态都成了报纸要闻的内容。11月，基辛格出席一个宴会，有人问："什么时候实现和平？"基辛格打趣地说："记者每隔15分钟就来电话量一量我的体温。"他还向记者们说："以后不要再盯梢了，否则像马戏团似的。"

十四、锲而不舍，达成和平协议

基辛格最关心的还是如何让越南方面回到谈判桌上来。他让人安抚阮文绍不要破坏整个协定，向越南北方方面重申建议举行最后谈判，并答应在取得协定后48小时完全停止轰炸。同时，他还继续寻求苏联和中国的帮助，条件是他答应将在下一次谈判中达成协议。

由于美国缺少诚意，没有说服西贡伪政权同意下台，越南政府拒绝在10月31日以前同美国人举行新的谈判，只答复说正在仔细研究美方的建议，并将在日后给予答复。

基辛格判断，目前谈判的命运，存在三种可能性：一是越南方面可能取消协定，中断一切谈判；二是它可能坚持原协定而拒绝进行任何谈判；三是它也可能恢复谈判。他认为，最后一种可能性最大，但须在原建议的签字日期后经过一段适当的间隙。

可是，就在基辛格竭力保全协定的时候，尼克松政府在越南问题上的政策再次在国内遭到了猛烈的政治攻击。总统候选人乔治·麦戈文批评尼克松政府说："当基辛格博士出来说'和平在望'时，他是在欺骗美国人民。他知道他说的是假话。他和尼克松先生都明白，这是一场精心策划的骗局，目的是要愚弄美国人民，为共和党拉选票。"

还有许多人提出各种各样的疑问。但基辛格认为，应该坚决顶住各种压力。美国大选前三天，他终于得到了越南政府的答复，愿意接受美方关于恢复谈判的建议。为了避免在大选前再进行联系，基辛格于11月7日答复河内，建议在11月15日恢复谈判，并告诫对方，希望不要发表有倾向性的公开评论，或有选择性地公布以前有关谈判的文件，那样做只会使争取达成最后协定的工作复杂化。经过再次电报磋商，双方最后确定谈判日期为11月20日。

在恢复与越南代表团的会谈之前，基辛格还需要与阮文绍进一步协调立场，说服他同意美国与越南政府即将达成的协定。他再次派黑格携带尼克松的亲笔信前往西贡面见阮文绍。精明能干的黑格将军这次却无功而返，只带回了阮文绍的另外一些新要求。

接着，白宫向西贡发去由基辛格起草的以尼克松名义致阮文绍的信，答应美国将尽最大的努力修改协定，但要想满足阮文绍的要求是不现实的。

11月17日，基辛格又给邦克"大使"送去一份尼克松政府将争取对协定作出修改的总结材料，其中已把阮文绍的新意见考虑在内。但是，基辛格得到的只是阮文绍政权更多的要求。

尼克松三封措辞强硬的信件和总统特使的两次访问，对于阮文绍没有产生任何作用。在基辛格启程去巴黎的前一天，阮文绍建议修改69处，涉及草案的几乎每一段落。基辛格冷冰冰地拒绝了。他明白这位难对付的盟友的心思："阮文绍知道自己将不得不屈服，但只肯到最后一刻才这样做，他将迫使我们对河内施加最大的压力，同时利用我们要避免公开分裂的愿望。"

同黎德寿的谈判于11月20日上午正式恢复，断断续续进行到第二年的1月份。

起初，基辛格显得十分被动。为了避免被人指责没有精心维护西贡的利益，也为了取得阮文绍的理解和支持，基辛格如实提出了西贡要求的69处修改。事实证明，他这样做犯了一个策略上的错误，它导致黎德寿收回了过去越南作出的极为重要的让步：释放美国战俘，而不把它和西贡释放越共政治犯联系在一起；

所有美国非军事技术人员须同军队一起撤出越南，以免他们帮助南越人；坚持北越对"管理机构"一词的越文译法。这表明，越南方面再次采取强硬的谈判策略。基辛格被自己提出的要求给堵住了出路，一天的谈判过去了，毫无进展，而且时间对他也很不利。

基辛格看不到很快达成协议的希望，于是在请示尼克松后，提出休会。基辛格明白，在华盛顿，失败是需要有人做牺牲品的，这次他成了当然的对象。

12月初，谈判再次恢复。可是由于西贡伪政权的无理阻挠，美越巴黎和谈再次陷入僵局。

基辛格感到自己已无法驾驭谈判。在回华盛顿前，他向尼克松作了报告，提出新的建议，要求尼克松对越南方面采取新的军事行动，以增加美国在谈判桌上的筹码。他写道："目前我们的处境如何？……由于我们失去了有效的压力手段，河内几乎在蔑视我们，与此同时，西贡破坏协定的目光短浅的手段使我们失去了仅余的几根支柱……不久，我们将失去施加影响的一切手段，而如果我们不能达成协议，或使我方的被俘人员获释，国内对我们的压力将越来越大。我们将既达不成协议，也保不住西贡。"

他提出："现在，我们基本上可有两种战略。第一，我们对河内采取严厉的态度，用轰炸机和其他办法极大地增加对河内的压力。这包括重新布雷，在本周末对发电厂进行两天的大规模的袭击，并出动B-52轰炸机进行几次轰炸。这样做将表明他们要为过去10天的行为付出一定的代价。与此同时……对西贡施加压力是必不可少的，这能打消阮文绍已使我们屈服的想法，而且我们可以表明，我们既不容忍敌人的顽固态度，也不容忍盟友的这种态度。第二种做法是维持目前的表面关系，约定明年1月初再次和黎德寿会晤。"

基辛格倾向于采取军事行动。眼看到手的协定由于盟友的反对而失去，基辛格不惜再次动用军事手段，迫使越南政府在谈判桌上作更大的让步，稳定阮文绍伪政权。在12月份的谈判期间，他曾一再向尼克松强调：如果美国不愿使战争无限期拖下去，或接受一项无法监督执行、可能使西贡垮台的和平协定，那么谈判中断或休会，将意味着白宫必须加紧向越南政府施加军事压力。他希望尼克松向美国公众解释僵局的形成，并实行军事升级，以便在撤退前的最后关头，在谈判桌上提高要价。

但是，起初尼克松并不想恢复轰炸，他非常害怕在新任期开始时就在电视上宣布再次扩大战争。这时，基辛格的副手黑格将军提出了与基辛格相同的意见，并具体建议使用 B-52 轰炸机对北越进行大规模空袭。他认为，"只有施加大规模的军事压力才能克服河内蛮横的阻碍"。由于黑格在白宫的政治地位正在上升，日益接近尼克松的决策圈，他的意见对尼克松影响很大。

12 月 14 日，尼克松在讨论对越南问题的方针时，只请了基辛格和黑格。尼克松接受黑格的建议，选择了强行解决问题的道路，决定恢复猛烈轰炸，并且第一次连续使用 B-52 轰炸机轰炸越南境内。尼克松也看到，在白宫面前只有两种选择："要么采取大的、使人震惊的步骤，使事态按白宫的意志发展，尽快结束战争；要么就放任自流，进行另一轮无休止的谈判，延长战争，加深国内分歧，承受越来越大的伤亡。"

仁人认为，只有选择前者。于是，尼克松下令：12 月 17 日在河内和海港重新布雷，12 月 18 日恢复轰炸。

基辛格后来说，在使用何种军事手段问题上，自己起初并没有过多考虑。他认为，谈判立场硬一些，在军事战术上则可以更有灵活性，后来"认识到尼克松和黑格的论据有说服力"，所以尽管对于和平前景的后退感到痛苦和惋惜，但他还是很快就同意了，而且像往常一样，一旦尼克松作出决定，他就毫不犹豫地执行，认为"这是各种困难选择中的上策"。事实证明这是下策。

基辛格还在国内欺骗和愚弄公众。起初，尼克松拒绝向公众作出解释，他说应该有人就巴黎谈判休会的原因向报界作低调的解释。而基辛格认为，这样重大的决定应该由尼克松亲自出面作出解释，以便平息公众的激愤。他说，如果舆论大哗，只有总统才能使它平息，公众了解美国前进的方向。实际上，尼克松是想让基辛格在谈判失败后做替罪羊。

　　基辛格主动提出由他本人出面。他想："我成为攻击的目标是应该的，正如成功的时候我曾经并将再次成为中心人物一样。如果谈判破裂而无法挽救，我决定辞职并承担失败的责任。"

　　于是，12月16日，基辛格走进白宫举行记者招待会的大厅，对谈判出现僵局进行自圆其说的解释。他特别强调说："我们不会在讹诈下接受协定，也不会在慌乱中接受协定，而且请允许我说，我们不会受花言巧语蒙骗而接受协定，除非其中的条件合适。"

　　擅长计谋的基辛格有意将轰炸安排在黎德寿回到巴黎的这一天，即12月18日。这是有意羞辱自己的谈判对手。同时，基辛格通过巴黎渠道向河内发去一封电报，对打破谈判僵局和恢复谈判的日期提出了建议，表示可以在12月26日以后的任何时间会见黎德寿。

　　从此，越美之间展开了一场照会战。

　　12月22日，基辛格再次照会越方，建议举行会晤，并限定了期限。电报说："现在的抉择是继续冲突下去，还是在协定近在咫尺的时刻为达成解决而严肃地作出最后努力。美国方面倾向于后一种选择，建议黎德寿特别顾问和基辛格博士在1973年1月3日进行会晤。基辛格博士可以抽出三天时间来完成协定。如果河内同意在这个基础上会晤，从12月31日午夜起，在整个谈判期间可对北纬20°线以北地区停止轰炸。"

　　12月26日，越南方面照会美方，重申它一贯严肃的谈判态度，和同美国方面解决遗留问题的意愿：同意轰炸一旦停止，立即恢复专家会谈；黎德寿与基辛格的会谈可以在1月8日以后举行。

　　12月27日，美国复照同意越南26日照会中提出的基辛格、黎德寿1973年1月8日在巴黎会晤的建议，并称：如果得到越方确认，36小时后即停止轰炸。

　　12月28日上午10点，越方复照确认。12月29日，基辛格致电越南方面，表示美国将在华盛顿时间下午7点钟停止轰炸。最后，他再次强调："美方抱着善意恢复谈判，但促请越南民主共和国仔细研究美国 1972 年 12 月 8 日的去电。能否从敌对阶段转入正常化阶段，现在必须作出决定。"

据此，基辛格认为，他将赢得这场赌博，现在可以进入结束战争的最后阶段了。剩下的问题是如何对付阮文绍。

尼克松和基辛格还是决定派黑格将军跑一趟。这一回，尼克松不怕同他的盟友摊牌了。他在给阮文绍的信中最后写道：

"我已叫黑格将军听取你对我这一次绝对最后的建议的答复，让我们一起按照我批准的方针努力寻求问题的解决，要不然就分道扬镳。让我最后强调，黑格将军前来西贡不是为了同你进行谈判。现在是组成联合阵线同我们的敌人谈判的时候了。你必须迅速作出决定，你是愿意继续我们的联盟，还是要我同敌人寻求一个对美国有利的解决方案。"

黑格去了，受到的是上一年 10 月份基辛格在那里所受的同样的待遇，阮文绍愿意屈服于不可抗拒的力量，但不愿参与进去。

但是，基辛格仍按照尼克松既定的战略出击了。1 月 8 日，他前往巴黎与黎德寿作最后的较量。

这一次，谈判确实很顺利。第二天的谈判结束之后，基辛格向尼克松报告说：

"今天我们以在谈判中取得重大突破庆祝总统的生日。总之，我们解决了协定文本中所有悬而未决的问题。在签约方法上取得了重要进展，在有关谅解方面也取得了建设性的开端……"

为了讨好尼克松，基辛格还写道："我们之所以能有今天，是由于总统的坚定性，以及北越人看出来他将不为国会或公众压力所左右。黎德寿不止一次地向我说过这些看法。因此在以后的几天里我们必须保持强硬的姿态。丝毫的急于求成的表现都会是自杀性的。"

尼克松也为即将到来的成功感到兴奋，立即复电基辛格说："我很欣赏你的生日祝贺和报告……如果对方照此行事，明天不走下坡路，你今天的工作是我

60 年中收到的最好的生日礼物。"

　　1 月 13 日，协定草案连同所有谅解和议定书全部完成，两个对手第一次坐在一起用餐。与越南政府的谈判即将结束，最后就看阮文绍的了。在尼克松的强大压力下，阮文绍终于低头了。

　　基辛格在经过四年的艰苦努力之后，终于草签了《结束战争恢复越南和平的巴黎协定》。美国承认越南人民的基本民族权利，尊重越南的主权、独立、统一和领土完整，同意撤出美国及其盟国的全部武装力量和拆除在越南南方的军事基地。基辛格使美国"体面"地撤出越南。这件事对历史的影响将是深远的。基辛格成了名人中的名人，他还因此获得"诺贝尔和平奖"。

基辛格获得"诺贝尔和平奖"

第六章 "中东旋风"上演 "穿梭外交"

1973年10月6日，基辛格担任国务卿仅两个星期，在中东地区，埃及、叙利亚与以色列之间爆发了第四次中东战争。

美国、苏联两个超级大国的争夺，是造成中东地区爆发武装冲突和战争的根源。这两个超级大国为抢占中东的石油资源和战略利益，在中东地区既明争暗斗，又避免直接冲突，维持一种既争夺又勾结，竭力维护阿、以间"不战不和"的局面。战争爆发后，它们一方面有节制地给阿、以双方分别运补武器装备和作战物资，另一方面又在幕后紧急磋商，穿梭斡旋。

基辛格就是在这个范围内发挥其智谋，为美国谋取最大利益的。他借此出面走访巴拉特、突尼斯、阿尔及尔、开罗、卢克苏尔、亚喀巴、安曼、拉亚克、大马士革、利雅得、特拉维夫和耶路撒冷等地，将中东的几家宿敌捏在一起，创造了外交史上"穿梭外交"的范例，一举成为破解中东困局的英雄。埃及总统萨达特吻他，称他"兄弟"；法赫米拥抱他；沙特阿拉伯外长萨卡夫拉着他的手，费萨尔国王和他亲切谈话；约旦国王侯赛因亲自带他乘坐皇家直升机游览；叙利亚总统阿萨德跟他又说又笑；以色列外长赞扬他在使以色列撤出阿拉伯领土问题上所作的努力；埃及开罗半官方报纸《金字塔报》把基辛格誉为"超人"；中国的周恩来总理称赞他为"中东旋风"。

一、和平手段是优先手段

中东地区位于亚、非、欧三大洲交汇要地，历来是非纠纷滋生；三大宗教共处一地，耶路撒冷对于三大宗教都是圣城；这里又是世界上最大的军火市场，有"火药库"之称。美国和苏联两个超级大国一直在中东激烈争夺，美国视以色列为它在中东的"战略支柱"，它是以色列的军事和政治后盾；苏联则对埃及和叙利亚等阿拉伯国家提供军事援助和政治支持。

1973年10月中东战争爆发后，不仅中东地区局势骤然紧张，而且美国和苏联两国的争夺也在加剧。以外交谈判为首选武器的基辛格很快意识到这是一个"难得的机会"，认为这场战争给他提供了实施中东和平进程计划的基础，战争的结束就是中东和平进程的开始，于是，他决心抓住这个机会，施展自己的战略智慧和外交奇谋。

由于美国、苏联两个超级大国在中东地区的争夺，竭力维护阿、以间"不战不和"的局面，以获取最大的战略利益，它们侈谈"政治解决"，但又不采取任何有效措施，以迫使以色列撤出它所侵占的阿拉伯国家的大片领土，因而激起了阿拉伯国家和人民的极大不满，要求洗雪国耻、收复失地的呼声越来越高。此时，正值西方资本主义国家爆发能源危机，对阿拉伯国家的石油依赖度越来越大。埃及、叙利亚领导集团下决心利用这一有利时机，对以色列先发制人，突然袭击，从西线（西奈半岛）和北线（戈兰高地），对以色列发动迅猛而激烈的军事攻势。

基辛格是在睡梦中得到埃及即将进攻以色列的情报的，那时离开战还有90分钟。得到情报的基辛格，第一反应就是设法阻止这场战争。因为他正在致力于开始中东和平问题的谈判。他打电话给苏联驻美国大使多勃雷宁，把以色列总理梅厄夫人关于不发动先发制人进攻的保证转告给苏联人，然后又打电话给正在纽约出席联合国大会的埃及外长扎耶特，向他逐字逐句地宣读了以色列的信件。他还希望同叙利亚取得联系，但没能如愿。

基辛格的外交努力没有能阻止这场战争的爆发，他的下一步行动是"我们该怎么办和该怎么讲"。

基辛格分析，埃及总统萨达特之所以要发动这场战争，其目的更多在于心理方面和外交方面，而不在于军事方面。萨达特看到，阿拉伯国家要求以色列完全撤军的全盘计划是不可能实现的；能够立即实现的要求，如果看起来是出于软弱而提出的，埃及就不能给予支持。他发动这场战争，目的不是为了获得领土，而是为了恢复埃及的自尊，从而增加它在外交上的灵活性和主动性。虽然叙利亚和埃及的军队都遭受到了严重的挫败，但是萨达特却实现了他的基本目标，动摇了那种认为以色列是不可战胜的、而阿拉伯是软弱无能的信念，从而改变了谈判僵局的心理基础。萨达特的目的不是为了获得领土，而是在于造成一场危机，通过危机来改变双方所持的僵硬态度，并进而打通谈判的道路。

现在的问题是，由于对情报判断失误，美国和以色列对于这场战争都没有心理上的准备。摆在基辛格面前的难题是，美国必须"保证以色列的生存和安全"，同时需要和阿拉伯国家，如约旦和沙特阿拉伯维持关系，更重要的是如何对付苏联。他预计，在这场决斗中，华盛顿和莫斯科尽管都公开声明自己是致力于和平的，但都在不冒公开对抗风险的情况下力图削弱对方的实力和影响。鉴于尼克松被纠缠于"水门事件"而无法脱身，基辛格只好独自挑起这副重担。这对基辛格是一场考验，弄不好就会成为众矢之的。在基辛格看来，这场战争对美国来说，既是挑战，又是一次难得的历史机遇，他决心利用这场战争来开展一场中东和平进程。

和平手段是基辛格的优先手段。他坚信美国处于左右事态发展的有利地位，以色列肯定能够取胜，美国首先要采取外交手段使事态朝着和平方向发展。为对付苏联，美国一面准备当外交的努力失败时进行对峙的手段，一面威胁说要结束同苏联的缓和，以便使苏联人行事谨慎一些。基辛格的策略之一，就是如果美国的牌打得好，阿拉伯国家有可能放弃对苏联的依赖，转而谋求通过同美国合作来达到自己的目的。

10月6日，即战争爆发的当天，基辛格对尼克松总统的办公厅主任黑格说："再也没有理由拖下去了。等我们把战事停下来以后，我们应该利用这个事端推动外交谈判。"

两天后，基辛格对尼克松说："在任何情况下，我们都不能因为他们（以色列）会赢得胜利而允许他们打下去。尽管我相信他们一定会赢的，感谢上帝，他们应该打赢。但是，我们不能只是让这场冲突再拖上四年就此甩手不管，而使自己同阿拉伯世界对立起来。我们现在不能这样干了。"

基辛格认为，美国在中东的利益不仅仅与以色列有关。为此，他建议，美国要实现看来是不可调和的一些目标：一方面要挫败由苏联人武装起来的一方的军事计划，另一方面又要争取阿拉伯人对美国的信任。

二、拖延有术，一箭双雕

中东战争爆发后，国际社会十分关注，埃及准备向联合国提出申诉，地区冲突有可能扩大到国际讲坛上的较量。基辛格认为，由于苏联人为阿拉伯人辩护，美国的欧洲盟国保持令人难堪的沉默，使美国陷于孤立，在这种情况下不能把问题交给联合国大会进行辩论，而应在安理会，对美国较有利一些。因此，他向尼克松建议，应该把苏联拉过来同美国一起在安理会上采取一致的行动。美苏两国将不去追究罪责，而是呼吁交战双方立即回到冲突开始时的防线上去。他的逻辑是："如果苏联人同意了，阿拉伯人也默认了，冲突就能得到遏制；如果苏联人拒绝了，美国就能赢得时间让以色列用武力恢复到战争开始前的形势。到了那个时候，美国就可以接受一项简单的停火办法。"至于欧洲盟国，基辛格认为："一旦美国说明自己考虑周全的立场，就能使那些头脑发热、急于想提出更多的片面解决办法的欧洲盟国冷静下来。"基辛格的这一建议被尼克松采纳。

为了先稳住苏联人,基辛格立刻打电话给多勃雷宁说明了他的设想,提出按照两国不介入任何战争的约定行事,并建议苏联方面尽一切努力阻止埃、叙的进攻。他警告说:"如果苏联采取了不负责的做法,美国就别无选择了,只有任其自然发展下去,坐等以色列取胜。"据美国专家估计,以色列将有望在72小时之后反败为胜。

基辛格威胁说:"那样就会对我们双方的关系产生很大影响。"他告诉对方,在得到莫斯科的答复之前,美国将不在安理会上提出这个问题。然后,他又向联合国秘书长介绍了美国的打算,向北大西洋公约组织的盟国吹了风。同时,他还给美国国会那些难以对付的领导人一一打电话,以求得他们的支持。

苏联人也不比基辛格笨。由于战争形势对苏联和阿拉伯国家有利,苏联对美国的建议采取了拖延战术,在让基辛格苦苦等了五个小时之后,才有了一篇拖延时间的遁词。信中只推脱说苏联正在设法弄清事情的真相,像美国一样正在考虑可以采取的步骤,以便同美国协调立场。多勃雷宁还在一些问题上诱惑基辛格,对美以关系施加影响。

基辛格一眼就看出苏联的真实用意,但他认为苏联的拖延战术同美国等待以色列恢复军事优势的战略并不矛盾。这一答复至少说明,不存在苏联在联合国向美国发动攻势的可能性。

为了麻痹苏联人,最好继续保持压力,同时他还得到情报说,埃及已向联合国提出申诉,基辛格再次给多勃雷宁打电话,指责苏联人不诚实,警告说:"我们认为在联合国大会进行辩论是毫无意义的行动。如果这个问题弄成联合国大会的一场辩论,那么我们就将听其自然发展。我们确信其结果必定是以色列获得军事上的胜利。那时大家都会来找我们。要是闹得下不了台,我们就将把联系断绝一段时间。"

但是,以色列这边没有能像基辛格预计的那样在72小时内扭转战局,而是又整整拖了一天。10月7日,以色列总理梅厄夫人致电基辛格,要求把安理会的表决推迟到星期三或星期四，以便给以色列军队更多的准备时间。

鉴于局势有变，基辛格仔细研究了联合国安理会复杂的表决办法，提出了新的对策。他认为，更聪明的策略是要求安理会开会，然后用要求恢复战争开始前的状况的办法拖下去。他对以色列人说：

"如果我们要求开会并提出自己的决议草案，我们就会首先发言，我们的决议就会是第一个付诸表决的决议。"

"如果我们一上来就被否决一项简单的停火决议，就不能得到别人的谅解。"

"我们打算把步子放慢，我们不急于要进行表决。当然，如果进行辩论，（安理会）主席就会要求其他人发言，包括埃班外长（即以色列外长）在内。我相信他的开场白至少两个小时还讲不完。我认为这是最好的办法。我们会告诉我们在纽约的代表把步子放慢一些。"

苏联方面仍然在搞拖延战术，而以色列和美国也认为这种拖延战术是符合它们的共同利益的。于是，美国推迟发表任何要求召开安理会会议的正式声明。同时，基辛格假意催促多勃雷宁说："我们为了等待莫斯科的来信，一直没有在联合国进行任何活动。"

这是基辛格所施的一个小诡计。他后来解释说："把符合你自己选择的战略的东西说成是对于对方的照顾，用这种办法向对方提出某种要求，这样做从来都没有坏处。"

基辛格再次得到情报说，苏联正在从海上向埃及和叙利亚运送大量武器装备和军用物资，苏联的海军还在地中海继续待命。他还接到报告，说苏联接连对埃、叙两国空运补给。这促使基辛格下决心增加对以色列的军事援助，以加强以军的战斗力。他冲破国内种种阻力，以尼克松总统的名义下令向以色列提供先进的武器装备。他打电话告诉黑格说："为了心理上和军事上的原因，我们应该着手满足以色列人的（提供武器装备）某些要求了。必须让苏联人明白，他们的附庸地位是不能靠施展拖延战术得到加强的；决不能让阿拉伯人用苏联武器来夺取胜利，否则他们就会变得无法驾驭。"

不久，基辛格意外收到了埃及总统安全顾问给他的信，信中提出了埃及对于结束这场战争的条件：以色列必须撤出全部所占领土；只有以色列撤出以后，才能召开和平会议讨论其他事项。信中同时明确拒绝了缔结部分或临时性协议的要求，但又表示："我们并不想使交战加深，或使对抗加剧。"

基辛格认为，这是埃及要求对话的信号，是自开战以来埃及第一次向美国传递信息。至于信中提出的条件，基辛格认为，这表明埃及是有诚意的，萨达特准备同美国对话已经够冒险的了，他不能立刻就作出让步，从而可能促使叙利亚放弃与埃及的共同斗争，或者促使苏联减少军事援助，结果加大了疏远叙利亚甚至苏联的风险。

这时候，还有一个重要因素促使基辛格尽快与埃及打交道，那就是他改变了对埃及总统萨达特的看法。基辛格对萨达特的前任、领导埃及与美国对抗 20 多年的纳赛尔没有多少好印象。在此之前，他也没有认真对待过萨达特。萨达特曾经多次威胁要进行战争却从未付诸行动，据此，基辛格认为萨达特不是政治家而更像演员。直到这时，基辛格才开始懂得，萨达特那种虚张声势的姿态是整个战争计划的一个部分，是一种麻痹对手思想的计谋，他从战争一开始就紧紧把握住问题的实质。基辛格认为，从这一点看，自己是在同一位一流的政治家打交道。于是他来了兴趣。

有了埃及的保证，基辛格感到是把问题交给安理会的时候了。他要把迫不得已而为的事装成出于好心而为，让人感到事情是在顺其自然发展。同时，他确信"失望正在等待着阿拉伯人"，所以他告诉同事们，联合国大会的辩论不要让阿拉伯人过分失望，给他们留一些想头，以便让他们感到离不开美国人。基辛格对他的同事分析说："埃及不想在联合国同我们对抗，苏联人也不想同我们对抗。我们总的立场应该是要求恢复停火线。阿拉伯人将会大吵大闹，说他们生而有之的权利被剥夺了，但是到了星期四（10 月 11 日），他们就会跪倒在地上向我们哀求停火……我们正努力在使我们同阿拉伯人以及苏联人的关系受到损害较少的情况下把这一切结束。如果我们也能放些钱在以色列人手里，以便日后谈判时支用，那也不错嘛。"

基辛格希望一箭双雕，在制服埃及和苏联人之后，在以后的谈判中从以色列那里为美国捞到更多的好处。

基辛格也摸透了以色列人的心理。他的理论是："在国际讲坛上，美国日益成为同以色列站在一边的唯一的国家。我们是他们独一无二的武器供应者，唯一的军事盟友。以色列看到，只有坚持不妥协才是他们在一种片面的关系中保全自己尊严的唯一希望。它本能地感觉到，只要一承认自己软弱，或者不经过斗争而作出任何让步，就会招致一张向以色列提出无穷无尽要求的清单，因为每个国家都想让以色列解囊来使自己摆脱困难。要把彻底的依赖变成反抗，坚持取得援助是一种权利而不是接受别人的恩惠，把美国同意以色列内阁的一致意见变成应予惩处的背叛行径，而不是一种可以谈判的意见分歧。"

"然而，以色列人的固执尽管十分令人恼火，却最适合我们两国的需要。以色列若是一个奴颜婢膝的附庸，则很快就会招致外来日益增加的种种压力。它将诱使以色列的邻国不断把他们的要求升级，还将使我们为每一次僵局承担各种责难。无论怎么说，我们与以色列的关系一直就是这个样子。这种关系既令人振奋，又令人沮丧……因为一个超级大国的利益和一个区域小国的利益并不总是容易调和一致的，而有的时候则是无法弥合的。以色列是通过启发、坚持以及对我们国内政策施加有见识的，并不总是难以捉摸或谨慎小心的影响等等做法，来影响我们的决策的。"

10月8日，在基辛格的操纵下，联合国安理会会议如期召开。此时，基辛格的时间是以分钟来计算的。由于以色列表示它将在48小时内完成军事行动，以便最大限度地摧毁埃及陆军，所以，基辛格尽量设法使安理会的表决往后拖延。他认为，一旦以色列军队推进到战争开始时的防线上，美国就可以接受一项简单的停火协议；如果以色列人越过了这些防线，安理会的多数一定采取要求恢复开战前的立场，到那时，美国也会随大流，从而使阿拉伯军队免于遭到溃败。为了避免即将到来的以色列的胜利使友好的阿拉伯国家反对美国，必须使这一切显得顺其自然，尽可能保持平静。

就在这时，基辛格收到了苏联首脑勃列日涅夫的来信，信中表示："我们感到在维护和平并发展苏美关系的广泛利益的指引下，我们应当同你们配合行动。"这正符合基辛格的愿望，这样就可以使他安然度过这一天而不致发生新的对抗。基辛格预言，等到第二天，以色列的攻势就会占上风，到那时安理会就会要求就地停火，他就可以开始美国的和平进程。这真是一举两得：对阿拉伯人，他可以说，我们阻止了以色列人前进；对以色列人，他可以说，我们在这场危机中间曾坚定地站在他们一边。同时他还看到，美国是唯一与双方都保持接触的国家，如果能够保持这个立场，美国就可能在和平进程中充当中间人。于是，他十分痛快地接受了勃列日涅夫的建议。

此时，基辛格感到可以回复埃及人的信件了，他决定吊吊埃及人的胃口。他感到，最好是与埃及人保持联系而不讨论他们提出的条件，他提出了两个问题并提供了一项保证。他问：埃及的条件是否意味着以色列实际上必须从它所占领的全部领土上撤退之后才能召开和平会议，还是说只要它接受撤退的原则就可以了？请埃及外交部长伊斯梅尔澄清，美国通过伊朗国王收到的一份电报中某些含混不清之处。这份电报说，以色列撤出的地区，埃及可以准许联合国的存在。

基辛格实际上是在暗示：美国已经预见到以色列某种程度的撤军，而他又不能对埃及提出的具体条件作任何承诺。他只是保证美国打算促进谈判。他对埃及人说："我愿意重申，美国将尽其所能协助交战双方把战斗停下来。美国，以及我本人，将积极协助有关方面使长期以来一直困扰着中东的那些问题得到公正的解决。"

为了全力以赴地解决中东问题，解除国内的后顾之忧，基辛格积极游说参议院，希望得到他们的支持和配合，他强调说，任何决议都不要对爆发敌对行动而追究责任；参议院要对处理这场危机的方式和方法表示赞许，并把以战前状况为基础恢复停火这一条当作"希望的目标"提出来。

得到美国的支持和援助的以色列军队，在前线的攻势进展十分顺利。这一天，基辛格被暗示说："以色列完全可以决定越过战争开始时的防线，并向阿拉伯领土的纵深地区占领新的阵地以确保自己不再遭受突然袭击。"

正如基辛格所预见的那样，以色列的转败为胜，促使苏联不得不向美国让步。当天下午，多勃雷宁打电话给基辛格，表示苏联"不准备在安理会上采取行动，不在那里提出任何决议草案。我们的代表已接到指示，不同美国的代表进行任何论战。与此同时，我们继续同阿拉伯方面进行紧急磋商"。他要求基辛格，在苏联人同其盟国完成磋商之前，也不要提出什么决议草案。基辛格十分爽快地答应了。

这样，在基辛格导演下，美国人一直非常担心的联合国大会的辩论便流产了。

三、保持压力，寻找共同点

可是，正当基辛格为他的战略取得胜利而洋洋得意时，以色列突然又向他拉响了警报。原来，埃及军队向以色列军队发动了反攻，以军损失惨重，情况非常紧急，似乎以军很快就要支持不住了。梅厄夫人紧急呼吁尼克松加强对以色列军队的援助。

尽管困难和阻力重重，基辛格还是下决心全力支持以色列打下去，而且一定要取胜。在他看来，以色列如被苏制武器击败，对美国将会是一场地缘政治的失败。同时，他预计，"如果阿拉伯人觉察到以色列的损失比他们承认的还要大，那么阿拉伯就可能一拥而上"。他的战略对策仍然是，以色列能够恢复战前的形势，或者稍微向前推进一些。这样就可以表明以苏制武器为后盾实行军事解决的办法是一种幻想，而外交上要取得进展必须靠美国的支持。因此，必须使以色列的军事需求得到保证。

鉴于急需美国提供军火供应，以色列驻美国大使迪尼茨向基辛格表示，总理梅厄夫人愿意亲自到美国访问一小时，以便当面恳求尼克松总统提供紧急武器援助。基辛格认为这样做不妥，他没请示尼克松便回拒了以色列人的请求。他告诉迪尼茨说："梅厄夫人前来美国，至少要离开以色列36小时。在大战正酣之际出国访问将是严重惊惶失措的迹象，这可能使那些仍在袖手旁观的阿拉伯国家全部参加进来支援埃及和叙利亚。在以色列最需要梅厄夫人那无所畏惧的勇气，有待作出重大决策的时候，她的出访将会使以色列处于没有领导人的境地。同时，由于梅厄夫人来访无法秘而不宣，美国就会被迫宣布执行一项大规模的供应政策，从而毁掉任何斡旋的可能性。到那时，阿拉伯世界对我们会怒火难遏，苏联则可以畅行无阻地任意驰骋。"

为使以色列能够取得军事上的胜利，基辛格说服国务院和五角大楼，尽快给以色列提供军火支援，他要求把尚未交给美国部队的、刚从生产线上下来的鬼怪式战斗机直接运抵以色列前线。同时，基辛格又叮嘱说，为了维护阿拉伯人的自尊，对于给以色列补给的方法上要极力少事张扬，必须采取最不惹人注意的运交办法。

基辛格还担心苏联正在利用这场战争浑水摸鱼，有把这场战争转变为一场阿拉伯圣战的可能。于是，他写信给在中东地区有影响的、一直与美国保持友好关系的约旦国王侯赛因，呼吁他展示政治家的风度，并许诺战争一结束，美国将积极努力帮助缔造和平。

为了保持与埃及的联系，基辛格以答复埃及外长来信的方式，继续与埃及保持对话。他希望知道埃及关于如何结束战斗的更多的想法，并把它作为美国在安理会实施拖延战略的理由。

可是，10月10日上午，基辛格得知苏联正在对叙利亚实行空运。与此同时，苏联向联合国安理会提交了关于就地停火的倡议。基辛格认为，这是对美国来说最为不利的时刻，这项倡议一定会得到几乎所有成员的支持，包括美国的欧洲盟友；只有以色列会坚决反对。如果美国也举手同意，迫使以色列接受的话，阿拉伯国家就会在苏联的支持下获得战争的胜利，美国的一切希望都会落空。为此，他认为必须立即阻止将这一倡议提交联合国，一方面"原则上"接受苏方建议，以约束苏联在联合国的外交攻势，他告诉多勃雷宁说：停火建议是"建设性的"，但是我们需要时间加以考虑；另一方面，则尽量推迟实施苏联建议，他决定把尼克松推出来做挡箭牌。稍晚一会儿，他又回电话给多勃雷宁，说在尼克松总统会见完一位非洲总统以前，总统不可能作出正式答复。随后他警告对方说，美国晓得苏联在进行规模很大的空运，而这是没有益处的。

同时，"水门事件"为基辛格再次拖延时间提供了一个很好的借口。按计划，因被指控参与"水门事件"而引咎辞职的副总统阿格纽，将于当天下午两点钟宣布辞职。上午11时45分，基辛格借口事先提请苏联注意，再次打电话给多勃雷宁，声称这件事将使总统在几小时内无法把注意力转到苏联的建议上来。他请对方确保不要使美国被迫在时机尚未成熟时作出决定。多勃雷宁痛快地保证，苏联不经美国同意不会在安理会提出任何决议案。

随后，基辛格收到了埃及外长的回信，信中表示埃及继续坚持达成一项全面的和平方案，但不再坚持以色列先把部队撤回到1967年的边界去，只要以色列保证撤军，埃及就可以接受，条件是要有明确规定的时间限制；一俟撤军完成，交战状态即行结束，其后就召开和平会议。信中特别说明："供基辛格博士考虑。"也就是请基辛格提出反建议。基辛格认为，重要的不是埃及所提修改的内容，而是埃及肯于提出修改这件事本身。

可是，以色列前线并没有给基辛格提供他所需要的外交筹码，他还必须继续对苏联采取拖延战术。

在基辛格对苏联人拖了24小时之后，以色列军队攻入叙利亚境内。可是，以色列政府迫不及待地宣布自己的这一军事胜利，从而妨碍了美国的战略。基辛格指责他的盟友说："你们一方面要求我使联合国放慢步子，一方面又让达扬（以色列国防部长）在无线电广播和电视上说你们正在向大马士革（叙利亚首都）进军，这不太好。你们的国防部长发表这样的声明，我们怎样能够使联合国放慢步子呢？……这让人看起来是最坏不过的共谋和欺诈。"

但是，基辛格坚信，"只要保持镇定，运用智慧，发挥果敢精神，仍然可以从再次降临到中东的灾祸中获得某种好的结果"。

由于以色列军队在战场上取得了预期进展，基辛格与以方一致同意着手安排就地停火，要求 10 月 13 日上午 9 时在华盛顿召开会议。

不过这多少有些操之过急了，以色列的反攻使阿拉伯国家迅速作出反应。伊拉克开始介入战争，阿方埃及军队在战场上的抵抗益显顽强。同时，阿拉伯石油生产国运用石油武器，实行石油禁运和削减石油产量，要求合理解决阿、以冲突。苏联政府也迅速作出反应，扬言在适当的情况下有可能出面干预。多勃雷宁派人给基辛格送来一封充满威胁性语气的信。以色列驻美国大使迪尼茨则对多勃雷宁的威胁性谈话表示不安，梅厄夫人已授权让他告诉基辛格，如果基辛格认为合适，就在那天晚上提出停火决议。她心里明白，此时此地的"就地停火"对以色列是有利的。

基辛格表示不同意这种做法。他告诉迪尼茨说："没有人愿意在接到通知后这么短的时间内就开始行动；而美国突然表现出焦急不安，这只能招致新的压力。更重要的是，一旦你受到威胁，还是坚持原来的方针为好。"

基辛格的想法是："一位领导人如果让人们知道他曾在恫吓面前屈服过，就只能招来更多的恫吓。一位享有在威胁面前坚强不屈的声誉的政治家并不能避免一切压力，但是他可以使它们减少到他的敌人们认为不可避免的那种程度。没有一个领导人能够回避一切对抗，但是如果他慎重周旋，处事果断，他可以避免由于过分好战或过分柔顺而挑起对抗。"

基辛格继续寻求外交解决的办法，他希望美国的盟友英国在安理会上提出"就地停火"的建议。但是，萨达特拒绝接受任何与他的停火方案不同的建议，并警告说：如果不顾他的反对而提出这样的建议，如果由于苏美弃权而使这一建议有获得通过的危险，他就要请中国否决这一建议。中国是五个常任理事国之一。

基辛格还得到情报说，埃及两个未投入战斗的装甲师正准备向苏伊士运河开进。这时，他感到美国必须再次增加对以色列的军事援助，理由是："事情已经到了这个地步，再运用权术就等于自杀，而踟蹰不前则会带来灾难。想通过使各方权衡自己的利益促使他们结束战争，或者劝说苏联人支持这一方针，目前还不可能，唯一的办法是迫使各方改变对自己利益的看法。我们将大量运送补给品。我们将甘冒发生对抗的风险。要等到人们毫无疑问地认识到不能把一项解决方案强加于人时，我们才参加谈判。"

基辛格下令竭尽所能并且运用美国全部军用飞机进行空运，支援以军。他怂恿以色列加紧军事攻势，要求以色列能在这个问题提交安理会以后的 48 小时内胜利结束这场战争，他再也无法拖延更长的时间了。

在基辛格的努力下，美国第一天的武器空运量，就比苏联过去四天中向所有阿拉伯国家运送的武器量还要多。同时，他警告多勃雷宁说："我们现在准备对这件事撒手不管，不负任何责任，任其自然发展。"意思是说：既然我们已经陷入一场对抗，我们就会全力以赴。

基辛格摸透了苏联人的心理：一旦美国采取坚决行动，苏联就开始后退。这一次同样如此。看到美国的坚定决心后，苏联向基辛格表示，它不准备把事态推向对抗。

埃及与以色列在西奈沙漠的坦克战愈演愈烈。基辛格向苏联施压，警告对方不要再增加赌注，否则美国将增加空运的规模，同苏联的任何升级行动相匹敌。同样，一旦实现停火美国就停止空运。他把同样的意见转告给了萨达特，并特别保证说："美国方面将在敌对行动结束时立即进行重大努力，协助贵国在中东实现公正而持久的和平。美国仍然希望保持同埃及联系的渠道，即使在事态急迫的情况下也如此，因为这种渠道是在克服了如此多的困难后才建立起来的。"

为了争取更广泛的支持，基辛格分别以他自己和尼克松的名义致函沙特阿拉伯国王费萨尔。同时，基辛格还致函伊朗国王表明了美国的立场。

埃、以两军的坦克战持续了一整天后，以色列军队于第二天早晨开始在南线向前推进。这对基辛格来说是绝好的消息，几天来他所努力争取的东西看来就要实现了。

但是，即使在这种情况下，基辛格也没有减轻对对手的压力。他说："在对手软下去时，我们决不可放松压力。正确的战略是把两个看来似乎互相矛盾的方针结合起来：加强压力并给日益陷于困境的对方指明一条道路。"

基辛格认为，继续保持压力，除对付苏联以外，还可以收到另外的效果。他对华盛顿特别小组的同事说："我们能结束这场冲突的唯一办法是让苏联人看到我们既不会撒手不管，也不会惊惶失措；让欧洲人看到他们必须在丧失他们的北约组织的关系和同我们站在一起两者之间进行选择。……这对我们同中华人民共和国的关系也有好处，并将限制苏联的冒险主义。当欧洲人重新心平气和地看问题时，他们就会认识到我们是帮助朋友的。"

基辛格还强调，这种压力要恰到好处，不能使用对抗语言，以免让对方感到难堪。

这时，基辛格发现埃及与苏联之间的裂缝开始显现。10月15日，埃及外长伊斯梅尔复函基辛格，告之：埃及"决心"保持"这一联系渠道"的畅通，任何其他方面都不能以埃及的名义讲话。言外之意是说，如果莫斯科所作的解释和开罗直接对美国所讲的不一致，美国就不要去理睬它们。来信出人意料地邀请基辛格前往埃及访问："埃及感谢基辛格博士作出的努力，欢迎他来访。埃及准备在两项原则范围内讨论问题、建议或项目，这两项原则是，埃及不能在领土或主权方面作任何让步，我们相信基辛格博士不反对两项原则，任何人都不会反对。"

基辛格发现，萨达特是一位具有远见的、高瞻远瞩的明智的政治家，为了埃及的长远利益，他在大战正酣之际勇敢地选择了通向和平的道路。他认为，萨达特正准备请他出面做中东和平进程的中间人。他颇为得意，甚至有些自我表扬地说："人们常常把棘手的问题交给赋有与问题的困难程度相称的神秘品质的人。……我参加过的各种壮观的外交活动，从前往中国的秘密之行到越南谈判的胜利完成，使中东领导人头脑中产生了一种想法，认为我能够为他们起同样的作用。"

基辛格隐约感到，在未来中东和平进程中，埃及是关键。他很快便给埃及总统萨达特回了信，并再次施展他的谋略和智慧。他希望从两个方面说服萨达特，一方面使他相信目前可以实现的目标是有限度的，另一方面使他相信美国要在这个限度内严肃地作出最大的努力。

同时，基辛格当然十分清楚自己的处境。针对中东地区冲突双方对自己的信任，基辛格分析说："虽然这一点是一个有利条件，但是它也包含一种危险，各方将要求我把作出困难决定的担子从他们的肩上接过来。那将是通往灾难的道路。任何谈判人员如果错误地认为自己的人品会促成自动的突破，那么他很快就会发现自己处于一种痛苦的境地。这是历史专门为那些以欢呼而不是以成就来衡量自己的人保留的。他们以欺骗自己开始，必将以使别人失望而告终。"

为了迎合萨达特的自尊心，基辛格首先对埃及给予了很高的评价，称赞说："埃及部队已经大有建树。埃及以至整个阿拉伯世界在 1967 年以后所感受到的羞辱现已经消除。新的战略形势已经确立，在这种形势下，任何国家要想永远依赖军事优势已经纯属幻想。因此，各方日益明了必须实现政治解决。"

转而他谈到美国："在这种情况下美国可以做些什么事呢？基辛格博士常说，他只答应他能做到的事，但是凡是他答应过的他都要做到。"美国方面可以答应并将履行的诺言是，一旦实现停火，将尽一切努力协助达成一项最后的公正的解决办法。……因此，埃及方面得作出一项重要决定。如果坚持最高方案，那就意味着继续战争并可能危及已取得的一切成就。在这种情况下，结局如何将取决于采取什么军事措施。美国方面将不就这一结局进行揣测，但对于是否能取得明确的结局感到有疑问。无论如何，对美国来说进行外交活动的环境并不有利。

"如果要给外交活动一个充分发挥作用的机会，就必须先实行停火。只有在这种情况下，美国所答应的外交活动才能开展。美国方面将正式作出承诺：它将全力以赴并持客观立场；埃及将从中得到美国认真从事这一活动的保证。

"目标必须是实现停火，并迅速使其转变为真正而持久的和平，这一和平将使主权和安全的原则协调一致。

"美国方面相信可以在就地停火的基础上取得进展，同时由有关各方保证在（联合国）秘书长的主持下开始进行谈判……

"基辛格博士非常感谢埃及方面盛情邀请他前往埃及进行访问。一旦停火实现，他将很高兴地对这一邀请给予最认真的、赞同的考虑，作为促使中东实现持久和平的认真努力的一个部分。"

基辛格在这里提出的，正是日后他进行中东斡旋的战略框架。

当天上午，基辛格获悉，以色列军队正在用美国运去的坦克摧毁埃及地对空导弹的发射场，给埃军以毁灭性的打击。据此，基辛格乐观地估计说：前些天"过分依靠占卜式的预言"的美国开始靠自己投入的资源取得成效了，时间和形势对美国十分有利。

10月17日，由沙特阿拉伯、摩洛哥、阿尔及利亚和科威特四国外长组成的代表团突然来到华盛顿，为阿拉伯世界进行游说，要求中东冲突尽快得到合理解决。

基辛格借此机会正式提出美国的战略和要求，他说："美国的短期目标是结束战争，然后将从事一项外交活动，努力寻求公正持久的和平。"他针对阿拉伯人担心失利的心理威胁说，延长这场冲突就会冒在阿拉伯国家的土地上发生大国对抗的风险，这是阿拉伯国家经常感到恐惧的事。他建议阿拉伯人放弃不现实的要求，"如果你们坚持把这一切当作停火的先决条件，那么战争就要继续下去"。

阿拉伯国家的特使们声称他们需要美国的帮助，来抵挡贪得无厌的邻国的威胁，他们称赞基辛格说："这位能够解决越南战争的人，这位有可能在全世界缔造和平的人，在我们中东地区实现解决并缔造和平的努力中，无疑地可以发挥良好的作用。"

基辛格虽从内心里非常乐意出面，但又装作虚心承认自己的能力有限的样子，让阿拉伯人知道要说服以色列是多么不容易，以便将来同他们讨价还价。他对阿拉伯客人说："我们知道以色列不准备接受阿拉伯国家任何现有的想法。以色列总理昨天已经讲明了这一点。总之，无论压力多大，必须运用美国的影响。

没有什么东西可以代替美国的影响。虽然阿拉伯国家的军队有出人意料的表现，但是这些军队如果不进行长期战争，并冒大国介入的风险，就不可能实现阿拉伯国家的外交目标。"

阿拉伯客人的到来使基辛格更加确信，美国对以色列通过空运进行再补给活动，并没有损害也许反而提高了阿拉伯国家的信念，认为美国是实现和平解决的关键。于是，他对尼克松说："我们一定要继续大量往以色列运东西。我们一定要源源不断地运，直到有人认输为止。"

基辛格不是为支援以色列而大量消耗美国物资，而是为了美国在中东的利益而下决心采取这一战略的，他是在加大同苏联争夺的筹码。

"不要和我谈多少桶石油的问题，这就像多少瓶可口可乐一样。我不熟悉这些事。"一直到1973年石油禁运风潮前的几个月，基辛格还这样对助手说。当时令这位美国国家安全顾问真正兴奋的是密室内的外交游戏，是政治策略上的纵横捭阖。

但几个月后的石油危机改变了这一切，石油成为国际政治中最重要的因素之一。就在基辛格即将取得初步成功的时刻，阿拉伯国家的石油生产国再次使出了它们的杀手锏，准备以石油为武器，要求美国向以色列施加压力，归还被占领土。10月17日，阿拉伯石油生产国会议宣布立即削减石油生产5%，然后每月削减5%，直到以色列撤回到1967年的边界为止。它们以石油为武器同以色列开始了另一种战争。

这一消息对基辛格来说是一种严峻的考验，削减石油，不仅影响美国，而且影响整个西方的经济，使欧洲盟国惊慌失措。

基辛格没有退缩，他认定越是在压力面前越需要保持坚定不移，他仍然要求加紧空运，同各方保持接触，并力促实现与联合国第242号决议相联系的停火。

10月18日，出现了对基辛格和美国来说很不利的形势。沙特阿拉伯当天又宣布，已把阿拉伯国家石油部长头一天决定实行的减产量再增加一倍，即削弱10%，甚至威胁说，如果这些步骤不能取得迅速、明确的效果，就可能完全禁止向美国输出石油；以色列则拒绝接受基辛格提出的停火建议。

阿拉伯石油输出国的这一着十分见效。基辛格确实有些不安了，他意识到美国不能再损害同欧洲和日本的关系了，不能去触发一场石油禁运，不能同苏联再进行对抗，也不能因推迟实行停火建议而向那些与美国保持联系的阿拉伯朋友提出挑战。他准备改变战略和策略。他对以色列驻美国大使迪尼茨说："我觉得不久就要提出停火建议了，我要求你们加快作战行动，以便在48小时内结束战斗。"

当天晚8时，多勃雷宁打电话来，提出了苏联准备提交安理会的建议草案：1．呼吁就地停火；2．呼吁以色列立即分期从阿拉伯被占领土撤退到安理会第242号决议所规定的边界线，并在最短的时期内完成此项撤退；3．呼吁进行旨在建立公正和平的适当的磋商。

基辛格认为只有第一项是可以接受的，第三项只有一点意义，他希望把它改成阿拉伯人与以色列之间的直接谈判。这种谈判是以色列一直竭力谋求的，自从以色列国诞生以来，第一次由阿拉伯国家同它进行面对面的公开谈判，一旦实现，将意味着中东事务发生新的重大转折。基辛格由此得到了新的启示，他要迫使阿拉伯国家特别是埃及直接同以色列进行面对面的谈判。

基辛格突然感到距离实现自己提出的目标已经很近了。为了不使正处在危险之中的萨达特因埃及遭受全面失败而被推翻，基辛格于午夜时分写信给埃及外交部长伊斯梅尔，发出和解的信号：

"埃及和它的阿拉伯盟国，由于他们在战场上所显示的力量和勇气，已经使形势发生了重大变化。不应当再延长战斗而使这一切受到危害。"他重申把停火同第242号决议联系起来，再度呼吁实行停火：

"伊斯梅尔先生知道，我们非常重视在条件好的情况下迅速结束敌对行动，因为这将有可能通过认真的努力而导致问题的根本解决。这仍然是我们的观点。为此目的，双方保持克制态度，牢记保持长期关系这一迫切需要，是很重要的。"

基辛格关心的是如何才能避免苏联在这关键时刻不给美国捣乱。他的结论是，美国唯一的选择是掌握谈判的进程，为以色列的攻势再争取一点时间，然后就实现解决，以便美国能在最佳情况下开始战后的外交。

10月19日上午，基辛格意外收到了一个消息，苏联邀请他访问莫斯科。勃列日涅夫在致尼克松的紧急口信中说：中东的危险日益加剧，甚至可能损害美苏之间的关系，"由于时间至关重要，现在不仅每天，甚至每小时都事关重大，我的同事和我建议，美国国务卿、你最亲密的同事基辛格博士从速前来莫斯科，以便同他，作为你授权的个人代表进行适当的谈判。如果他能在10月20日前来的话，那就太好了。你如能迅速作复，我将甚为感激。"

基辛格认为，这也正是美国所盼望的，莫斯科之行将促进美国的战略。尼克松批准了这一建议。

基辛格十分得意，他认为，此时他在美国20世纪最严重的政治危机中，达成了美国政府的各项目标：为取得外交突破创造了条件，维护了盟友以色列的安全，阻止苏制武器取得胜利；同处于关键地位的阿拉伯国家保持着关系，并为美国在战后中东外交中发挥主导作用奠定了基础。"中东每一个人都知道，如果他们希望和平，必须通过我们。他们曾经三次希望通过苏联，三次都失败了。"基辛格如是说。

10月20日凌晨2点，基辛格启程前往莫斯科。可是就在飞机快到莫斯科时，基辛格突然收到尼克松的通知，总统的信心发生动摇。原来，尼克松遇到了前所未有的挫折，爆发了所谓"星期六夜晚大屠杀"事件，尼克松解除了特别检察官考克斯的职务，司法部长和副部长相继辞职。为了表明自己仍然掌权，尼克松以给勃列日涅夫信件的形式，表示授予基辛格"全权"，"在你们商谈的过程中他（基辛格）所作的承诺将得到我的全力支持"。

基辛格十分恼火。他清楚，既然授予"全权"，他在苏联人面前就不可能再把临时协议从莫斯科转给尼克松批准。同时还意味着要他和苏联人把一项全面解决中东问题的方案强加给各方，而美国的策略是把停火与政治解决分开。这种授权只能束缚谈判的灵活性，而不是增加谈判的灵活性。基辛格拒绝执行总统的命令，他致电黑格将军说："授予全权，就会使我无能为力。"

当基辛格开始同苏联人谈判时，尼克松又指示他：总统的坚强信念是，美国和苏联应利用这次战争的结束来迫使中东接受全面的和平，他要求基辛格同苏联进行一次广泛的谈判，然后把谈判的结果强加于以色列来结束这场战争。而这种结果，正好是基辛格所一直避免的。基辛格以十分尖刻的口气回绝了白宫的要求。

基辛格感到，鉴于国内形势如此严峻，必须立即结束这场战争，否则一旦国内政局激变就有可能为苏联人所利用，他坚决要求按出发前的战略计划行事。正巧，苏联方面也急于要停火。于是，经过四个小时的激烈交锋，商定了停火决议的文本：1．要求就地停火；2．吁请双方开始执行安理会第242号决议的所有部分；3．要求有关的双方在适当条件下，立即进行谈判。这第三条是说，停火将导致埃及与以色列直接谈判。

四、巧借他山之石，控制中东

美国和苏联两个超级大国是中东地区爆发武装冲突和战争的根源。作为美国的代言人，基辛格对中东问题的认识主要有两个方面：一是中东地区阿、以矛盾，二是美国、苏联两个超级大国在这一敏感地区的竞争和对抗。他对于这第二点尤其重视，因为他之所以插手中东事务，从根本上讲还是为了美国的利益。他清楚，只有美国一家独霸中东，才能更好地反映美国的意志，所以自从他关注中东问题开始，便下决心将苏联从这一地区赶走，其策略就是美国不与苏联发生直接对抗，而是利用苏联在中东地区的被保护国，离间它们的关系。

基辛格分析，苏联是阿拉伯国家的代理人，要解决中东问题，自然离不开美国的支持，只要美国袖手旁观，苏联在解决中东问题上将是寸步难行，一旦阿拉伯国家看到苏联不能替它们解决问题，必然会对苏联失去信心，进而疏远苏联，寻求美国的支持，这样，不用美国出面，苏联自然会被它的被保护国"赶出中东"地区，到那时，中东就是美国人的天下了。

美苏两国在中东的争夺主要是为了两种利益：一是中东地区丰富的石油资源，一是中东地区极端重要的战略地位。中东的石油是美国乃至整个西方世界的经济命脉，一旦这一地区被苏联的被保护国所控制，美国和整个西方世界经济很难避免陷于瘫痪。作为历史学家的基辛格懂得，这一地区战略地位极为重要。从地中海到波斯湾毗连的狭长地区，从古代起一直就是战争的热点地区，兵家必争之地。战争总是由两种矛盾着的社会力量相互冲突激起的火花而燃起的战火。在古代，北方的游牧民族南下和当地的农耕部族发生冲突，产生矛盾而发生了战争。其后，这个地区就成了两种宗教、两种文化的交汇地区。所以，后来的拜占庭与穆斯林的战争、法兰克军队与阿拉伯军队之间的普瓦捷之战，以及十字军东侵，也都在这一带地区发生冲突。第二次世界大战中，一直到此时，这一地区仍然是世界的热点之一。它是世界的南方和北方、东半球与西半球，以及两种宗教、两种文化的交汇地区，是历史文化"板块的接合部"。

1970 年 3 月，为了恢复对中东地区的控制权，苏联决定把作战部队派往这一地区，这引起基辛格的强烈反应。他有一种预感，如果阿拉伯国家的激进分子在苏联人的怂恿下成功地接管了黎巴嫩和约旦，那么沙特阿拉伯的大量石油贮藏就有被左派夺取和控制的危险。其后，波斯湾那些盛产石油的酋长国，还有伊朗，也都会发生同样的情况，这样，以色列人势将在一场恶战之后被赶入大海。西方从此休想染指中东地区的财富和战略要地，全球的力量对比也许就会无可挽回地转向对苏联有利。基辛格分析说，苏联人"在中东的所作所为，不管目的如何，从长远看来，总是对西欧、日本，因而也对我们构成最严重的威胁"，他要求总统"力求把俄国的军事力量赶走"。

基辛格曾在一次记者招待会上试探苏联人的态度说，第一次世界大战时，曾经有一个关于如何消除德国潜艇威胁的理论。他故作惊人地说，把海水烧开，潜艇就只好浮到海面上来了，用这个方法，就可以把潜艇从海洋中"赶走"。这是他采取的一种非正统的外交策略，故意放出气球试探它的作用。

"赶走"这个字眼很快便传遍了世界各国外交部的办公桌，好像一枚失去控制的导弹。人们不禁要问：这究竟是盲目发射的呢，还是看准目标发射的呢？基辛格是不是在暗示，美国有可能针对苏联在埃及的人员采取军事行动呢？这时，白宫一位发言人出面解释说："亨利的意思并不是说，美国要用武力把俄国人赶出去。"

实际上，基辛格的中心思想是，总有一天埃及人会看透国际环境中的某些征候，而由他们自己作出决定来把俄国人"赶走"。所以，他打定主意，对苏联的任何建议最好是置之不理。

基辛格也看到了美国在处理中东问题时的难处，他分析说："我们的困难在于：如果我们压制以色列，就会鼓励阿拉伯的激进派和那些投靠苏联的人，他们会以为采取顽固态度是做对了，投靠苏联有好处。因此，这种压力会逼迫以色列采取极端行动，至少是寸步不让。另一方面，如果我们不逼迫以色列，造成僵局的责任又会落在我们身上。"

不久，基辛格在与埃及总统纳赛尔的外交顾问哈茂德·法齐的谈话中了解到："埃及之所以希望取得进展，部分原因是苏联极力催促它和解。苏联似乎懂得，除此之外，他们是无法帮助他们的阿拉伯朋友的。如果事情陷于僵持状态，那么，苏联在阿拉伯世界的地位一定会变得更糟。"基辛格分析，苏联是想在阿拉伯世界捞取名声，把实际上是美国强加于以色列的和平归于自己。这使基辛格进一步坚信自己的判断是正确的，坚定了将苏联人从中东地区"赶走"的信心。他告诉尼克松说："对我们有利的方面是，阿拉伯人将会懂得，能解决他们问题的是美国而不是苏联。"

基辛格还希望在这里他的"连环套"策略能发挥作用。他对尼克松说："继续保持僵局是符合我们的利益的。这样可以说服埃及面对现实，使它相信受苏联庇护和奉行激进外交政策会妨碍谈判取得进展，只有美国才能使问题得到解决。

这样可以把苏联的无能为力暴露出来，到一定时候，还可以迫使阿拉伯人，特别是埃及人，从根本上重新改变他们的外交政策。……我认为，面临困境的是苏联，因为除非得到我们的合作，或者通过一场他们的附庸肯定会吃败仗的战争，否则他们就没有办法达到他们的目的。如果我们镇静自若，他们迟早要付出代价来取得我们的帮助，不是在中东，就是在别的什么地方付出代价。"

基辛格又多次向尼克松建议说，僵持局面持续的时间越久，事情对美国就越有利，苏联拿不出阿拉伯人想要得到的东西来。他向总统解释道："随着时间的消逝，苏联的阿拉伯附庸一定会认定，同苏联友好并不是实现他们的目的的关键所在。只要我们坚持得住，迟早会使激进的阿拉伯人不得不重新估计他们的政策。"他十分自信地预言道："没有我们，谁也实现不了和平。只有我们，而不是苏联，才能对以色列施加影响。以色列很强大，它不会屈服于阿拉伯的军事压力，而我们则能够堵塞一切外交活动，直到阿拉伯人表现出他们愿意对以色列的让步作出相应的报偿。"

正像基辛格所预见的那样，两年后，苏美两国在莫斯科举行最高级会谈时，局势的确发生了戏剧性变化。苏美之间的缓和气氛代替了早先的对抗情绪。埃及人感到自己被出卖了，他们得出的结论是：苏联在埃及的军事顾问只不过是为了他们自私的国家利益，而不是准备一场反对以色列的战争，因为这样的战争有可能发展成为美苏对抗。美苏首脑会谈后几个月，埃及总统萨达特就命令苏联的战斗人员撤出埃及，并驱逐了一大批苏联顾问。基辛格暗暗高兴，苏联人真的按照他的设想被埃及人"赶走"了。

五、循序渐进解决棘手的中东问题

当第四次中东战争爆发时，基辛格和他的智囊团认真研究解决这一棘手问题的战略和策略，并得出结论认为，对于复杂的中东问题，不是一蹴而就的，不能求得一下子就全部解决，而是步步为营，循序渐进，一步一步解决。

基辛格认为，必须首先重视中东问题的复杂性和严重性。它的复杂性首先表现在以色列与阿拉伯国家之间的冲突，其相互敌视之深是罕见的。基辛格分析：在这个地区，每一寸土地都是通过信念和痛苦、从与人作对的地理条件和冲突的环境中夺取过来的，那块不毛的沙漠和光秃秃的山地，是世界三大宗教的发源地，有一股使人抒发宗教狂热的深沉的诱惑力。冲突的根源，首先是以色列与埃及、叙利亚之间的领土争端，以色列为了生存和发展，不断地用战争手段侵占阿拉伯国家的领土，而阿拉伯世界没有一个国家承认以色列的存在。以色列要对付的不是一个国家，而是一个联盟，而且常常是一个团结一致的联盟。

基辛格从地缘政治、心理和历史的角度分析了阿以冲突的根源后认为，"中东和平不仅是现实的必需，而且也是精神的要求"。在这里，"人的主要乐趣不是自然，而是信仰和人类的情谊……人是通过信念把自己与同伴们连在一起的，而语言在这里常常起着一种决定性的作用。"

在基辛格看来，"中东冲突各有关方面真正想要得到的东西深深埋藏在信念、愤怒和梦想的混合体之中。他们的正式立场，就像柏拉图洞穴中的幻影，只是一种超自然现实的反映，而这几乎不可能用谈判过程中那种枯燥的法律措辞来加以表述"。

基辛格认为，从历史角度看，"中东冲突，并不像人们常说的那样持续了几千年。在很大程度上，它是我们 20 世纪的产物。可以肯定地说，犹太复国主义运动和阿拉伯民族主义是 19 世纪后期产生的，它们并不是互相对立的，只是在几个世纪的奥斯曼帝国统治让位于英国委任统治，从而使巴勒斯坦自决的前景出现时，阿拉伯人和犹太人经过几代人的和平共处后，才开始为在这块土地上的政治前途进行生死的斗争"。"二战"结束后不久，"这个地区变成了冷战对立的焦点，从而不仅加剧了当地的冲突，而且可能把外部国家拉进到一场严重的对抗中来"。

基辛格指出:"认识上的鸿沟——像一切悲剧一样,双方的看法都有道理——是使阿拉伯—以色列冲突变得极其难以驾驭的原因所在。双方各执一词的结果,首先就是无法取得妥协。只有回避一些问题才能达成协议。双方一接触到具体问题,进展就会烟消云散。""双方越坚持己见,外交活动便越处于僵持状态,对立情绪也更加激烈。"

基辛格分析说,中东问题并不是一个简单的"是非之争"。以色列约有250万人,而包围它的阿拉伯国家约有8000万人。以色列有训练有素的人力,而阿拉伯国家却有数量占压倒优势的人力可供训练。

1967年6月5日,以色列向埃及发动突然袭击,一举消灭埃及空军,只用六天的时间便结束了战争,占领了埃及、叙利亚、约旦的领土,包括西奈、戈兰高地和约旦河西岸,新夺来的领土为以色列面积的三倍。战争使阿拉伯的前线国家在物质和外交上都要依赖苏联的支持,由此产生了以埃及总统纳赛尔为首的阿拉伯激进主义者。这年8月,阿拉伯国家首脑会议一致通过对以色列的"三不"宣言:"不同以色列言和""不同以色列谈判"和"不承认以色列"。以后,以色列与阿拉伯国家之间经常挥舞战争的魔剑,直至不久前发生的"十月战争"。

基辛格对以色列给予更多的深切关怀。他说:"到1969年,以色列已成立了20年,但邻国不承认它,游击队骚扰它,国际讲坛上攻击它,阿拉伯的经济联合抵制排挤它。以色列的形状本身也表现了这个国家的脆弱性。它的国土,从地中海海岸到约旦边界的最狭窄处,只有九英里宽。……由于边境周围到处都是不共戴天的仇敌,所以以色列的外交政策和国防政策就变得无法区分。它的外交政策的最高和最终目标也就是绝大多数其他国家的外交政策的起点——争取邻国承认它的生存权利。因此,以色列很自然地把它在1967年占领的领土看作安全的保障,从立国以来,以色列一直在谋求这种保障,但是没有成功。它力求既得到领土,又得到承认。"

基辛格进一步分析了中东地区军事形势问题。他认为,以色列能否生存,要看有无能力发动一场速战速决的战略袭击。他认为,在正常情况下,"如果双方实力相当,你可以说你愿意实现军事上的均势。但对以色列来说,军事均势就等于它的命,因为如果打起消耗战来,只要大略一算,就可以知道以色列非亡国不可"。因此,"以色列非谋求优势不可",这就造成一个"无法解决的难题":"从来不承认以色列国存在的阿拉伯人,不可能接受以色列的军事上占优势的想法。"

中东问题的复杂性,更在于美苏两个超级大国在中东的争夺,这两个核大国都试图在中东拥有更大的发言权和更大的利益。基辛格十分清楚,美国插手中东事务,第一步就是要削弱苏联在中东的影响,甚至将苏联从中东赶走。但是,尽管美国费尽心机,苏联在中东的影响仍像幽灵一样徘徊。

基辛格分析苏联在中东冲突中的作用说:"在20世纪下半叶,中东问题是处于全球政治的漩涡中心。在60年代后期,虽然人们还没有把石油看作稀有物资,但是人们对中东——它位于几大洲和几种文明的交汇之处——的重要性却是了解得太清楚了。苏联在40年代后期,曾经认为中东是自己鞭长莫及的地方,曾经采取听之任之的态度,10年后,它通过出售军火,钻了进来。20年后,进一步把成千的军事顾问派到埃及。苏联置身于中东,是第二次世界大战以来地缘政治上的一大变化。"

基辛格不愿承认的事实是,美苏两个超级大国的争夺是中东地区爆发战争的根源。自1956年第二次中东战争后,美苏逐渐取代英法,取得对中东地区的支配权,美国支持以色列,苏联支持阿拉伯国家。苏联的中东政策旨在通过大量的军事援助与经济援助,以恢复阿拉伯国家对其信任感,逐出西方国家在阿拉伯国家的势力,恢复苏联是阿拉伯国家的唯一支持者与盟友的地位和声誉,确保阿拉伯国家不致被对方击败的地位。但苏联对阿拉伯国家仅限于不"消灭"以色列这样一个界限,仍坚持主张阿、以间的对抗要通过政治手段来解决。美国为了争夺中东地区的石油资源和战略利益,为实现其在中东地区的长远利益,需实行对以色列包括进行先进的军事技术援助等全面的援助支持计划,以确保石油利益以及遏制苏联对中东地区的渗透。

但是，在"核冬天"的阴影下，美苏两国尽可能做到不发生直接对抗，所以，美苏对中东地区的争夺，既要加紧渗透和反渗透，又要扩张和反扩张，为避免迎头相撞，维持一种既争夺又勾结，竭力维护阿、以间"不战不和"的局面，以获取最大的战略利益。美苏特别是美国侈谈"政治解决"，但又不采取任何有效措施，迫使以色列撤出侵占的阿拉伯国家的大片领土，甚至还怂恿以色列实行扩张政策。第四次中东战争爆发后，美苏两国一方面有节制地给以、阿交战双方分别紧急运送武器技术装备和作战物资，另一方面又在幕后紧急磋商，频繁接触，穿梭斡旋，以促成双方停火，达成政治解决。基辛格的智谋就是在这个范围内发挥作用。

现在"十月战争"结束了，埃及第三军团却仍被以色列军队围困在苏伊士，阿拉伯石油生产国对包括美国在内的西方国家实行禁运，许多人盼望在中东实现"永久的、全面的和平"，但是双方的鸿沟依然很深：埃及和叙利亚要求以色列退到 1967 年"六日战争"时的边界；以色列则要求埃及释放它的战俘，确保它的安全，承认它的存在。

基辛格认为，这不过是幻想，全面解决是死路一条。他指出，难题首先出在 1967 年的边界上，以色列明确而坚决拒绝恢复 1967 年的边界线，包括拒绝放弃耶路撒冷古城；而要谋求全面和平，任何一个阿拉伯国家，哪怕是最温和的阿拉伯国家，都不会提出少于这一条件的要求，可以说这是它们的最低要求。被阿拉伯人的进攻惊呆了的以色列刚刚恢复过来，却又面临选举；它想重新确定自己的方向，如果为了进行全面谈判而对它施加压力的话，很可能促使它采取铤而走险的措施，中断好不容易达成的停火，或在心理上垮下去，而不是求得解决。

在阿拉伯方面，要想实现全面解决，必须所有有关的方面都同意才行。这样，阿拉伯世界的强硬派就可以享有否决权，倾向于采取灵活态度的埃及就无法自己作出决定，苏联就会作为阿拉伯国家一方的"律师"重新插足，提出一个不可实现的最高纲领，美国的欧洲盟国和日本都会支持阿拉伯人的立场，以便求得石油，从而使美国完全陷于孤立。同时，全面解决方案很可能陷入纠缠于细节讨论，追求可望而不可即的全面目标，从而把美国的精力消耗掉。

这样，一旦失败，美国就会成为众矢之的：以色列人会责备美国向他们索取的东西太多；阿拉伯人会怪美国没有把话说清楚；西方盟国会责备美国使它们无能为力；苏联人则可能……

通过上述分析，基辛格提出了"步步为营"、循序渐进的解决之策。他对尼克松说："我们需要在各方心理能力之内确定目标，确定那些寸步不让的人或狂热分子无法否决的目标。我们每走一步都必须表明我们能取得成绩。这么一来，每一步进展都会建立起信心，使下一步较易进行。"

他的这一策略得到了阿拉伯国家领导人的赞同，沙特阿拉伯国王费萨尔甚至称这是一个"崇高的"解决办法。他对基辛格说："我们向全能之神祷告，恳求他继续使你的所有这些崇高的努力获得成功。恕我对阁下说话十分坦率，因为我敬重您的经过考验的能力和智慧。"

事实证明，基辛格的这一策略确实是发挥了作用的。在他的斡旋下，先是埃及和以色列两国的军队实现了脱离接触，召开了推动中东和平进程的日内瓦会议；接着是叙利亚和以色列双方的军队也实现了脱离接触。

六、曲线策略，取信对手

第四次中东战争结束之后，基辛格着手他对中东地区冲突的调解外交。他清楚，要进行穿梭外交，必须先取得埃及总统萨达特的信任。为了使他进一步认识自己，基辛格找到了两位美国的老朋友，希望通过他们向萨达特介绍他。在去埃及之前，基辛格首先拜访了摩洛哥国王哈桑和突尼斯总统哈比卜·布尔吉巴。

基辛格向哈桑国王解释了美国的想法。他说："我们避免把我们在外交上的本钱浪费在停火线上，而是直截了当地采取行动，在更广泛的范围内使双方的军队脱离接触。"哈桑国王被基辛格说服了，深感美国在中东的参与是必不可少的，他告诉基辛格说，他将为基辛格发一个信息到开罗去，好让萨达特对基辛格放心，他将告诉萨达特："（基辛格）不是按照古典的外交意图办事的，他宁可尽量少感情用事，少凭想象去处理事情；他宁可以冷静、心平气和和客观的方式去处理问题和现实情况。我们坚持我们的主要印象：一旦他承担了义务，他是会履行的。"

哈桑国王支持基辛格，基辛格心存感激："当事情在很大程度上取决于无形的东西时，这位国王从心理上解除了萨达特的顾虑，这就给我们帮了最大的忙。"

在突尼斯，基辛格通过布尔吉巴总统向萨达特表明："别人能给武器，但是，只有美国能给领土。"意思是说，虽然苏联可能向埃及和整个阿拉伯世界提供武器装备，但是只有美国才能说服以色列归还它占领的阿拉伯领土。布尔吉巴赞同地说："采取敌对态度是阿拉伯人所犯的一大错误。"

做好上述铺垫后，基辛格于 1973 年 11 月 8 日来到埃及首都开罗。

在一间法国式的总统办公室里，埃及总统萨达特一上来就有意考验一下这位美国外交大师的诚意、智慧和才能。他一面往烟斗里放烟丝，一面对他请来的客人说：

"我一直盼望你的这次来访。我为你制定了一个计划。这个计划可以叫作'基辛格计划'。"

说着，萨达特走到对面墙上的形势地图前，向基辛格介绍他设想的埃、以军队脱离接触计划。根据这个计划，以色列将撤离西奈三分之二的土地，大踏步地向东后撤，放弃苏伊士运河、吉迪山口和米特拉山口这两个战略要道和西奈的大部。

基辛格知道这是萨达特有意在考验他。他想：萨达特想必知道这是办不到的，别说让以色列作出如此巨大的让步，就是要它在苏伊士运河西岸后撤几公里都很困难。同时，萨达特要求以色列让步，却闭口不提交换的条件。这也不符合外交常规。

基辛格没有正面回答。在他看来，不管萨达特的想法多么不现实，刚开始会谈就拒绝接受是不明智的，他不希望让萨达特扮演斗牛士，而自己却扮演被他制服的公牛。于是，基辛格主动转换了话题，他开始巧妙地恭维萨达特：

"在我们谈论手头的事务之前，可否请总统告诉我，您是怎样设法在 10 月 6 日那天如此成功地发动了那次令人目瞪口呆的突然袭击的？那是个转折点。我们现在所做的事，在某种意义上说，是这个转折点的必然后果。"基辛格像小学生一样虚心向萨达特请教。

对于基辛格的意图，萨达特也是心领神会的。他明白，基辛格问到这件事，确实是在恭维他，承认他的地位，让外界看到，他不是从软弱的地位出发来进行谈判的；他不是一个低声下气的人，他已为埃及取得了谈判的权利。总而言之，他恢复了埃及的荣誉和信心。于是，他叼着烟斗，先是慢慢地，但却是愈来愈生动地向客人诉说了他一个人单独作出发动战争决策的内幕。

萨达特谈道，只要以色列能够把安全和军事优势等同起来，那就绝对不会有严肃的谈判可言。要埃及从一种屈辱的地位出发，去进行讨价还价，那是绝对办不到的。谈到苏联在埃及的情况，他告诉基辛格，他对苏联的认识是怎样愈来愈清醒的。莫斯科看重的是它和美国的关系，认为这比埃及重要，由于苏联领导人不尊重埃及人，尤其是由于苏联领导人肯定会设法阻止萨达特采取军事行动，或者阻止不成的话，便设法利用这个计划来达到苏联的目的，所以，他把苏联人赶出了埃及。

萨达特接着说，他本来是想在 1972 年 11 月对以色列发动进攻的，但是，由于当时军队没有准备好，同时，他一而再、再而三地进行战争动员，使他要和以色列摊牌的威胁能起到麻痹以色列的警惕性的作用。1973 年 5 月，以色列针对埃及的动员情况采取了对应的行动，也进行了战争动员。埃及的这次动员本来是准备达到最高潮时派兵渡过苏伊士运河的，但是，萨达特改变了主意，他也针对以色列的动员采取了对应的行动，而把进攻推迟到 10 月份，希望这次动员所造成的报警假象会有助于达到他的目的。他真的做到了，当他的军队再次动员时，以色列人却仍在观望，似乎失去了警惕。

基辛格问道："为什么要坚持这么干？为什么不等待我们答应过的在外交上采取主动行动？"

萨达特说："一方面为的是教训一下以色列，它想用称霸的办法来求得安全，那是办不到的；同时也为了恢复埃及的自尊心。"然后他郑重地对基辛格说："既然已经维护了埃及的荣誉，我就提出这么两个目标：重新获得我的领土，这就是说，恢复在西奈的 1967 年边界线，并讲和。为了达到这两个目标。我会和过去准备进行一场战争那样，既有决心也有耐心。"

基辛格认为他的策略起了作用，他认真听萨达特谈起如何既有远见而又做得巧妙，如何既得到荣誉而又有胆略，如何既有决心又有以柔克刚的精神力量。他感觉到萨达特给他提供了最好的机会，使人们可以从以色列立国在中东一直以来存在的那种僵硬态度中超脱出来。

从萨达特的介绍中，基辛格看到了需要在埃及总统身上花的工夫。他已经感觉到，未来对萨达特的考验是，他是否准备在不提供最后成功的保证下分段地采取行动，把发生冲突的势头扭转过来。为此他必须理解，按照美国的判断，什么是可能办到的；为了把事情办成，他必须做什么。从这一新的认识出发，基辛格渐渐地同萨达特在不知不觉中进入正式对话，他及时把话题转到讨论"概念问题"，开始按他的思路进行对话。

基辛格开始掌握会谈的方向。他向萨达特介绍了美国对中东和平进程的战略构想。他以一位学者的口气解释说：

"历史已经表明，要在谋求和平方面取得进展，取决于两个因素：一个愿意把言论同实际联系起来的阿拉伯领导人，和一个愿意为和平出力的美国。我们不愿意在压力下运用我们的影响；我们必须让人们看到，我们所采取的行动反映了我们的选择，而不是在威胁下就范的结果。靠用苏联军备来打败美国的盟国是不可能在中东实现和平的，最近的事态已表明了这一点。但是，如果埃及所执行的是它自己的国家政策的话，那它就会发现，我们是愿意同它合作的。我们并不谋求在埃及有显赫的地位。我能够看得出来，在我们之间没有不可避免的利害冲突。"

萨达特问道："那么以色列怎么样呢？"

基辛格认为这个问题提得很好，回答说："以色列不一定就是冲突的根源。摧毁以色列不一定对埃及有利，也解决不了阿拉伯人的问题。埃及有数以千计的人为其事业丧生，但从未被迫沦为需要由美国加以支援的地步。要是以色列被摧毁，我们绝不会置之不理，但是，我们愿意帮助平息阿拉伯人的合理的不满。"

基辛格这时才谈到自己设想的中东和平进程解决方案，从而绕开了萨达特一开始就提出的"基辛格计划"。他说：

"到目前为止，我们从阿拉伯人那里听到的计划，全都是要一下子彻底解决问题的计划，这些计划是以要么全盘接受、要么拉倒的态度提出的。经验已经证明，这个行动方针只能以僵局而告终。以色列确实顽固，有时真令人生气。但是，一个在谈到他的国家的尊严时说得那样娓娓动听的人，也必须理解这样一个国家的心理：它从来没有得到过邻邦对它的主权的最低限度的承认。"

基辛格试图说服萨达特改变对以色列的看法。他促请萨达特把同以色列讲和当作一个心理学上的问题，而不是一个外交上的问题来考虑。他认为，以色列与埃及乃至整个阿拉伯国家之间存在着巨大的心理障碍。他针对萨达特在会谈开始时提出的看法说：

"正如您正确地坚持的那样，如果说，以色列不能把它的安全建筑在军事优势上，那么，在没有得到邻国信任的情况下，它也不可能感到安全。这正是要求最有影响的阿拉伯国家埃及作出的贡献。如果埃及提供了这个条件，我们一定尽我们所能求得领土的变化，虽然变化的规模也许没有您的'基辛格计划'所设想的那么大。"

基辛格以他的真诚和对问题的精辟分析打动了萨达特。对于基辛格这一与阿拉伯人的思想格格不入的解释，萨达特没有反驳，他似乎有些被说服了，只是问：

"那么我的第三军团怎么样呢？10月22日停火线又怎么样呢？"

基辛格把话题从策略转向现实。他十分谦虚地告诉萨达特说：

"您有两个选择。依靠欧洲共同体的宣言和苏联的支持，您可以坚持要以色列军队撤退到10月22日停火线。但这对于我们来说是困难的，甚至是棘手的。我们最后也许会被劝导同意顺从这个做法。但是，时间可能要拖好几个星期，而您要兴师动众，施加这种种压力到底要达到什么目的呢？为了真正把双方的军队分隔开，导致以色列军队渡过苏伊士运河后撤，这个过程以后会在更加困难的情况下重来一遍。"

基辛格在巧妙地否定了萨达特的"基辛格计划"后，提出了他的建议，他认为必须先使紧张的局势缓和下来，然后分阶段解决问题。他说：

"较好的方针是暂时维持现状，因为一旦给埃及第三军团供应非军用物资的系统建立起来，所要维持的现状就是可以接受的了。在眼前的紧张局势缓和下来以后，美国将尽最大的努力来安排双方军队的真正脱离接触，使以色列军队渡过苏伊士运河后撤，虽然后撤的地段没有您所规定的那么大，很可能甚至不会超过吉迪山口和米特拉山口。但是，这是以色列人第一次从阿拉伯领土上后撤，不论它对这块领土所占的时间有多长，这就为下一步骤创造了互相信任的气氛。劝导以色列恢复10月22日停火线的外交工作，和为产生脱离接触计划而需要做的工作差不多是一样的，我们不能在很短的时间内同时完成这两项工作。我们力图在三个月内取得重大进展。"

基辛格的意思是说，和平的关键在于萨达特默许埃及第三军团连续许多星期一直在沙漠里处于弹尽粮绝的状态。

萨达特确实被基辛格打动了，虽然初次见到基辛格，但他感到基辛格是值得信赖的，他沉思良久之后说：

"我同意你的分析，也同意你所建议的程序。过去埃及想用折磨美国人的办法来达到它的目的，那是愚蠢的。埃及对战争已经感到很厌烦了；我们并不打算摧毁以色列。现在我们已使埃及恢复了自尊心，可以考虑转而谋求和平，我们的人民渴望和平。"

接着，萨达特对基辛格说："不管怎么样，埃及第三军团不是美国和埃及之间的问题核心。我们必须结束了结纳赛尔总统留下的问题，尽快和美国重新建立关系，进而谋求同贵国的友谊。"

最后，萨达特请基辛格提出具体建议，他断定，基辛格比他更加了解以色列能接受的是什么。

通过基辛格与萨达特的共同努力，双方达成了关于埃、以问题的"六点计划"，同时达成一项秘密谅解，即：只要以色列答应只是有节制地使用曼德海峡，埃及即应放宽对这个海峡的封锁。

萨达特接受了基辛格提出的草案建议，这远远超出了基辛格原来的设想。按照基辛格的说法，这个"六点计划"给每一方都带来一点实惠。埃及获得了对它的第三军团的有保证的供应和由一个国际组织出面管理开罗—苏伊士公路；以色列获得的是，它的战俘将获释，埃及暂时不提 10 月 22 日停火线。

基辛格获得了初步的成功。他说："我第一次访问开罗所取得的成就超过了我的希望。由于取得这一成就，我得到了公众对我的一些称赞，说我有进行谈判的才能。"

会谈后两人举行了小型记者招待会。

"基辛格博士，谈得不错吧？"一个记者问。

"这是一次富有建设性的会谈。"基辛格用的是外交辞令。

"基辛格博士，你还会来开罗吗？"

"会来的，只要情况需要，我就来。"

一阵冷场过后，一位美国记者问萨达特："总统先生，美国现在会削减对以色列的空运军用物资吗？"

萨达特微微一笑说："这个问题应该问基辛格博士嘛。"

基辛格装作没有听见，说："幸好，我没听见提的是什么问题。"

七、国际政治不是魔术师变戏法

在中东地区经过几次"穿梭"之后，基辛格认为，最重要的事情，是为埃以双方寻求一个彼此都可以接受的除打仗以外的新的解决办法，这个办法就是建议1973年12月在日内瓦召开一个讲求实效的和会，参加国包括四个主要交战国埃及、叙利亚、约旦和以色列，背后分别支持这四个国家的美苏两个大国，由联合国秘书长作为会议的正式东道主。这一次，基辛格除完成说服以色列领导人从其占领的大部分阿拉伯领土上开始撤退，说服沙特阿拉伯领导人解除石油禁运这两项使命外，就是要动员大家都参加这个和会，并且就开会日期达成一致。

12月13日，基辛格在去开罗前，先到另一个强硬的阿拉伯国家——阿尔及利亚作短暂停留，与阿尔及利亚主席胡阿里·布迈丁举行了会晤。这是两国自1967年中断外交关系后的第一次高级别会谈。会谈结果令基辛格十分满意，布迈丁不仅同意尽快恢复美阿外交关系，而且支持基辛格在中东谋求和平的努力。

当天晚上，基辛格飞往开罗，又同萨达特进行了长达六个小时的会谈，终于说服萨达特同意参加和会，并同以色列人进行直接会谈。他向记者们宣布说：

"我们一致认为，使双方武装力量脱离接触，把它们隔离开，这应当是和会第一阶段的主要议题。我将到另外几国去了解一下他们对如何实现这一点有些什么看法。"当着萨达特的面，聪明的基辛格还是谨慎地避免提到"以色列"的名字。

接着，萨达特说："我对我们这次长时间而有成效的讨论确实感到满意。"

基辛格更应该感到满意，他从埃及方面得到的东西是，埃及同意出席和会，提出了双方军队脱离接触的建议，愿意协助说服叙利亚派代表去日内瓦，并愿意帮助说服其他阿拉伯国家讨论解除石油禁运。而基辛格已答应萨达特，保证和会结束后，埃以即举行谈判。

第二天，基辛格再次来到利雅得，同沙特国王费萨尔举行会谈，以便说服他尽快解除石油禁运。

接着，基辛格飞到了不得不面对的大马士革，拜会在他看来更难对付的叙利亚总统阿萨德。自 1953 年杜勒斯国务卿在这里作过停留以来，基辛格是叙利亚首都接待的第一个美国国务卿。他清楚这位铁腕人物很难对付，便采取了一种开诚布公、别出心裁的态度，一开头便对阿萨德说：

"我走遍了中东，人们都对我说跟叙利亚人没法打交道。请告诉我，总统先生，为什么跟叙利亚人没法打交道呢？"

阿萨德先是一愣，然后哈哈大笑起来，打破了冷冰冰的气氛。

但是，这次具体会谈仍十分艰难。阿萨德态度十分强硬，他要求以军从戈兰高地全部撤出。而基辛格则强调和会的重要性，他希望阿萨德答应派代表团去。阿萨德看过和会邀请书后没有提出任何反对意见，基辛格便以为他已经接受了这一邀请。为了礼貌起见，他问阿萨德对邀请书有什么意见。

阿萨德回答说："嗯，有点意见。邀请书写得不错，可是有一句话不好。"

基辛格说："喔？哪句话不好？"

"就是说各方都已同意参加日内瓦会议那句。我们就没有同意这件事嘛。"

基辛格听了不禁目瞪口呆，心想，这究竟是叙利亚采取了新的立场，还是自己把它原来的立场理解错了？

在此后的 18 小时，基辛格又访问了三个国家。他先到约旦，在那里得到了侯赛因国王的保证：即使叙利亚不出席会议，他也将派里法伊首相去。接着，基辛格又来到与以色列作对的黎巴嫩进行安抚。

最后，基辛格到了以色列，在那里，他使尽浑身解数和外交手腕，总算得到了梅厄夫人同意召开和会和举行脱离接触谈判。

八、真情打动盟友

中东穿梭外交，对于基辛格来说，最为矛盾的也许就是以色列了。美国是以色列唯一的盟友，基辛格又是犹太人，他从内心里偏袒以色列；但是，作为中间人，他又必须在某种程度上照顾阿拉伯世界的利益。

基辛格一开始就明白他所面对的这道难题。外交上的常规不允许他奉行一项完全站在以色列方面的政策，否则任何问题都解决不了，因为美国在中东的利益不仅仅涉及以色列一个国家。不过，在实际行动上，基辛格时常怂恿偏袒以色列。

同时基辛格认为，以色列执行的是一种愚蠢、短视的政策，它抓住几块阿拉伯领土不放，这样做不但对自己的安全没有什么帮助，反而会激起阿拉伯世界的公愤，使他们的反以情绪更加强烈，收复失地的决心比过去任何时候都更坚定。他认为，阿拉伯人运用足以破坏西方经济的石油武器，迫使越来越多的石油消费国不得不采取反对以色列的政策。他深信，不管美国如何经常调整中东的军备均势，以有利于以色列，以色列还是会越来越孤立，除非它改变自己的战略。

而且，即使是在美国国内，以色列也越来越受到孤立。因为越南战争令人失望的后果，使更多的美国人不愿再卷入任何外国纠纷。基辛格觉得，现在正是以色列与阿拉伯人和好，使自己第一次得到公认的、安全的和受到保证的新边界的时候，如果错过了这一大好机会，大国很可能非强加给它一项解决办法不可。

可是，另一方面，基辛格也不能奉行一项可能导致以色列失败的政策。在外交斡旋中，如果得不到以色列人的同意和支持，他基辛格再有本事，也不能将阿、以双方捏在一起。因此，他不能让以色列人有被出卖的感觉。从个人感情讲，作为一个犹太人他也不能对以色列有苛刻的要求。这次，基辛格准备用感情来打动美国的老朋友支持自己的工作。

基辛格向以色列领导人阐述了尼克松政府的政策，特别强调了以色列日益孤立和脆弱的处境，并对以色列能否应付面前的挑战深表关切。他说，这是求得和平的绝妙机会，哪怕必须付出从阿拉伯领土上撤退的代价，也不要放过这个机会。占领领土并没有能够确保安全。赎罪日战争已经推翻了原先的设想。他敦促以色列进行谈判，放弃占领的领土，以换取新的有保障的边界。

基辛格与以色列人的谈判持续了长达12个小时。他先同总理梅厄夫人举行了三个小时的会谈，然后出席三个小时的晚会。

基辛格的分析使以色列人感到，他讲的言之有理，令人信服。他确实在为以色列着想，而不仅仅是为美国利益才跑到中东来的。在他向以色列内阁阐明他的政策主张之后不久，他得到了他所需要的东西，他被告知：以色列同意出席日内瓦会议；以色列大选后，它将立即同埃及就双方军队沿苏伊士运河前线脱离接触问题进行认真的实质性的谈判。

就这样，1973年12月21日，在基辛格的斡旋下，埃及、约旦、以色列、美国和苏联的外长在日内瓦如期举行会议，开始了谋求中东和平的漫长历程。基辛格在会上说："每一方都有自己的道理。"他引用犹太圣人希来尔的一句话说："如果我不为自己，那么谁来为我呢？如果我只为自己，我算一个什么人呢？"接着，他又补充了一个想法："有一个更大的道理……那就是要寻求一个能把各种愿望集合起来化为实现人类大家庭的真理。"

九、知难而进，融冰之旅

接下来的以色列—叙利亚问题比埃及—以色列问题更为棘手，但勇于接受挑战是基辛格的性格，他知难而进，用他的智慧、才能和胆略将中东和平进程不断向前推进。

在开始这场新的穿梭外交之前，基辛格心里十分清楚自己将要面对的是一个怎样艰难的局面。他分析，以色列和叙利亚是两个势不两立的宿敌，它们之间历来互不信任，都自称是这同一块土地上的唯一的国家，仇恨已经成为两个国家灵魂中不可泯灭的因素。一方认为是重大让步的事情，在另一方看来却是理所当然的。

叙利亚认为，以色列犹太国是实现阿拉伯统一的障碍。以色列则认为，它的近邻之中，叙利亚是最好战和最不肯妥协的。在阿拉伯国家中，只有叙利亚是以不妥协作为国策的，它坚定不移地拒绝承认以色列，拒绝在任何会议上和以色列交谈，拒绝接受以以色列有生存权这一原则为基础而进行的任何调解。同时，两国领导人都是在压倒优势面前才会屈服。连在双方之间开创谈判的局面都是一场斗争。

1973 年"十月战争"结束之后，叙利亚和以色列的军队就一直在戈兰高地上对峙着。在基辛格的斡旋下，埃及和以色列达成了军队脱离接触的协议，而以色列和叙利亚之间的军事对抗一直持续着。

但是，基辛格认为，叙以谈判是中东和平进程的一部分，也是它的顶峰。喜欢挑战正是基辛格的性格。于是，在促使埃及与以色列达成脱离接触的协议之后，基辛格便着手"对显然无法调解的双方进行调解工作"。

在监督埃以签署脱离接触协议之后，基辛格在归国途中，应邀在叙利亚首都大马士革作了短暂停留。也许是受到埃以脱离接触协议的鼓舞，叙利亚总统阿萨德虽然提出了过分苛刻的条件，但也表示有谈判的愿望。基辛格感到，这是叙利亚态度的显著改变。他不顾疲劳，于当天晚上飞抵特拉维夫，向以色列谈判小组转达了阿萨德的设想。

10 天后，基辛格在华盛顿接到了梅厄夫人的正式答复，她以个人的名义提出一个条件：在没有迹象表明叙利亚将遣返它所扣押的以色列战俘之前，不能进行谈判，最低要求是以色列必须得到战俘名单，并由国际红十字会进行探视。基辛格通过以色列驻美国大使迪尼茨进一步弄清了以色列的要求，即只要叙利亚接受这些条件，便可以开始谈判。

这对基辛格是一个鼓舞。他分析，只要双方有进行谈判的愿望，就有谈起来的可能；只要能谈起来，就有成功的可能。他通知阿萨德说，如果叙利亚提供战俘名单，并允许国际红十字会进行探视，很可能以色列就会提出关于脱离接触问题的反建议。随后，基辛格拟定了一个一揽子"交易"的方案和时间表，并于1974年2月5日交送阿萨德。

基辛格拟定的这个方案共分五步：第一步，美国把叙利亚扣押战俘的人数通知以色列。第二步，叙利亚把这些以色列战俘的名单送交它在华盛顿的照管利益办事处。第三步，要求以色列提出一项关于脱离接触的建议，送交给基辛格以换取战俘名单。第四步，在国际红十字会官员对在叙利亚的以色列战俘进行探视后，基辛格再把以色列关于脱离接触的建议送交阿萨德，并同时要求以色列派出一名高级官员到华盛顿商谈可能需要作出的修改。第五步，开始谈判的进程，谈判的机构就是设在日内瓦的以色列—埃及军事工作组。

基辛格的条件是，在阿拉伯国家解除石油禁运之前，他不着手进行谈判。当时，阿拉伯国家以石油为武器，以对美国和西方国家禁运来威胁以色列。基辛格之所以这样急匆匆着手解决叙以冲突，在很大程度上，就是为了让阿拉伯国家解除石油禁运，要知道石油可是美国的经济命脉。

经过基辛格的一番努力，叙利亚在谈判立场上又向前迈出了一大步。它透露了以色列在押战俘的人数，答应向美国提供名单，并允许国际红十字会进行探视，而且接受了美国从中调解的程序安排。基辛格还是那一个条件，石油禁运不解除，谈判就不会开始。

十、巧妙周旋，消除危机

由阿拉伯国家控制的石油输出国组织决定对美国实行石油禁运，迫使美国说服以色列向阿拉伯国家作出让步，交出其占领的阿拉伯领土。同时，对苏联失去信心的阿拉伯国家请求基辛格出面斡旋，好处是在基辛格调解取得一定突破后，阿拉伯国家将分阶段解除石油禁运作为报答。石油作为能源，是美国的经济命脉，长期的石油禁运将有可能导致美国经济瘫痪，因此，基辛格决心逼迫阿拉伯国家尽快解除石油禁运。基辛格感到，美国既要调解这场冲突，又不能让其与解除石油禁运联系在一起。他采取了一种十分微妙的策略。

就在这时，尼克松为了取得治愈他的"水门病症"的灵丹妙药，每隔几周，就提出一项新的计划，派特使去向沙特阿拉伯国王费萨尔递交一份从个人友谊出发的呼吁书。

基辛格一贯反对这种低三下四的做法，认为它只会给自己增加新的压力而不会消除压力。1974年2月7日，尼克松趁基辛格不在华盛顿的时机，直接召见沙特阿拉伯驻美大使，向他保证结束禁运不仅会使戈兰高地问题得到解决，而且会实现永久和平。他说："我们将尽快达成一项永久性的解决办法。我任期内的全部声望有系于此。你们应该懂得，这意味着我要从我国的某些集团手里夺回声望。"

基辛格得到这一消息后，立即给尼克松的大管家斯考克罗夫拍去一份电报，提醒他总统的这一做法是"危险的"，而且是"破坏性的"。鉴于沙特阿拉伯外交部长萨卡夫和埃及外交部长法赫米即将一同前来华盛顿，基辛格敦促尼克松利用这个机会向两国强行摊牌。他建议通知两位外交官，除非他们准备作出关于无条件地结束石油禁运的承诺，否则尼克松将不接见他们当中的任何人。

同时，基辛格表示，无论发生什么事情，他将继续前往中东履行2月5日对叙利亚总统阿萨德所作的安排，即听取以色列关于在戈兰高地脱离接触的计划，作为对叙利亚提供扣押在叙利亚的以色列战俘名单的报答。但是，美国应当表明，进一步的进展将取决于阿拉伯的石油政策，美国不会在压力下行事。基辛格认为，这是他对石油禁运和中东问题上的战略。

尼克松对基辛格的设想表示怀疑。他对基辛格说:"我唯一感兴趣的是禁运。这是全国唯一感兴趣的问题。他们才不管叙利亚怎么样了呢!我们的问题就在这里。我认为我们应该见见他们。但是,我还没有认识到我们要制造这样一种印象,即:如果这件事不能和禁运联系在一起,你还得到中东去。瞧,问题就在这里。"

"总统先生,这不能和禁运联系起来。我认为,我们越是突出禁运,解除禁运的可能性就越小。"基辛格争辩说。他认为,只有把禁运与出面调解分离,才能使解除禁运早日实现,虽然解除禁运是出面斡旋的前提,这是美国的战略,但是不能让阿拉伯人得出这一印象,必须让他们感到解除禁运是"无条件的"。

尼克松再次被基辛格说服了,他同意不再进一步商谈禁运,美国反对挂钩。基辛格决心利用这个问题打击石油生产国,除非对方承诺无条件地结束石油禁运,否则美国总统将不接见两位使者。

2月16日,基辛格向美国驻埃及、科威特、阿尔及利亚、叙利亚等国的外交使团发出新的训令:"作为未来我们的总立场的一个内容,我们准备不再提禁运问题。在这个问题上,我们已经一再表明过我们的立场。我们不准备再私下或正式地提出什么请求了。因此,驻外机构不应再作公开或私下的表态。在这个问题上,如果还有什么话要说,应该由华盛顿来说。"

当地时间2月16日深夜,萨卡夫和法赫米抵达华盛顿,基辛格亲自到机场迎接,把他们安顿在肖拉姆饭店。基辛格决定在萨卡夫的房间举行会晤,因为萨卡夫的资历较深。当然,这有可能使法赫米不高兴,因为法赫米是真正的外交部长,而萨卡夫虽搞外交工作,却戴着国防部长的头衔。

基辛格告诉阿拉伯国家的两位客人,他准备到中东去,把叙利亚提供的战俘名单交给以色列,以换取以色列就戈兰高地叙、以两军脱离接触问题提出具体建议。基辛格说:

"我的估计是,以色列初次提出的这个建议必然是叙利亚所不能接受的。这项建议的主要价值在于它象征着谈判的开始。但是,美国不同意把以色列的表现和继续石油禁运这两件事联系起来。如果你们想见尼克松总统，就必须首先承诺，不论我此行成败如何，一定要解除石油禁运。"

两位使节都是富有经验的外交家，他们知道，如果没有受到尼克松的接见而离开华盛顿，不仅面子上说不过去，而且也会使本国的政策受到他国的怀疑，现在不能再拖了，必须作出决定。于是，谁也没有争辩，而是一致同意立即向国内汇报并听取新的指示，将在 48 小时内作出答复，只在心里暗暗地骂基辛格是满腹鬼点子。

当基辛格陪同法赫米到他的套间去时，法赫米提议在他和萨卡夫一起转达统一的口信之前，由他单独秘密会见尼克松总统，这样他就可以向总统通报前不久阿拉伯国家在阿尔及尔召开的会议的实情了。基辛格未置可否。在基辛格告辞时，法赫米坚持要把他送到旅馆门口，一方面是出于传奇式的埃及礼仪，另一方面也是更重要的原因，就是为了不让基辛格单独会见萨卡夫。

基辛格当即识破了这一点，他不愿使沙特使节感到不高兴，便坐上高级轿车，吩咐司机把车子绕过一条街，开到旅馆的另一个门口。好在肖拉姆饭店面积大，有周旋的余地。

基辛格再一次进入旅馆，拜访了萨卡夫。基辛格很快便发现，就处处想胜人一筹这一点来说，阿拉伯人的想法是相似的。萨卡夫也向基辛格提出，希望在转达统一的意向之前，能单独地秘密会见尼克松总统。他认为，他能够对于总统理解他们口信的真正含义提供重要的帮助。

基辛格明白这种会见是根本不存在什么保密的，认为这种会见是不可取的，他采取了一个折中办法，在 2 月 17 日由他自己分别会见了萨卡夫和法赫米，对形势进行了多次回顾。

两位特使在抵达华盛顿 36 小时之后，2 月 18 日，星期一上午 11 时 35 分，终于接到国内新的指示，于是前往国务院拜会基辛格。

基辛格的策略奏效了，他被告知，可以使解除石油禁运和叙—以脱离接触脱钩。以色列战俘名单正在送往华盛顿的途中，将在基辛格即将动身前往中东之前交给他，以便转交给以色列。

这些问题谈妥之后，萨卡夫对基辛格说："亨利，我不明白现在我们还有什么要谈的。你见到了我，你也见到了我的朋友。我看不出还有什么问题。"

但是，细心的基辛格还希望把情况确实弄清楚。他问萨卡夫："我理解你的意思是说，已经原则上决定要解除禁运。"

"在3月1日。"萨卡夫回答道。

"在下一次石油部长会议上。"基辛格又追问。

"在2周或10天之内。"萨卡夫退让了一步。

这时，基辛格归纳说："首先，这实质上是无条件的，已经作出决定。其次，你要求我们竭尽全力促成叙—以脱离接触。第三，四位政府首脑认为，如果我前往中东，将对事态有所帮助。你建议我在伊斯兰国家会议（2月22日至24日）之前前往中东。"

"在你去墨西哥之前。"萨卡夫把时间提前了。

"好，如果我去墨西哥之前去中东做不到，那在去墨西哥之后我会马上去的。上面说的和你的理解一样吗？"基辛格希望再次证实那些说法。

"是的。"萨卡夫明确答道。

基辛格确信拿到了自己希望得到的东西后，才说："好，我现在就向总统全面报告此事。"

在基辛格的精心安排下，2月19日，也就是在两位特使抵达华盛顿的第三天，尼克松在白宫椭圆形办公室会见了他们。尼克松要基辛格归纳一下他们讨论的成果。基辛格重复了上次会议上他向总统说过的主要论点，强调指出：解除石油禁运是无条件的，阿拉伯国家的部长们要求我们做的只不过是"尽量施加影响"，以实现叙—以脱离接触。

沙特外长法赫米认为基辛格的归纳是正确的，而萨卡夫懂得他的国家应该保持微妙的平衡，他婉转地表示异议，对"无条件"一词作了新的说明："关于解除禁运，的确不存在条件，但是你们应该记住，不会无代价地解除禁运……不会在不发生某些别的事情的情况下解除禁运。"

基辛格表示强烈反对，他继续强调美国要求把解除石油禁运作为一个单独的问题来解决，以便更好地帮助阿拉伯国家。

这时，尼克松站起来作了结论性发言。他说："我们将为实现和平而努力，并提供你们要求的帮助，包括给予援助。如果解除了禁运，你们就会对加速达成协议起决定性的作用；否则，你们就会使我们更难起有益的作用。关键的问题是，你们是否要我们起主要作用，使以色列变得通情达理，以实现合理的和平。你们会得到的是我们在经济、工业和文化上的帮助。重要的不是禁运或有关条件，而是在中东进行建设的机会。"

就这样，在基辛格的精心筹划和运作下，双方达到了无条件的条件和不挂钩的挂钩的信任，能源危机解除。

十一、投其所好，屈尊迎合

中东能源危机解除之后，1974 年 2 月 26 日，基辛格率领他的谈判智囊飞抵叙利亚首都大马士革，开始一场艰难的马拉松式谈判。当天，他会见了叙利亚总统阿萨德。

阿萨德：某些新闻机构和你的某些声明给人的印象是，你只不过是一个单纯的东奔西跑的传信人。

基辛格：这是公众印象。

阿萨德：这太单纯了。即使我们希望如此，你也做不到。

基辛格：你不认为我是单纯的吗？还是你不希望我是单纯的呢？

阿萨德："单纯"一词可以有多种含义。需要造成的印象可能是，基辛格博士只不过是把一方的观点传给另一方。这样做的缺点是没有劲头，给人印象是，你没有做什么有效的事情。这可以称为单纯的作用，但是不适用于基辛格博士。

阿萨德邀请基辛格访问叙利亚是冒着很大风险的。他放弃强硬立场，不仅会在国内受到攻击，而且也会受到激进的邻国伊拉克的政治攻击。但是，他还是用一种巧妙的方式强调他愿意同美国合作。他说：

"我看到一些新闻报道，说基辛格博士认为，由于国内的压力，阿萨德的灵活性要比萨达特有限。这并非事实。不存在敌视我的派别。我和任何别的阿拉伯领导人一样地灵活。"

基辛格立即明白了阿萨德的用意，他用最能迎合阿萨德自尊心的方式回答道："我想我懂得你的意思。你的处境更为复杂，你离巴勒斯坦更近些，你所谈判的问题不是一片沙漠，而且涉及的领土不大。你的情况不像西奈半岛，而且在整个过程中你都在担风险。这是我的看法。你的邻国比埃及多。"

阿萨德不停地点头称是。

经过三个小时的私下较量，双方进一步相互摸清了底细。阿萨德同意让国际红十字会立即进行探视以色列战俘，但是主张在原则上达成协议后再举行叙以军官的日内瓦会议。他希望由基辛格主持主要谈判，参加叙利亚与以色列谈判的全过程。

基辛格一听，心里真有些喜出望外，但很快掩饰了过去，略显惊讶地说："那我就得把全部时间花在这里了。"

于是，他带着阿萨德交给他的以色列战俘名单，飞往特拉维夫。

一般人也许以为，交一份战俘名单也值得美国国务卿亲自跑一趟？不错。对于极端复杂的叙、以关系来说，交送战俘名单正是两个宿敌走向谈判的第一步。基辛格认为，这是他穿梭外交行动中颇为关键的一步。对于以色列来说，自从停火以来它就准备交换战俘，名单是微不足道的最低限度的事情，而不是一种需要回报的让步，但是，对于以色列政府来说，这个名单又非常重要。在以色列，人命是最宝贵的，由于每个人的心灵上都生动地铭刻着几个世纪以来备受迫害和灭族威胁的记忆，因此每牺牲一个人都会引起人们对于灾难的预感。而对于阿萨德来说，提供以色列战俘名单和同意国际红十字会的探视，却是重大的让步姿态和政治风险，任何谈判如果仅仅恢复 10 月 6 日边界线，只归还以方 1973 年战争中占领的突出部分，就会引起为什么要打这场战争的问题，从而削弱阿萨德在国内的地位。这又是以色列所不肯让步的。以军距离大马士革只有 35 公里，以色列不愿退让一步。

不过，基辛格飞抵耶路撒冷时，在他看来是最不合适的时机。以色列国内政坛四分五裂，新政府仍未组成，梅厄夫人和她的看守内阁再也经不起分裂的折磨。基辛格转交了战俘名单，令他们感激不尽。基辛格想让以色列人了解他的难处，他告诉以色列人他的担心：

"阿萨德说过，如果以色列只是同意退回到 10 月 6 日的分界线，叙利亚就退出谈判。问题在于，争取时间，使整个谈判不要在这个敏感的时刻破裂。最好的解决办法是，使谈判不间断地进行。我希望能够向阿萨德确认，不论他对以色列提出的脱离接触方案有何看法，达扬将在两周内到华盛顿去作进一步的商谈。"

此时，以色列看守内阁的外交部长是摩西·达扬，此人能力非凡，阿拉伯世界公认他是富有想象力和灵活性的人。由于达扬在 1 月份访问了华盛顿，才达成了埃以脱离接触协议。基辛格曾向阿萨德炫耀说，达扬可能访问华盛顿，这象征着进展。达扬的出场，成了中东各宿敌之间和解的征兆。

梅厄夫人语调生硬而用词微妙地对基辛格倍加赞扬，但继续坚持强硬的谈判立场，毫不退让。

基辛格费尽口舌，说明在戈兰高地实现脱离接触是政治上必不可少的，这是在中东

摩西·达扬

地区实现和平的关键，是最有效的、也许是唯一的通向和平的道路。他苦口婆心地分析说：

"以色列可以从与叙利亚的谈判中得到的东西是，一个激进的阿拉伯国家和以色列签署了一项文件。这可以消除埃及所受到的压力，实际上只有叙利亚才能施加这种压力……这可以使温和的阿拉伯人……有机会使他们的方针有理有据。从此，同叙利亚人进行的每一项争论将不是原则问题，而是策略问题。而且，由于叙利亚已经被卷入这场谈判，苏联人竭力想插手的企图至少可以暂时被挫败。因为我们正处在危机之中，能争取到六个月时间也是宝贵的。"

以色列领导人不为所动，只表示愿意开始谈判的进程，他们提出的不是基辛格所需要的一项正式的脱离接触方案，而只是一项条件十分苛刻的"纲要"。

基辛格一时感到自己陷入困境，一旦他把以色列荒诞无稽的方案交给阿萨德，一定会被赶出叙利亚，那样他的中东调解活动就会在最不利的时刻遭到失败。苏联、法国以及美国的盟国就会乘虚而入。为此，他必须使谈判不间断地进行下去。

经过一番周密的思考，基辛格决定在回大马士革时不让阿萨德知道这个以色列方案，尽管他曾经答应过要提交这个方案。同时，为了防止叙利亚破坏谈判，基辛格还准备借助于埃及总统萨达特的威望。

萨达特是阿拉伯国家的武装部队总司令，叙利亚在重大问题上一向听从萨达特的意见。基辛格对以色列谈判小组说："我将（对阿萨德）采取以下立场：我们讨论了方案；由于这是你们第一次和我谈这个问题，由于你们过去还没有拿到过名单，讨论中出现了许多复杂情况，使我感觉到，我不能交出这个方案，而在另一方面又表达了你们的善意。你们愿意在两周内派一名高级部长到华盛顿去。我深信我可以得到萨达特的支持，支持我这样做，因为萨达特不可能愿意看到这次使命失败。任何别的办法都太冒险。"

2月28日上午，基辛格飞抵埃及。他如实向萨达特说明了以色列的情况和他自己的想法。

　　基辛格得到了萨达特的同情、支持和帮助。在仔细研究了军事形势后，萨达特以阿拉伯武装力量统一司令部总司令的身份，派贾马斯将军立刻前往叙利亚首都大马士革，使阿萨德了解以色列的谈判策略，并使叙利亚领导人相信，"即使不存在以色列的正式方案，基辛格博士提出的程序仍然是最有可能取得成功的程序"。

　　萨达特也重申了他对叙利亚所负有的义务，即如果以色列不把新占领的土地全部归还，而叙利亚将奋起作战，他会支持他的盟国。如果阿萨德能使以色列完全撤退到战前的分界线，他就告诉其他的阿拉伯国家，这是一项重大成就。但是，如果以色列愿意从 10 月 6 日分界线再往西后撤几公里，阿萨德仍拒绝，他准备公开责备阿萨德。接下来举行记者招待会时，有人问他，他想给阿萨德提点什么意见，他说："要相信基辛格博士。"

　　第二天傍晚，基辛格前往大马士革，他要在不存在可供谈判的以色列方案的情况下使谈判继续下去。

　　正像基辛格所预料的那样，这次会见是费时间和伤脑筋的，持续了四个小时，阿萨德一直在对基辛格搞心理战，他明白现在是基辛格"有求于他"，他要让基辛格难受，所以他迟迟不肯进入实质性问题。在会谈进行了一个半小时后，基辛格已经有些疲劳了，实在等不下去了，只好主动提出："如果总统愿意，也许我们现在可以谈谈脱离接触问题。"

　　阿萨德同意谈，但是只谈了贾马斯将军关于基辛格访问开罗的情况介绍，便将话题岔开了。又聊了 20 分钟，才勉强谈到基辛格所急切盼望的主题。基辛格怀着不安的心情对阿萨德说：

　　"我认为以色列的设想是不值得向你转达的，因此我没有带来任何方案。我们将不提出一个可作谈判基础的方案，但将以一名以色列谈判代表访问华盛顿来开始谈判的进程。如果你对委以重任的这个人有足够的信心，叙利亚就应该派特使接踵而来。"

　　阿萨德在发表了一通批评以色列的讲话之后，接受了基辛格的建议，但要求在公布时说明，是他，而不是基辛格，拒绝了以色列的设想。阿萨德也希望谈判能进行下去，所以虽然明知这是基辛格的一个诡计，但为了使谈判进行下去，他还是默认了。

会谈结束时，基辛格对阿萨德说了一句真心话："你真是个顽强的谈判者，老和你这样一名对手谈判，我们的神经真受不了。"

十二、以理服人，以情动人

基辛格搞外交善于发挥学者的专长，以理服人，以情动人，从感情上征服对方。在实施中东穿梭外交过程中，为了使叙利亚和以色列两个世代仇敌走到一起，基辛格时常采取这种"软手腕"。

1974年3月29日，基辛格邀请以色列铁腕人物摩西·达扬重访华盛顿，马拉松式的叙以和谈正式开始。

此时，达扬在国内忍受着对他的过激的、屈辱性的攻击。因为他的失职，让阿拉伯人在上一年10月间进行的突然袭击获得了成功。但是在基辛格眼里，达扬是位了不起的人物，他被基辛格称为以色列领导人当中思路最广阔和最富有创造性的人物，也是一个很难对付的谈判对手。

正如基辛格所料，达扬没有带来令人满意的方案。基辛格设想的叙以两军脱离接触协议，要求在以色列和叙利亚之间确立一条新的从南到北的分界线，建立一个由联合国部队巡逻的非军事区，和在中线两侧的限制军备区。它要求以色列不仅放弃它在由叙利亚发动的1973年战争中新得到的土地，而且也放弃它在1967年战争中得到的土地中的象征性的一块。1967年战争后，以色列在戈兰高地建立了大约20个居民点。在1973年战争结束时，以色列在叙利亚前线的南端推进不多，但是在北端，以色列占领了从西到东一大块突出的土地，其边缘已经到达离大马士革20英里的地方，背后是俯视着大马士革平原的赫尔蒙山。

上一次，以色列曾主张，它所撤出的上次战争中征服的土地，均应交给联合国，叙利亚平民不得返回这些地方。这一次，以色列向前迈出一大步，答应叙利亚部队可以返回这个突出部分的三分之一地方，这些地方将成为限制军备区，同意叙利亚平民可以重返突出部分的三分之二地方，但是，分界线仍然划在战前分界线以东更靠近大马士革的地方。以色列主张以保存突出部分三分之一土地的条件来结束战争。

基辛格认为，这些主张仍然不会被叙利亚所接受，叙利亚总统阿萨德对恢复"10月6日战争线"也不能接受，而是像埃及收复西奈一小块地方一样，叙利亚也必须收复以色列在1967年占领的土地中的象征性的一小块。他告诉以色列人，这很可能使叙利亚要求收复的土地包含有以色列的定居点。现在谈判的核心问题是，能否以脱离接触协议的名义，在这一狭长地带划定一条分界线，但又不至于触及以色列定居点。基辛格对达扬说：

"按抽象的逻辑来说，你们是有道理的。让平民回去是通情达理的举动。但是，这些线是不可能实现的。我们只能从可以换一种做法的角度提出我们的建议……我曾经告诉你们的大使，戈兰高地的一小块，包括库奈特拉镇，必须包括在这项协议之中。我知道，你没有获得授权在这里讨论这个问题。你用不着谈这个问题。但是，我之所以这样缓慢行事的原因是，要以色列想想这个问题。"

基辛格说完后，达扬没有说话。基辛格明白了，这还不是以色列的最后态度，它还有让步的余地。

弄清了以色列的态度，基辛格下一步的工作就是要设法"拴住"阿萨德。为此，他把以色列作出的重大让步通报给所有阿拉伯国家，特别指出这种重大让步本身隐含的意义，同时强调以色列不会为了脱离接触而放弃一个居民点。他在信中告诉阿萨德："我曾经告诉达扬，按照我对阿萨德总统的立场的了解，最新的以色列方案不可能是令人满意的。"

4月13日，基辛格终于等来了叙利亚特使。这是20年来叙利亚首次派出一位高级特使访问华盛顿。这位特使是叙利亚军队负责情报工作的参谋长西哈比中将，他是阿萨德的密友，阿萨德曾事先写信告诉基辛格，确认西哈比不是带着对抗情绪来访问的。

但是，在基辛格看来，西哈比带来的让步，在叙利亚看来也许已经走得够远了，但对于以色列来说却远远不够。叙利亚接受了在分界线两侧规定对等的军备限制的设想。在此以前，阿萨德把这一设想斥责为有损于叙利亚主权的恶劣行为。但在分界线问题上，叙利亚似乎仍然坚持要求以色列撤退到戈兰高地的腹地，而不接受以色列的方案。基辛格也像压以色列一样对西哈比说：

"我一直告诉你们的总统，我认为我不能实现他提出的分界线。但是，我会实现可能争取到的最大限度的分界线。"他进一步归纳自己的立场说："因此，组成部分包括……叙利亚军队向前移动；以色列军队后撤；以色列在后撤线后面的军队人数也有所减少；以及叙利亚平民返回以色列撤出的土地。这些是已经取得的积极因素。还没有取得令人满意的结果的是那条线……因此，我来中东要做的就是移动这条线。还有商定减少兵力的问题，两边都减。"

西哈比回国复命去了。

4月28日，基辛格起程前往中东，开始他的又一轮穿梭外交。他先带着自己的精明强干的谈判智囊和14位新闻记者，前往日内瓦同苏联外长葛罗米柯会晤。在那里，基辛格瞒天过海，同苏联人斗了一个回合，再次巧妙拒绝了对方所有实质性要求，不同葛罗米柯在大马士革会晤。

第二天，基辛格一行飞抵阿尔及尔，以谋求在埃、以谈判中支持过他的布迈丁出面对阿萨德施加影响。作为阿拉伯人，布迈丁总统当然要维护阿拉伯国家的利益，他赞成在戈兰高地脱离接触，但是认为这只是走向叙利亚恢复1967年以前边界的第一步。他认为自己现在也是一个中间人，是基辛格与叙利亚之间的中间人，所以他向基辛格提出要求，但并不妨碍他支持基辛格的斡旋活动。"我对于基辛格博士的斡旋活动将给予支持。"布迈丁说。

离开阿尔及尔后，基辛格仍然没有直飞正在谈判中的两个主要国家的首都，而是前往埃及的亚历山大城会晤萨达特总统。

此时，美国和埃及在中东问题上已经成了战略伙伴。基辛格得到了萨达特的全力支持。萨达特坚持要基辛格在这次穿梭外交活动中实现叙利亚、以色列脱离接触这个任务，否则，叙利亚就有可能请苏联在谈判中重新担任主要角色，美国很快将失去对局势的控制。他答应基辛格支持一项和埃、以脱离接触方案相类似的方案，即：把1973年以色列占领的突出部分和1967年以色列占领的几公里土地归还给叙利亚，包括库奈特拉镇。

基辛格认为，这个只有两万名居民的小镇，是双方精神上的象征，而并不是一个战略要地，只是一个奖品、战利品，而敌对双方又都非常看重这种象征，彼此争夺得非常厉害，能否安排好这个市镇的命运，将决定谈判的成败。

5月1日，基辛格终于踏上了以色列领土。就在此前不久，尼克松在国内因"水门事件"处境更加危险，基辛格在谈判中失去了一位有权威的总统为他撑腰。而且，他遇到的并不是善意的和解，而仍然是毫不妥协的强硬立场。以色列的立场没有显著的软化。梅厄夫人情绪激动地对基辛格说：

"我们不能不经常想起，我们在七年中打了两场战争，并为此付出了代价。现在，阿萨德说，他必须收复他的领土。我说这真是厚颜无耻到了极点。这怎么可能呢？如果我们的邻国可以发动战争而不受到任何损失，这不等于是鼓励它继续打下去吗？"

基辛格再次经受住了种族感情的考验。他想："我对果尔达的看法深表同情；我理解她的预感。可是我的责任是执行我从清醒的分析中制定的最佳政策，我既不能受制于失望，也不能受制于委屈。我的责任是向以色列指出它的地理政治上的需要。"

于是，基辛格在以色列作了一系列关于国际关系哲学的讲演，他把大部分时间花在向以色列盟友解释国际环境上。他认为，只有理解了所处的环境，具体的解决方案才有意义。这一次，基辛格对以色列人更是苦口婆心：

"如果这次谈判失败,如果我们不能为实现脱离接触找到一项可以接受的解决方案,我想我们必须承认,美国在和平努力中的主导作用也就告终了。"

基辛格预言:"我们(对阿拉伯人)提出的论点是,我们的承诺不多,但是至少可以取得一点进展,这比没有取得任何进展总要略胜一筹。依我看来,最后是会取得成果的。"

基辛格希望让他的盟友理解:"重要的是应该懂得,谈判失败的严重性关系到外交方面所出现的情况,关系到军事方面所出现的情况,以及关系到美国方面所出现的情况。"

基辛格希望以色列领导人明白,如果因以色列的强硬而导致他的斡旋失败,对以色列将没有什么好处。他说:"现在,下一个问题是:我们正要讨论的方案对于以色列可能会有帮助还是会有损害呢?一项脱离接触协定,甚至包括拉宾和佩雷斯所提到的一切危险,是对以色列有利还是不利呢?我认为,即使他们所提出的每项推断都是正确的,总的来说,对以色列还是有帮助的。因为它使美国站到了外交的最前线……"

他威胁说:"当前形势的实质是,美国能否长期有效地支持以色列的立场?我认为,我们不能支持一种由于美国公民不理解的问题而遭到破裂的谈判,从而导致石油禁运,导致一系列的经常性危机,而且可能导致战争。如果我们这样做,将会导致美籍犹太人方面的巨大压力。但是,我提请你们注意处理危机和高谈阔论之间的区别。人们可以高谈阔论,但处理起危机来却又逐渐丢失掉一切。高谈阔论者可以继续大放厥词,甚至态度强硬,而到头来却是竹篮打水一场空。"

5月2日这一天,基辛格与以色列谈判小组的会谈持续了长达13个小时又15分钟,几乎没有休息。但是,他得到的答复仍然是无法被接受的达扬"个人"设想:以色列的分界线可以往西推移一点,以便把库奈特拉的东部交给叙利亚;而以色列继续拥有库奈特拉的西部。

基辛格认为,叙利亚决不会同意分割库奈特拉。唯一值得安慰的是,这似乎表明,以色列在精神上已决定破釜沉舟,至少在考虑撤退到战争以前的分界线。

基辛格在考虑他如何向叙利亚人交代。阿萨德总统早在两个月前就把以色列战俘的名单交给了他，因为他答应带回以色列方案作为回报。可是，他至今仍没有给阿萨德一个像样的答复。

基辛格从美国自身的利益出发，并认为以色列的这一做法是对的，尽管以色列的谈判方式令人恼怒，但要求以色列俯首帖耳并不符合美国利益，因为一旦事实证明，美国要以色列干什么它就干什么，阿拉伯人的要求就会升级。那时，美国就会因为以色列不能满足阿拉伯人的条件而受到责备，而这种条件却由于容易得到满足而变得越来越苛刻了。他能制约阿拉伯人的条件是，美国是唯一能够使以色列作出让步的国家，而且在人们都认为困难的情况下做到了这一点。因此，这一次，他仍然不急着带一个肯定的以色列方案到大马士革，而只是去探讨一些次要问题。这样就可以一箭双雕：既可以给以色列更多的时间重新对问题作出估价，又不至于因阿萨德拒绝不成熟的以色列方案，从而把一场"阿拉伯—以色列"冲突，变成一场"阿拉伯—美国"冲突。

5月3日，基辛格一行飞抵大马士革。正如他预料的，当他小心翼翼地提出以色列的设想时，阿萨德总统感到气愤和紧张，指责这个方案是带有侮辱性的，这证明以色列所想的不是和平而是征服。阿萨德坚持以前的方案，要求以色列从战前戈兰高地撤出一半以上的土地。他说："如果我提出的分界线不能被接受，我们就不能达成一项协议……我们的这条分界线是没有讨价还价余地的……比我们所规定的分界线少一公尺，我们也不打算接受。"语气十分坚定。

基辛格早有思想准备，他决定去动员其他阿拉伯国家来支持一项妥协方案。

5月4日，基辛格来到埃及的亚历山大城，拜会萨达特总统，希望和他一道重新研究埃及所能支持的主张。萨达特尖锐地指出了问题的实质：能否让阿萨德收复10月6日分界线以外的几公里来保全面子呢？在这几公里内，包括以色列视为最可宝贵的战略要地。萨达特说：

"这是一个非常棘手的问题，但是应该从政治方面而不是单纯从军事方面来加以解决，这对他们有利，而且对我们也是有利的。战争应该停下来。双方都有大量的伤亡。与此同时，苏联人也在阴谋煽动双方采取极端立场。以色列存在国内问题，他们需要安定，需要有个喘息的机会来整理一下他们的国内事务。我自己也需要有一个喘息的机会来为下一步作准备。难道他们不懂得这个道理吗？阿萨德正在阿拉伯世界处处和我为难。他们对此应该有了解。这对他们是有利的，百分之百的有利。我们不打算去收回他们的居民点，但我们说，从心理角度来看，他们（叙利亚人）必须取得 10 月 6 日分界线以外的一些土地。到底取得哪些，我们可以讨论。这必须包括库奈特拉。我可以向整个阿拉伯世界兜售这个方案，并为哈菲兹·阿萨德保全面子。"

基辛格同意萨达特的分析，分别派自己的特使前往沙特阿拉伯和阿尔及利亚谋求支持。

沙特阿拉伯国王费萨尔表示，不管什么时候，只要有必要，美国可以指望他对埃及和叙利亚的支持，如果以色列撤离库奈特拉，并由叙利亚人来接管，沙特阿拉伯将会支持这个良好的协议。阿尔及利亚表示，支持阿萨德取得像萨达特所取得的类似的好处，即超过战前分界线的一小片土地，并表示继续支持基辛格的活动。

基辛格又回到以色列，继续同他的难以对付的盟友举行漫长的会谈，将所有阿拉伯国家的反应，逐一作了汇报，并强调指出：以色列的第一个方案决不会被接受，即使阿萨德愿意这样做，他也不能置其他阿拉伯国家领导人的意见于不顾。基辛格威胁说："我重申我们面临下列问题：第一，达成一项协议。第二，如果不能达成一项协议，那也宁愿让谈判为了分界线以外的问题而陷于破裂……第三，如果谈判为了分界线问题而陷于破裂，那么破裂的方式也应该能够避免引起阿拉伯世界、苏联和西欧的一致反对。"

以色列仍不同意把库奈特拉让给叙利亚，但同意把这个镇分割成为两部分，这就突破了战前的分界线。但也仅此而已。基辛格指责他的以色列盟友说，为了库奈特拉几条街道的地盘而争论不休，就会冒使整个循序渐进的进程遭到破坏的危险。

为了给以色列内阁思考的时间，基辛格决定离开耶路撒冷，前往约旦首都安曼，寻求侯赛因国王的支持。

当基辛格一天后再次回到耶路撒冷时，他发现以色列确实对方案作了新的修改，从东库奈特拉撤退一点，已成为以色列正式的立场，同时以色列的防线将转移到10月6日分界线的后面、库奈特拉以西的地方。与这个方案相结合，以色列提出了一项复杂的建议，它将库奈特拉分为两部分：叙利亚管辖东部，一个联合国和以色列的混合小组管辖中部，而以色列的居民则被允许在西部的郊区居住。

基辛格虽然认为把这么一个小镇对立起来的做法是荒谬的，但他承认以色列的新立场标志着一个新阶段的到来。很快他得知，以色列内阁批准了一系列修改意见：以色列防线已移到库奈特拉以西，并且还愿意在北方把防线进一步撤回到赫尔蒙山；在南方，从一个名叫拉菲德的小镇和从靠近战前分界线的三个据点撤出，往后撤退，并把拟议中的缓冲地带扩大到包括几个村子。对于库奈特拉的民政管理则不作任何变动。

十三、切香肠式的讨价还价

当看到以色列作出了最大让步时，基辛格却不准备一股脑地将这些让步全都给阿萨德，而是生出一条新的妙计。他告诉梅厄夫人说：

"在大马士革，我将只把方案中的关于库奈特拉那一部分抛出去。由于阿萨德几乎肯定会拒绝这一方案，我不打算让以色列的其他让步一道付诸东流。我以后将利用这些让步来打开僵局，如果出现意外突破的话，还能锦上添花。"

5月8日，基辛格再次飞抵大马士革。这一次，他再也不能瞒天过海了，他必须触及分界线问题，但是为了不一上来就激怒主人，他同阿萨德打起了外围战。像对待以色列人一样，他也向阿萨德讲了一大套国际环境理论。他分析道：

"我对形势的估价是：首先，由于多方面的原因，和叙利亚的谈判，要比和埃及的谈判困难得多。另外，有一个和平居民的问题，这块土地非常接近两国的安全中心。它在以色列引起了感情上和心理上的反响。"

接着，他谈到军事形势："军事形势却迥然不同，以色列在苏伊士运河对岸的被包围的'孤立地区'只有一条宽为15到20公里的走廊作为供应线，它受到埃及两个集团军的夹击。它是一个平坦地区，处于一条非常长的供应线的末端。以色列有一种易受攻击的不安全感。而叙利亚的被包围的孤立地区，他们并没有感到有受攻击的危险。我只是在分析形势，而不是为它辩护。以色列的背后有一排山丘，旁边又是赫尔蒙山，他们不想放弃这块地方。"

"如果你研究一下和埃及所订的协议便可以明白，"基辛格继续说，"以色列人没有从埃及军队的土地上撤退。在运河对岸有五个师的埃及军队。在埃及，我们在现有的控制线再加上撤出的孤立地区上划定一条分界线，在没有人烟的平坦地区建立一条受联合国控制的地带。"

转而基辛格谈道："在叙利亚，我们要做的是两件事：第一，恢复叙利亚的民政管理。第二，我们和他们谈判以色列要从新近获得的土地上撤出的问题。而在埃及，他们没有从新获得的土地上撤出。而最终的问题不是军事上的，而是政治上的和心理上的。"

自上一次与萨达特合谋策划妥协性方案后，阿萨德对所牵涉到的各种难以捉摸的情况给予更多的理解。他说：

"叙利亚的困难是，这里的人民26年来是在仇恨中生活过来的，不能由于我们改变了方针就在一夜之间转变过来。除非我们为了人民的利益，否则我们决不会采取任何步骤。我们都是人——我们对事物的反应都有感情冲动的一面。但是我们这些领导人得克制自己，进行分析，并且根据我们自己的利益采取步骤。公正的和平是有利于我们的人民的。"

"也是有利于以色列和这个地区所有人民的。"基辛格恭维地说。他感到是拿出以色列方案的时候了，即使冒叙利亚人大发雷霆的风险，也不能再等了。他按照对梅厄夫人说过的，强调以色列决定把它的防线移到库奈特拉以西，并提了一下调整方案，以表明防线的总的走向，却只字未提关于在北方的赫尔蒙山和在南方的拉菲德的让步。

出乎基辛格的意料，阿萨德没有发火，而是以冷静的分析批驳了基辛格提出的方案："因此我提出下列意见：第一，他们没有撤退到 10 月 6 日分界线的后面。第二，没有一条直的纬线。这就使得形势复杂化了。第三，他们保持了 10 月 22 日以后所占领的据点。……第四，他们并没有撤出多少地方。他们没有作任何实质性的撤退。"

"以色列毕竟放弃了 1973 年所占领的突出部分以及库奈特拉。"基辛格争辩说。

"他们没有放弃库奈特拉，他们只是把库奈特拉分成两半。"阿萨德答道。他虽然对基辛格带来的方案不感兴趣，但也没有断然拒绝，只是强调他自己的方案。最后，他鼓励基辛格向新闻界说明，谈判并没有破裂。言外之意是，正在取得进展。

5 月 8 日，基辛格回到耶路撒冷，对以色列女总理说，不应该在真空中作出决定，应该等他访问了费萨尔和萨达特之后，再来重新审议以色列的立场。直到这时，他才第一次得知，妨碍以色列从库奈特拉边缘作进一步撤退的障碍之一，是以色列人在离库奈特拉几公里远的地方垦殖了三块农场，以色列从来没有放弃过一片垦殖好的土地。

看到中东和平进程竟维系于这样一个小问题，基辛格感到忧心如焚。当晚，他向尼克松报告了他的困难处境：

"当然，我会全力以赴，去争取阿萨德。如果上述以色列的立场证明是退让得还不够的话，那么以色列人将会面临一个严重的抉择：或是让谈判进入死胡同，从而有可能在戈兰高地面临消耗性战事再起并加剧；或是再放弃几公里的土地，这不会影响以色列的安全，但却要求他们放弃 1968 年在库奈特拉附近建立起来的居民点的一些已垦殖好的农场……与此同时，阿萨德看来想要达成一项脱离接触协议，但也有使他感到担心的国内压力。他一再强调，他需要有这样一个脱离接触协议，使他能够向他的经受过 26 年斗争的人民有个交代，并且不给他的政府的反对派一个颠覆的机会。"

从阿萨德强硬的态度和以色列人寸土必争的诉求中，基辛格感到双方不可调和的观点、目标、感情、恐惧和历史因素，真是复杂得难以找到解决办法。他决定再次使用"统一战线"手段，寻求更广泛的支持。

5 月 9 日，他再次来到沙特阿拉伯。费萨尔国王虽然声称支持阿萨德的立场，但他暗示沙特支持基辛格处理问题的方法，相信取得成功是大有希望的。

基辛格在埃及得到的鼓舞更大。他向他的埃及朋友透露了没有向叙利亚人讲的以色列人作出的重大让步，同萨达特一起对叙以之间的分界线一个山丘一个山丘地进行详细分析。萨达特说："你已接近实现你的目标。阿萨德需要库奈特拉，是为了得到一个有形收获的象征，并与埃及保持同等地位。业已取得的成就足以找到一项解决的办法。阿萨德过分热衷于讨价还价，决不会放弃在谈判中的争执机会，但是从现在起，基辛格博士应该赶紧采取行动。"

萨达特表示准备公开支持基辛格的立场，特别是，如果基辛格能为库奈特拉问题争取到更多的喘息机会。

但是，基辛格明白，一旦阿萨德坚持己见，要求收回所有被占领土的话，这些温和的阿拉伯朋友谁都不会袖手旁观。现在，他必须去劝说阿萨德不要投入一次圣战，并去劝阻以色列不要把谈判变成对勇气的一次试验。

可是，5 月 10 日，当基辛格再次回到耶路撒冷时，以色列的立场在各大报纸上都刊登出来了，基辛格准备用来同阿萨德讨价还价的筹码立刻消失了。以色列什么也没有给他。基辛格十分恼火，两天后重返大马士革，希望阿萨德能有所让步。

阿萨德也更加顽强地说，只要以色列人占领着库奈特拉附近的山丘，并且在实际上还为联合国保留了这个城镇的一部分，以便把叙利亚人和这个城镇的以色列人分开，他就不能把叙利亚的老百姓送回到库奈特拉去。他建议以色列往后撤退 1.5 公里，撤退到西部山丘的那一边，并从此往南画一条直线，以便让这个城镇不感到处于包围之中。

基辛格认为，把美国的信誉押在这种零售地毯式的买卖上，是很可笑的。如果谈判破裂，叙利亚人会在战争中失利，以色列人也将失去争取和平的机会。现在双方都明白，他们自己是无法打破因他基辛格调解失败而造成的僵局的，他要使出所掌握的最严厉的仲裁手段，要求双方表明他们关于分界线的最后立场，而且如果这些鸿沟填补不起来，谈判将休会。

基辛格准备先从以色列开始。

5 月 13 日，基辛格再次回到了耶路撒冷，要求以色列重新考虑其立场。可是他没有想到，梅厄夫人以她惯有的倔强性格大发雷霆："他（阿萨德）不能想要什么就得到什么"，"他无权得到他所希望的一切"。

等以色列女总理发完火后，基辛格强压怒火，平静地回答说：

"应当以某种直接谈判的方式来结束战争，这是我们大家都懂得的，实际上我们也一向认为你们也是这样主张的。我们已经设法减轻这几次谈判对以色列的冲击，而且我们已经把问题缩小到这样的程度，以至于我们现在经常处于要为阿萨德辩护的地位，我们谈论的是距旧分界线一公里那条线上的半公里的地盘。此时此刻，你们本来很可能会在一个国际讲坛上每天都因 1967 年的分界线而遭到攻击，而在这个讲坛上美国每天都被要求在 1967 年的分界线问题上表明立场。……在这个过程中，我们打破了石油禁运，我们使俄国人在中东出了丑。如果你们现在必须面临所有这些问题，而且受到俄国人的压力，石油禁运还在继续，你们就不会侈谈北部德鲁兹村庄的事了。你们要谈的将是许多更为糟糕的事。"

基辛格警告以色列谈判小组，不要斤斤计较分界线上的小变动。真正的问题是："你们是否愿意取消整个战略的风险，而这个战略非常有效地使你们在战后免除战争后果的冲击，或者我们是否要采取另外一种不同的战略。"

经过三轮会谈之后，以色列谈判小组最后同意作一点有节制的让步：叙利亚可以接管整个库奈特拉镇的民事管理权，叙利亚的平民可以回到那里去。库奈特拉附近的三面土地还是属于以色列的，以色列军队仍旧要控制这个城镇的边缘地带，而且所有的街道都要用带刺的铁丝网围起来。

基辛格感到，如果这是以色列的最后方案，谈判就进入了死胡同。他决定孤注一掷，通知阿萨德说，现在是派遣一位特使去大马士革的关键时刻。在他的建议下，埃及特使贾马斯立即动身去和阿萨德商谈。

阿萨德认为，没有可能让他的老百姓回到库奈特拉去，而做不到这一点，他把库奈特拉拿到手也没有用。他提出一项反建议：把库奈特拉西面的山丘分成两部分，西坡归以色列，东坡归叙利亚，山顶归联合国。急于要拔除自己门前的突出部分的阿萨德说，在脱离接触过程中，他无意对以色列居民点的存在加以非难，他所希望的是为他自己的移民争取一个喘息的地盘。阿萨德作出了巨大让步。

不久，以色列驻美国大使迪尼茨奉命向基辛格表明了以色列的真实想法。他告诉基辛格说，以色列从来没有把它真正关心的事提出来过。以色列坚持战前的分界线，并不是出于一种实力感，而是出于一种不安全感。以色列没有足够的人力去守卫一条不断得到加强的防线。以色列的国防线是以一系列坚固的防守据点为基础的，因此对地形的依赖性非常之大。1967 年在戈兰高地建立分界线，就是因为那是最容易防守的地方，在那里，简直没有其他可以与之相比拟的阵地。以色列内阁之所以如此执拗地不肯将分界线移到库奈特拉以南，原因就在于此，以色列不能为了达成一项脱离接触协议而放弃防守阵地。

基辛格问为什么以前没有人向他提到这关键的一点。迪尼茨回答说，因为这样一来，就等于暗示以色列不愿意在戈兰高地上作进一步的撤退；以色列对于基辛格会如何反对是很担心的。此外，以色列内阁内部的斗争也不允许它作概念上的探讨。

基辛格警告说，如果重新恢复谈判，以色列应更多地照顾叙利亚人的自尊心，必须扩大叙利亚在库奈特拉附近的领土，在安全许可的范围内，以色列应努力做一点照顾体面的事情。基辛格表示，他将设法让阿萨德取消对以色列提出撤离西部山丘的要求。

十四、巧妙的折中方案

在中东穿梭外交中，基辛格创造了巧妙的"折中方案"模式。他发现，对于以色列与埃及、叙利亚这样的宿敌来说，要想在短期内让他们直接对话是不可能的，于是他决定发挥中介人的独特作用，采取一种折中方法，当双方让步到一定程度时，他便吸收双方提出的条件，提出一个使双方都能够接受的方案。

看到时机已经成熟，基辛格准备重施他在埃、以会谈时的"美国方案"策略了，只不过这时的困难要大得多。

尽管以色列拒绝对原来的方案提出修改，但表示欢迎一项最后建议。于是，基辛格说，现在是按照梅厄夫人的意见，向双方提出一项"美国方案"的时候了。他对以色列谈判小组说：

"如果我把它作为一项美国方案向以色列提出，我认为这将取得策略上的好处，因为在他（阿萨德）的心目中好像本来可以由你们提出的。我这样说是不礼貌的。方案是美国的设想。它将是以我的判断，而不是以你们的主张作为最后界限。因此不是要他向以色列的要求让步，而是向所判定的最后界限让步。"

于是，为了让以色列感到这一方案是对以色列有利的，他说："你们把你们能告诉我的都说了……我对你们内阁的印象是，你们为争取每 100 码土地而斗争，为的是表明你们进行了一次大战，而且也许渐渐地——在证明确定是在寸土必争之后——接受一条像我所描述的那样的界线，或者也许不能接受。但是，不管怎样，这不是轻易能做到的。"

"我最有希望的办法是——我喜欢美国方案这个设想——对你们说,'请看,这就是我认为能够取得的绝对最大限值。你们再多争辩也是没有用的。讨价还价是没有意义的。这就是我们在以色列内阁进行讨论的情况下所能做的事。再多一点也办不到了。而且这一点也只有当你们说可以时才能办得到。'但是,还得让它看起来是很有意义的。我不能允许在美国和以色列到处流传这样的说法,说我背叛了以色列,急于要达成一项协议,因为我想帮总统的忙。也就是说,由于急于要帮助总统摆脱水门危机,我把意见强加于以色列。让我们彼此以诚相见……"

"因此我希望你们了解这一点。你们不必再对我说别的什么了,但是如果我们打算照此办法去做,我们彼此得相互体谅。我假定,你们允许我或鼓励我来提出美国方案这件事本身,就表明你们想重新考虑,否则我就不会到这里来了。如果情况不是这样,我可以不提这个方案。"

基辛格被允许前往梅厄夫人的私人住宅,向这位强硬的女总理说明他所提出的"美国方案":

——库奈特拉附近的分界线将往西移200米,在这条分界线和西部山丘之间(大约有一公里半)是联合国监督下的非军事区。

——山丘本身由以色列控制,但其军备将受到严格的限制。美国将为此向叙利亚作出双边保证。

——以色列的控制线将向北和向南各后退一公里,以便消除阿萨德的顾虑,即:叙利亚的平民回到一个三面受以色列军队包围的城镇。这也满足了阿萨德所要求的南北平行的分界线。

梅厄夫人非正式表示说,她非常清楚地懂得,赞赏"美国方案"会使她在道义上站得住脚:至少有这样的保证,如果谈判失败,以色列将不会受到谴责。

基辛格保证说,在目前这一轮谈判中,以色列在领土上的让步已到了极限,不能再对它提出要求了。

带着"美国方案",基辛格于当天下午飞往大马士革,去征求阿萨德的意见。

他很快便发现，叙利亚与以色列之间的鸿沟依然如故。在以色列人看来好像是割肉一般疼痛的让步，在叙利亚人看来几乎是蛮横无理，毫无妥协之意。以色列人不能理解叙利亚人最起码的自尊心；叙利亚人则不懂得，以色列人过分自信乃是一种恐惧和不安全感的混合物。阿萨德对基辛格说：

"以色列人究竟还要求些什么呢？我已经同意我们不会去碰任何居民点。我也已经同意将考虑山丘问题。我要求的只是在距离分界线的某处画一条直线，这是为我们的人民着想。他们可以在紧挨着那段距离的后面任何地方筑起他们所希望的防线。"

他质问道："以色列人应该懂得的基本事实是，如果我们在脱离接触问题上解决得令人满意，我们就可以在那里作长期打算，我们可以留在那里，定居下来，建设家园。如果我们被迫接受一项不能令人满意的解决办法，即使人们接受了，我们仍将坚持向前推进。他们为什么就不懂得这个道理呢？"

在耐心听过阿萨德对以色列的抱怨之后，基辛格感到，再探讨让步已经没有多少意义，于是他便抛出"美国方案"。这时，阿萨德叫基辛格暂时不要说下去，他让人叫来他的国防部长和参谋长，也许是避免他的同事和潜在的政治对手日后会说他上当受骗。

当叙利亚的将军们走进会客厅时，基辛格打趣地说："你是在吓唬我。"

阿萨德却一本正经地说："要吓唬你的是外交部长；将军们都是爱好和平的人，而且他们喜欢俄国人的程度和你相仿。"

基辛格的"美国方案"没有被接受，阿萨德仍然坚持要以色列撤离山头，只占有西山坡，联合国军队应据守山头和东山坡，如果以色列人占据山头，他们就能监视他希望在库奈特拉开始的和平生活了。但他不再坚持叙利亚在那里驻扎部队。

基辛格回答说："我们的方案是不容争论的。我无法在耶路撒冷重新开始去谈判一个美国方案。"他建议草拟一个休会声明，阿萨德不动声色地同意了。基辛格说谈判要推迟几个星期。可是，当他们共同起草好休会声明时，阿萨德突然对基辛格说："终止会使我感到痛心的。基辛格博士能否再回来跑一趟？"

基辛格说："我不能对我自己提出的方案作进一步的修改了。我能作出的唯一努力是向以色列提出我的方案。我能够向他们推荐我的方案，而且我也能够向他们转达你的方案，但是事情很清楚，我推荐的只是我的方案，超过这个范围，那就是你的方案了；现在依我看，你那个方案是会遭到拒绝的。"

阿萨德坚持说："不管怎么样，劳你驾再走一趟，然后回到大马士革来；我们再经过一番努力休会也不迟。"

基辛格达到了他的目的，用"美国方案"首先从阿萨德那里争取到了一张另一轮穿梭外交的许可证。他十分愉快地回到耶路撒冷。

以色列不同意接受阿萨德的建议，把山头控制权交给中立者或第三者，但同意不在那里配置可以向库奈特拉开火的武器，基辛格把它改进为在山顶成立一个兵力限制区，将以美国正式文件的方式提交给阿萨德。基辛格深信，阿萨德不会让步，谈判一定要休会。他同以色列谈判小组共同起草了一份休会声明。他威胁说，不久将返回华盛顿。他认为这个问题已经超出他的智谋能力范围。

5月18日，基辛格再度飞回大马士革，他让以色列人搞了一幅说明"美国方案"的精确地图，但到大马士革时却把它留在了飞机上，他认为带着以色列的地图进叙利亚总统府会令人把他的方案看成是以色列的最后通牒。

但是，这一次基辛格对困难估计得过重了。当他以一种面对现实的方式提出最后经过修改的"美国方案"时，阿萨德令人意外地接受了。基辛格的"最后方案"是：

——整个库奈特拉将置于叙利亚的管辖之下。

——从西部公路西面的建筑群线量起，在库奈特拉以西200公尺处画一条线。设有路障，作为线的标记。

——这条线以西的地区将划为非军事区。联合国将保证各方履行规定。可以允许以色列的平民在这个地区从事耕作。

——以色列的军事分界线划在两座主要山丘的东山坡下，但是在山顶上不允许设置直接向库奈特拉开火的武器装备。这种保证将写在尼克松总统致阿萨德总统的函件中。

——库奈特拉以北和以南的分界线将为直线，以便使该城镇不处于以色列军事阵地的包围之中。

阿萨德没有要求作进一步的解释，便接受了基辛格的方案。他说："基辛格博士代表美国作了不懈的努力，很多人不希望他的使命取得成功；如果他的使命不能实现，我们将坐失良机。因此，我们得向美国公开表示，我们的态度是比较积极的。我们想要你们知道，谁是反对和平的。这在个基础上，我们放弃了那些山头的问题……"

"我们这样做，不是为了以色列，也不是因为处处害怕以色列——战争胜利的成果将是属于我们这一方的——而是希望为公正的和平留有尽可能广阔的余地。一项公正的和平必须意味着全面彻底的撤军和恢复巴勒斯坦人的权利。我们这样做，是为美国的和平努力创造有利条件。我们也意识到美国国内的情况。我们知道，如果这次使命没有取得成功，这将被人利用来在美国搞垮你。"

基辛格现在还剩下一些细节问题，但是，对于以色列和叙利亚来说，有时细节也事关大局。为解决这些问题，基辛格制订了一套日程表：早晨他在耶路撒冷同以色列谈判小组会晤，大约中午时分，基辛格的汽车长队开往一小时路程以外的本－古利安机场，于下午早些时候抵达大马士革，和阿萨德举行数小时的会谈后再返回以色列。

十五、寸步不让，将错就错

基辛格以为阿萨德总统已经和他一起走向成功，双方只要作出比较小的让步，就可以把最后协议确定下来，可是谁也不肯迈出这一步。

5月26日，梅厄夫人为基辛格举行了盛大午宴，她称赞基辛格："……当我们在这个地区获得和平时，基辛格先生，至少可以毫不夸张地说，我认为你在功劳簿上应名列第一，其次才是以色列人。因为你使得和平成为可能，因为你理解和平，因为你希望和平，因为你知道，和平是我们需要的东西。我们希望和平将会来到，我深信，和平有一天将会降临。但是，如果你有可能在我还在职的时候实现和平，那我将加倍地感谢你。"

但是，赞美不能代替外交僵局的突破，以色列寸步不让。在离开以色列前，基辛格给阿萨德发了一封信，说明这次他到大马士革访问将是最后一次，以后绝不再来。

离成功只差一步，叙利亚人又与基辛格展开最后的心理战。基辛格猜透了对方的意图，摸清了其心理，寸步不让，将错就错。

阿萨德并没有被基辛格吓唬住，基辛格同阿萨德的会晤同样没有取得任何进展。基辛格彻底失望了，那天正好是他的生日，他准备在这里度过这令人难忘的一天，然后回华盛顿。

上午10点，基辛格向阿萨德辞行。气氛温和而忧伤。可是，当基辛格离开阿萨德开始走向门口的时候，阿萨德突然说：

"在我们建立起了这种良好的、合乎人情的个人接触之后，出于忠诚和爱慕之情，同时也考虑到叙利亚—美国关系的必要性，我特别考虑到不应使你受到伤害。在你看来，当叙利亚的红线（叙利亚的军事部署线）是可以推进的时候，它究竟可以向前推进多远？让我们开诚布公地谈谈吧！"

基辛格认为，"这是一个令人震惊的举动。阿萨德已经使出了浑身解数。现在又开辟了再一次作决定性的努力以达成一项协议的道路"。基辛格尽管被这突如其来的绿灯惊呆了，但他还是很快反应过来，顺水推舟，先强调说：

"我不想做什么伤害阿萨德总统的事。如果总统接受了对他来说是勉为其难的事，并为他今后造成了复杂的局面，我们美国的重要目标就没有达到。所以我不打算强使——通过说服——总统做任何日后会对他造成伤害的事。因为这样做只是战术上的成功，但却是战略上的失败。"

在确认阿萨德出于自愿的之后，基辛格再次同叙利亚人讨价还价。最后，基辛格对阿萨德说：

"如果你保证不再扯皮，我准备再作一次努力。我们应草拟一个只是有待以色列认可的文件，我可以把它带回耶路撒冷。"

基辛格主动提出红线再往前移一公里。经过最后的讨价还价，基辛格同阿萨德达成一致，在大马士革前面，按协议划定的 10 公里地带以外，叙利亚的坦克和部队人数可以不受限制。

其实，阿萨德在前一天晚上就决定要解决，但他"还想弄确实是否已从石头缝里挤出最后一滴油"。

在基辛格这一边，解决方案在前一天晚上也已决定，以色列谈判小组允许基辛格提出它们的最后要求，但基辛格看出了阿萨德的计谋，决心把它作为一个筹码，他自信主动权在自己这一边。

如同对待叙利亚一样，基辛格认为，现在对待以色列也必须是一次性的，一旦以色列答复，基辛格将派他的助手西斯科返回大马士革，叙利亚要么同意，要么拒绝。考虑到以色列人要命的自尊心，不应使谈判的最后阶段看起来好像是由大马士革在支配一切，基辛格在大马士革机场对新闻界说：

"我们已把分歧缩小到最低限度，现在我正准备回以色列，今晚和以色列谈判小组举行会谈，看看他们对于如何消除这些分歧有些什么看法。明天我的小组成员西斯科先生将返回大马士革，把他们的考虑带给阿萨德总统和外交部长。这一次我就不回叙利亚来了。"

1974 年 5 月 28 日凌晨 1 时，基辛格再次同以色列谈判小组会谈。这一次，基辛格是向以色列人"交心交底"的，他同女总理的会谈持续了两个小时，基辛格声音都嘶哑了，几乎连话都说不出来了，人也疲惫不堪，梅厄夫人答应五个小时后，即上午 8 时召开内阁会议，作出最后的决定。基辛格认为施加压力已没有意义。于是，他说：

"你们已经作出很大让步。如果你们决定不同意这项协议，没有一个美国人会认为你们是不讲道理的，因此在考虑协议时不用考虑这一点。应该考虑的是，对比一下达成协议和达不成协议的后果有哪些基本不同点。虽然和你们签订协议的这个国家的基本可靠性并不大，但是如果不签订协议，它的可靠性也就更小了。"

可是，以色列节外生枝，要求在协议中增加有关恐怖主义的条文。他们说，如果在协议中不谈恐怖主义问题是行不通的，而基辛格明白，要求那些脾气暴躁的大马士革民族主义者与巴勒斯坦公开断绝往来，也同样是办不到的。基辛格十分为难地说：

"根据我所了解的情况，真正的问题在于，你们的国内情况要求你们对此（恐怖主义）加以注意，而他（阿萨德）的国内情况则要求他对此予以否认。实际情况正如我们所说的……你越是想要得到正式保证，你越是难以得到这种保证。"

但是，以色列谈判小组希望基辛格再到大马士革走一趟。梅厄夫人认为，基辛格比任何人都更能使阿萨德作出让步。基辛格则提出把叙利亚的军事部署向前推进，只在一个地方有保留。

当天傍晚，基辛格重返大马士革拜会阿萨德。这回，他是有求于叙利亚的。他带着某种感情向阿萨德解释以色列人所具有的不安全感。阿萨德则给基辛格上了一堂关于巴勒斯坦人的课，谈到一个没有家园、没有国籍而且特别前途茫茫的民族的身心痛苦。他说，在这个问题上，他不可能站在巴勒斯坦的敌人一边，并表示戈兰高地不会成为巴勒斯坦游击队的地盘。

在经过五个多星期的中东穿梭生活之后，基辛格似乎也理解了巴勒斯坦人的困难处境。他想：在我们花了五个星期的时间推敲每个细节之后，我有责任向以色列内阁阐明我的看法，即游击队进行活动的可能性是极小的。我认为，以色列应该接受美国提供的一项保证，即：如果我们的判断被证明是错误的，以色列对于游击队在戈兰高地上的袭击进行报复，它将得到我们的支持，而且不会被认为违反停火协定。

协议就这样在叙利亚获得通过。1974 年大马士革时间 5 月 29 日，晚 8 时许，尼克松在白宫新闻发布室宣读了下列声明：

"美国国务卿亨利·基辛格博士和叙利亚及以色列所举行的会谈导致了一项关于叙利亚和以色列军队脱离接触的协议。协议将由叙利亚和以色列军事代表于 5 月 31 日星期五——本星期五——在日内瓦会议的埃及—以色列军事工作小组内签字。"

基辛格终于获得了成功，埃及总统萨达特称赞他是"魔术师"。在结束了 34 天穿梭外交回到安德鲁斯机场时，基辛格受到了史无前例的最热烈的欢迎。美国和中东的评论家把穿梭外交描述成美国历史上最伟大的外交成就之一。有些美国人竟然称他是"世务卿"。

第七章　永远的国务卿

一、以毒攻毒，反败为胜

　　1974年6月11日，基辛格陪同尼克松访问中东途中，在奥地利萨尔茨堡作短暂停留。

　　这时，基辛格事先没有向尼克松打招呼，突然在他下榻的"狂欢之家"宫廷宾馆举行令美国朝野震惊的记者招待会。他脸色苍白、怒气冲冲地对一大群熟悉他的记者说：

　　"我认为在国务卿的品质和信誉被怀疑的情况下，是不可能执行美国对外政策的。如果这件事不予澄清，我宁可辞职。"他甚至威胁说，他情愿不再陪尼克松总统去中东而愿回华盛顿去作证。

　　在场的记者们，有的为基辛格打抱不平，有的却心存疑惑。惹怒基辛格的原因是，国内指责他参与"水门事件"的势头越来越凶猛，而且跟踪到了萨尔茨堡。

　　早在几年前，为了防止泄露白宫秘密，尼克松总统通过白宫的助手对有影响的专栏作家约瑟夫·克拉夫特进行电话窃听。1972年6月，尼克松竞选总部的智囊团为了在大选中战胜民主党候选人，派人潜入水门大厦民主党竞选总部安装窃听器和偷拍文件，不慎被抓。事情败露后，当时被白宫成功地掩饰过去。但在1973年3月以后，此事被反对派利用，炒成"水门事件"，且越闹越大，黑幕越揭越深，涉及尼克松政府内的几位大员。而从一开始，基辛格便与此事无关，"水门事件"使尼克松的公众形象大大受损，而基辛格的声望日高，被认为"是整个场景中最值得骄傲的装饰，他几乎未受到'水门事件'的牵连，是政府中最无可指责的人"。

可是，到1974年5月，突然有人开始怀疑基辛格在"水门事件"中是否清白，有人指责他参与了对白宫高级官员的"电话窃听事件"，从而侵犯了人权。

在国内舆论就此大肆鼓噪时，基辛格毫不退让，采取了强硬立场，认为自己是清白的，他说："五年半来，我一直设法以光明磊落的态度为政府服务。我不想像搞阴谋那样执行我的职责。"但一些人仍穷追不舍，社会上出现关于基辛格参与"水门事件"的各种流言蜚语。基辛格真的被激怒了，他在记者招待会上表明自己的态度，当场宣读了一封他给参议院外交委员会主席富布赖特的亲笔信，要求参议院对所谓"电话窃听"一事进行重新审查。

基辛格对报刊有关电话窃听录音的传闻大为不满："我不希望你们之中的任何一个人处于这样一种情况，即你不得不去证实一件情况相反的事情。"他从未否认过自己知道监听这件事，但他不认为自己的行为是错误的。他认为，当时进行的电话窃听，完全是出于对国家安全的考虑，属于合法的行为。他并从对国家的感情这一角度阐述这一问题。他说："我主要对力量的平衡感兴趣。我宁愿这么想，当历史记载这一切时，也许会有人想到许多人的生命被拯救了。母亲们也能安心休息了。但我认为将这些是非都留给历史去评价，不能让后人评价的是我的荣誉。我认为，我应当尽我的一切力量医治国家内部的不和，维持美国价值的尊严，使人民对我国的外交政策感到自豪。"

基辛格争辩说："当时，我所关心的是我们正在为秘密的中国之行做准备；我们正与越南北方政权秘密谈判，最终结束了美国在越南的卷入；我们还在为限制战略武器会谈进行秘密讨论。对此我极为关心，并向总统讲了我的看法，如果有关国家的政府认为美国政府无法保住自己的秘密，任何人都能知道并公布有关的文件然后由政府来证实其内在的重要性，那我们的动议就会失败。"

在说这些话的时候，基辛格情绪异常激动，面部很紧张，嗓音嘶哑，脸色苍白，十分憔悴。按记者们的说法，基辛格"由于愤怒、失望而差不多要流下眼泪来了"。这在他出任总统安全事务助理和国务卿以来的五年多时间，是从来没有过的。以前，基辛格在公开场合给人的印象，一向是镇静自若，轻松随和的，他自己也表白过，他是一个不会轻易"恼火"而生性平和的人。但这一次，他真的发火了。

在基辛格看来，尼克松和国会都离不开他，就算他基辛格在这件事上有做得不妥的地方，他们也不是从心底打算将他一脚踢开，因为他们明白，当前美国外交离开他就要完蛋了。就在前不久，基辛格刚刚完成他的中东"穿梭外交"，不仅为自己赢得了荣誉，也为美国增添了光彩。在新闻界和国会眼中，基辛格是一位解决国际关系中微妙问题的大师。他策划打开了中美关系的大门，缓和了与苏联的关系，推动了中东和平进程，用四年的心血解决了最让人头疼的越南问题……于是，基辛格以辞职相威胁，争取反败为胜。

果然，基辛格的这一异常行动，震动了美国朝野。

尼克松派总统发言人齐格勒宣布说："基辛格个人很重视这个问题，总统理解这一点。"

参议院外交委员会主席富布赖特也站出来为基辛格说话："外交委员会都急切地想帮助国务卿，他是国家的财富，是缓和的象征。他如辞职必将是对缓和，特别是对我们与苏联关系正常化政策的一个沉重打击。"

参议院多数党领袖劝基辛格不要辞职，说"国家需要你"。

国会表示对基辛格充分信任，51 名参议员联名提出一项动议，表示对基辛格"充分信任"，并说他的"正直与诚实"，是无可指责的。

回到华盛顿，尼克松给富布赖特写了一封亲笔信，对窃听电话问题承担了全部责任。黑格则打算马上去为基辛格作证，他还打电话给一些记者，用爱国心打动他们，说基辛格是"国家的财富"。

在基辛格的要求下，参议院外交委员会重新审理了电话窃听事件。大多数国会议员表示支持基辛格。曼斯菲尔德议员为他开脱说："基辛格比一些人认为的要敏感得多，对于政治斗争中的风险，他并不真正了解。"富布赖特则一针见血地指出："对基辛格的指责是参议院和五角大楼中不同意缓和政策的人所提出的。"最后，委员会认为基辛格在 1973 年所做的证词都是真实的，确认他没有在这个问题上撒谎。"委员会重申去年的立场，即他在电话窃听事件中所起的作用'并不能阻止批准他为国务卿'。即使委员会在当时就能知道今天所发生的一切，它仍会向参议院推荐基辛格为国务卿。"

基辛格顶住了舆论的冲击，赢得了斗争的胜利。

二、"水门"不败

到 1974 年 6 月，"水门事件"危机逐渐逼近尼克松的总统宝座。

在这次震惊美国朝野的"水门事件"中，基辛格因置身白宫斗争漩涡之外而保持不败，同时，他还肩负另一项重大使命：使因尼克松下台而引起的国内政治动荡不致引起美国外交政策危机。他必须担当重任，使美国平安度过因尼克松下台而引起的政治危机。他告诫人们："'水门事件'之后，国家应该继续前进"，"如果美国不放眼未来而继续让'水门事件'折磨自己，那就会丧失历史时机"。

基辛格认为美国外交政策已"进入了一个伟大的创造性时期"，他必须抓住机会进一步推行自己的外交计划，而"水门事件"这一政治丑闻有可能对外交政策产生消极影响，从而危及自己宏图大略的实现。

"水门事件"败露后，尼克松千方百计想进行掩盖，但是反对派死死抓住不放，司法机关掌握了充分的证据，说尼克松为掩盖审讯六名前白宫助手而调用了 64 盘总统办公室录音带，美国最高法院以 8 票对 0 票通过决议要求尼克松交出这致命的 64 盘录音带。

尼克松最后的堡垒被攻破。尼克松不得不交出录音带，人们发现里面夹杂着粗俗的下流话，并显示出这位总统在对外政策的许多问题上犹豫不决，与在公众面前表现出的那种大智大勇的形象简直判若两人。

基辛格认为，对外政策意味着必须精确地掌握分寸，它要求把各不相干的因素连贯一气。按目前遵循的程序，是无法渡过危机的，倘若国家要避免灾难，必须结束宪法危机：他希望尼克松自动辞职。

自动辞职，对尼克松来说无异于世界末日的到来。翻翻美国历史，到尼克松这里为止还没有一位总统是因政治丑闻而被迫下台的。但是，如果不辞职，继续留任总统，最后失败的结局必然是肯定的，尼克松将成为美国历史上第一个被弹劾并被判犯有刑事罪的总统。

基辛格开始缜密地研究弹劾总统的程序，认为尼克松的政治命运已成为一道算术题：众议院根据多数票可以对总统某项罪行进行弹劾或控告，然后，参议院作为审讯法官和陪审团举行会议，需要有三分之二的票才能定罪，才能罢免总统的职务。根据这一程序，这场政治丑闻在1974年1月以前不会见分晓，而这期间，尼克松将因新闻界攻击、被传讯等而被折磨得更加痛苦不堪，而且势必影响政府的正常运转。为此，基辛格建议尼克松成立一个小组，一旦尼克松不在的时候由他授权该小组代行总统的职务，这一小组成员包括副总统福特、国防部长施莱辛格、财政部长西蒙、总统办公厅主任黑格以及国务卿、总统国家安全事务助理基辛格博士。

但是，事态发展十分迅速。1974年7月26日，基辛格陪同德国外长根舍去见尼克松，总统看上去精神好像已经被摧垮了。这令基辛格十分担心，那天下午他打破与黑格之间墨守的成规，提出了尼克松辞职的可能性。他向黑格问道：

"这种情况能持续多久？"

黑格回答说："我不知道事情将如何了结，但我相信迟早会出现一支冒烟的枪。"

基辛格试图说服这位曾经是他下属的总统"管家"。他心情沉重地说：

"既然尼克松现在已不可避免地要结束其担任总统的职务，那么使它尽快地结束将是符合国家利益的。如果你我力所能及，我们将负有特殊的职责来结束这种痛苦，并且使之顺利地度过。然而，我们的处境很难。要不惜一切代价避免一场弹劾总统的审讯。但是，不应由尼克松最亲密的同僚来把他推下台。如有可能，他应当辞职，因为他自己认识到应当辞职。我们从尼克松手中获得了政府职位，有责任在他经受严峻考验的时刻支持他。或许，这会给他力量去做他应做的事——毕竟他在决定性的时刻从未失败过。我们不应与那些能够影响他命运的人谈论总统的困境，也不应使人们感到他最亲密的助手们正在动摇。我们的公务要包括对总统的忠诚，为了有利于维护大家对美国的看法，事情的结局不能让受总统委任的人使总统身败名裂。"

黑格被基辛格的真诚打动了，基辛格找到了同盟者。但是，当人们怂恿他以辞职逼迫尼克松下台时，他以良知给予了回绝，他希望尼克松能够自觉提出辞职。他非常注意要尼克松下台的方式。有人甚至建议他援引宪法第 25 项修正案，宣布总统已无力继续工作。他认为这是不可思议的。他说："不仅是一个受总统委任的人在道义上没有权利迫使总统辞职，而且这对一个在外国出生的人将是一个无法承受的历史重担。"

基辛格相信尼克松会作出正确的决定，而对整个国家来说，重要的是他应被认为是自行得出这个结论的。局势的发展对尼克松越来越不利：

7 月 27 日，众议院司法委员会投票通过弹劾总统案第一款，指控尼克松采取了旨在阻挠对"水门事件"进行调查的"行动方针"。

7 月 29 日，众议院司法委员会又通过了第二款，控告尼克松滥用职权，犯下了足以进行弹劾的罪行。尼克松成了 106 年来美国第一位被建议应予弹劾的总统。

7 月 30 日又通过了第三款，控告总统抗拒委员会传票调用录音带和文件。公开辩论预定于 8 月 9 日举行，要等参议院裁决还得拖上六个月，除非尼克松立即提出辞职。

8月6日，尼克松召开内阁会议。不少人暗示，为了国家利益，尼克松应该立即自动辞职。基辛格认为这样做太不尽情理，在他看来，"由尼克松自己任命的人使他倒台，不是结束总统职务的良策"，"内阁对总统负有义务，不应当使他丧失自尊，或者失去几乎肯定会丢失的尊严"。于是，他站出来说："我们到这里来不是为我们做不到的事进行辩解。我们是来替国家办事的。现在我们的国家正处在十分困难的时刻，我们的责任是显示我们有信心。我们一定要表明美国可以完成宪法程序。为了有利于对外政策，我们要坚定地、团结一致地采取行动。如果我们能做到这一点。就能够维护和平的结构。"

会后，基辛格又在电视摄像机前对美国公众说："我们一贯地，并将继续在两党的基础上，本着国家的利益和世界和平的利益，执行我国的对外政策。考虑和平与战争的时候，任何外国政府都无需怀疑美国将如何执行对外政策。"

当天中午，基辛格未经通报便来到尼克松的椭圆形办公室，只有他和尼克松两个人，他决定私下说服总统辞职。他十分恳切地对尼克松说：

"我与总统亲密共事已达五年之久，我理应对你说，这时你报效国家最好的方式就是辞职。遭到政治攻击尚能一如既往，表现得很刚强，固然不错。但是，如果进行弹劾审讯，会占用你好几个月的时间，会困扰全国，还会使我们的外交政策陷于瘫痪。这对国家太危险，对总统的职位也太不体面。我认为，你的辞职应使人看来似乎是你自己作出的抉择。"

为了表示对总统的忠贞不渝，基辛格在最后特别告诉尼克松说："不论你作出什么决定，我决不会到椭圆形办公室外面再谈论这些看法。"

尼克松没有答应他的请求，只是表示感谢，说他要认真考虑，并将同基辛格联系。

没过多久，基辛格从黑格那里得知，尼克松倾向于辞职，并已交代撰稿人着手起草辞职讲话稿。但是，基辛格一眼便看穿，这只不过是危急关头的脱身之计，尼克松并没有下辞职的决心。

整个下午，基辛格遇到很多机会可以公开同尼克松划清界限，从而触发一场危机，但他没有这样做。他在等待总统自醒。

一直等到第二天下午6时，基辛格才被招进椭圆形办公室。当他走进来时，尼克松独自一人背向办公室门口，凝望着圆弧形窗外的玫瑰园。这使基辛格想起他童年时代的往事。他在童年时代离开自己生长的地方移居外国时，曾有过一种感受：在同自己所熟悉、心爱的景物告别时，想将此一切尽收眼底，从此永世不忘。可悲的是，在后来的过程中，这些景物已在不知不觉中消逝，因为这种自觉的努力泯灭了人们只能自然而然获得的东西。他感受到，当时的每一分钟现在看来都无比珍贵，却又如此无情而短促。他深深体会到尼克松此时的痛楚心情：既企图凭借自己的意志来延长这个时刻，又想尽快结束了事。他明白，尼克松已经作出决定，就在刚才，总统和国会中的共和党主要领导人一起开会讨论决定总统的政治命运。

听到基辛格进办公室的声音，尼克松回过头来，这位饱经沧桑的政治家显得十分沉着，几乎若无其事。他平静地对基辛格说：

"我已经决定辞职。共和党领袖们的态度加深了我的直觉：从国会对我支持的情况看，我感到已不值得继续斗争下去。国家需要休养生息。我只有避免一场宪法危机，才能挽救美国的对外政策。我将在明天，即8月8日星期四的晚上向全国发表演说；我的辞职将于8月9日星期五中午生效。我希望你能留任，协助新总统继续执行我们引以自豪的对外政策。"

基辛格感到终于可以避免一场国家危机了，他十分同情地对尼克松说："作为你的一个朋友，我不得不同意这样做最好。如果你决定斗争下去一直斗到参议院，你会被他们啄死，而且会在审判中进一步受辱，在这种情况下，我国的外交政策也无法执行下去。一个总统像你这样最近两年来在政治上受到攻击，这是一回事，但一个总统接受半年的审讯而且留任机会也没有什么把握，那就是另外一回事了。"

接着，基辛格幽幽地说道："历史将比你的同代人更为仁慈。"

说着他伸过手臂去拥抱了尼克松，终于弥合了这些年来两人之间在感情上的隔阂，他终于原谅了总统。

尼克松表示感谢，他说："亨利，你知道，你必须留在这儿，继续执行我和你开始做的事情。全世界都需要我们解除他们的疑虑，我的辞职并不会改变我国的政策。你能消除他们的疑虑。正像我要走是没有疑问的一样，你一定得留下，那也是一点没有疑问的。"

当天晚上，基辛格陪尼克松在白宫度过了最后一个孤独的夜晚，确切地说是三个小时，终身难忘的三个小时。两人一起回忆起几年来政治斗争和外交风云中的风风雨雨。将近午夜时分，基辛格陪尼克松来到林肯卧室祈祷，两人一同跪下。那一刻，基辛格内心充满了敬畏的心情，仿佛这就是人生全部意义之所在，他想起古希腊悲剧诗人埃斯库斯的著名诗句：

难以忘怀的痛苦，

点点滴滴，

坠入心头。

直到无比仁慈的，

上帝给我们绝望的心灵，带来智慧。

第二天晚上，尼克松以一篇简短的演说宣布结束他的政治生涯。基辛格在椭圆形办公室里，在电视摄像机后面观看了尼克松发表演说的最后瞬间。当尼克松走出椭圆形办公室时，基辛格在玫瑰园旁边的过道上赶上了他，轻声说：

"总统先生，过去你在这个办公室作重要演说后，我们多半会一起走回你的住所的。如果今晚我能再次同你一起走，我将感到荣幸。"

就这样，基辛格最后一次陪尼克松顺着走廊走出总统官邸，并重复一遍昨天的对白。

为了安慰尼克松，基辛格："历史对你的评价将比同代人要仁慈得多。"

尼克松："那要看谁来书写历史了。"

按照美国宪法规定，总统的辞职书要交给首席部长。基辛格正好是尼克松政府的首席部长。第二天，基辛格在办公室收到了由黑格交来的尼克松的辞职信：

　　亲爱的国务卿先生，我谨辞去美国总统职务。

理查德·尼克松谨上

1974年8月9日，副总统福特宣誓就任美国总统。他上台后第一个任命，就是让基辛格担任他的国务卿兼国家安全顾问。福特的对外政策被称为"没有尼克松的尼克松政策"，其任期内美国外交大权事实上仍掌握在基辛格手里。

三、暂别美国政治舞台

基辛格在一轮又一轮的考验中幸存下来，即使在"水门事件"的飓风中，他也毫发无损，他是唯一同时兼任国务卿与国家安全顾问的政治人物。更令人吃惊的是，自从1969年他在天气晴朗、寒风凛冽的日子目睹尼克松的就职典礼后，就再未从公众的视野中消失过，他始终是华盛顿有影响的大人物，可以轻易地叩开很多国家元首的大门。

1977年1月，福特总统授予基辛格"总统自由勋章"，并称赞他为"美国历史上最伟大的国务卿"。这一年，基辛格国务卿职务任期结束，离开了他经营已久的、心爱的政治舞台。

基辛格退出政坛，起初想回哈佛任教，但为哈佛校长博克婉拒。后来，他受聘担任了乔治城大学教授、乔治城大学国际战略研究中心顾问，并担任阿彭斯学会高级研究员、大通曼哈顿银行国际顾问委员会主席等职。1982年，基辛格创建了基辛格联合咨询公司，他本人担任董事长，他的好友和前助手斯考克罗夫特担任副董事长兼总经理。

随着时间的推移，20世纪80年代以后，基辛格的价值被重新发现。里根总统在1983年任命他为中美洲政策两党委员会主席。里根在准备与苏联领导人戈尔巴乔夫会晤时，也曾向他请教。

基辛格在其《大外交》（DIPLOMACY）一书中曾多次提到里根，其中有这样一段话："里根的表现令人咋舌，无懈可击。就学术界观察家而言，则几乎是不可理解。里根对历史几乎一无所知，而他所知道的一小部分，也被他东挪西借，支持他坚定的偏见。他把圣经中提到的善恶大决斗，认为是对当今世界的预言。他所爱引用的许多历史轶事，跟常人所知的事实完全不符合……当你和里根谈话时，有时会想到：为什么有人认为他应该当州长，甚至是总统。但是，身为历史学家，必须说明的是，这样一位才智平庸的人何以能主宰加州八年，之后又主宰白宫政务。"

基辛格的著作《大外交》

基辛格的另外一项重要的业务，是游走于各国政要与商业领袖之间，成为世界上最有影响力的说客。按照一位记者的说法，他成为很多重要商业机构的"国务卿"。

这位出身于哈佛大学的骄子在成名于政坛之后，没有忘记他手中的那支笔，成了一名高产作家、入场费高昂的讲演者。他的厚厚的三卷本回忆录《白宫岁月》《动荡岁月》以及《复兴岁月》花费了他二十多年的心血，到1999年全部出齐。这不仅是他本人的压枕之作，而且是世界外交史的经典著作。基辛格的作品远不只这些，他几乎每一两年就要出一本书，是世界最多产的外交家之一。他对里根政府和布什政府的外交政策均产生过重要影响。1986年，基辛格荣获自由奖章。

在新世纪之初，在 2002 年"9·11"事件之后，这个离开政治舞台 24 年的政治说客的言论仍广泛地出现在世界最重要的媒体上，他在 2002 年 11 月 9 日，被布什总统任命为"9·11"特别调查委员会主席，但他很快便辞去了这个职务。不过，这时，大多数人忘记了他令人不愉快的一面，多面孔的他总能够识时务地站在最受人支持的立场上。

以下是中国中央电视台主持人水均益采访基辛格片段：

水均益：回顾您的一生，回顾您一生的事业，您更喜欢哪个角色呢？是在哈佛做一名学者，还是在美国政府做一名国务卿？

基辛格：这个不好说。我很喜欢做一名学者。但是我确实很喜欢这两个角色的结合。我很喜欢在外交界积极活动，同时也喜欢作为一名学者在作研究，在我的一生里我试图把两者很好地结合起来。

水均益：最后一个问题，您对我们现在所面临的世界有一个什么样的展望？

基辛格：到了 21 世纪，最重要的一点，当我们习惯看电脑而不是读书的时候，一种不同的思维就形成了。因为你读书的话你必须训练自己的记忆力，但是看电脑的话，你每次得到的答案都是一样的。所以你不需要训练你的记忆力，这样不同的人类思维就形成了。我不是说不好，只是说确实非常不同。所有这些都需要对融入一个新的世界秩序作出适应调整。这是一项非常令人激动的事业，也是由一系列的事件组成的。这就是我们现在所面临的最重要的挑战。

美国历史学家迈克尔·贝施罗斯认为："就基辛格而言，最有意思的地方在于，离开政府近 30 年后，他还像 1977 年一样，是个极具争议的人物，这一点很不寻常。通常说，当领导人从政界淡入历史之后，人们就会开始对他们形成一致看法。然而历史学家或者其他人都尚未就基辛格达成共识。我们拭目以待。"

四、世纪之交的战略策划

（一）批评克林顿的科索沃政策

1999 年 3 月，美国发动了科索沃战争，入侵南联盟，蓄意轰炸中国驻南联盟大使馆，引起全世界公愤。1999 年 5 月 24 日，基辛格在美国《新闻周刊》发表文章：《世界无序——考虑欠周的科索沃战争破坏了同中国与俄罗斯关系，也使北约处于危险境地》，批评克林顿的科索沃政策。全文如下：

在巴尔干发生的一场战争的政治影响远远超出了科索沃的范围。在俄罗斯，北约的行动所引起的愤怒的羞辱感已由上层人士扩大到平民百姓，有使美俄关系受到毁灭性破坏的危险。在北京，中国驻贝尔格莱德大使馆被炸一事使蓄积了许多个月的对中美关系大起大落的沮丧得到了发泄的机会。

俄罗斯和中国作出上述反应的原因是十分明显的。这两个国家的领导人是根据能否增强一个国家的安全和其他至关重要的利益来解释有关战争与和平的决定的。如果他们找不出这种传统的理由来解释美国的举动，就会把我们的动机归因于暗藏着的主宰计划。

克林顿政府对实力的使用既缺乏效能又缺乏信念。他们对国际均势或美国的传统利益等概念不以为意，把它们讥讽为过时的东西。他们过分看重民意测验，总是把对外政策看作国内政治的延伸。他们的外交在处理短期的策略问题时相当巧妙，但在战略方面却表现迟钝。拒不制定长期战略，这是所以会陷入科索沃冲突的原因。人们常常把朗布依埃会议称作谈判，实际并非如此。朗布依埃是最后通牒。这标志着，一个在就职之初宣称忠于联合国宪章与多边秩序的政府惊人地背离了原先的立场。就在三个前苏联卫星国加入北约的那几个月里，这个联盟由一个防御性军事集团转变成一个准备通过武力把自己的价值标准强加于人的机构。这从根本上推翻了美国和盟国一再作出的如下保证：俄罗斯无需对北约东扩感到恐惧，因为这个联盟自己的条约宣布它是一个纯防御性机构。

因此，科索沃成了俄罗斯冷战后所遭受的挫败的一个象征。莫斯科的传统友邦南斯拉夫经历的苦难突出地证明了俄罗斯的衰落并引起了对美国和西方的敌对情绪。这种敌对情绪可能导致俄罗斯成为一个民族主义和社会主义的国家，从而成为美国政府支持俄罗斯改革、劝诱俄罗斯靠拢西方的政策的一个可悲的结局。

尽管政府从一开始就认识到把俄罗斯纳入国际社会的重要性，但它主要把这种努力等同于俄罗斯国内的民主改革和市场经济以及国外的核不扩散。这一切都加深了俄罗斯受到某种殖民影响的感觉。因此，俄罗斯坚持了传统外交的许多方面：试图减少我们的影响，尤其是在中东。必须认真对待俄罗斯关于自己是世界舞台上具有重要历史影响的一支力量的印象。

在中国驻贝尔格莱德大使馆遭到袭击之前，中国对空战的反应不像俄罗斯那么激烈——但同样是反对的。每个国家都透过历史的棱镜看待国际大事。在中国看来，北约人道主义干预的新原则让人想起19世纪欧洲单方面宣布的文明行动，这一行动导致了中国的分裂和一系列西方干预。现在，两国首都都对这种美中建立密切关系的政策提出了疑问。就中国而言，断绝关系会严重打击其经济计划和现代化建设。对美国来说，这势必造成整个亚洲的混乱，使中国的邻国因为需要在世界上人口最众多的国家和世界上唯一的超级大国之间作出选择而烦恼不已。

轰炸贝尔格莱德使馆事件是引发爆炸的导火索。相互的猜疑愈演愈烈。对与中国合作政策持批评态度的人可以分成两类。第一类人认为，中国作为大国的崛起自然而然将威胁到美国的重大利益。第二类人对中国从人权到武器扩散这样一些具体的政策感到不安。

毫无疑问，中国在许多方面采取的行动反映出一个正在崛起的大国的不富热情的政策。然而，如果中国作为一个大国的崛起及其政治体制演变成为对美国产生敌意的场所，我们就将走上一条孤独的道路，不能从欧洲或亚洲的任何大国那里获得支持。我想警告人们不要采取这种将会扭曲我们几十年的亚洲政策的冒险行动。

尽管北约首脑会议表面上是团结的，但科索沃问题使得围绕这一联盟的未来展开一场辩论已经变得不可避免。在北约首脑会议上回避的一些问题不容许再拖延下去了。具体说就是，北约在所谓"区域之外"的冲突中的确切任务是什么？何为欧洲和美国各自的相对作用？该联盟是否具有可以使欧洲地区和附近的战略地区保持稳定的严肃的政治和军事战略？

最需要重新加以考虑的问题莫过于作为政府在外交政策上采取的一种新态度而提出的所谓人道主义干预的构想。对科索沃进行空袭的理由是要建立一项国际社会——或者至少是北约——关于惩罚政府对其自己人民的犯罪行为的原则。但是，哪一种人道主义可以通过给其对手的民用经济造成几十年的破坏来表示其不愿意遭受军事伤亡的呢？

道义原则是绝对要加以表现的。不过，外交政策必须始终与彼此协调的目的与手段保持一致。种族清洗是令人厌恶的这一事实并不能排除作出最适当的反应的必要性。在科索沃悲剧的每一个阶段，都存在其他一些外交与武力并用的方案，尽管尚不清楚的是这些方案是否被认真考虑过。一项只是从15000英尺高度来证明其道义信仰是正确的战略——在这一过程中破坏了塞尔维亚并使科索沃无法生存——已经比其他任何可考虑的外交与武力并用的方案都造成了更多的难民和更大的伤亡。人们基于政治和道义上的理由均可以对此提出疑问。

重新审议我们外交政策中占主导地位的因素已经到了迫不及待的时候了。这是过去18个月中一个更多地注重战术而不是战略、更多地注重治标而不是治本的政府亟需要做的事。

（二）纵论国际政治的三个规则

1999年10月20日，基辛格在爱尔兰发表演讲，提出了他对当时世界形势的看法，有三个主要论点：一是西方不能试图强迫每一个国家都接受西方价值观，没有哪一个国家能够照自己的形象塑造世界；二是西方没有以"国际社会"的名义对别国进行干涉的普遍权利，某人的利他主义可能是另一个人的殖民主义，西方若把自己道义的主张推向极端，结果将是十字军东征式的圣战；三是西方也不要期望市场经济体制能自然而然地在任何地方奏效。

基辛格认为：首先，我们不能试图强迫每一个国家都接受西方价值观。市场民主制也许经过证明是到目前为止人类处理自身问题的最成功的方法，但是在大西洋两岸，作为市场民主制基础的种种机构已经花了 600 多年的时间来发展自身，在此过程中还经历了许多战争和政治动乱。没有哪个国家能按照自己的形象重塑世界，甚至美国也不行。

由第一个论点引出了第二个论点——种种"民族"政策都能立刻引出这样一个假定，即存在着一种以所谓的"国际社会"（西方以及西方当前的崇拜者的代号）为名进行干涉的普遍权力。基辛格警告说，某人的利他主义可能是另一个人的殖民主义。把一种道义的主张推向极端，结果将是十字军东征式的神圣战争。

然而，最令人震惊的，也是与长期盛行的观点大相径庭的，是基辛格的第三个论点：我们不要期望我们的市场经济体制能自然而然地在任何地方奏效。因为这个假定将引出另外一个更加危险的结论：由于致富之道广为人知，也处处可得，任何没有致富的国家只能责怪自己。接下来是国际货币基金组织的药方：节约、私有化，以及不惜一切代价削减社会开支与出口——这些只是使问题更趋复杂的"解决方法"。

（三）就美国如何处理同俄关系为布什政府出谋划策

2001 年 8 月 14 日，基辛格在《华盛顿邮报》发表题为《如何对付新俄罗斯》的文章，就美国如何处理同俄罗斯的关系为布什政府出谋划策。

基辛格在分析了俄罗斯总统普京的当务之急后指出，俄美关系迫在眉睫的挑战是北约东扩，美应通过接纳所有波罗的海国家来降服俄罗斯，或者加快波罗的海国家加入欧盟的进程，也可用政治和经济变革作为加入北约的资格。认为在解决俄美关系的一些难题后应欢迎俄加入北大西洋政治体系，但加入军事事务应缓行。为此，美需要谋划一种在不预先确定对手的情况下来阻止威胁美国利益的外交方式。全文如下：

在开始执政第六个月时，布什政府站在了冷战后国际关系新时代的门槛上。尽管偶尔在战术上有些笨手笨脚，但它已经抓住了第二次世界大战后首次出现的没有大国能够挑战美国的珍贵机会；更为重要的是，每一个大国与美国合作的好处要大于与美国对抗。

一个很好的例子是美国与结束共产党统治的俄罗斯的关系，这一关系有可能像 1972 年后对中国开放那样成为新时代的象征。普京总统出人意料地同意同时讨论进攻性核武器和改进现有导弹的防御安排两个问题，表明真正非共产党统治的俄罗斯的第一位领导人正在努力应付新出现的国际现实。

戈尔巴乔夫和叶利钦是经过你死我活的斗争，进入政治局，创下自己的事业的。他们习惯了作为具有与美国相同影响力——至少是自我感觉——的超级大国的俄罗斯。他们本能地认为，俄罗斯的混乱只是其恢复使命之前的一段小插曲，他们在以超级大国领袖身份和美国总统肩并肩接受拍照与不断尝试以在中东和巴尔干等地区反对美国为基础的传统苏联政策之间摇摆。

相比之下，普京的事业是在克格勃的官僚机构以及后来担任圣彼得堡市副市长时创立的。前一个职位鼓励他对国际形势进行分析，后一个职位则使他亲身经历了苏联解体后重建的艰难。与他的前任们一样，他希望恢复俄罗斯的角色，但与他们不同的是，他知道这是个长期的过程。

在俄罗斯的历史上，普京完全可以与亚历山大·戈尔恰科夫亲王相提并论。在俄罗斯遭遇 1856 年克里米亚战争惨败后的 25 年里，戈尔恰科夫掌管了国家的对外政策。耐心、绥靖的政策和避免危机的做法使戈尔恰科夫让一个孤立和被严重削弱的国家重新获得了最重要的国际地位。

因而，普京在 1999 年以总理身份以及后来的 2000 年以总统身份发表第一个施政报告时，通过把恢复俄罗斯的大国地位作为国家目标，迎合了俄罗斯的自尊心。但是，通过承认即便连续 15 年保持令人振奋的 8% 的年增长率，俄罗斯的人均收入也只能达到葡萄牙目前的水平，他表明自己对可利用的有限手段是了解的。

普京的当务之急似乎是复苏俄罗斯的经济，恢复俄罗斯的强国地位（最好是通过与美国合作，但必要时可通过建立制衡力量中心），打击伊斯兰原教旨主义，建立面向欧洲的新安全关系（尤其是涉及北约扩大至波罗的海国家的问题），解决导弹防御问题。

这些当务之急解释了为什么普京在有关导弹防御的协议问题上没有步步紧逼到冲突的程度。与美国的冲突会耗尽俄罗斯的资源，并促使回到战后的格局。合作将会成为新时代的象征，也许还会在共享反导弹技术方面带来某种技术性进步。而代价将会是可以承受的：俄罗斯核武器和导弹武器库的规模将阻碍今后1/4个世纪内任何可预见的导弹防御威胁俄罗斯的基本报复能力。

在政治层面上，伊斯兰原教旨主义的挑战很可能是俄罗斯的主要担忧。俄罗斯领导人认为，阿富汗的塔利班以及伊朗和巴基斯坦（在较低程度上）是对乌兹别克斯坦、阿塞拜疆、塔吉克斯坦和土库曼斯坦等新独立的前苏联加盟共和国的威胁。此外，莫斯科担心，好战的思维方式会刺激俄罗斯南部穆斯林省份的民族统一主义。对于原教旨主义扩散至沙特阿拉伯、巴基斯坦并进入中东，美国则有自己的担忧。在中东问题，包括中亚、阿富汗、伊朗以及（至少就俄罗斯而言）巴尔干等问题上，应该下力气制定与俄罗斯一致或者至少是相容的政策。

在冷战中，苏联和美国都确信，无论哪一方影响力的增强就是等于削弱了另一方的全球地位。双方的基本战略是削弱对方的影响，在冷战后的状况下，哪一方都无法在损害对方利益的情况下在中东获得持久的好处。俄罗斯也许认为，容忍在核武器和导弹领域对伊朗的援助将使美国少一个选择。而一些美国政策制订者也许会认为在中东其他地区有着同样的机会。但是到头来，对每一个国家政策的考验不是看这个或那个国家在德黑兰拥有更大的影响，而是看德黑兰政权是否改变其政策和行为。除非发生这样的改变，俄罗斯和美国都会受到威胁。

不过,存在着或许哪一个国家都无法逾越的明确界限。美国无法以反对伊斯兰原教旨主义的名义默许俄罗斯镇压车臣动乱的办法。假使伊斯兰原教旨主义成为迫使中亚新独立国家重新接受俄罗斯战略统治的借口,美国也不可能无动于衷。以色列的安全仍然是美国的基本目标。俄罗斯以前没有表示过类似的关切——尽管在一些正在开始把以色列看作对付伊斯兰原教旨主义的战略砝码的俄罗斯领导人身上,这种态度正在发生变化。最后,获取石油及其运输通道的竞争有可能证明是政策协调的主要障碍。归根结底,有关伊斯兰原教旨主义的俄美合作取决于开辟一条介于冷战倾向与重新点燃争夺主宰地位的新竞争之间的走廊。

俄美关系面临的最迫在眉睫的挑战是北约东扩,尤其是扩大至波罗的海国家。这项工作被列在 2002 年的议程上。美国从未承认苏联在 1940 年对这几个国家的征服。当然,没有哪一个国家集团比这几个无法对任何邻国构成威胁的小国更有资格得到西方民主国家的保护。

与此同时,对俄罗斯来说,北约进逼到离圣彼得堡不到 40 英里的地方,扩大至直到上一个十年里还被它认为是苏联一部分的国家,无论许下怎样保证,这件事都是令人不安的。波罗的海国家加入北约会导致俄罗斯的强烈反应,即便只是为了维护普京政府的国内地位。另一方面,忽视或拖延波罗的海国家的要求在道义和政治上是不可能的——尤其是考虑到布什总统在最近的华沙讲话中表示支持它们加入北约。于是自然出现了三种选择:

(1)通过接纳所有波罗的海国家,同时作出诸如同意不在波罗的海地区驻军的某些安全保证来降服俄罗斯(选择性地让某几个而不是全部波罗的海国家加入北约是于事无补的,这会产生各种各样的心理和政治问题,导致创伤)。

(2)如果欧盟真心想加强防务并且准备指派计划成立的欧洲军队执行有意义的使命,加快波罗的海国家加入欧盟的进程——伴之以欧盟和美国双方的安全保证,但不采用北约的军事结构的正式机制——也许是一个办法。

(3)与其把加入北约的资格作为一个安全问题,倒不如将其当作对政治和经济变革的认可。在此基础上,任何满足既定标准的国家都可以被宣布具备加入资格，包括俄罗斯，也可以在波罗的海国家加入几年后待国内变革取得进一步进展时加入北约。

这是个诱人的建议，但是在走上这条路之前，必须仔细考虑其影响。

俄罗斯加入北约将会终止曾经被苏联占领过的国家最渴望得到的防止受俄罗斯干涉的保障。因为北约不提供防卫来自联盟其他成员国的攻击的保障。事实上，这将会使迄今为止人们所设想的北约不复存在。对于一个保护特定区域的联盟来说，一旦俄罗斯加入，该联盟要么成为一个普通的集体安全体系，要么成为一个对付中国的北大西洋国家联盟——这一步会带来严重的长期影响。

俄罗斯与北约的关系改善到安全问题消失的地步——差不多就像德国和法国在二战后的关系一样——是十分令人满意的。但是要使这样的结果正式生效以促进波罗的海国家加入北约不仅操之过急，而且让人啼笑皆非。

应该立即欢迎俄罗斯加入北大西洋政治体系，但加入军事安排的事情应该缓行。此事会带来以下几个难题：

·俄美关系需要从心理层面上升到政治层面，不能使两国关系取决于领导人的私人关系。这要求有具体的目标和内容。至于导弹防御，就像普京总统在与国防部长拉姆斯菲尔德交谈时表明的那样，俄罗斯不大可能让我们为所欲为；讨论将围绕一些具体的方案进行，必须达成具有某种约束力的一定形式的谅解——尽管我赞成政府的想法，即不应让俄罗斯在即将到来的讨论中拥有否决权，并且必须为讨论确定某个时限。

·在政治领域中，当务之急肯定与对未来的希望有关。这句话尤其适用于美国与北约的关系，与北约的关系是我们与欧洲唯一的机构性联系。但这句话同样适用于美国与中国、日本和以色列的关系。

·出于同样原因，俄罗斯将寻求保持其在对俄罗斯国家具有地缘政治和历史意义的地区的影响，以防建立俄美关系新基础的努力遭到失败——就像最近与中国和朝鲜签订友好条约所显示的。

·所有这一切都要求美国对外政策有新的想象力。有了明智的对外政策，美国在可预见的未来就能创造激励，使俄罗斯和中国通过与美国合作一定获得比与美国对抗更多的好处。

·冷战时期冰冻的关系不再适合没有了主要对手以及在许多地区敌友之间的根本区别正在发生变化的世界。在这样的状况下，美国需要谋划这样一种外交方式，即在不预先确定对手的情况下，尤其是通过一项以有关积极目标的尽可能广泛的国际共识为基础的政策，来阻止对美国利益和价值观的威胁。

（四）通过磋商和控制消除恐怖主义威胁

2002 年袭击美国纽约的"9·11"事件发生后，9 月 16 日，基辛格在《华盛顿邮报》上发表题为《磋商和控制：对抗新敌人的代名词》的文章，主张通过磋商和控制消除恐怖主义威胁。基辛格认为，美国拥有将其信念付诸实施的单边能力，但赋予每个国家先发制人的自由权利，既不符合美国的国家利益，也不符合世界的利益。联合国必须建立一个控制体制，销毁伊拉克的大规模毁灭性武器，同时还要制定出程序，防止它们的重新研制。磋商对于组织推翻萨达姆后的伊拉克是必要的，从政治上和经济上重建一个强大而统一的伊拉克不可能是一个国家的任务。全文如下：

布什总统在联合国的演讲从三个方面生动地阐述了美国对伊拉克的政策：他讲述了伊拉克储备大规模毁灭性武器所构成的威胁；描述了伊拉克研制大规模毁灭性武器违反联合国决议的具体做法；他还强烈暗示，不推翻萨达姆，任何解决方案都无法奏效。

布什没有描绘美国的蓝图。他在呼吁联合国迎接对其权威的挑战时表达了这样一种想法：对于美国来说，共同行动是它更愿意采取的战略，而单边行动是最后一招。这篇演讲也因为它没有提到一些问题而意义重大。布什总统没有维护先发制人的普遍权利，他阐述问题的出发点是伊拉克所作所为不同寻常的特征及其对联合国决议的藐视。他没有宣称美国享有将政权更迭强加给其他社会的一般权利。他也没有坚称，对于伊拉克这个具体问题，执行联合国自己的决议所需要的强硬措施几乎必然容不得萨达姆继续执政。

这样，总统就打开了以合作途径应对最终挑战的大门，这个挑战就是如何调整国际体系，以适应恐怖主义时代的意义。9 月 11 日，世界进入了一个新时期，在这个时期，私人的非国家组织证明有能力通过偷袭威胁国家和世界的安全。关于先发制人的争论表明了这个转变所产生的影响。实际上，这是 1648 年《威斯特伐利亚条约》所确立的关于民族国家主权的传统观念与现代技术和恐怖主义威胁的性质均要求作出的调整之间的一场交锋。

尽管本·拉登领导的不是民族事业，但他的基地设在一个民族国家的领土上。纪律严明的活动分子分布在全球各地，有一些就分布在美国最亲密的盟国甚至是美国自己的领土上。他们享受着一些国家提供的资金和组织上的帮助——这些帮助常常来自一些表面上不受政府控制的个人。恐怖分子在好几个国家建立了基地，但基地通常建在政府可以貌似可信地否认对其拥有控制权或实际上没有控制权的地区，如在也门、索马里，也许还有印度尼西亚和伊朗。这样，建立在主权民族国家基础上的国际体系因为一些超越国家的问题被一种跨国威胁所改变，而对这种威胁的打击必须在其他国家的主权领土上进行。由于没有领土需要捍卫，恐怖分子不会受制于冷战时的威慑威胁；由于他们的目标是破坏社会的凝聚力，他们对传统外交中的和解程序和妥协不感兴趣。

通过袭击纽约和华盛顿，恐怖分子确保这一转变将由美国来完成。美国从不认为其他国家和自己平起平坐，它的民族精神被表达为一项全球事业，自由的传播和有代表性的政府是和平的关键。美国的外交政策更乐于以善和恶来分类，而不像欧洲外交政策那样对国家利益进行权衡。

抱有更多传统观念的欧洲批评者指责美国反应过于激烈是因为恐怖主义对美国人来说是个新问题——这个问题欧洲人在 20 世纪 70 年代和 80 年代没有经过全球战争就已克服。但是 20 年前的恐怖主义具有不同的特征。那时的恐怖组织基本上由恐怖袭击发生国的国民组成（或像英国的爱尔兰共和军那样，由一群怀有特别的民族怨恨的人组成）。尽管其中一些恐怖分子得到外国的情报支持，但他们的基地就设在他们开展活动的国家。他们的武器大多适合于个人袭击。与之形成对比的是，实施"9·11"袭击的恐怖分子在全球范围活动，驱使他们的不是某种具体怨恨，而是一种总体上的仇恨。他们有办法获得武器，把屠杀成千上万人的战略付诸实施，如果他们获得了大规模毁灭性武器，杀的人会更多。

"9·11"事件刚刚发生后的那段时期，这种着重点的差别被淹没在普遍的震惊中，大多数国家深切地体会到美国作为传统意义的国际稳定的保证者是十分重要的。反恐战争在情报和警力方面得到了普遍支持，而这两方面最适合主权国家之间开展合作。

由于对美国的袭击是从一个民族国家的主权领土上发动的，所以针对阿富汗的"基地"组织和塔利班的战争也衍生出广泛的合作。但是当阿富汗行动基本上告一段落，下一阶段的反恐战争必然马上提出如何对付恐怖主义萌芽——而不是真实的恐怖主义——这一问题。

在威斯特伐利亚时代，军队的调动会预示着威胁，而现在和那时不同，应用于恐怖活动的现代技术不会发出警告，袭击者完成任务就一走了之。因此收容恐怖分子总部和训练营的国家不能受到传统主权观念的庇护。如果有真正的迹象表明有来自一个主权国家的恐怖主义威胁，那么一些先发制人的行动，包括军事行动，是这一挑战的定义中所固有的内容。

此刻，普遍的恐怖主义威胁同伊拉克拥有大规模毁灭性武器所构成的挑战融为一体。也许国际社会面临的最重要的长期问题是这些武器的扩散问题，尤其是扩散到一些对其统治者的决策没有内在监督而且大规模毁灭性武器曾被用于自己国民和邻国的国家。如果不想把世界变成一个末日机器，那么必须找到途径防止扩散。世界上有多种多样的国家，有些国家窝藏恐怖分子，伺机搞破坏。在这种情况下，冷战时期的威慑原则几乎无法贯彻。

冷战的世界反映出敌对双方对风险评估的一致性，但是当许多国家出于不同原因彼此威胁的时候，谁来加以制止，在面临何种挑衅时加以制止呢？当必须被制止的不单是大规模毁灭性武器的使用而且包括它们所构成的威胁的时候，情况尤为如此。美国打算在全球范围内在每一次突发事件中扮演这个角色吗？

因此，伊拉克违反联合国决议囤积大规模毁灭性武器与阿富汗反恐战争之后的阶段是不可分割的。伊拉克所处的地区是恐怖主义活动的温床，伊拉克就在这个地区的中央，针对美国的那种袭击是从这个地区发动的。伊拉克所构成的挑战不在于它和"基地"组织的关系，尽管伊拉克曾对邻国、以色列，甚至远到欧洲实施恐怖主义。构成威胁的也并非它的大量武器储备。

伊拉克藐视联合国安理会要求其放弃大规模毁灭性武器的决议，它这样做实际上是在维护拥有大规模毁灭性武器的权利。大规模毁灭性武器的存在本身无限加大了恐怖主义威胁。如果没有一些同情或者默许他们行为的国家给予他们支持，全球恐怖主义不可能蓬勃发展。这些国家藐视联合国决议，不把美国放在眼中，它们还感到继续这些活动或对这些活动置之不理不受什么限制。对于世界各国来说，默许一个大量繁衍新型恐怖主义的地方储备越来越多的大规模毁灭性武器就是在破坏限制，它一方面造成武器扩散，另一方面鼓励了恐怖主义心理冲动。

布什通过指出这个挑战严重到需要国际社会合作的程度，确定美国致力于世界新秩序的建立。作为世界上最强大的国家，美国拥有将其信念付诸实施的单边能力。但是它也有责任不凭借国家力量优势证明其行动的正确性。树立这种原则——赋予每个国家先发制人的自由权利，对付自己定义的安全威胁——既不符合美国的国家利益，也不符合世界的利益。因此在认真磋商，确立整体原则，其他国家能够从总体利益出发对此加以考虑的时候，强制执行这个问题必须摆在第一位。这无疑是布什总统联合国演讲暗含的信息，尽管它没有用这种语言清楚地表达出来。

因此，联合国受到了挑战，它必须建立一个控制体制，销毁伊拉克的大规模毁灭性武器，同时还要制定出程序，防止它们的重新研制。这一体制必须超越核查体制，后者因萨达姆侵略别国和违反规定而失去作用。它必须排除地方当局骚扰检举人和阻碍人们与核查人员自由接触的可能性。它必须在可靠的当局的支持下，消除任何影响透明度的障碍。实际上，这样的体制几乎一定容不得萨达姆政权的继续存在。

其他国家，特别是在美国致力于建立世界秩序的时候受了半个世纪保护的盟国，应当认真对待这一挑战，而不要把它排在国内政治的后面。特别的职责落到了美国传统盟国的肩上。美国最终会像其他重要大国一样保留单独行动的权利。但是事情如果到了那种地步，那将是50年大西洋政策的巨大失败。既然布什总统已经宣布了他的指导方向，美国政府也将用同一个声音清楚地讲话，很难想象我们的盟国会在一个对它们的利益与对我们的利益同等至关重要的问题上放弃有50年历史的大西洋伙伴关系。布什政府对中东恐怖主义和武器扩散的担忧涉及正在形成的国际秩序的一个基本问题。人们不应给它一个冒险主义的评价而将其否定，当美国人的方向明确后，当欧洲人的选举压力消退后，它也不可能被否定。

除了如何对付威胁这个问题，磋商对于组织推翻萨达姆后的伊拉克是必要的。从政治上和经济上重建一个强大而统一的伊拉克不可能是一个国家的任务。

最后，重要的是牢记磋商是一个过程。领导者将带来一个更加美好的世界。一扇门已经打开，从门中走过的人将决定未来。

（五）纵论21世纪初中国与美国

2003年11月10日，基辛格博士一行来到位于北京的中共中央党校，与中央党校专家、学者进行了学术交流。回顾中美两国的建交史，基辛格博士深有感触地谈到，对于任何一位在20世纪70年代就访问过中国的人来说，现在的每一次访问都会留下难忘的印象。如果一个人根据70年代的访问经历告诉你中国今天的印象，那将会是一个童话故事。这一切要归功于中国领导层的远见卓识和中国人民的勤劳敬业，是中国人民自己努力的结果，而不是外援的结果。打开中美关系的大门起始于当时美国发送的一个信号，就是允许访问中国香港的美国游客购买100美元的中国商品，而今天中美两国正在讨论1000亿美元的贸易赤字问题。当时中美关系的大门刚刚打开，两国尚没有经济贸易的往来，所以两国领导人讨论的都是长远的战略问题。在最近的 20 年中，国际关系发生了全面的变化。过去的共同威胁已经受到质疑并被认为是一个空洞的体系。

1. 中国的外交政策是非常有连贯性的。基辛格博士始终认为，制定外交政策最具连贯性的保持仔细和精密的国家是中国，中国的政策是非常具有连贯性的，它建立在理性和共同利益的基础上。而美国的外交政策则更容易受到个人性情的影响，最多每隔八年美国就会更换政府班子。同中国的情形不一样，这些新人不得不从头开始。但是无论历届政府如何开头，在两到三年后，他们总是转向同中国的全面合作，从尼克松开始，福特、卡特、里根、老布什、克林顿、小布什，无一不是如此。中美关系经历了三次危机，但是每一次危机的解决都使人们认识到，两国的分歧不应超越两国的共同利益。这一共同利益就是，如果仔细分析一下中美冲突的结局，就会认识到，冲突的结局远远大于冲突所带来的好处。最终，两国领导人会选择合作。而今天的中美关系有着不同的基础。我们的领导人坚信中美关系从没有像今天这样更有建设性。

2. 美国的外交政策更加意识形态化。中美两国的社会制度不同，如何看待两国关系中的意识形态因素？基辛格博士认为，现在，美国外交政策的制定有更加意识形态化的趋势，把利用外交政策改变他国的国内政治当作美国历史观的表达。这一态度对美国的外交是危险的。中美社会制度不同，在今天仍然是一个问题，尽管这是一个相互矛盾的演进过程。现在，中国的意识形态更具灵活性，意识形态色彩越来越淡，实用色彩更浓。这主要是遵循了邓小平的原则，即"不管白猫黑猫、抓住耗子就是好猫"的原则。而美国的立场却变得更具意识形态色彩。基辛格一直认为，一国的内部事务是该国自己的事情，双方的交往应是外交政策领域。针对当时美国人确实相信，外交政策包括改革其他国家国内政治的努力比以前更为强烈，基辛格博士认为，美国当前的新保守主义确实在制造噪音，他们也确实对一些专栏作家具有不小的影响力。但是，他们不是主流，因为历史经验表明，他们的做法是不可持续的。

3. 台湾问题。在谈到台湾问题时，基辛格认为，台湾仍然是一个影响中美关系的问题。在他第一次到北京的时候，那时美国仍然承认台北而不是北京是中国的首都，而且当时美国还不得不为"上海公报"寻找非常微妙的表述。现如今台湾问题仍然是一个没有解决的问题。首先，就美国的外交政策而言，它承认一个中国的政策，反对任何制造"两个中国"政策或类似政策的努力；其次，美国强烈关注的就是台湾问题的解决必须是和平的；第三，美国应该运用其影响，来促使台湾的领导人在实施政策时保持克制。在他第一次访问期间曾把跟这些观点差不多的话向周恩来总理说过。现在这些观点一直被自那以后的七任美国总统反复强调过，而且，他们都赞成台湾问题应该通过海峡两岸关系的演化来解决，这是有希望的，同时也是一个严峻的问题。

4. 在世界上行使霸权不符合美国的利益。在当今世界，一些国家认为美国霸权是对自身的一种威胁。基辛格博士在解释这一问题时认为，国家，在某种程度上，正如人一样，会发展出自己的特色和制定政策的风格与方法。欧洲国家习惯于国家间多少是平等的国际关系体系，这一体系的规则是以均势为基础的。回顾一下德国在 1919 年的状态，他们想被承认为一个大国，他们进行了两次大战，其结果是，到 2003 年时，德国是欧洲的强国之一，而事实上，这种强国地位本可以在 1920 年就获得的。任何一个正在崛起的强国必须作出选择，而像美国这样实力相对下降（相对下降，而非绝对下降）的国家也必须作出选择。美国从来没有成为国际体系的一部分，它总是追求这样一种政策，即美国应当根据自己的选择加入或退出这种国际体系。如果研究一下美国国内的一些讨论就会发现每一个新的政策都是各种各样包含具体目标的争论的结果。所以，对今天的美国而言，最重要的经验就是，美国要永久性地参与国际事务。关于这一点，存在着各种各样的激烈争论。现在美国有一些主张世界需要美国霸权的观点会成为今后的主流，在基辛格博士看来，在世界上行使霸权并不符合美国的利益，况且美国霸权的能力也是值得怀疑的。这种政策会使得每一个问题都成为美国的国内问题，因为美国人民如果对国际事务不是充分参与，或不懂得国际事务，他们一定会要求查证明白。所以，按照伙伴关系的基础，而不是霸权的基础行事才符合美国的利益，对于这场辩论的看法，世界上至少有两种，一种是主张创造一个相对于美国的制衡力量，另一种是主张同美国结成伙伴关系。前一种是对抗的办法，后一种是共同努力的办法。中国政治家的伟大贡献就在于，对双方共同关注的问题采取合作而非对抗来寻求共同的解决办法。这并不意味着中美两国没有分歧，但是，这的确有助于缓解双方存在的问题，如台湾问题；或有助于解决问题，如朝鲜半岛问题。

（六）为无核化鼓与呼

削减和消除核武器是基辛格的一贯主张。他在《核武器与对外政策》一书中指出，现代武器的毁灭性，剥夺了全面战争胜利的历史上的意义，现代武器的凶残，使得全面战争的思想是不可取的。

2007年1月，基辛格、舒尔茨、前国防部长佩里和前参议院军事委员会主席纳恩四位重量级人物在《华尔街日报》上联名发表《一个没有核武器的世界》的文章，提出了无核世界的必要性和紧迫性，呼吁建立"一个无核武器世界"，建议从根本上消除核武器对整个世界的威胁。他们倡议有核国家要努力减少对核武器的依赖，提出要防止核武器扩散到恐怖组织、从根本上消除核武器对世界威胁的希望。对此，前苏联总统戈尔巴乔夫立即撰文明确表示支持，十几个国家也迅速予以积极响应。

1979年，时任美国国务卿基辛格在布鲁塞尔举行的北约防长会议上说："盟国不应该不断要求美国强化战略保障，我们不应该去执行这样的保障，因为如果执行的话，我们将冒着文明被摧毁的风险。"这一时代标志性的评论是在美苏冷战时期的军备竞赛形势下作出的，当时双方都拥有数千套战略核武器。

1998年印巴核试验因破坏国际核军备控制与不扩散进程遭到全面质疑，国际核军备控制进程也因之进入低谷。2002年美国退出《反导条约》，是国际核军备控制的最大倒退，严重挫伤了国际社会推动核军备控制进程的积极性。

尽管多位美国总统表达了废除核武器的愿望，但他们并没有明确提出"无核武器世界"的思想。2007年1月，基辛格与舒尔茨等在胡佛研究所组织召开会议，重新审议里根和戈尔巴乔夫在雷克雅未克提出的废除"所有的核武器"的可能性。会上，基辛格与舒尔茨、佩里和纳恩联名发表题为《一个无核武器的世界》的文章，正式提出"无核武器世界"思想。他们认为，"世界正濒临进入新的危险的核时代"，呼吁所有核武器国家继续大幅削减核武器，尽快批准《全面禁止核试验条约》，争取建立一个"无核世界"。

文章认识到俄罗斯的威胁下降和出现了新的威胁，并基于以下两点认识，批评了布什政府的核战略：一是核遏制力对恐怖分子这样的非国家主体没有作用；二是新兴有核国家防止因事故、误判或未经批准而发射核武器的措施不足，这些国家间（包括美国）核遏制力是否能构成冷战期间那样稳定的基础仍是疑问。即批判了布什政府将冷战时期的核遏制理论用于冷战后的世界。该论文还指出，有核国家在推动核不扩散的同时继续进行核武器现代化违背NPT（不扩散核武器条约）的精神，将受到无核国家的质疑。因此，建议有核国家应该率先推进核裁军和浓缩铀的安全管理，保护和平利用核能的权利，以恢复对核不扩散体制的信任，在得到无核国家合作的同时推进核不扩散政策。

他们强调，核武器在冷战时期作为威慑手段在维护国家安全中发挥了极其重要的作用。然而，冷战结束后世界进入了一个新的核时代，国际形势发生了重大变化，美、苏在冷战时期奉行的"相互确保摧毁"核战略已经过时。当前的首要任务是减少对核武器的依赖，大幅度裁减核武器，最终实现无核世界的目标。

2008年1月15日，基辛格与舒尔茨、佩里和纳恩四人又在《华尔街日报》发表文章，再次呼吁建立"无核世界"。他们提出：美国和俄罗斯应当尽快达成进一步削减核武器的协议，大幅度减少核武器的数量，防止由于偶然事故或误判而引起核战争；加强核不扩散机制，遏制核技术在全球范围内的扩散，促使《全面禁止核试验条约》尽早生效。

文章指出：冷战后，美国面临的国际安全环境发生了巨大变化，但美国的核政策及思维本质上并没有改变，"仍然停留在冷战岁月"，没有针对急剧变化的安全环境作出相应调整。这不仅使其无法应对核恐怖主义等重大威胁，甚至还会刺激一些国家的核扩散野心。例如，布什政府的核战略提升了核武器在美国国家安全战略中的作用，锁定俄罗斯、中国、朝鲜、伊朗等七个国家为核打击目标，甚至提出在台海等地区发生军事对抗时使用核武器；降低核武器使用门槛，提出"先发制人"的作战原则；加快部署国家导弹防御系统，单方面退出《限制反弹道导弹系统条约》等。布什政府的这些核战略举措不仅没有能够有效应对美国面临的现实威胁——核恐怖主义和核扩散，相反还进一步刺激了朝鲜、伊朗等国更加坚定地发展核武器，使国际核不扩散机制面临巨大挑战。继 1998 年印度和巴基斯坦先后爆炸核装置迈入有核国家门槛之后，朝鲜也相继于 2006 年和 2009 年进行核试验，伊朗反复强调其拥有和平利用核能的权利，并坚持有条件暂停铀浓缩活动。越来越多的国家拥有核武器将刺激一些主要非核大国重新考虑其核选择，从而加剧核扩散趋势。这种形势下，美国国内学界和政治家纷纷反思美国的核战略。

虽然"无核世界"的倡议只是人类的一个远大理想，短时期内难以实现，但它在动员世界裁军舆论，促进核裁军与核不扩散运动不断取得进展，促进世界和平与安全中的积极作用是十分突出的，这也正是它能够引起国际社会高度重视的一个重要原因。

2007 年 1 月 4 日，基辛格等四人的《一个无核武器的世界》文章在《华尔街日报》刊出后，三分之二的健在的美国前国家安全事务助理、国务卿和国防部长，包括贝克、鲍威尔、克里斯托弗等都签名表示支持，几十个组织和研究机构也开始进行深入研究。2008 年 12 月 8 日，来自九个国家的 100 多名政要和知名人士云集巴黎，声势浩大地提出了建立"零核世界"及实现"核不扩散"的倡议，宣布"全球零核倡议运动"正式启动。这一倡议很快得到了 100 多个国家的呼应和支持。

第八章　纵论新时代的中国与世界

50多年来，基辛格不下100次到中国，与中国结下了不解之缘。他说："我想对中国人民说，我钦佩他们取得的成就，我也相信他们的未来！"

一、难忘的 2011 年

（一）中国进入新时代

2011年1月下旬，中国国家主席胡锦涛访问美国。在胡主席访美前夕，基辛格在纽约接受新华社记者专访，表示胡主席即将对美国的国事访问对美中关系未来发展至关重要，"将为描绘美中关系发展蓝图起到至关重要的作用"。

作为中美关系的重要奠基人之一，已88岁高龄的基辛格说，"我坚信，开启美中关系新时代面临一次非常好的机遇"。他表示，在新的全球化的历史背景下，中国和美国面临共同的机遇和挑战，中美两国需要一个全新的理念来共同应对那些40年前不存在的问题，包括环境、核不扩散、气候变化等。

基辛格表示，中美之间的伙伴与合作关系现在比以往任何时候都要重要，因此两国应该达成一种更为密切、持久的合作理念。"中美两国建立永久性的磋商机制非常重要，这样双方可以保持经常接触，而不至于等到危机产生才开始对话。"

基辛格认为，要保持稳定的中美关系，关键在于双方能坦诚交流，频繁对话，并共同意识到中美合作将使全世界受益。

谈到中美如何加强战略互信时，基辛格表示，两国需要随时准备应对新情况，并不断进行调整。"其实两国现在已有相当多的互信，出现的困难很多时候都是被夸大的。有人说担心中国发展，但中国必将发展，这是不可避免的，而且也是我们乐于见到的。只是中国的发展会带来变化，而美国也在发展变化，所以我们应该时刻准备，不断调整，以应对新问题、新情况。"

"无论何时我见到中国领导人，我都是一个老朋友。"基辛格笑着说，"中国是我交往最久、最为深入的国家。中国已经成为我生命中非常重要的一部分，中国朋友对我而言意义非凡。"

"当我第一次见到周恩来总理的时候，我把中国称作'神秘的国度'。周恩来总理跟我说，如果你更多地了解这个国家，它就不那么神秘了。他是对的。现在两国的交流和对话大大加强了，中国的公共外交也取得了巨大的进步。"

"我非常钦佩中国人民在过去 40 年里所取得的成就。我确信，下一个 40 年必将给中国人民带来更多福祉，中美两国人民之间的友谊也将更加深厚。"

在回忆那段经历时，基辛格说："当年尼克松总统和我决定尝试向中国开放，因为我们相信要建立新的世界秩序不能缺少中国。"40 年后，他依然坚信，"与中国的友谊应该成为美国外交政策的关键要素之一，加深相互理解是促进双边关系的关键"。

基辛格，这位重启中美关系大门的"破冰者"，曾经说过："在许多国家尤其是美国，都有这样的辩论：中国到底是一个战略性的竞争对手还是一个战略性的合作伙伴？"

基辛格说："我想所有和中国、美国关系密切相关的人，都要不懈地为建立起跨太平洋的战略伙伴关系作出努力，我认为我们可以并且能够建立起这样的关系。"

长期致力于推动中美关系发展的基辛格，在胡主席访美之际，特地从常年居住的纽约寓所赶来，参加欢迎胡主席的系列活动。

在这位美国重量级的战略家看来，开启美中关系新时代正面临一次极佳机遇。"美中之间的伙伴与合作关系现在比以往任何时候都更重要，两国应达成一种更为密切、持久的合作理念"，"美中合作将使全世界受益"，基辛格对中美深化互信合作发出肺腑之言。他说，双方领导人需要共同合作，互相理解对方的动机和敏感性，共同应对包括环境、气候、核扩散以及20国集团等全球性问题，并继续深化美中战略与经济对话机制。

基辛格指出，当美中这两个大国互动时，尤其是在两国都经历变化时，偶尔的摩擦是不可避免的，但两国关系的整体趋势是合作的，"目前两国关系非常好、非常牢固，更重要的是，双方都决心将继续提升两国关系"。

谈到40年来中国取得的巨大成就，基辛格认为，这归功于富有远见卓识的中国领导人和乐于奉献的中国人民，是他们在如此短暂的时间内让中国实现了如此迅速的发展。

基辛格说："中国已经为世界作出了巨大的贡献，中国的发展模式无论对中国自己还是世界其他国家都具有重要的意义。我想对中国人民说，我钦佩他们在过去40年间取得的成就，我相信他们在未来40年会取得更大的成就。"

基辛格也指出了中国未来发展中所面临的挑战，那就是要继续缩小中国沿海地区和内陆地区经济发展的差距，并帮助从农村进入城市的人更好地适应生活。

基辛格回忆起与中国历代领导人的交往时感慨万千："他们都是不同凡

响的人物。"他说:"就我个人感受而言,永远不变的是中国人对待朋友的情谊和忠诚。"

谈到为什么频繁地访问中国时,基辛格笑称,"我喜欢中国人民、喜欢中国文化",而每次来中国,他都会为中国感到"震惊和喜悦"。在他心中,中国人民早已成为他的好友,他希望看到中国富强,希望看到中美两国携手共进。

基辛格说:"对全世界人民而言,美中之间的友谊将促进他们对和平与进步的期待。所以回顾美中关系40年,我无比自豪。""中国已为世界作出了巨大贡献,中国发展模式无论对中国还是世界其他国家都具有重要意义。"

"中美两国在未来都面临许多机遇与挑战,美国已不再是国际舞台上占据支配性地位的国家,但仍是一个极为强大的超级大国;同时,中国也必须适应当前的多极化国际格局,只要双方共同努力,就能找到办法,促进合作。"

基辛格表示,美中关系的恰当定义与其说是合作伙伴,不如说是"共同发展"。这意味着两国都根据本国的需要,在可能的领域进行合作,并通过调整两国的关系来尽可能减少冲突。一方无需赞同另一方的全部目标,也不会认为双方利益全都一致,但双方都应努力寻找和发展互补利益。

(二)基辛格:"回顾美中关系40年,我无比自豪。"

2011年,是基辛格博士首次访华40周年,这年6月下旬,中国人民外交学会为此举行重要活动,基辛格受邀请来华访问。

6月25日,基辛格出席在北京召开的第二届全球智库峰会开幕式并发表演讲。他称赞中国为全球应对国际金融危机作出了很大的贡献,中国的全球经济影响在迅速扩大。

中美这世界上最大的两个经济体——已走过重启交往的"不惑之年",正在致力于打造相互尊重、互利共赢的新型大国关系。尽管中美间分歧乃至争执不时可闻,但这位在国际政坛上仍具影响力的88岁老人对中美两国关系远景充满信心："美中关系无需也不应该变成'零和游戏'，两国的合作还会更精彩。"

基辛格表示，中国在应对国际金融危机中发挥的重要作用，凸显了中国在世界经济和世界金融体系地位的巨大变化。

"要问中国将在变化的世界经济秩序中发挥什么样的作用，就有必要回顾一下中国正在发挥的作用"，"中国对自己今后创造性地应对危机的能力有新的自信，这来源于过去几年应对国际金融危机的经历"。

他说，2008 年，中国的经济增长阻止了全球经济的下滑。如果没有中国经济的巨大刺激，以及美国、英国和欧洲的协调，整个世界可能就会面临更加糟糕的经济衰退。

这位 88 岁高龄的著名外交家说，在应对全球金融危机中，中国克服了自身面临的困难，它在全球经济体系中的地位也发生了变化。中国现在已经是世界上第二大经济体，在未来 10—20 年之内可能成为世界上最大的经济体。通过贸易、直接投资和国际商业活动，中国在全球的经济影响正迅速扩大。

基辛格说，所有这一切产生几个重要的变化：中国的外国伙伴开始欣赏中国的观点以及对未来经济发展方向的深刻见解，认识到国际金融体系要实现可持续的改革需要中国发挥更大的作用；在中国，过去几年应对国际金融危机的经历使中国对自己今后创造性地应对危机的能力有了新的自信。

基辛格表示，中国是最大的债权国，对促进美国经济的振兴非常重要。中美之间的合作伙伴关系是全球化的一个基础，也是国际体系当中最重要的因素。他建议各国在合作的基础上调整国际体系，调整全球各个参与者之间的关系。

6 月 27 日，为纪念美国前国务卿基辛格博士首次访华 40 周年，中国人民外交学会在钓鱼台国宾馆举办"纪念基辛格首次访华 40 周年座谈会"。国务委员戴秉国出席并就中美关系致辞，指出，40 年前，毛泽东、周恩来等中国老一辈领导人与尼克松总统、基辛格博士等一道推开了中美关系大门，开启了中美关系改善和发展的历史篇章，对中美两国和世界格局都产生了极为积极深远的影响。

　　会上，100多位亲历中美关系发展的官员、学者济济一堂，忆往昔、谈未来，勾画中美合作远景。多位曾经的中国驻美大使、知名国际问题专家回忆了中美当年"充满戏剧性"的交往，也都谈到他们对基辛格的印象：一位学识渊博、造诣精深的战略家、外交家，曾经70多次访问中国的"中国通"。40年风云变幻，不论在两国交往顺利之时，还是遇到困难和挫折，基辛格都在努力寻求维护美国国家利益和促进中美交往合作的契合点，成为美国人民的友好使者。

（三）《论中国》：美中携手合作走向未来是一个永恒的主题

　　2011年6月，基辛格的新著《论中国》面世。书的扉页上有这样一段文字："这是亨利·基辛格首度以一本专著的篇幅，讲述一个他亲密接触了几十年的国家，讲述这一国家如何塑造与西方世界的当代关系。"

　　基辛格将他与中国40年来的深入交往记录在他的新作《论中国》中，这部近600页的专著阐述了他关于中国的见解及对中美关系的现实思考。书中还援引历史文献，说明中国的古代和近代历史是如何影响了中国的外交政策和对西方的态度。"这本书的主旨就是中美两国必须加强合作，共同建立新的世界体系。"基辛格说。

　　基辛格在序言中开门见山地表达了对中国人民的热爱："我欣赏中国人，欣赏他们的耐性、敏锐、家庭观以及他们秉承的文化。"

　　较之过去以论述外交政策为主的专著或论文，或记录他白宫岁月的回忆录，基辛格在此书中更像是一位历史学家，以他亲历美中关系变化的独特视角来审视一个历史悠久的文明古国。基辛格回顾了从古至今中国外交哲学形成的若干关键阶段。

　　在展示古代中国文明的璀璨和昌盛时，基辛格旁征博引，从远古的黄帝、孔子讲到《孙子兵法》《三国演义》，还比较了围棋与国际象棋所代表的战略理念。谈及中国近代史，他详尽陈述了鸦片战争的起因、发展、解决，引述魏源《海国图志》中的"师夷长技以治夷"，也讲到军阀混战给中国带来的灾难。

书中篇幅最大的部分还是 1949 年新中国成立后的重大外交事件。它记录了 40 年来基辛格与中国几代领导人的对话实录，包括中美建交中的互动、三次台海危机、改革开放和邓小平访美等历史节点上的重要细节。

6 月 6 日，美国战略与国际问题研究中心在华盛顿举行活动，讨论前国务卿基辛格的新书《论中国》。

《纽约时报》书评人角谷美智子评价道：《论中国》引人入胜，视角敏锐，试图解释中国政策的历史渊源和中美两国的哲学区别。《新闻周刊》则认为，《论中国》最深刻的洞察力在其心理层面。"中美间文化差异导致心理上的落差"是书中一个重点阐述的观点。的确，基辛格没有回避中美对事物认识的差异。他说："没有任何一个国家能像中国一样拥有悠久而复杂的历史，一名中国精英可以从几千年的文明中寻求发展的灵感，而一名美国精英只能回顾不到两百年的美国历史。西方人眼中的人权问题也许并不适合中国，因为历史传承下来的东西是那么厚重而无法改变。"

（四）盛赞中国共产党成立 90 年取得巨大成就

2011 年 7 月，中国共产党建党 90 周年，90 年波澜壮阔，90 载成就辉煌。从 1921 年成立以来，中国共产党团结带领中国人民浴血奋斗，实现国家独立、民族解放，向着人民富裕的目标迈进。

基辛格对新华社记者说，中国取得的巨大成就，归功于富有远见卓识的中国领导人和乐于奉献的中国人民，是他们在如此短暂的时间内让中国实现了如此迅速的发展，"中国共产党试图做的是要成为改革的精神推动者，与此同时不断扩充自己容纳中国社会的新元素"。

"中国已为世界作出了巨大贡献，中国发展模式无论对中国还是世界其他国家都具有重要意义。"美国前国务卿基辛格如是说。没有任何一个国家的发展有像中国这样的阶段特征。现在沿海地区经济非常发达，内陆地区相对落后。"所以如何在不同的地区之间实现和谐、如何帮助那些从农村进入城市的人融入社会，将是未来十年考验中国领导人的巨大难题。"

　　2011年10月17日晚，基辛格出席美中关系全国委员会成立45周年晚宴时说，在全球经济不景气和美国经济复苏乏力的大背景下，美中更应深化合作、加强互信、共克时艰。他表示，自美国总统尼克松首次访华之后，美国历届政府都寻求与中国的合作，这说明美中合作是美国政府一以贯之的政策。他认为，美中关系是当今世界舞台上最重要的双边关系，决定着世界的未来。美中应继续秉承合作的理念，求同存异，为全球的和平稳定作出贡献。

二、中国的选择将影响和改变世界

（一）世界和平需要美中合作，美中合作比对抗好

　　2012年1月16日，中国人民外交学会、中国人民对外友好协会、中国国际问题研究所、中国国际问题研究基金会在北京钓鱼台国宾馆共同举办尼克松总统访华和"上海公报"发表40周年纪念活动。基辛格与时任中国国家副主席习近平共同出席并致辞。

　　习近平在致辞中表示，40年前，毛泽东主席、周恩来总理和尼克松总统、基辛格博士等中美两国老一辈领导人，以非凡的战略眼光和卓越的政治智慧，打破两国多年相互隔绝的坚冰，用跨越太平洋的握手开启了中美关系发展的新篇章。中美关系大门的打开，其意义正如基辛格博士所言，改变了整个世界。

　　基辛格在致辞中表示，40年前尼克松总统对中国的访问不仅打开了美中关

系的大门，而且开启了两国关系持续发展的历史进程。尼克松、福特、卡特、里根、老布什、克林顿、小布什、奥巴马八位美国总统，毛泽东、周恩来、邓小平、江泽民、胡锦涛等中国领导人推动了这一历史进程。40 年的历史告诉我们：世界和平需要美中合作，美中合作比对抗好；美中应尊重彼此的原则和想法，视对方为合作伙伴，相互理解，相互支持；双方应承认彼此的国家利益，以共同利益为基础开展合作；美中间存在分歧，但不应让它们失控，应找到建设性的办法予以化解。美中之间的"上海公报""建交公报"和"八一七公报"体现了承认分歧、相互尊重、突出共识、求同存异的精神。去年 1 月胡锦涛主席访美与奥巴马总统就发展美中合作伙伴关系达成共识，开启了两国关系的新阶段。今年是美国大选年。虽然美国国内会有一些杂音，但两国关系发展的大方向不会改变。奥巴马政府仍致力于与中方发展合作伙伴关系，美国共和党也将坚持 40 多年来两党一致的对华政策，而且这些都得到美国各界的广泛支持。我希望并相信美中两国在应对 21 世纪人类共同面临的诸多全球性挑战中将继续开展合作，不断扩大美中关系的基础，向两国和世界人民展示美中关系新的广度和深度。

纪念活动前，习近平会见了前来参加中美"二轨"高层对话的基辛格一行，对基辛格等人长期致力于推动中美关系发展表示赞赏，并就如何进一步推进中美合作伙伴关系建设交换了意见，鼓励他们继续为两国关系持续健康稳定发展作出新的贡献。

2012 年 6 月 12 日，来华访问的基辛格受到国务院总理温家宝的亲切接见。温家宝高度评价基辛格几十年来致力于推动中美关系，热心关注中国的发展变化。基辛格感谢温家宝的接见，他表示说，良好的美中关系对两国和世界都非常重要，双方既要重视解决现实问题，也要有战略和长远眼光，开展更加广泛、深入的合作，这是大势所趋。他同时表示，中国经济将继续保持较快增长，中国将成为世界经济秩序中越来越重要的元素。他祝贺中国取得巨大的发展成就，认为中国一定能够实现宏伟目标，拥有更加美好的未来。

（二）"中国会继续前行"

2012 年 11 月 11 日，在中国共产党第十八次全国代表大会召开之际，美国前国务卿基辛格接受了新华社记者的专访。基辛格对中共十八大召开表示祝贺，他赞赏中国的发展成就，并相信"中国会继续前行"。

基辛格谈到中共十八大报告时说："我对报告中强调改革、对中国未来发展充满信心及和平友好的外交基调印象深刻。"

基辛格说，在过去的 40 多年间，他目睹了中国在中国特色社会主义道路上所走过的历程，"让人感触至深"。

"如果有人在我 1971 年第一次踏上中国土地时向我描绘中国今天的样子，即使只是想象一下高楼林立的景象，我也一定会说那是不可能的，"基辛格说，"如今，这一切都已经成为现实。"

随着中国融入全球金融体系并成为这一体系的重要组成部分，基辛格认为，世界其他地方发生的危机，无论是 2008 年源于美国的金融危机，还是当前的欧洲主权债务问题，都可能给中国带来影响。

"在面对这些危机时，中国政府在很短的时间内就了解了问题所在，并随之作出调整，带领中国向着正确的方向前行。"基辛格说。

在谈及中国未来面临的挑战时，基辛格说，中国幅员辽阔，同时也有着伟大的抱负，目前已开始了从沿海向内陆发展的进程和城市化进程，这将涉及基础设施、住房和通信设施建设等一系列问题。此外，随着与其他国家交往日益密切，并在相当程度上融入国际体系，如何相应地调整外交政策，是中国领导人需要面对的挑战。

在谈到中共十八大报告中提到的反腐败问题时，基辛格说，在一个国家从低水平到高水平的发展过程中，腐败问题几乎在任何一个社会都难以避免。但是，中国领导层已经意识到了这个问题的严重性，并下决心要加以解决。

"从我与中国历届领导人的交往中看出，他们都能言出必行，所以这一次我也充满信心。"基辛格说。

在谈到美中关系的前景时，基辛格强调，美中之间的合作对于世界和平至关重要。两国政府在处理美中关系时应超越日常的纷争，站在更高的角度，面向未来。

基辛格说，两国要继续加强高层之间的协商及多层次、多渠道的交流，寻找双方可以合作的项目。

对于十八大后中国将产生的新的领导集体，基辛格有着"很高的期待"。他说："新一代的中国领导人经历过中国的动荡岁月，这种经历使他们在面对当前各种挑战时更加坚强。""基于中国此前取得的成就，我相信中国会继续前行。当然，困难依旧存在，因为前进的道路从来不会一帆风顺。"

（三）中国进入具有历史性意义的发展时期

2012 年 11 月 30 日，第五届"汉堡峰会：中国与欧洲相遇"在德国汉堡举行。89 岁的基辛格与 93 岁的德国前总理施密特，两位"中国通"就中国展开了高端对话。

两位德高望重的政治家的政治生涯都与中国紧紧地联系在了一起。基辛格 1971 年飞抵北京，成为中美建交的一位重要奠基人。同年，时任德国国防部长的施密特敦促总理勃兰特与中国建交。他在担任总理后于 1975 年首次访华，并在过去 30 多年里十余次访问中国。

作为长期关注中国发展的"中国通"，基辛格和施密特对中国发展所取得的成绩赞叹不已，并对未来的发展前景表示乐观。

"刚开始接触中国时，我们俩谁都没想到中国在未来几十年会变成什么样子，后来我们看到了中国社会的巨大变化。"基辛格说。他表示，中国现阶段的发展面临全新的社会环境，中国将会在新一届领导集体带领下进入具有历史性意义的发展时期。

针对中国的发展引起的一些争议，施密特表示，中国是世界上主要大国中最和平的国家，中国的崛起不会对其他国家构成威胁。"回顾中国的历史，我们发现中国从来不是一个殖民国家，中国的外交政策也从没有侵占他国领土的传统，我相信这一传统不会改变。"施密特说。

基辛格则对中国的崛起可能引起中西方之间，尤其是中美之间冲突的看法作出回应。基辛格强调，美国和中国应共同寻找加强合作、解决问题的方法，而冲突不会给两国和世界带来任何好处。

在对话中，双方都强调了尊重与合作的重要性，表示应尊重其他国家所选择的发展道路，不应干涉他国国内事务。"我信仰近400年前《威斯特伐利亚和约》所建立起的国际法体系，其中的重要一条就是不干涉主权国家的内部事务。"施密特说。

基辛格补充说，《威斯特伐利亚和约》的签署标志着三十年战争的结束，而这场战争给欧洲带来巨大灾难，不干涉其他国家内政的原则就是为了确保同样的灾难不再发生。

"尊重与合作，这是全世界都应尽快学会的两个关键词。"施密特总结道。

三、中美之间不存在"修昔底德陷阱"

（一）中美之间不存在"修昔底德陷阱"

2016年3月19日，93岁的美国前国务卿、中美建交的开拓者基辛格出席"中国发展高层论坛2016"经济峰会，并发表演讲，他表示，中美之间不存在"修昔底德陷阱"。两国关系的前景是合作伙伴，而非对手。

"'修昔底德陷阱'近几年常被提到，指的是一个新崛起的国家迟早会同现存大国发生对抗甚至战争。"基辛格说，美国和中国是当今世界第一大、第二大经济体，两国在很多合作领域都取得了建设性的成果，尽管在一些领域存在分歧，但双方都有着坚定的决心去化解分歧、谋求共识。

"时代在发展，世界在进步。"在以"避免修昔底德陷阱"为主题的中美关系讨论中，基辛格反复强调这一点。他表示，环顾当今世界，化解地区冲突、构建和平秩序是总体趋势，中美都在为此付出行动。

"如今，有人把中美关系类比于一战前的英德关系，这不正确，因为我们所生活的时代和世界已经大不同。"基辛格说。

"半个多世纪过去了，世界各国早已吸取教训，我认为没有一个国家还想挑起世界大战。同时，和平的意识在提高，军事技术的极大进步，不仅不必然导致军事冲突，反而可以用来降低发生军事冲突的可能。"基辛格说。

基辛格表示，中美双方都认识到，一旦发生大规模的军事冲突，必将造成灾难性后果。

作为20世纪70年代中美建交的开拓者和见证者，基辛格回想起1972年"上海公报"的签署过程。他表示，为达成这一公报，中美谈了很久。双方发现，想要达成一个说服对方的绝对性结果是不可能的，所以选择从原则性角度阐述各自立场，最终达成和平共识，使中美关系走向正常化。

谈到中美关系的未来，基辛格强调"应该有长远的眼光"。"中美是合作伙伴，而非对手，这就是我所期待的。"基辛格说。

基辛格多次强调："八任美国总统、五任中国领导人都采取了同样的政策，中美必须合作。"

同年9月，基辛格等表示，美中作为世界上两个最具影响力的国家，有责任加强沟通，避免分歧，凝聚共识，为两国关系发展以及世界和平稳定与发展繁荣作出重要贡献。

基辛格告诫说，中美除了合作别无选择，双方承受不起发生冲突的代价。

（二）战略警告：中美两国应携手共进，中美如果冲突，世界就会分裂

2016年12月5日晚，基辛格在纽约出席"领袖对话：国务卿论坛"的活动时说，美国的发展离不开"密切的"美中关系，并对未来特朗普入主白宫后的美中关系表达了信心，基辛格说，美国和中国必须保持"密切的"外交关系。两国是否能够实现这样的外交关系对世界是否能够实现和平发展至关重要。

12月14日，基辛格在纽约曼哈顿举行的一场活动上说，对华关系是美国外交重要组成部分。他对美中关系发展趋势表示乐观，相信美中两国将继续合作。

基辛格说，上世纪70年代以来，美中关系已经历八位美国总统，每位总统处理美中关系的方式都非常相似，对华政策成为跨越党派的政策。这意味着每一位总统上任后，在检视美国国家利益时，都会得出这样的结论：对华关系是美国外交重要组成部分，与中国保持良好关系有利于世界和平与繁荣。

基辛格说，破坏历届政府均予遵循的一个中国原则"不是明智之举"。美国新当选领导人应该问自己两个问题：想要取得什么成就？为此需要采取什么措施？美中如果合作，共同利益就能凸显，两国有机会一起应对共同的挑战；美中如果冲突，世界就会分裂。

（三）中美关系是21世纪"起到决定性作用"的大国关系

2016年12月15日，美中关系全国委员会在纽约举行成立50周年纪念晚宴。晚宴上美国前国务卿亨利·基辛格和美国国际集团（AIG）前董事长兼首席执行官莫里斯·格林伯格获颁终身成就奖。这一奖项为美中关系全国委员会首次设立，以肯定和表彰基辛格和格林伯格对美中两国之间建设性外交关系所作出的努力和贡献。

基辛格在颁奖仪式上强调了美中关系在世界和平发展中的重要地位，并对下一阶段两国保持合作关系充满信心。他说，"美中两国相互尊重对方的核心利益是世界和平与进步的基础"。在基辛格看来，中国崛起，真正引人注目的是，它将中国传统天下观和技术现代化结合起来，必定在世界秩序的塑造上发挥更大影响力。

2017年1、2月间，基辛格再次就美国的对华政策发出警告："国际体系正在经历四百年来未有之大变局"，美中两国相互尊重对方的核心利益是世界和平与进步的基础，中美两国终将基于共同利益达成重要共识，就像过去几十年双方一直在做的那样。如果中美两国能够携手共进，就可以建立起一个基于发展和合作的世界新秩序。

93岁的基辛格明确地表示："要切记，中美冲突，整个世界就会分裂，因为每个国家都将不得不选边站队。相反，中美合作，就有可能彰显两国的共同利益，就有机会应对两国和世界共同面对的挑战。""我想说，中美两个大国打交道，有分歧是正常的。关键是要切记，世界的和平稳定取决于中美双方对彼此核心利益的尊重，以及在考量核心利益基础上达成合作的能力。"

2017年9月26日，基辛格在纽约哥伦比亚大学出席中美大学校长与智库论坛并发表讲话。他说，中美关系将是21世纪"起到决定性作用"的大国关系，中美两国应该携手共进，共同促进和平与人类发展。基辛格强调中美之间的摩擦对于两国乃至整个世界都会是一个灾难。他说："我们不能作出这样的选择。"

基辛格说，自46年前第一次访问中国后，他100多次踏上这片土地，每次都会有新的收获。"中国文化之多元，让我永远无法停止学习。"他说，这些年以来，中美两国领导人对彼此有了更深刻的了解，两国间人文交流也更加受到重视。

"中美刚刚建交时，双方基本上都是出于战略考虑；今天我们寻求的不只是安全这个概念，而是共同发展，让两个大国能够共存，虽然有时会目的不同，但要寻求在一个共同的理念和机遇下来实现，这是时代的需要。"他说。

基辛格表示，中国寻求通过"两个一百年"奋斗目标来实现自己的发展计划，"当中国实现第二个一百年目标时，中国会比任何一个社会都要强大，人均收入将会达到发达国家水平"。

他说，只要目睹了最近一代中国人的变化，都会坚定地相信中国将实现目标。

"如果1971年，我第一次到中国的时候，有人给我一张现在北京或者中国其他城市的照片，我肯定觉得不现实。"基辛格说，"这么看来，中国会实现自己的梦想。"

基辛格还谈及"一带一路"倡议。他说，中国寻求与中亚乃至欧洲的合作，这会推动世界的中心从大西洋转移到太平洋。

基辛格把中美关系称为21世纪"起到决定性作用"的大国关系。

2018年5月16日，基辛格会见了习近平主席特使、中共中央政治局委员、国务院副总理、中美全面经济对话中方牵头人刘鹤。

刘鹤祝贺基辛格即将迎来95岁生日，对他长期致力于中美友好表示高度赞赏。基辛格表示，美中关系至关重要，事关世界和平与繁荣。处理美中关系需要有战略思维和远见。双方应加强战略沟通，不断扩大共同利益，妥善管控分歧，同时在处理重大国际和地区问题上展现领导力。

四、纵论新时代的中国和中美关系

（一）论中国

基辛格在《论中国》一书中指出："中国已经无可置疑地成为世界大国，利益遍及全球每个角落。"

基辛格在《世界秩序》一书中写道："历史的意义需要探索发现……评判每

一代人时，要看他们是否正视了人类社会最宏大和最重要的问题，而政治家必须在结果难料的情况下作出应对挑战的决策。"

基辛格说："如果历史只是机械重复过去，以往的任何转变都不可能发生。每个伟大成就在成为现实之前都是一种远见，它产生于勇于担当，而不是听天由命。"

基辛格在其《大外交》一书中即认为，"在所有的大国或潜在的大国中，中国的声势最盛"。因为除了经济实力的增长外，长久的独立外交政策的历史，要求地位平等和坚持不听命于外国的敏感，使得这些对中国人来说"不只是战术，更是道德上的必然"。

基辛格说："如果中国的国民生产总值每年增长8%，在21世纪20年代末之前，它的政治和军事阴影就将笼罩亚洲并影响到其他大国，无论中国的政策多么克制都是一样。""不论中国的政策多么克制，它的巨大身影也令它的对手和它的周边近邻们望而生畏。"

他在《世界秩序》中曾提出过一个世纪性命题：重建国际体系是当代政治家的最终挑战。"无论按何种标准来看，中国都已经恢复了它在世界上影响最为广泛的那几个世纪中的地位。现在的问题是，它在目前寻求新世界秩序的努力中如何自处。"

基辛格多次表示，他无法苟同"中国威胁论"，中国经济的迅猛发展及其国力的提升有助于世界的和平与繁荣。

基辛格多次提出这个观点：中国崛起必然导致战略对抗的假设既是错误的，也是危险的。时间已经并必将继续证明，古老的中华文明有足够的智慧和韧劲来应对各种挑战，在实现中国梦的过程中，为世界和平与繁荣作出自己的贡献。他强调："假如中国变成侵略者，我们也许要围堵它。但假如我们硬要指定一个不愿与我们为敌的中国作为美国的敌人，那就会弄假成真，使中国真正成为美国的敌人，那就是愚蠢的政策。"

基辛格指出：放眼向前看，提出中国梦是非常重要的事件。"在领导人的描述中，中国国内的挑战远比一句'中国崛起不可阻挡'复杂得多。"

基辛格认为，中国最大的战略恐惧是一个或多个外部势力将在中国的外围建立军事部署，从而蚕食中国的疆土或干涉中国的国内体制。过去当中国认为面临类似威胁时，都会直接与这些国家交战，而不会冒其所看到的"集结"趋势的风险。美国的恐惧（有时只是间接地表达出来）是，被一个排他性的集团赶出亚洲。

（二）论毛泽东

基辛格在评价毛泽东及毛泽东军事思想时指出："关于共产党军事思想的最好阐述，不见诸苏联的著作，而见诸中国的著作。""毛泽东基于大家熟悉的列宁主义学说，即战争是斗争的最高形式，研究出一套军事理论。""这套军事理论表现出高度的分析能力，罕有的洞察力。"（基辛格《核武器与外交政策》）

毛泽东是有丰富政治经历的政治家，他对西方"外交就是商务"的原则并不陌生。尼克松访华后，基辛格在一次访华时曾对邓小平说："我们两国之间的关系是建立在合理的基础之上的，因为我们都无所求于对方。"据基辛格回忆，"第二天，毛泽东在见我时提到了这句话，同时表明了他对细节的注意。他有力地批驳了我的废话，说：'如果双方都无所求于对方，你到北京来干什么？如果双方都无所求的话，那么为什么我们要接待你和你们的总统？'"

基辛格称毛泽东是搞战略平衡的大师，认为毛泽东非常善于借助国际形势和力量达成战略目的。新中国成立后实施"一边倒"的外交政策，与苏联结成同盟，形成了遏止美国入侵的格局。与苏联交恶后，又适时打开对美关系大门，有效避免了与美苏两个大国同时对抗的局面，增强了阻止苏联入侵的力量。

基辛格在《大外交》一书中评论毛泽东决策抗美援朝战争时说："刚在国共内战中获胜的毛泽东，把杜鲁门的宣告视为反映出美国人害怕共产主义阴谋，色厉内荏；他把它解读为，美国开始想采取行动，扭转共产主义在中国内战得胜的局面。杜鲁门保护台湾，等于是支持美国仍然承认中国合法政府的国民党政府。

美国逐步加强援助越南，北京视之为资本主义包围中国的行径。凡此种种加起来，都促使北京采取美方最不愿见到的措施。毛泽东有理由认为，如果他不在朝鲜阻挡美国，他或许将会在中国领土上和美国交战；最起码，他没有得到理由去作出相反的结论。"

实现强弱转化是毛泽东战略智慧的实质。从客观实际出发，利用和创造一切有利条件实现强弱转化，是毛泽东战略思想和战争指导艺术的奥妙之处。基辛格在《核武器与外交政策》一书中评论毛泽东的战略说："由于双方力量的对比不利于共产党采取拼实力的全面战争形式，因此，他们不得不采取一系列转化力量对比的措施。单就每一措施来说，虽不能起决定性的作用，但历次的效果积累起来，却足以改变双方力量的对比。"

（三）论中美关系

基辛格认为，中美关系的恰当标签应该是"共同进化"，而不是"伙伴关系"。这意味着两国在可能的领域内应开展合作，调整关系，减少冲突。

"尽管西方主导世界是一个事实，但这并不意味着西方的秩序是唯一的秩序。"中国一直强调"君子和而不同"，中国始终认为"太平洋足够大，容得下中美两国"。美国应该认识到，中国并不是现存国际秩序的挑战者，而是推动合作共赢的建设者。

1999年春夏，中美关系因"考克斯报告"和美国轰炸中国驻南联盟使馆等事件而频生摩擦。李登辉自以为时机对其有利，抛出了早已精心炮制好的"两国论"，不仅再次在两岸关系中引发一场大地震，而且使得本已麻烦不断的中美关系面临新的严峻考验。对李登辉这种公然挑拨中美关系的行径，美国国内不少有识之士都表示了极大的反感。基辛格说，美中两国政府早在1972年就已在"上海公报"中明确，世界上只有一个中国，美国不支持"一中一台"或"两个中国"。自那以后的六任总统都坚持这一框架。台湾不应该对"一个中国"框架提出挑战。

基辛格认为："奉行冷战遏制政策可能会使美国在亚洲乃至全世界遭到孤立。"基辛格还"对把中国看成是取代苏联的下一个敌人的倾向感到忧虑"，并指出，"对抗将造成两败俱伤的局面"。

基辛格认为应防止对中国崛起的误判。2005 年美国国内发生了一场对华战略的大辩论，主题是如何应对中国崛起。"对抗论者""融合论者"激烈论战，从"中国威胁论""中国机遇论"到"中国和平崛起论"，不一而足。基辛格在德国《明镜》周刊的访谈录中表示，中国崛起不是可以用军事手段或意识形态的对抗来应对的挑战；想教中国应如何在世界行事的愿望是错误的；中国崛起涉及的是经济挑战，而不是希特勒那种程度的侵略。

基辛格认为，中美之间"由于一些微妙的因素，某些显然是传统的、合理的做法也有可能在双方之间引起极深的忧虑"。但是，"中美对抗是选择的结果而非必然"。冲突是未来中美关系的一个选项，但不是必需的选项，中美应寻求建立信任框架来避免"世纪决斗"。

基辛格在《论中国》一书中明确指出："尼克松访华 40 年给美国外交和东亚政治带来的最大变化，不仅是使中美敌对转向中美携手，更重要的是中美两国的合作成了东亚安全的重要基础。"

基辛格给中美关系贴上的"共向演进"（co-evolution）标签所蕴含的"在可能的领域展开合作，调整关系、减少冲突"的思路非常清晰。他强调，中美目标趋同，路径不一样源于两国文化差异。除非中美建立一种"持久合作关系"，否则很可能面临相互对峙的风险。双方互信恶化，导致"行动—反制"的恶性循环，引发糟糕的恐惧。

基辛格评价中国说："如果中国与美国都参与决定亚洲的前途，亚洲的稳定就可以实现。如果与中国发生冲突，那就会引起两国把亚洲其他国家组织起来对付对方，激励强烈的民族主义。在可预见的将来，美国和中国同样关注在亚洲保持平衡。两国都有理由反对由一个单独的国家统治亚洲。中国要美国帮助平衡它同强大邻国——日本、俄罗斯和印度的关系，至少在它发展到强大得足以靠自己的力量这样做之前。美国需要中国在这些问题上以及在台湾前途、核扩散和转让武器技术等问题上合作，这些问题至少在今后数十年中应该成为中美对话的关键部分。"

基辛格强调中美要向"共同演进"（co-evolution）方向努力，以寻求战略双赢。要从长远和战略角度发展美中关系。美中关系对世界和平与进步至关重要，要有长期规划，也要加强彼此沟通交流，推动双边关系更好发展。美国和中国之所以认为彼此需要，是因为"两国都太大，不可能被别人主导；太特殊，不可能被转化；太相互依赖，承受不起彼此孤立"。

基辛格反复强调，美国不能把中国看作敌手，否则子孙后代将会为此付出长远代价。2001 年，美国小布什政府执政四个多月来，在撞机事件、台湾问题、西藏问题上的种种言行，对中美关系造成严重损害。基辛格在 4 月 6 日一期的《新闻周刊》上发表《直面中国》一文指出，美国国内"遏制论"力图把台湾当作一个独立国家，一个军事前哨阵地，实际上是要废止 20 世纪 70 年代初以来中美关系中"一个中国"的政策。对中国"奉行冷战遏制政策可能会使美国在亚洲乃至在全世界遭到孤立"。

美中关系对世界和平与进步至关重要，要有长期规划，也要加强彼此沟通交流，推动双边关系更好发展。两国有诸多需要合作的领域，冲突只会损害彼此。基辛格说，当今世界上，美中之间的冲突将会使双方精疲力尽，也会阻碍在全球基础上寻求许多问题的解决之道。

基辛格以比较冷静务实的态度看待中美关系。首先，美国虽不愿看到中国崛起及其权力增长，但中国崛起不可阻挡，美国明智的选择是把中国崛起看成美国的机遇并从中受益。而"沿对抗主义道路前进将是极大的战略错误"，将背离美国的战略利益。其次，中国尚未表现出挑战美国的强烈意图。并不是所有崛起国都有打破现存国际体系及其规则的意图，有的崛起国因为受益于现存国际体系，只是希望对体系和秩序进行适度的调整或改良。中国将来未必一定成为美国的敌人。再次，中美之间的安全困境可以维持在一个相对较低的层次上。在台湾问题上，中国的目标只是追求国家统一，"并不必然转化为谋求亚洲霸权"。但美国有必要以某种方式"规避"中国成为一个威胁其邻国、美国盟友及美国利益的进攻性国家，尽可能避免中美安全困境陷入恶性循环。

五、展望世界大势

（一）均势理论大师

势力均衡论的实质是主张奉行传统的强权政治和大国利己主义，即以大国力量分布以及各国在世界格局和力量对比中所处的地位处理国际政治问题，从实力地位出发制定对外政策与战略，在几个大国相互制衡与借重的格局中谋求战略利益，在国际事务中发挥某种主导作用。

基辛格不仅是均势理论大师，而且还是现代均势外交、"平衡论"的代表人物。基辛格认为，"均势是刻意设计用来增强平衡的"，它来自于国际社会的共识，是国际社会各成员主动追求的结果。他在论述欧洲均势政治产生的原因时说："拥护均势的理论家常让人以为权力均衡是理所当然的国际关系形式。其实这种国际关系体系在人类历史上实不多见。"正是基于把均势的生成看作是偶然性及主观能动性的，基辛格才不遗余力地推行均势策略，实践其均势理论。

基辛格说："如果说历史有任何教育意义的话，那么其教育意义就在于：没有平衡，就没有和平；没有节制，就没有公正。"

基辛格强调，均势体系虽不能避免危机或战争，但如能作妥善安排，其作用则在于使一国控制他国的能力及发生冲突的规模受到限制，它所追求的是稳定缓和，甚至和平。怀特的观点更鲜明，"替代均势的选择不是全球无政府状态就是全球霸权。稍稍思考便可看出均势比前者更可取，而且尚未有人说服我们后者比均势更可取，从而应当接受后者"。

第二次世界大战后，基辛格第一个把均势理论贯彻到外交决策过程，他提出的"美苏两极均势格局已经变成美、苏、中、日和西欧五种力量中心构筑的多极均势格局"，"美应依据国际形势新的变化依靠均势建立一种适合美国霸权需要的'和平结构'"等思想，成为尼克松政府外交战略调整的重要依据。

20世纪70年代美国可谓内忧外患，内部经济衰退，外部陷入越南战争的泥潭，日本和西欧重新崛起，苏联步步紧逼，面对这样的颓势基辛格主张运用19世纪的均势外交，在美、苏、中、日、西欧这些世界主要力量间，通过相互利益关系的制衡实现美国的霸主地位。

基辛格认为，在未来的21世纪保持亚太地区的均势是美国追求其历史目标的基本先决条件，因此，"亚太地区的稳定，其可夸耀的繁荣之支撑，都不是自然定律，而是均势的结果，在后冷战世界此一均势越发需要仔细精心的照料"。

基辛格分析认为，"均势的作用在于使一国主宰制约他国的能力及发生冲突的规模受到限制，它所追求的是稳定缓和甚至和平"，这恰恰暗合进入21世纪以来国际经济治理的大国思路，并有着促成多极秩序的内在诉求。

基辛格以中国的围棋与西方的国际象棋作对比，认为国际象棋"全胜全败"的安全思维在战略层次上远不如中国围棋的"共存共活"来得高远与博大。

在对敌斗争中，毛泽东素以善于利用矛盾而著称，基辛格称毛泽东是搞"平衡""均势"的大师。面对国际强权政治的压迫和威胁，中国以积极的对外战略成功地维护了新中国的国家安全，在两个超级大国争霸的两极体系中，既避免了与两个超级大国同时对立而陷入孤立，又不依附于任何一方，保持了自己的独立性。这既有利于国际局势的稳定，也有利于保持世界战略力量之间的平衡。

（二）研判世界大势

基辛格在《世界秩序》一书中，提出这样一个重大命题："在我们这个时代，对世界秩序的追求，需要把那些现实中基本上自成格局的社会的看法联系在一起……即如何把不同的历史经验和价值观塑造成一个共同的秩序。"

基辛格是冷战时期"缓和政策"的主要倡导者，他当时就指出，迈向一种稳定、可信的世界秩序，关键在于美苏之间形成"共同克制和共处习惯以及到头来合作的习惯"。

基辛格在 20 世纪 70 年代提出全球有五大力量中心。他在 1969 年就预料到："要出现一个五角形的新世界——这五角形是：美国、西欧、俄国、中国、日本。在这样一个扩大的世界里，同中国接近可以有很大好处。这可以影响俄国采取比较灵活的立场，从而缓和莫斯科和华盛顿之间那种在战后年代一直占支配地位的僵持局面。"

他在冷战结束后又指出："在冷战中的胜利，已将美国推入了一个与 18、19 世纪欧洲的国家体系十分相似的世界。在一个由五六个大国和形形色色小国组成的世界体系里，出现的秩序将会与过去几个世纪中的情形相似，各国将在对自己利益的竞争中形成和谐与平衡。"

基辛格强调："冷战结束，制造出观察家称之为'单极的世界'或一个超级大国的世界。但是，美国实质上并没有比冷战开始时更能单方面独断全面问题。"

基辛格说："二战前，一国的实力基本上是均匀的，经济、军事和政治等因素互为补充。一个军事强国在其他领域内也必然是强国。然而 20 世纪后半叶，各种因素似乎开始分解。一国忽然可以成为一个经济大国，而无须拥有强大的军事实力（如沙特阿拉伯），或一跃成为军事大国，经济却停滞不前（如苏联）。"

1993 年，基辛格断言今后世界将走向由美、欧、中、日、俄以及印度、巴西等国组成的多极格局。基辛格认为，"冷战后的世界更像 18、19 世纪欧洲国家体系"，在美国成为硕果仅存的超级大国时，"权力和财富越来越分散化"。"各国越来越以其眼前的利益执行其外交政策。"

基辛格认为："全球化只是确立美国权威的另一种说法。""21 世纪的国际体系……将至少包括六个主要的强大力量——美国、欧洲、中国、日本、俄国，也许还有印度，以及大量中等国家和小国。"

"当今世界是一个变革的世界，是一个新机遇新挑战层出不穷的世界，是一个国际体系和国际秩序深度调整的世界，是一个国际力量对比深刻变化并朝着有利于和平与发展方向变化的世界。"

第二次世界大战结束以来，尤其是冷战结束后，东亚地区呈现自主性和开放性增强的趋势。随着经济的繁荣，地区内各国不同程度地增进了地缘自主意识。基辛格认为，近十几年来是亚洲地缘政治和地缘经济的"长征"，这带来了新的世界权力体系的划分。

进入 21 世纪以来，国际形势发生了深刻复杂的变化，基辛格一针见血地概括指出："我们正面临着五百年未有之大变局。"基辛格指出，21 世纪的国际秩序接近 18、19 世纪的欧洲民族国家体系，秩序只能像过去几个世纪那样建立在协调和平衡相互冲突的国家利益基础之上。

在全球化和信息技术革命推动下，以中国、印度等国为代表的新兴大国力量不断壮大，"东升西降"成为 21 世纪最重大的世界历史事件之一。基辛格在其著作《大外交》中预言："21 世纪的国际秩序会出现一个似乎相矛盾的特点，一方面愈来愈分散，一方面又愈来愈全球化。"现在看来，当今世界正在这样的轨道上发展。

基辛格对能源的战略地位也有精辟论述，他有句名言："如果你控制了石油，你就控制了所有的国家；如果你控制了粮食，你就控制了所有的人；如果你控制了货币，你就控制了整个世界。"中东地区石油储量占世界总量的 65%，是世界最大的能源资源储藏地。因此基辛格强调："石油太重要了，不能把它留给阿拉伯人。"因此，自冷战起，中东地区就成为美俄战略博弈的舞台。苏联解体后，美国借机以"民主"为旗帜，积极推进"大中东计划"。

基辛格是有限战争理论的首创者。他认为，有限战争是一种政治行为，不能单纯用军事方法解决问题，必须将政治目的与军事目标协调起来，建立一套明确政治目的与军事目标之间关系的基本准则。基辛格说："今天实力的含义较以前复杂了。具有军事力量并不能保证就具有政治影响。经济巨人在军事上可能是软弱的，而军事实力也许并不能掩盖经济上的虚弱。"

（三）论美国

基辛格曾说过，实用主义是"美国的精神"，它培养了美国人的求实作风和进取心，美国领导是"官僚—实用主义型领导集团"。

基辛格推行的现实主义外交，有意识地克制美国外交政策中传教士般的使命感，主张谨言慎行，维持大国力量平衡。他的缓和政策招致了普遍的政治揶揄，一直持续到 1976 年的总统竞选。

基辛格认为，"1823 年宣布的门罗宣言，将隔开美国与欧洲的大西洋当做明确的界线。在此之前，美国外交的至上原则即美国不涉入欧洲的权力斗争。门罗宣言进一步宣称，欧洲也不得涉入美国事务。而门罗总统对美国事务的定义涵盖整个西半球，的确够广泛了。……美国在同一时间，既拒斥了欧洲，又解除了在西半球扩张的束缚。在门罗主义的护卫之下，美国……扩大商业及影响力，并吞领土……让国家跻身强国之林。"

基辛格说，第二次世界大战标志着美国对外政策全球化的开始，也是美国实际推行全球扩张战略的开始。"一国追求绝对安全的欲望对于其他所有国家而言都意味着绝对的不安全。"

基辛格警告，美国必须放弃绝对主义的目标，"不要说企图建立帝国，就是霸权的诱惑也会使美国栽跟头"。基辛格称"权力乃终极春药"，指的是权力伴随诱惑力，处理不好会被权力所毁。他在其 1994 年出版的《大外交》一书中指出："毫无区分就介入后冷战世界的一切种族纷争和内战，势必让美国资源耗尽。"基辛格指出，没有任何一国像美国一样一厢情愿地认定自己的价值观四海皆准，这是美国的傲慢与偏见使然，自认为"自己是世界中心"而把"美式民主"强加给别国人民。

关于"9·11"事件和美国发动伊拉克战争，基辛格指出："9·11"这一瞬间起，美国与世界的新关系就开始了。这次的恐怖袭击让美国知道了自己的脆弱性，同时也把美国拖入了新型战争。

基辛格认为，伊拉克战争实际上与朝鲜战争、越南战争非常相似，一开始都得到了美国国内民众的广泛响应，但随着战争一天天拖延下去，幻想日益破灭，最后全国上下都开始热切探求退出的策略，甚至只关心如何尽快退出而不管策略明智与否，虽然从伊拉克全面撤军多少带有为奥巴马竞选连任积累政治资本的考量，但这场耗费颇巨的战争的确早已"惹人厌倦"。

2003 年基辛格在出版的新书《越南战争的终结》中提醒美国人，二战后美国海外战争失败只有一个原因，那就是美国国内政治与民意的分裂，它迫使美国不得不撤军和停止战争。为此，基辛格提出，如果美国想要在伊拉克战争中最后胜出，美国人民不应该去"干预"他们的总统。

"中国领导人是我遭遇到的对手中，最能接受尼克松式外交手法的一群人。他们和尼克松一样，认为传统的议程是次要的，最要紧的是找出是否有可能在一致的利益上合作。"基辛格在《大外交》中回忆道。

中美关系的破冰，首先基于两国领导人对"大势"的战略把握。尼克松当年曾对毛泽东说："把我们带到一起来的是，认识到世界上出现了新的形势。"毛泽东则说："国际形势才是重要问题。"世界变化万千，关键在于莫为浮云遮望眼，看清核心之变，看清格局发展之大势。而只有把握住"大势"，方能与时俱进，高屋建瓴，纲举而目张。其次，不为纷繁芜杂的分歧所干扰，以一致的利益为基础展开合作，在合作中扩大共同利益。"上海公报"发表时，中美已断绝往来二十余载。就数量而言，当时的共同利益"寥寥无几"，远远少于彼此间的各种分歧；但就重要性而言，仅仅"共同反对霸权主义"这一条，就超越了当时中美间除台湾问题外的所有分歧。基辛格在《大外交》一书中回忆："他们（中国领导人）和尼克松一样，认为最要紧的是找出是否有可能在一致的利益上合作。"基辛格再三提到，"上海公报"打破了外交文件的常规写法，既写明分歧点，也列举共同点；既符合双方需要，也有利于世界和平。

基辛格箴言录

基辛格是一位西方现代资产阶级政治家、外交家、战略家、谋略家，因此他的那些能称得上"箴言"的东西有一定的真理性，但也难免有其局限性。

1

面临危机时，最大胆的方针往往最安全。

2

有效的外交，并不取决于个人的能言善辩，而是取决于对方对得失利害的估计。

3

在整个历史上，各国的政治影响大体上是跟它们的军事力量相关联的。尽管各国在其制度的道义价值和威望上各不相同，外交技巧可以增加而决不能替代军事实力。说到底，软弱总是招引侵略；虚弱无力的结果是放弃政策……如果没有实力，那么就连最高尚的目的也有受人摆布的危险。

4

领导人在跃居高位以前所形成的信念，是他们智慧的资本，在任职期间将要逐渐消耗掉。

5

只有浪漫主义者才能以为靠诡计就能在谈判中取胜；只有书呆子才相信使人

困惑会有好处。……外交的艺术不在于比对方更精明，而是让对方相信彼此间有共同的利益，或者认识到如果僵局继续下去，将会产生不利的后果。

6

历史当然不是一本提供预先试验过的食谱烹调书。它是通过类比法，而不是通过格言来教育人的。历史可以阐明在类似的情况下的各种行动的后果。然而，每一代人必须自己去找。

7

一个人认识到自己的局限性，绝不是一个容易的过程。最后可能导致失望或者反抗；也可能引起一种怨自己的心情……

8

成功的谈判要求每方都承认，不可能乘其不备击败自己的对手。

9

领导人最重要的是勇气。领导人或政治家的任务，是把国民从现在引向未知的世界。能否上升到最高负责人地位的重要标志是看其能否描绘出光明的未来。

10

政治家首先需要有分寸感和均衡感，需要从一大堆表面现象中看出本质的能力，需要一种直觉，在许多看来同样有道理的关于前途的假设中，判断哪一个假设可能证明是正确的。

11

太平日子过久了，悲惨是什么滋味已经不知道了。国家可以覆灭，乱子有时无法收拾，这一切都忘光了。

12

政治家必须权衡一下成功的奖赏和失败的惩罚，因为只许他猜一次。他不像一个观察家，在他的判断被证明是错误的时候，有权在另一篇论文中修正它。政治家的错误很可能是无可挽回的。

13

保守和革命两种力量的斗争是永不止息的。

14

在外交事务中，人们往往必须在姿态和政策之间进行选择。人们的实际地位越强大，就越没有必要去反复讲对方的失败。在对方的失败上面火上加油往往是不明智的。外交手腕的一个重要方面就在于，做必须做的事情，而不节外生枝地去激发对方进行报复的念头，留有余地使双方能在其他问题上进行合作。

15

每个谈判者必须作出决断，到了什么程度小利就不值得再争下去了，那种不择手段的争执会失掉对方的信任。

16

精彩的自白：谁具有第一流的才智

记者："洛克菲勒（美国的大财阀）具有怎样的才智？"

基辛格："他具有第二流的才智，然而他却具有第一流的认识人的直觉判断力。"

记者："那您有怎样的才智呢？"

基辛格："我的才智是第一流的，然而我对人的直觉判断力却是第三流的。"

17

衡量一个人不仅要看他是否成功，更要看他是否发奋：要胸怀大志而不要苟且偷安。

18

在外行眼里大外交家是狡诈的，而明智的外交家懂得，他不能愚弄对手；从远的观点看，可靠和公正这种声誉是一笔重要资产。

19

政治家的风格要求懂得何者不能改变，同时也要懂得在哪种范围内可发挥创造性。

20

外交是通过对峙进行的。对峙是双方借以考验对方决心的一种办法。

21

一位领导人的最重要的作用，是要在难以抉择的迷雾中承担责任，作出决断。

22

决策者应当关心可以取得的最好成果，而不应当仅仅关心可以设想的最好结果。

23

如果认为只要具有"善意"或"达成协议的愿望"，外交就能解决国际纠纷，那是错误的。

24

单纯的外交出路是没有的。军事同政治必须保持步调一致，否则两方面都会劳而无功。

25

外交永远是某种力量的对比的反映。

26

一个人的信念将按其本身的价值站住脚或垮掉，为因与别人的抱负发生矛盾而蒙受宦海浮沉之苦。

27

外交的艺术不在于比对方更精明，而是让对方相信彼此间有共同的利益，或认识到如果僵局继续下去，将会产生不利后果。

28

对领导人性格的考验，是看他们在面对捉摸不定的形势时是否愿意坚持下去，是否愿意为他们既不能说明也不能完全看到的未来有所建树。

29

我一向相信，谈判的秘诀是做好过细的准备工作。谈判代表不仅应当知道所谈的问题的技术方面，而且应当知道其中的细微末节。首先，他必须对他的目标和达到目的的途径有一个明确的概念。他必须研究他的谈判对手的心理和目的，并决定是否和如何把对方的目的和他自己的调和一致起来。他必须对这一切了如指掌，因为迟疑不定的印象会招致对方的含糊其辞或寸步不让；在谈判桌旁如果还需要经常去查阅文件就有损谈判的权威。

30

谋求高位的衮衮诸公要记住的最后一条规律是：如果你不能克制作预测的欲望，那么要使用空虚的、无懈可击的言辞；如果你擅长使用警句，那么你就永远无法避免犯错误。

31

一位政治家的工具是洞察力和权威。任何才干都不能代替直觉，要能直觉地认识到哪些事件是相互联系的、根本的，哪些是表面现象；哪些事件是有关的，哪是声东击西。……但是，如果一位政治家不能使对手相信自己能实行自己的主张，那么他的工作就会变成纸上谈兵。

32

政治家的天职是克服本国的经验和自己观点之间的差距。如果远远地走在本国人民的前面，会失去人民的信任；如果因袭陈规，会失去驾驭事态发展的能力。衡量政治家是否伟大，主要看有没有远见和魄力，而不是看有没有分析能力。他必须站得高，看得远，当大多数同胞还看不清前面的目标时，他敢于朝着目标前进。能够超越分歧的政治家是伟大的，但不是每一个面对分歧的人都是伟大的政治家，他甚至可能是个蠢人。

33

对一个哲学家的考验是他的警句背后的推理，对一个政治家的考验不仅仅是博得人们对他的目标的称赞，而且是他使人类避免了灾难。

34

历史当然不是一本提供预先试验过的食谱烹调书。它是通过类比法，而不是通过格言来教育人的。历史可以阐明在类似和情况下各种行动的后果。然而，每一代人必须自己去找，哪些情况是真正的类似。学术熏陶不能从我们肩上减去作出困难抉择的重负。

35

傲慢是软弱的护身符。

36

要使三角外交有效，那就要靠参加角逐的人本来的动机和倾向去发挥作用。这种外交必须避免给人印象，就是说你正在"利用"竞争的一方反对另一方；否则的话，你就有遭到报复或讹诈的危险。

37

外交可能是战争通过其他手段的继续，但外交也有自己的适当的策略。它承认在主权国家之间的关系中，即使最崇高的目的一般也只能通过一些不完善的阶段来实现。

38

在外交政策中是没有坦途可走的；每一项成就都是通过新的艰苦努力去换来的，每前进一步都必须作出更多的努力去加以巩固。

39

从失败中学习相对地说是容易的。但是，成功带来的不利因素却在于，人们往往认识不到还有需要学习的东西。人们很容易倾向于设法照搬过去成功的经验。但是，虽然历史的规律可能重现，具体的情况却很少能重演。明智的政治家总是避免机械地重复自己的行动；他总是仔细分析具体情况以及过去获得成功的突出和独特的特点。

40

外交上有一条不成文的规定要求把个人关系同官方分歧区别开来。按照设想，外交官应当反映本国的利益，而不是个人的偏爱；他吵架也不是个人的选择，而是出于国家的考虑。当然，这种说法过于绝对化。实际上，主观因素不那么容易消除。尽管如此，那种神话还是有用的。它使人们甚至在争吵时也能保持礼貌，可以作出妥协，甚至让步而不涉及个人的面子，因此比较容易求得解决。

41

历史教育我们，最危险的时刻往往是，当对手看来准备退却的时候，他的自尊心受到伤害，就会立即采取强硬的对抗行动。

42

通观历史，我得到一个信念：在刚刚取得一场外交胜利的那段时间里，也许往往是最危险的时刻。胜利者往往倾向于一下子把螺丝拧紧，而失败者，在创伤未愈时又饱尝失败的羞辱，则可能急于寻求报复，甚至突然丧失理智，抛弃原来的考虑。

43

任何成功的谈判都必须建立在一种相互均衡让步的基础上，但如何达到这种均衡却是一个复杂的过程。作出让步的先后顺序是关系很大的；如果在对方相应的让步明朗之前，自己一方坚持一步不让，而不是把每一让步作为全局的一部分来看，那么谈判就可能失败。因此，当谈判还处于酝酿阶段的时候，保密是很重要的。

44

把符合你自己选择的战略的东西，说成是对于对方的照顾，用这种办法向对方提出某项要求，这样做从来都没有坏处。

45

归根结底，一个政治家的最后考验，在于他是否对人类的幸福有所贡献。

46

历史学家几乎无法理解，为什么在历史上某些伟大革命发生以前，人们往往根本没有想到即将出现变化。即将受难的人们为假象所迷惑，以为世界是永恒不变的；他们把后人视为十分明显的警告当作很快就会消逝的偏差。因此，本来可以通过加固就可扼制洪水的堤坝，却无人置理，直到它们突然决口，滚滚洪流把那些根本没有想到会出现危险的人吞噬掉了。

47

政策是权衡可能性的艺术，要精通这种艺术便要掌握可能性的微妙之处。

48

评论历史要留有余地，而不只是拍现在的一张快照……政治家们将由历史来评定，而不是靠明天报刊上的大字标题来评定。

49

为了开阔眼界，需要有预言家；但政治家不能总靠预言家的格言来生活。

50

在外行眼里大外交家都是狡诈的；而明智的外交家都懂得，他不能愚弄对手。

51

任何谈判人员如果错误地认为自己的人品会促成自动的突破，那么他很快就会发现自己处于一种痛苦的境地。这是历史专门为那些以欢呼而不是以成就来衡量自己的人保留的。他们以欺骗自己开始，必将以使别人失望而告终。

52

对于一个国家的领导人来说，最难领悟的一个教训或许是：在使用军事力量方面，他的基本抉择在于要么行动，要么就不行动。半心半意或表现无能并不能使他摆脱因使用武力而引起的道义上的谴责。疑虑重重、动摇不定是得不到报酬的；失败的政治家也不会因为表现克制而得到奖励。一旦投身战斗，就必须取胜；如果不打算取胜，就不要投入国家的力量。

53

作为一个历史学家，一个人对生活必须有一种观念：悲剧是不可避免的。作为一个政治家，一个人必须依这样的假定行事：问题一定能解决。

54

每一个政治人物的公职生活，就是一场从环境的压力下不断作出抉择的关键。

55

政治家的责任是对一个瞬间进行斗争，而且不要追求永垂青史。

56

建立国家主要取决于建立政治权威的能力。

57

决策人就像一个走钢索的人一样：只有向前走，才能避免从上面栽下来。

58

今天的称赞，明天就可以变成诽谤。

59

一个伟大的领袖可以是聪明的，但是首先，他必须是头脑清醒和眼光清楚的。

60

在外交政策上，最重要的倡议需要耐心艰苦的准备；成果要花长年累月的时间才能显示出来。要获得胜利就需要有历史眼光……要对事态发展的来龙去脉有广阔的视野。

61

外交事务中对决策者最困难的要求，就是确定轻重缓急。

62

外交官员总是造成谈判的；谈判是外交职业的命脉。

63

可靠的信誉在外交政策中是一笔重要的资产。

64

社会生活中的标尺是残酷无情的。它主要地取决于权力、掌权和失权。

65

人们所谓的工作岗位造就人才这句古话并不正确。高级职务教会一个人如何作决定，但教不会实质的东西。担任高级职务时期，只是消耗，而不是增加一个人的智力资本。

66

要想两面三刀又保持信任，那是不可能的事。一旦失去信任，那就不可能再挽回了——而如果没有信任，谈判就成了粗暴的实力较量。

67

一位领导人如果让人们知道他曾在恫吓面前屈服过，就只能招来更多的恫吓。一位享有在威胁面前坚强不屈的声誉的政治家，并不能避免一切压力，但是他可以使它们减少到他的敌人认为不可避免的那种程度。没有一个领导人能够回避一切对抗，但是如果他慎重周旋，处事果断，他可以避免由于过分好战或过分柔顺而挑起对抗。

68

历史是胜利者写的。

69

伟大的领导人和普通的领导人之间的区别不在于表面上的智能的高低，而在于有没有洞察事物的本领和办事果断的胆略。伟大人物明白问题的实质；而一般的领导人只理解问题的表面现象。伟大的人物集中注意各个事物之间的相互关系。一般的领导人只看到一系列似乎毫无联系的事件。伟大的人物善于憧憬未来，这就使他能够以长远的观点来看待眼前的障碍；普通的领导人却把路上的石子变成巨石。

70

预言家的作用在于以他们所憧憬的东西去激励普通的男男女女，但当被激发起来的热情逐渐消失的时候，他们就要付出代价了。

71

要使外交手腕获得成功，必须善于使用在谈判中所拥有的资本。

72

一旦发生了对峙，停止对峙要比继续对峙下去更为危险。一方暂停行动会使对方犯疑：反应是否已到了极限；并且会使对方动手试探是否要保持现状。只有当对手看到不值得冒这样大的风险去达到目的时，对峙才会结束。

73

政治生活的意义何在？人们如何评价国际政治中的趋向？即使在最美好的年代，最微妙的判断莫过于评价一位政治家所采取的行动的意义。与人的一生相比，历史的长河是无穷无尽的，何况人的视野更为有限。人的才智常与历史的必然相违背，在大动荡的时期尤其如此。政治家如能看清事情发展的趋势，并使之为他的目标服务，就能真正有所建树。就这一任务来说，政治家的活动范围不是无限的。倘若他仅限于顺应潮流，他将变得无足轻重；倘若他的所作所为超出了本国人民的能力，就会遭到覆舟之祸。如果说政治是一门掌握可能性的艺术，那么政治家功绩的大小取决于他是否能利用一切可能。伟大的政治家为自己确定崇高的目标，然而又冷静地估量他必须用以进行工作的人力和物力的质量；平凡的领导人满足于消除摩擦，摆脱窘境。政治家致力于创造，而平凡的领导人只是消耗。平凡的领导人满足于改善环境，并不去改造它；政治家必须是一个具有远见卓识的人物和教育者。如果能有敢于毫不畏缩地正视命运，但又不企图充当上帝的人来领导人民，人民是应该为之庆幸的。

74

政治家很重视一个伙伴的坚定性和可靠性，而不是像热锅上的蚂蚁一样不断寻求什么新的法宝。

75

一个国家貌似谦恭，实际上举棋不定，是得不到什么好处的。因为对手可能把它的善意当作默允，把克制误认为软弱。

76

历史判断一个人不是根据他的得天独厚，而是根据他的成就。

77

在整个历史上，各国的政治影响大体上是跟它们的军事力量相关联的。尽管各国在其制度的道义价值和威望上各不相同，外交技巧可以增加而决不能代替军事实力。

78

在危机中，果敢是最保险的方针；犹豫不决只会鼓励敌人顽固坚持，甚至下新的赌注。

79

中东外交的命根子是计谋和策略。

80

制定政策时，最困难的责任之一就是耐心选择适当的时机，并采取决定性行动。

81

历史往往是一些小事拼凑成的。

82

通常在外交上，个别的事件乃是一系列事件的一部分，一系列事件合成一个连续的统一体，其最终的意义只有时过境迁以后才能看得清楚。转折点也只有在回顾的时候才能看清楚。

83

美国的实用主义产生了把问题分隔起来考察的爱好，就问题解决问题，没有来龙去脉的观念，没有现实的千丝万缕的联系的观念。

84

随波逐流是容易的，判断潮流的方向就比较难了。但是只有最明智的领导人才具有远见卓识，可以高瞻远瞩，并为遥远的目标而抗拒一切压力。

85

有经验的谈判者会培养出第六知觉，直觉地感到对方在什么时候愿解决问题。迹象往往在细小的事情上表现出来：有些要求提出了，但不极力坚持；有些要求作了微小的修改；妥协的门总是虚掩着而不关死。

86

谈判者不应该暴露自己的感情，这可能成为对方手中的武器。

87

我先后访问中国达 50 多次。如同几百年来前往中国的众多访客一样，我日益钦佩中国人民，钦佩他们的坚韧不拔、含蓄缜密、家庭意识和他们展现出的中华文化。

88

中国的语言、文化和政治体制是文明的标志。自从我首次访华之后，中国已经成为一个经济超级大国和塑造全球政治秩序的重要力量。中美关系成为争取世界和平与全球福祉的核心要素。

主要参考文献

1．基辛格:《白宫岁月》(1～4卷),世界知识出版社1982年版。

2．基辛格:《动乱年代》(1～3卷),世界知识出版社1983年版。

3．基辛格:《选择的必要——美国外交政策的前景》,商务印书馆1973年版。

4．基辛格:《核武器与对外政策》,世界知识出版社1959年版。

5．基辛格:《美国对外政策》,上海人民出版社1972年版。

6．基辛格:《论中国》,中信出版社2012年版。

7．马文·卡尔布,伯纳德·卡尔布:《基辛格》(上、下),读书·生活·新知三联书店1975年版。

8．理查德·尼克松:《尼克松回忆录》,商务印书馆1979年版。

9．丹·拉瑟,加里·保罗·盖茨:《白宫卫士》,商务印书馆1978年版。

10．陈有为:《基辛格评传》,世界知识出版社1980年版。

11．斯蒂芬·R. 格劳巴德:《基辛格——一个智者的画像》,上海人民出版社1974年版。

12．查尔斯·阿什曼:《基辛格——一个德国佬的冒险生涯》,现代出版社1989年版。

13．奥里亚娜·法拉奇:《风云人物采访记》,新华出版社1986年版。